ANÁLISE DE INVESTIMENTOS

O GEN | Grupo Editorial Nacional – maior plataforma editorial brasileira no segmento científico, técnico e profissional – publica conteúdos nas áreas de ciências sociais aplicadas, exatas, humanas, jurídicas e da saúde, além de prover serviços direcionados à educação continuada e à preparação para concursos.

As editoras que integram o GEN, das mais respeitadas no mercado editorial, construíram catálogos inigualáveis, com obras decisivas para a formação acadêmica e o aperfeiçoamento de várias gerações de profissionais e estudantes, tendo se tornado sinônimo de qualidade e seriedade.

A missão do GEN e dos núcleos de conteúdo que o compõem é prover a melhor informação científica e distribuí-la de maneira flexível e conveniente, a preços justos, gerando benefícios e servindo a autores, docentes, livreiros, funcionários, colaboradores e acionistas.

Nosso comportamento ético incondicional e nossa responsabilidade social e ambiental são reforçados pela natureza educacional de nossa atividade e dão sustentabilidade ao crescimento contínuo e à rentabilidade do grupo.

NELSON CASAROTTO FILHO
BRUNO HARTMUT KOPITTKE

ANÁLISE DE INVESTIMENTOS

MANUAL PARA SOLUÇÃO DE PROBLEMAS E TOMADAS DE DECISÃO

12ª EDIÇÃO

Os autores e a editora empenharam-se para citar adequadamente e dar o devido crédito a todos os detentores dos direitos autorais de qualquer material utilizado neste livro, dispondo-se a possíveis acertos caso, inadvertidamente, a identificação de algum deles tenha sido omitida.

Não é responsabilidade da editora nem dos autores a ocorrência de eventuais perdas ou danos a pessoas ou bens que tenham origem no uso desta publicação.

Apesar dos melhores esforços dos autores, do editor e dos revisores, é inevitável que surjam erros no texto.
Assim, são bem-vindas as comunicações de usuários sobre correções ou sugestões referentes ao conteúdo ou ao nível pedagógico que auxiliem o aprimoramento de edições futuras. Os comentários dos leitores podem ser encaminhados à **Editora Atlas Ltda.** pelo *e-mail* faleconosco@grupogen.com.br.

Direitos exclusivos para a língua portuguesa
Copyright © 2020 by
Editora Atlas Ltda.
Uma editora integrante do GEN | Grupo Editorial Nacional

Reservados todos os direitos. É proibida a duplicação ou reprodução deste volume, no todo ou em parte, sob quaisquer formas ou por quaisquer meios (eletrônico, mecânico, gravação, fotocópia, distribuição na internet ou outros), sem permissão expressa da editora.

Rua Conselheiro Nébias, 1384
Campos Elísios, São Paulo, SP – CEP 01203-904
Tels.: 21-3543-0770/11-5080-0770
faleconosco@grupogen.com.br
www.grupogen.com.br

Designer de capa: Anderson Junqueira
Editoração Eletrônica: LBA Design

DADOS INTERNACIONAIS DE CATALOGAÇÃO NA PUBLICAÇÃO (CIP)
(CÂMARA BRASILEIRA DO LIVRO, SP, BRASIL)

C33a
12. ed.

Casaroto Filho, Nelson
Análise de investimentos : manual para solução de problemas e tomadas de decisão / Nelson Casarotto Filho, Bruno Hartmut Kopittke. – 12. ed. – São Paulo : Atlas, 2020.

ISBN 978-85-97-02188-2

1. Engenharia econômica. 2. Investimentos – Análise. 3. Investimentos – Processos decisórios. I. Kopittke, Bruno Hartmut. II. Título.

19-59276	CDD: 658.152
	CDD: 658.152

Meri Gleice Rodrigues de Souza – Bibliotecária CRB-7/6439

Sobre os Autores

Nelson Casarotto Filho

Graduado em Engenharia Química pela Universidade Federal do Rio Grande do Sul (UFRS). Mestre e doutor em Engenharia de Produção pela Universidade Federal de Santa Catarina (UFSC) com sanduíche na Universidade do Minho (Portugal). Diretor de Desenvolvimento Industrial da Secretaria de Indústria e Comércio de Santa Catarina (1987-1989). Secretário Executivo do Fórum Catarinense de Desenvolvimento (1999). Professor dos cursos de mestrado e doutorado em Engenharia da Produção da UFSC. Integrante dos quadros do Banco Regional de Desenvolvimento do Extremo Sul (BRDE).

Bruno Hartmut Kopittke

Bacharel em Química pela Universidade Federal do Rio Grande do Sul (UFRGS). Mestre em Engenharia de Produção pela Universidade Federal de Santa Catarina (UFSC). Doutor em Engenharia Industrial por L'Institute National Polytechnique, Lorraine, França. Professor titular do Departamento de Engenharia de Produção e Sistemas da UFSC.

Agradecimentos

Agradecemos a todos aqueles que colaboraram na elaboração deste livro, em especial à Universidade Federal de Santa Catarina, pelas duas primeiras edições; ao Banco Regional de Desenvolvimento do Extremo Sul (BRDE), pela participação na primeira edição; ao Professor João Ernesto Castro pelo incentivo; a todos os colegas do Departamento de Engenharia de Produção e Sistemas da UFSC e aos amigos pela divulgação; ao Engenheiro Mauro Cassou, pelo empenho na concretização da terceira edição; à NTS e à Vértice, pelo apoio à quarta e à quinta edições; à GEN | Atlas, por abraçar as últimas edições; e aos muitos profissionais e professores deste país, e até do exterior, que têm contribuído para o aperfeiçoamento da obra.

Notas Introdutórias

A escassez dos recursos frente às necessidades ilimitadas faz com que cada vez mais se procure otimizar sua utilização.

A análise prévia de investimentos permite que se racionalize a utilização dos recursos de capital. E para a solução de um problema de análise de investimentos, dentro da complexidade do mundo atual, é necessário o conhecimento de técnicas especiais estudadas em uma disciplina normalmente conhecida por Engenharia Econômica. De acordo com as contingências ligadas aos investimentos, a avaliação envolverá desde critérios puramente monetários (situação mais simples) até critérios de mensuração mais complexa, como vantagens estratégicas ou impacto ambiental.

O desempenho de uma ampla classe de investimentos pode ser medido em termos monetários e, neste caso, utilizam-se técnicas de Engenharia Econômica fundamentadas na ciência exata chamada Matemática Financeira que, por sua vez, descreve as relações do binômio tempo e dinheiro. Vale lembrar que "Tempo é Dinheiro", como assegura a conhecida máxima.

A Engenharia Econômica também permite a análise de problemas mais complexos, envolvendo situações de risco ou incerteza e mesmo decisões abordando aspectos qualitativos como a coerência estratégica do investimento. Nestes casos, a Engenharia Econômica associa a Matemática Financeira a outras matérias, como Probabilidade, Simulação, Estratégia Empresarial, Estudos de Viabilidade ou Técnicas de Análise de Decisão.

Em resumo: os problemas de Análise de Investimentos são solucionados por técnicas de Engenharia Econômica, fundamentadas na ciência exata Matemática Financeira e outras disciplinas de apoio.

Este livro aborda a Matemática Financeira na sua primeira parte e a Engenharia Econômica na segunda. O Processo de Tomada de Decisão na Análise de Investimentos, abordado de uma forma mais ampla, é visto em uma série de capítulos que contemplam as mais novas tendências da disciplina. O livro ainda apresenta aspectos práticos, tais como análise de linhas de financiamento industrial e as principais aplicações financeiras, avaliação de ativos, determinação da taxa de desconto e *Project Finance*.

Particularmente, esta edição apresenta alguns temas correlacionados com a Engenharia econômica como a Avaliação de Ativos pelo método da renda, o Capital *Asset Price Model* (CAPM) e o *Project Finance*.

Com os conhecimentos deste livro, é possível analisar e resolver a maioria dos problemas de Análise de Investimentos com que se defrontam as empresas industriais. No entanto, os fundamentos da matéria também permitem a utilização do livro em outras áreas, tais como Investimentos Públicos, Bancos ou Empresas Comerciais.

No campo do ensino universitário, o conteúdo ajusta-se perfeitamente a disciplinas correntes de cursos de graduação em Engenharia, Administração, Economia ou Contabilidade e disciplinas básicas de cursos de Pós-graduação e Mestrado nestas áreas.

A obra apresenta a solução de vários exercícios dos diversos capítulos do livro, realizados também por calculadora financeira. Escolheu-se a calculadora modelo HP 12C, por ser a de maior uso, inclusive com emuladores em computadores ou aparelhos telefônicos. Os exercícios foram escolhidos nos capítulos dedicados especialmente à Matemática Financeira e capítulos iniciais de Engenharia Econômica, espaço em que a calculadora tem mais utilidade. Para exercícios de maior complexidade, nos quais a preparação dos fluxos de caixa envolve vários itens de entradas e saídas, recomenda-se o uso de planilhas financeiras.

No Capítulo 12, é apresentado um modelo em planilha eletrônica para análise econômico-financeira de projetos, com possibilidade de projeções de custos, resultados, capacidade de pagamento e cálculos de taxa interna de retorno do projeto e do acionista, disponível como suporte a este livro, no *site* da Editora GEN | Atlas.

Uma consideração importante: o leitor pode achar que as taxas utilizadas no livro, tanto de juros como de inflação ou variações cambiais, estejam demasiado elevadas. Mas isso é proposital, especialmente para demonstrar o efeito da capitalização. Também foi adotada nos exercícios a moeda UM (Unidades Monetárias). A explicação para isso é a utilização do livro em outros países de língua portuguesa ou espanhola. Assim, torna-se mais genérico.

Os Autores

Material Suplementar

Este livro conta com os seguintes materiais suplementares:

- *Slides* (disponível apenas para docentes);
- *Tabelas de fatores financeiros;*
- *Planilha de Análise do Projeto em Excel.*

O acesso ao material suplementar é gratuito. Basta que o leitor se cadastre em nosso *site* (www.grupogen.com.br), faça seu *login* e clique em GEN-IO, no menu superior do lado direito.

É rápido e fácil. Caso haja dificuldade de acesso, entre em contato conosco (gendigital@grupogen.com.br).

GEN-IO (GEN | Informação Online) é o repositório de materiais suplementares e de serviços relacionados com livros publicados pelo GEN | Grupo Editorial Nacional, maior conglomerado brasileiro de editoras do ramo científico-técnico-profissional, composto por Guanabara Koogan, Santos, Roca, AC Farmacêutica, Forense, Método, Atlas, LTC, E.P.U. e Forense Universitária. Os materiais suplementares ficam disponíveis para acesso durante a vigência das edições atuais dos livros a que eles correspondem.

Sumário

Parte I – MATEMÁTICA FINANCEIRA, 1

1 Juros: Conceito e Modalidades, 3

1.1 Juros simples, 4

1.2 Juros compostos, 4

1.3 Comparação: juros simples e juros compostos, 5

1.4 Fluxo de caixa e simbologia, 5

1.5 Representação de fluxos de caixa em termos de P, F, A e G, 7

1.6 Exercícios, 8

1.7 Utilização de calculadora financeira, 9

2 Relações de Equivalência, 11

2.1 Relação entre P e F, 11

2.2 Períodos não inteiros, 16

2.3 Relação entre F e A, 19

2.4 Combinação de fatores, 20

2.5 Relação entre P e A, 21

2.6 Séries perpétuas, 26

2.7 Relações envolvendo a série em gradiente, 27

2.8 Séries em gradiente exponencial, 30

2.9 Exercícios com respostas, 31

2.10 Séries antecipadas, 34

3 Considerações sobre Taxas de Juros, 37

3.1 Taxa nominal e taxa efetiva, 37

3.2 Conversão de uma taxa nominal em efetiva, 38

3.3 Conversões entre taxas efetivas, 39

3.4 Taxas cobradas antecipadamente, 41

3.5 Exercícios com respostas sobre taxas nominais e taxas efetivas, 42

3.6 Taxa Interna de Retorno (TIR) e Taxa Mínima de Atratividade (TMA), 42

3.7 Exercícios com respostas sobre Taxa Interna de Retorno e Taxa Mínima de Atratividade, 47

3.8 Fluxos de caixa com taxas de retorno complexas, 48

3.9 Juros contínuos e fluxos contínuos, 50

4 Amortização de Dívidas, 57

4.1 Sistema francês de amortização, 58

4.2 Sistema de Amortização Constante (SAC), 62

4.3 Comparação entre o sistema francês (Price) e o SAC, 65

4.4 O período de carência, 66

4.5 Outros sistemas de amortização, 66

4.6 Exercícios sobre amortização de dívidas, 68

5 Inflação e Variações Cambiais, 71

5.1 Taxa global de juros, 72

5.2 Índices de correção monetária, 75

5.3 Taxas prefixadas e pós-fixadas, 76

5.4 Correção cobrada e correção capitalizada, 76

5.5 Inflação na análise de investimentos, 77

5.6 Análise a preços de hoje, a preços correntes ou a preços ajustados, 78

5.7 Exercícios sobre inflação e correção monetária, 80

6 Principais Modalidades de Aplicação no Mercado Financeiro Nacional, 83

6.1 Certificados de depósitos bancários, 84

6.2 Fundos de aplicações de curto prazo, 86

6.3 Certificados de depósitos bancários com correção monetária pós-fixada, 87

6.4 Cadernetas de poupança, 88

6.5 Debêntures, 89

6.6 Exercícios, 90

PARTE II – ENGENHARIA ECONÔMICA, 93

7 Comparação de Projetos de Investimentos, 95
   7.1 Conceitos e princípios, 96
   7.2 Métodos determinísticos de análise de investimentos, 98
   7.3 Método do Valor Anual Uniforme Equivalente (VAUE), 98
   7.4 A Taxa Mínima de Atratividade (TMA), 101
   7.5 Alternativas com vidas diferentes, 103
   7.6 Método do Valor Presente Líquido (VPL), 109
   7.7 Horizonte de planejamento infinito para o método do Valor Presente Líquido, 114
   7.8 Métodos não exatos, 115
   7.9 Conceitos complementares, 116
   7.10 Exercícios propostos sobre métodos determinísticos, 117

8 Comparações envolvendo Taxas de Retorno, 123
   8.1 Método da Taxa Interna de Retorno, 123
   8.2 Intersecção de Fischer, 126
   8.3 Taxa de Retorno Modificada: análise com reaplicação a taxas diferenciadas, 128
   8.4 Exercícios, 131

9 Taxas Variáveis e Inflação, 133
   9.1 A taxa mínima de atratividade variando com o tempo, 134
   9.2 A necessidade da consideração da inflação nas análises, 137
   9.3 Situações de inflação, 137
   9.4 A sistemática da taxa específica de desconto – séries geométricas, 142
   9.5 Exercício, 144

10 Efeitos da Depreciação e do Imposto de Renda nas Análises, 145
   10.1 A depreciação, 145
   10.2 O Imposto de Renda, 149
   10.3 Alternativas financiadas, 151
   10.4 Exercícios propostos sobre depreciação e Imposto de Renda, 153

11 Aplicações em Substituição de Equipamentos, 155
   11.1 As razões da substituição de ativos, 156
   11.2 Os diversos tipos de substituição, 157
   11.3 Baixa sem reposição, 157

11.4 Substituição idêntica e o conceito de "vida econômica", 159
11.5 Substituição não idêntica, 162
11.6 Substituição com progresso tecnológico, 173
11.7 As novas abordagens e a substituição estratégica, 176
11.8 Exercícios propostos sobre substituição de equipamentos, 179

12 Aplicação em Análise Econômico-Financeira de Projetos e Uso de Planilha Eletrônica, 185

12.1 Investimento fixo, 188
12.2 Projeções de custos e receitas, 189
12.3 Capital de giro próprio, 190
12.4 Financiamento, 190
12.5 Cronograma de usos e fontes dos recursos, 190
12.6 Outras despesas e desembolsos, 191
12.7 Projeção de resultados, 191
12.8 Projeções de fluxos de caixa, 191
12.9 Índices de produtividade do ativo, 193
12.10 Índices de produtividade de recursos circulantes, 193
12.11 Capacidade de pagamento, 194
12.12 Retorno do investimento, 194
12.13 Análise de sensibilidade, 194
12.14 Análise a preços correntes e a preços ajustados, 205
12.15 A visão geral do projeto: das estratégias à análise econômico-financeira, 212

13 Obtenção de Dados de Custos e Estruturação de Problemas, 223

13.1 Devem ser considerados todos os custos?, 224
13.2 Custos de mão de obra, 225
13.3 Custo da área e instalações, 226
13.4 Custo da matéria-prima, 227
13.5 A classificação em custos fixos e custos variáveis, 228
13.6 Ponto de equilíbrio, 228
13.7 Custo de capital e taxa mínima de atratividade (TMA), 230
13.8 Estudos de casos, 232

14 Avaliação de Ativos, Taxa de Desconto e Financiamento, 251

14.1 Avaliação de ativos, 251

14.2 Taxa de desconto: TMA, CMPC e CAPM, 254

14.3 Modalidades e fontes de financiamento, 256

14.4 *Project Finance*, 270

14.5 Exercícios propostos, 273

15 Análise de Múltiplas Alternativas e Seleção de Portfólio, 275

15.1 Investimentos excludentes e investimentos independentes, 275

15.2 Taxa mínima de atratividade e múltiplas alternativas, 279

15.3 Utilização das programações matemáticas, 281

15.4 Carteiras de ações – *portfolio selection*, 288

15.5 Exercícios, 294

16 Análise sob Condições de Risco ou Incerteza, 297

16.1 Análise sob condições de incerteza, 298

16.2 Regras de decisão para matrizes de decisão, 298

16.3 Análise de sensibilidade, 301

16.4 Simulação, 303

16.5 Análise sob condições de risco – modelos probabilísticos, 304

16.6 Uso da árvore de decisão, 315

16.7 O valor da informação adicional, 319

16.8 Críticas e perspectivas da árvore de decisão, 324

16.9 Exercícios sobre incerteza e risco, 325

17 O Processo de Tomada de Decisão, 331

17.1 O processo geral de solução de um problema, 331

17.2 A tomada de decisão e os métodos de análise de alternativas de investimentos, 339

17.3 Análise multicritério, 341

Anexos, 351

Anexo 1: Áreas sob a Curva Normal, 352

Anexo 2: Fórmulas dos Fatores das Tabelas Financeiras, 353

Anexo 3: Tabelas de Fatores Financeiros, 354

Apêndice, 371

Exercícios com Respostas, 373

Bibliografia, 383

Índice Remissivo, 385

Parte I

Matemática Financeira

1

Juros: Conceito e Modalidades

1.1 Juros simples
1.2 Juros compostos
1.3 Comparação: juros simples e juros compostos
1.4 Fluxo de caixa e simbologia
1.5 Representação de fluxos de caixa em termos de *P*, *F*, *A* e *G*
1.6 Exercícios
1.7 Utilização de calculadora financeira

Os fatores de produção considerados em economia – trabalho, terra, capacidade administrativa, técnica e capital – são remunerados cada um de uma forma. Ao trabalho, o salário; à terra, o aluguel; à capacidade administrativa, o lucro; à técnica, o *royalty*; e, finalmente, ao capital cabem os juros. Os juros também podem ser considerados como o preço da moeda ou da liquidez. Os juros são, portanto, o custo do capital ou o custo do dinheiro, sendo estas expressões frequentemente utilizadas como sinônimo de juros. Mais especificamente, os juros são o pagamento pela oportunidade de poder dispor de um capital durante determinado tempo.

Na sociedade atual, quase todas as pessoas estão envolvidas em transações de juros. As compras a crédito, os cheques especiais, as compras de casas próprias são alguns exemplos deste envolvimento. Na administração de empresas, a ocorrência dos juros é ainda mais intensa. Alguns exemplos são: desconto de duplicatas, compras a prazo, vendas a prazo e obtenção de empréstimos.

Podemos afirmar, sem medo de errar, que todas as transações que envolvem dinheiro, ou mais genericamente capital, devem ser analisadas considerando-se os juros envolvidos explicitamente ou implicitamente. Uma compra à vista também é analisada considerando-se juros.

Quando situações econômicas são investigadas, as quantias de dinheiro envolvidas são sempre relacionadas com um fator indispensável e incontrolável: o tempo. Neste estudo, todas as quantias de dinheiro serão referidas a uma data, e somente poderão ser transferidas para outra data considerando os juros envolvidos nesta transferência. Será, pois, *proibido somar ou subtrair quantias de dinheiro que não se referirem à mesma data.*

1.1 Juros simples

Quando são cobrados juros simples, apenas o principal rende juros, isto é, os juros são diretamente proporcionais ao capital emprestado.

Os juros, J, valem:

$$J = i\,P\,n \tag{1}$$

onde:

P = principal ou capital na data de hoje

i = taxa de juros

n = número de períodos de juros

De acordo com a fórmula (1), os juros obtidos em dois anos são o dobro dos juros de um ano, visto que aumentam linearmente.

O montante F que uma pessoa que obteve um empréstimo deverá devolver, ao cabo de **n** períodos, será, pois:

F = P + J = P + inP = P (1 + in), sendo que este montante F também é chamado valor futuro.

1.2 Juros compostos

Neste caso, após cada período de capitalização, os juros são incorporados ao principal e passam a render juros também. Um exemplo: supor UM 100,00 (UM = Unidade Monetária) emprestados por três meses a uma taxa de juros de 5% ao mês.

O quadro a seguir mostra a evolução da dívida:

Mês	Juros do mês	Montante devido F
0	–	100
1	100 × 0,05 = 5	105
2	105 × 0,05 = 5,25	110,25
3	110,25 × 0,05 = 5,5125	115,7625

Depois de cada mês (período de capitalização do exemplo), os juros são somados à dívida anterior, e passam a render juros no mês seguinte. Tudo se passa como se a cada mês fosse renovado o empréstimo, mas no valor do principal mais juros relativos ao mês anterior.

Atualmente, os juros compostos são os mais utilizados, razão pela qual este livro está totalmente voltado para esta modalidade de juros. Geralmente, os juros simples, quando utilizados, ainda o são como herança do tempo em que não se dispunha de máquinas de calcular com funções de cálculos exponenciais.

1.3 Comparação: juros simples e juros compostos

Vamos elaborar um quadro comparativo de um empréstimo de UM 100,00 a juros de 5% ao mês durante um ano.

Final do Mês	Montante F	
	Juros Simples	Juros Compostos
0	100	100
1	100 + 0,05 × 100 = 105	100 + 0,05 × 100 = 105
2	105 + 0,05 × 100 = 110	105 + 0,05 × 105 = 110,25
3	110 + 0,05 × 100 = 115	110,25 × (1 + 0,05) = 115,7625
.	.	.
.	.	.
12	160	179,5856

No caso de juros simples, 5% ao mês correspondem a 60% ao ano, ou seja, taxas proporcionais (5% a.m. é proporcional a 60% a.a.) são iguais. Em juros compostos, temos:

5% a.m. ≠ 60% a.a.

pois especificamente,

5% a.m. = 79,5856% a.a.

1.4 Fluxo de caixa e simbologia

A visualização de um problema envolvendo receitas e despesas que ocorrem em instantes diferentes do tempo é bastante facilitada por uma representação gráfica simples chamada diagrama de fluxo de caixa.

Exemplo:

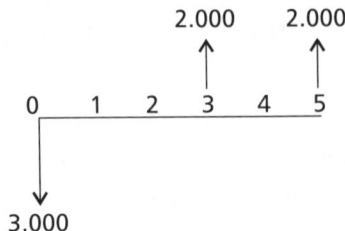

A representação do fluxo de caixa de um projeto consiste em uma escala horizontal na qual são marcados os períodos de tempo e na qual são representadas com setas para cima as entradas e com setas para baixo as saídas de caixa. A unidade de tempo – mês, semestre, ano – deve coincidir com o período de capitalização dos juros considerados.

O diagrama acima representa um investimento de UM 3.000,00 agora, que rende UM 2.000,00 ao final do terceiro período, mais UM 2.000,00 ao final do quinto período. Quantias de dinheiro na data de hoje são representadas por **P** e quantias isoladas no futuro são chamadas de **F**. Temos, então, no projeto considerado, um **P** de UM 3.000,00 e duas quantias **F** de UM 2.000,00, uma no período **n** = 3, outra no período **n** = 5.

As transformações de fluxos de caixa são bastante facilitadas pelo emprego do conceito de série uniforme **A** e série em gradiente **G**.

A série uniforme **A** é definida como uma série uniforme de pagamentos (ou recebimentos) que inicia no período 1 e termina no período **n**. Ela corresponde às mensalidades ou anuidades na prática.

Seu fluxo de caixa é o seguinte:

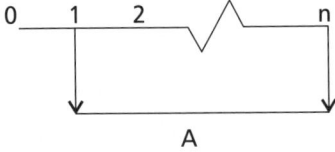

A série em gradiente **G** é definida como uma série de pagamentos G, 2G, ... (**n** – **1**)G, que inicia no período 2 e termina no período **n**. Sua representação é a seguinte:

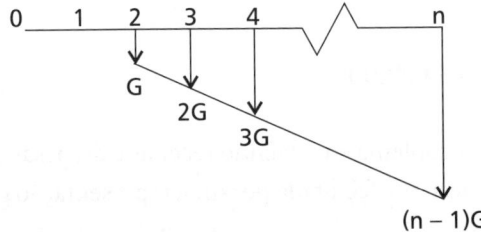

Conclui-se, então, que uma série G de n períodos tem n − 1 termos. Esta é a grande dificuldade da série **G**!

1.5 Representação de fluxos de caixa em termos de *P, F, A* e *G*

Para trabalhar com os diversos tipos de fluxos de caixa representativos das transações financeiras é interessante que estes fluxos sejam vistos ou interpretados em termos de **P**, **F**, **A** e **G**, pois assim será facilitada a tarefa de análise dos mesmos. As tabelas financeiras, ou tabelas Price, mais completas, supõem que os fluxos de caixa estejam organizados desta forma. Na prática, ocorrem, entretanto, séries que não correspondem exatamente às séries **A** ou **G**, conforme foram definidas anteriormente. Para não tratar todas as quantias destas séries como valores isolados **F**, convém examinar caso a caso como é possível minimizar os cálculos para se chegar ao resultado da forma mais rápida e elegante.

A série a seguir:

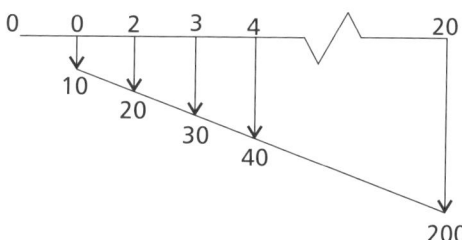

consiste em um soma de duas séries, uma uniforme e outra em gradiente, ambas no valor de UM 10:

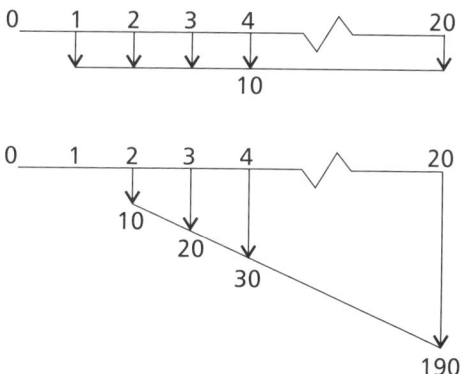

O fluxo de caixa:

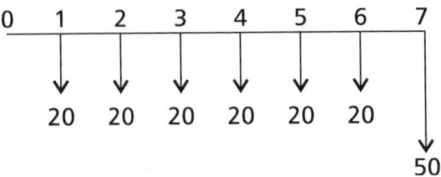

representa uma série uniforme A = 20 de sete períodos mais um valor futuro F = 30 no sétimo período, pois o fluxo de caixa

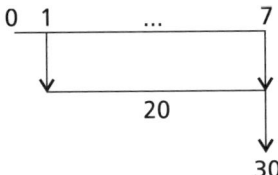

é equivalente ao anterior.

Pode-se também afirmar que se tem:

uma **A** = 20 de 6 períodos mais

um **F** = 50 no sétimo período

A Matemática Financeira moderna foi desenvolvida a partir dos conceitos de P, F, A e G, expostos acima. Recomendamos ao leitor não familiarizado reler estes conceitos e, por que não, decorá-los. Eles têm a mesma importância para a Matemática Financeira que as regras básicas tipo + com + = +; + com – = – para a álgebra.

1.6 Exercícios

1. Represente os fluxos de caixa formados por:
   a) Uma série **A** no valor de UM 100 e de dez períodos mais dois valores isolados de UM 50 cada um, um no terceiro período outro no sétimo período.
   b) Uma série **A** de UM 5 mais uma série G de UM 2, ambas de 15 períodos.
   c) Uma série **A** de UM 100 menos uma série G de UM 3, ambas de 20 períodos.

2. Mostre, por meio de exemplos, que uma série uniformemente decrescente pode ser decomposta em uma série **A** menos uma série **G**.

3. Represente sob forma de fluxos de caixa as seguintes alternativas de negócios:

   a) compra de um bem à vista por UM X ou
      - em três vezes, sendo uma de entrada e acréscimo de 10%;
      - em três vezes, sem entrada e acréscimo de 15%.

      Nota: considere prestações iguais.

   b) Uma dívida de UM 50.000 com vencimento em um mês pode ser rolada por seis meses, ficando o débito em prestações de UM 10.000.

1.7 Utilização de calculadora financeira

O livro apresenta a solução de exercícios dos capítulos de Matemática Financeira e dos capítulos iniciais de Engenharia Econômica, realizados também por calculadora financeira. Escolheu-se a calculadora modelo HP12C por ser a de maior uso. Optou-se também por trabalhar com o sistema Notação Polonesa Reversa (NPR ou RPN, em inglês) em lugar do sistema Hierarquia Algébrica, correntemente utilizado nas demais calculadoras. O Sistema RPN permite uma operação mais rápida. Já a hierarquia algébrica é mais apropriada à programação. Então, na prática, está ocorrendo uma convenção: operação por calculadora por sistema RPN e programação pelo sistema de Hierarquia Algébrica, via planilhas eletrônicas.

Os exercícios foram escolhidos nos capítulos dedicados à Matemática Financeira, espaço em que a calculadora tem mais utilidade. Para exercícios de maior complexidade, em que a preparação dos fluxos de caixa envolve vários itens de entradas e saídas, recomenda-se o uso de planilhas financeiras. No Capítulo 12, há uma aplicação de Análise Econômico-Financeira de Projetos, com Planilha Eletrônica, modelo esse disponível como material suplementar fornecido pela editora em seu *site*.

Vale lembrar as diferenças nas notações entre a Notação Internacional e a notação da calculadora HP12C. A tabela a seguir mostra as diferenças:

Notação Internacional (NI)	Calculadora HP12C	Observações
n	n	Número de períodos
i	i	Taxa de juros ou *Interest*, na NI expressa em decimal, e na HP expressa em porcentagem
P	PV	Presente ou *Present*, na NI, e *Present Value* na HP
A	PMT	Série Uniforme ou *Anuity**, na NI, e *Payments* na HP
F	FV	Futuro ou *Future* na NI e *Future Value* na HP

* *Anuity* ou Anuidade, mas pode significar mensalidade, semestralidade ou outra periodicidade. Ambas as notações são consagradas e podem ser utilizadas e reconhecidas em qualquer lugar do mundo.

Você sabia?

Desde os primórdios da história, existe a preocupação do ser humano em acumular recursos, em ter posses, em ampliar sua riqueza. E encontra-se a preocupação também de saber se seus investimentos terão retorno, quer seja uma pessoa ou grupo de pessoas, uma organização ou grupo de organizações, ou um governo.

Quando alguém começou a fazer contas? Não se sabe. Por certo, na pré-história, alguém já tentou levar vantagem emprestando um tacape e pedindo, em troca desse aluguel, um colar ou algo parecido. Na história, na Mesopotâmia, foram encontrados registros de empréstimos governamentais de sementes, tendo o agricultor que devolver a quantidade de sementes emprestadas e um pouco mais. Esse "um pouco mais" seria o primeiro registro histórico de cobrança de juros.

Mais tarde, já na época DC – depois de Cristo – , achados mostram um tratado romano justificando os juros sobre juros, ou seja, juros compostos, quando havia um atraso nos pagamentos.

No início do Renascimento, os bancos venezianos já detinham a processualística de como calcular e cobrar prestações de empréstimos. Mas tudo ainda no sistema de juros sobre o saldo devedor e sem uma matemática propriamente dita. Afinal, fazia pouco tempo que os árabes haviam incrementado o sistema de algarismos hindus e criado os algarismos arábicos. Era difícil escrever uma equação ou simplesmente uma fórmula.

Mas só com a descoberta dos logaritmos, no século XVII (o escocês John Napier divulgou seu trabalho em 1614), é que finalmente foi possível criar uma Matemática Financeira. Nos juros compostos, usam-se muitas expressões exponenciais, só possíveis de resolver com logaritmos. Um dos desenvolvimentos foi feito pelo inglês Richard Price, ao criar a fórmula para se calcular prestações iguais num financiamento e publicar seu texto em 1771. Utilizado inicialmente na França, esse sistema foi denominado Sistema Francês de Amortização, em contraponto ao Sistema de Amortização Constante, que vinha sendo utilizado até então, desde os bancos venezianos. Mas, na falta de calculadoras, criaram-se tabelas com os fatores para calcular as prestações denominadas no Brasil de Tabelas Price.

Mas a Matemática Financeira vinha se desenvolvendo no ambiente bancário, com a finalidade de mostrar, em equações, a equivalência entre valores em datas distintas. Basicamente, a Matemática Financeira traduz em equações a expressão "tempo é dinheiro". Nos séculos XVIII e XIX, outro tipo e profissional passou a se preocupar com a equivalência entre parcelas em datas distintas: o Engenheiro. Mas isso você ficará sabendo ao final do Capítulo 7.

2 Relações de Equivalência

2.1 Relação entre *P* e *F*

2.2 Períodos não inteiros

2.3 Relação entre *F* e *A*

2.4 Combinação de fatores

2.5 Relação entre *P* e *A*

2.6 Séries perpétuas

2.7 Relações envolvendo a série em gradiente

2.8 Séries em gradiente exponencial

2.9 Exercícios com respostas

2.10 Séries antecipadas

Neste capítulo, serão apresentados os métodos utilizados para transformar fluxos de caixa. Em outras palavras, serão estudadas as fórmulas e a utilização das tabelas financeiras.

2.1 Relação entre *P* e *F*

Objetivo: Transformar um valor presente em um montante equivalente e vice-versa, o que permite resolver problemas do tipo:

a) Qual valor que deverá ser investido hoje a determinada taxa de juros para se obter uma quantia F após certo tempo?

b) Investindo hoje uma quantia P a uma taxa, qual a quantia F obtida após n períodos?

Dedução: Será resolvido o problema:

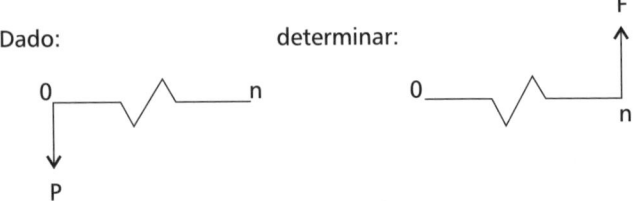

Se foi emprestada uma quantia **P** após o primeiro período de capitalização, a dívida será:

Principal + juros = $P + iP = P(1+i)$

No final do segundo período, teremos:

Dívida anterior + juros = $P(1+i) + iP(1+i) = P(1+i)^2$

Ao final do terceiro período, ter-se-á:

Dívida anterior + juros = $P(1+i)^2 + iP(1+i)^2 = P(1+i)^3$

Generalizando, pode-se concluir que ao final de n períodos o montante será:

$$\boxed{F = P(1+i)^n} \qquad (2)$$

Esta é a única fórmula que é necessário decorar em Matemática Financeira. Convém, pois, fazer um sacrifício...

O fator $(1+i)^n$ é também expresso como **(F/P; i; n)**, isto é, achar **F** dado **P** à taxa **i** em **n** períodos.

Pode-se escrever:

$$\boxed{F = P(F/P; i; n)} \qquad (3)$$

Se for desejado achar **P** a partir de **F**, basta transformar a relação (2).

$$\boxed{P = F \frac{1}{(1+i)^n}} \qquad (4)$$

O fator $P = F \dfrac{1}{(1+i)^n}$ é expresso como **(P/F; i; n)**, isto é, achar **P** dado **F** à taxa **i** em **n** períodos.

Exercício 2.1: Paulo conseguiu um papagaio (empréstimo) de UM 100.000,00 em um banco que cobra 5% ao mês de taxa de juros. Quanto deverá pagar se o prazo do empréstimo for de cinco meses?

Solução:

$$F = P(1+i)^n$$
$$= 100.000\,(1+0,05)^5$$
$$= 127.628,16$$

Na solução da calculadora financeira HP12C, primeiramente vamos utilizar as funções aritméticas da calculadora, colocando a sequência de operações no lado esquerdo e os resultados no lado direito. Vale lembrar que, no sistema RPN, primeiramente colocam-se os números, e depois se efetiva a operação.

Deve-se ajustar a precisão. Utilizando-se, por exemplo, duas casas decimais, pressionam-se na sequência as teclas "f" e "2".

1 enter	
0,05 +	
5 y^x	
100.000 x	127.628,16

Utilizando-se agora as funções financeiras:

100.000 CHS PV	
5 i	
5 n	
0 PMT	
FV	127.628,16

Exercício 2.2: Após quantos meses um capital empregado a 5% a.m. duplica seu valor?

Solução:

No caso de **F = 2P**

Substituindo em **(2)**, temos: $(1,05)^n = 2$; $n \log 1,05 = \log 2$

onde:

n = 14,21

ou seja, são necessários 15 meses para mais do que duplicar o capital empregado.

Este exercício também pode ser resolvido com uma calculadora financeira ou com auxílio de uma tabela de fatores financeiros:

Se F = 2P, então de (3):

(F/P; i; n) = 2

Verificando-se na tabela (disponível como material suplementar no *site* da editora) de 5%, vê-se que n está compreendido entre 14 e 15. Pode-se fazer a interpolação linear para uma aproximação razoável.

Pelas funções financeiras da calculadora:

2 FV
1 CHS PV
0 PMT
5 i
n   15,00

Obs.: A calculadora arredonda o n para o número inteiro acima.

Exercício 2.3: Caso a inflação esteja estabilizada em 20% ao ano, calcule em quantos anos os preços triplicam.

Solução:

As fórmulas desenvolvidas servem tanto para cálculo de juros quanto para cálculo envolvendo inflação, correção monetária e aumentos em geral desde que expressos em taxas por período.

Semelhantemente ao exercício 2.2, temos:

F = 3P

Na tabela de 20%

(F/P; 20%; n) = 3 para n ≅ 6

ou seja, quando a inflação é de 20% ao ano, os preços praticamente triplicam a cada seis anos:

Sem a tabela: F/P = 3 = $(1,20)^n$

Então: n = ln3/ln1,2 = 6,03

Ou com a calculadora financeira:

```
3 FV
1 CHS PV
0 PMT
20 i
n           7,00
```

Neste caso, o arredondamento para cima causou uma diferença significativa. Nos casos de n como incógnita, o melhor é utilizar as funções tradicionais da calculadora. Porém, primeiro é necessário equacionar a solução:

$F/P = 3 = (1{,}20)^n$

Então: $n = \ln 3 / \ln 1{,}2 = 6{,}03$

Entrando agora na calculadora:

```
3 ln
1,2 ln
/           6,03
```

Exercício 2.4: Paulo emprestou a um amigo UM 2.500, o qual liquidou a dívida pagando UM 2.730 após dois meses. Qual a taxa de juros envolvida na transação?

Solução:

No caso, temos:

$P = 2.500$

$F = 2.730$

$n = 2$

$i = ?$

como

$F = P(1 + i)^n$

$2.730 = 2.500 \,(1 + i)^2$

$(1 + i)^2 = \dfrac{2.730}{2.500} = 1{,}092$

$1 + i = \sqrt{1{,}092}$

$i = 1{,}045 - 1 = 0{,}045$

$i = 4{,}5\%$ ao mês

ou, com a calculadora financeira:

2.500 CHS PV	
2.730 FV	
2 n	
0 PMT	
i	4,50%

Nota: As situações envolvendo a determinação de i serão examinadas mais detalhadamente no Capítulo 3.

Antes de passar para o próximo tópico, resolva o primeiro dos exercícios propostos no item 2.9.

2.2 Períodos não inteiros

As transformações de fluxos de caixa envolvendo períodos não inteiros podem ser feitas de duas maneiras:

- pela convenção linear;
- pela convenção exponencial.

Ambos os métodos podem ser considerados corretos, embora conduzam a resultados ligeiramente diferentes.

A convenção linear consiste na determinação do resultado por interpolação linear (regra de três).

Ao utilizarem-se as fórmulas com expoentes fracionários obtém-se o resultado pela convenção exponencial, a qual é condizente com o conceito de equivalência.

Exercício 2.5: Qual é o montante obtido pela aplicação de UM 10.000,00 a 5% a.m. durante 14 meses e 15 dias?

a) pela convenção linear;

b) pela convenção exponencial.

Solução:

a) Convenção linear:

Por esta convenção, calculam-se os valores capitalizados a 14 e 15 meses. Uma interpolação linear fornecerá a resposta:

(F/P; 5%, 14) = 1,97993

(F/P; 5%, 15) = 2,07893

2,07893 − 1,97993 = 0,099

Interpolação:

0,099 → 30 dias

X → 15 dias ∴ X = 0,0495

O fator será:

1,97993 + 0,0495 = 2,029430

F = 10.000 × 2,02943 = 20.294,30

Outra maneira é aplicando o fator **F/P** dos juros compostos para 14 meses e o fator **F/P** dos juros simples para 0,5 mês, visto serem os juros simples lineares.

F = 10.000 × (F/P; 5%, 14) × (1 + 0,05 × 0,5)

= 20.294,30

O *default* de calculadora é tratar a parte fracionária do número de períodos pela convenção linear. Então:

10.000 CHS PV

5 i

14,5 n

0 PMT

FV   20.294,30

b) Convenção exponencial:

Por esta convenção, aplica-se o fator F/P dos juros compostos por 14,5 meses.

F = 10.000 × (1 + 0,05)^{14,5} = 20.288,26

Por esta convenção, deve-se adicionar o "c" de composto no visor da calculadora, de modo a tratar todo o "n" por juros compostos. A combinação das teclas "STO" e "EEX" coloca (ou retira) o "c" no visor. Então basta pressionar novamente FV, e tem-se 20.288,26.

Graficamente, tem-se a seguinte situação:

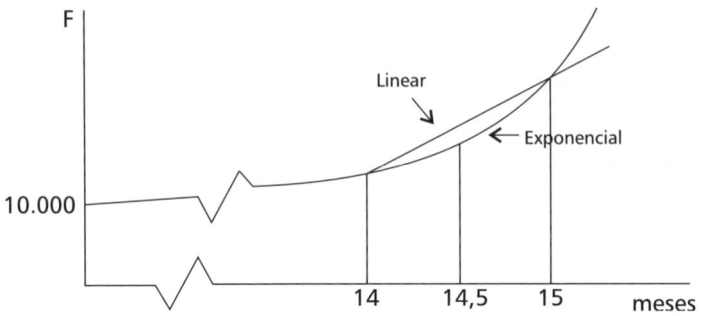

O gráfico mostra por que o resultado obtido pela convenção linear é ligeiramente superior ao resultado da convenção exponencial.

Uma observação importante é que muitos países só utilizam taxas anuais. Como são taxas baixas, menores do que 10% a.a., para períodos inferiores a um a diferença entre juros simples e compostos é muito pequena. Então trabalham com convenção exponencial para "n" inteiro maior do que 1 ano, e convenção linear para as frações de ano. Em outras palavras, juros compostos são aplicados na parte fracionária. Por *default*, a própria calculadora HP12C calcula desta maneira. Caso se necessite de convenção exponencial para frações, ou seja, juros compostos puros, deve-se adicionar o "c" ao visor, conforme visto no último exercício.

No Brasil, o normal é utilizarmos sempre juros compostos com convenção exponencial, o que, em nossa opinião, é o correto. Portanto, recomenda-se deixar sempre o "c" no visor da calculadora.

Exercício 2.6: Se o título paga 5% líquido, efetivo ao mês, calcule qual o montante obtido aplicando-se UM 100.000,00 durante 45 dias.

Solução:

Como a taxa é efetiva, deverá ser utilizada a convenção exponencial.

$$F = 100.000 \, (1,05)^{1,5} = 107.593$$

Se a quantia acima fosse de um empréstimo pelo prazo de 60 dias mas fosse possível saldar a dívida 15 dias antes de seu vencimento, provavelmente o montante seria calculado pela convenção linear.

$$F = 100.000 \times \frac{(1,05)^1 + (1,05)^2}{2} = 107.625$$

Então, temos a solução pela convenção exponencial, na calculadora:

```
10.000 CHS PV
5 i
1,5 n
0 PMT
FV                          107.592,98
```

E, pela convenção linear, retira-se o "c" do visor da calculadora pressionando STO e EEX, e ela trata a parte fracionária linearmente. Pressionando FV, temos 107.625,00.

2.3 Relação entre *F* e *A*

Objetivo: Obter um montante F equivalente a uma série uniforme de pagamentos A, e vice-versa. Um exemplo é o caso de depósitos programados para uma retirada futura.

Dedução: Vamos resolver o problema:

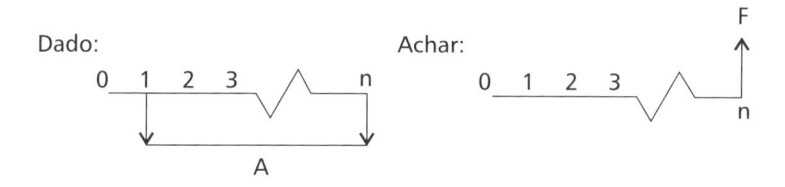

Levando sucessivamente todas as prestações A para o futuro, temos:

$$F = A(1+i)^{n-1} + A(1+i)^{n-2} + A(1+i)^{n-3} + \ldots + A(1+i) + A$$

1º pgto.   2º pgto.   3º pgto.   penúltimo último

$$F = A[1 + (1+i) + \ldots + (1+i)^{n-2} + (1+i)^{n-1}]$$

Entre os colchetes, tem-se uma progressão geométrica com **n** termos, sendo o primeiro 1 e a razão **(1 + i)**. Recorrendo-se à expressão da soma dos termos de uma progressão geométrica, obtém-se:

$$\boxed{F = A\frac{(1+i)^n - 1}{i}} \qquad (5)$$

O fator $\dfrac{(1+i)^n - 1}{i}$ é (F/A; i; n), achar **F** dado **A** à taxa **i** em **n** períodos. Sua inversão permite encontrar (6).

$$A = F \dfrac{i}{(1+i)^n - 1} \quad (6)$$

ou

$$A = F\,(A/F;\ i;\ n) \quad (7)$$

2.4 Combinação de fatores

Seja o fluxo de caixa:

```
0  1  2  3  4  5  6  7  8    i = 5%
         100
```

Vamos supor que desejamos obter o valor futuro F, não no período 6, mas no período 8. Este valor não pode ser obtido diretamente aplicando-se apenas o fator **(F/A; i; n)**. Se multiplicarmos 100 por **(F/A; 5%; 6)**, obteremos o valor futuro no período 6, o qual será chamado de **F6**, conforme mostra o fluxo de caixa abaixo.

```
0  1  2  3  4  5  6  7  8    i = 5%
              680,1912
```

F6 = 100 × 6,801912

A transferência deste valor para o período 8 envolve uma transformação de **P** em **F**, ou melhor, a multiplicação pelo fator **(F/P; 5%; 2)**:

F = 680,1912 × 1,1025 = 749,9108

Estas duas transformações poderiam ter sido feitas em série, ou seja, pela expressão:

F = 100 (F/A; 5%; 6) × (F/P; 5%; 2)

= 100 × 6,801912 × 1,1025

= 749,9108

No decorrer deste livro, os cálculos serão feitos em série e sem resultados intermediários. Isto exigirá dos leitores mais atenção, mas irá torná-los capazes de resolver exercícios mais rapidamente e evitará erros. Além disso, é bem mais elegante!

2.5 Relação entre *P* e *A*

Objetivo: Obter o valor presente equivalente a uma série uniforme e vice-versa. Isto permitirá resolver problemas de determinação de prestações mensais, preços à vista ou a prazo.

Dedução: Será determinada a fórmula que permite a seguinte transformação:

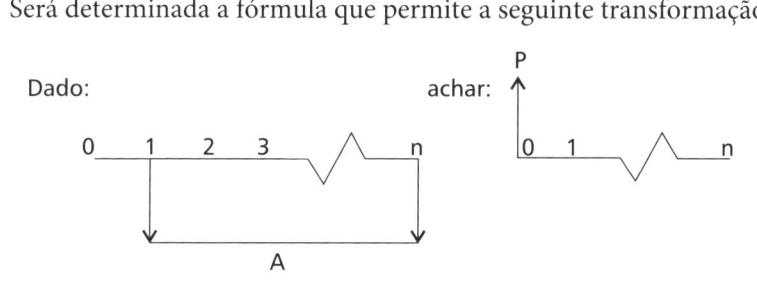

Trazendo sucessivamente os valores do 1º, 2º etc. pagamentos para o presente, obtém-se

$$P = \frac{A}{(1+i)} + \frac{A}{(1+i)^2} + \frac{A}{(1+i)^3} + \ldots + \frac{A}{(1+i)^n}$$

1º pgto.   2º pgto.   3º pgto.   nº pgto.

Fazendo as transformações devidas e aplicando-se a expressão de soma dos termos de uma Progressão Geométrica decrescente limitada, obtém-se:

$$\boxed{P = A\frac{(1+i)^n - 1}{i(1+i)^n}} \tag{8}$$

Se considerarmos:

$$A\frac{(1+i)^n - 1}{i(1+i)^n} = (P/A; i; n), \text{ então } \boxed{P = A(P/A; i; n)} \tag{9}$$

ou

$$\boxed{A = P\frac{i(1+i)^n}{(1+i)^n - 1}} \tag{10}$$

e

$$\boxed{A = P(A/P; i; n)} \tag{11}$$

Exercício 2.7: Paulo está interessado em comprar uma moto, cujo preço à vista é UM 4.000,00. Se Paulo der uma entrada de UM 500,00 e pagar o restante em 24 meses, qual será o valor da prestação se a taxa for de 5% ao mês?

Solução:

Valor financiado = 4.000,00 − 500,00 = 3.500,00. O problema agora se resume em achar o valor de A no fluxo de caixa a seguir:

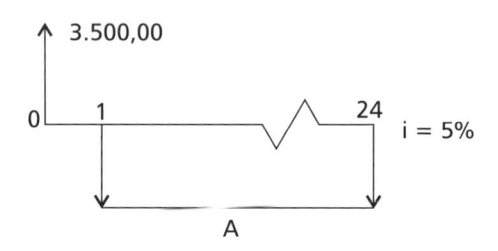

$$A = P \,(A/P; 5\%; 24)$$
$$= 3.500,00 \times 0,07247$$
$$= 253,65$$

Pela calculadora financeira:

3.500 CHS PV
24 n
5 i
0 FV
PMT   253,65

Variante:

Paulo negociou com a loja no sentido de reduzir o valor das prestações para UM 250,00 e pagar numa 25ª prestação a diferença acumulada. Qual o valor desta 25ª prestação, considerando-se a incidência da mesma taxa de juros?

Solução:

Trata-se de achar um valor futuro, no 25º período, de uma série que vai do período 1 ao 24. Em termos de fluxo de caixa, temos:

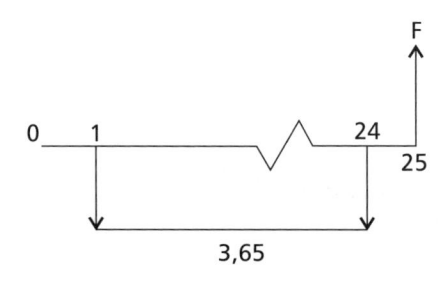

A expressão

F = 3,65 (F/A; 5; 24)

dá-nos o valor que deveria ser pago no 24º período. Multiplicando este valor por 1 + i = 1,05, obtém-se o resultado desejado:

F = 3,65 × 44,502 × 1,05
= 170,55, ou:

3,65 CHS PMT	
24 n	
5 i	
FV	162,43
1,05 x	170,55

Outra maneira de obter este resultado seria pela expressão:

F = 3,65 × (F/A; 5%; 25) − 3,65

F = 3,65 × 47,72709 − 3,65

= 170,55

Qual a explicação para a segunda solução?

Exercício 2.8: Um objeto custa à vista UM 5.000,00. Se o comprador der uma entrada de UM 1.000,00, quantas prestações mensais de UM 500,00 deverão ser pagas e qual o valor da última prestação caso a loja cobre juros de 5% ao mês?

Solução:

A quantia financiada é de UM 4.000,00. Logo, deverá ser determinado quantas prestações de UM 500,00 equivalem a UM 4.000,00 a 5% a.m.

Como o número de prestações possivelmente não será inteiro, sobrará uma quantia inferior a UM 500,00 a ser paga ao final.

Supondo, entretanto, que o número de prestações seja inteiro, tem-se:

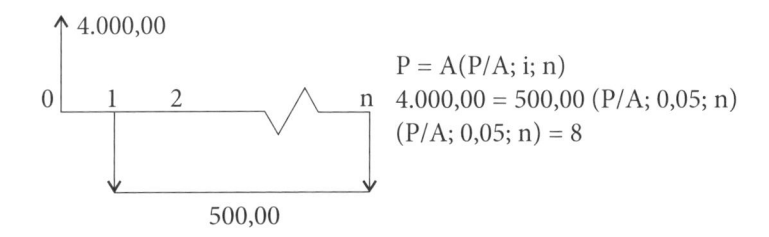

P = A(P/A; i; n)

4.000,00 = 500,00 (P/A; 0,05; n)

(P/A; 0,05; n) = 8

Verificando-se a tabela de 5% na coluna **P/A,** observa-se que para:

n = 10,   P/A = 7,72173
n = 11,   P/A = 8,30641

Pela calculadora:

4.000 PV	
500 CHS PMT	
0 FV	
5 i	
n	11

A calculadora arredonda o "n" para cima.

Ou seja, se o comprador pagar 10 prestações, a dívida não terá sido completamente saldada. Se o comprador pagar 11 prestações terá pago a mais.

O comprador deverá pagar, então, 10 prestações de UM 500,00 mais uma quantia inferior a UM 500,00 no 11º período:

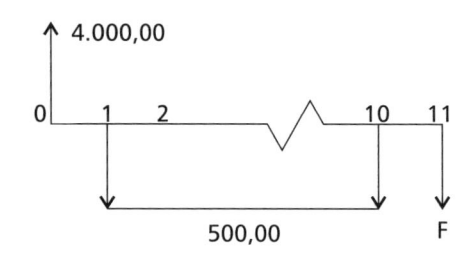

$$4.000 = 500 \times (P/A; 0,05; 10) + F(P/F; 0,05; 11)$$

$$F = \frac{4.000 - 500 \times 7,72173}{0,58468}$$

F = 237,97

Pela calculadora, calcula-se F em 10 e depois transporta-se o valor do período 10 para o período 11.

4.000 PV	
500 CHS PMT	
10 n	
5 i	
FV	–226,63
1,05 x	–237,97

Exercício 2.9: Calcule os valores presentes dos seguintes fluxos de caixa:

a)

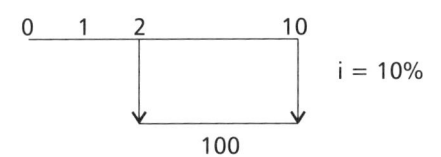

```
0   1   2           10
            |       |       i = 10%
            ↓       ↓
            100
```

b)

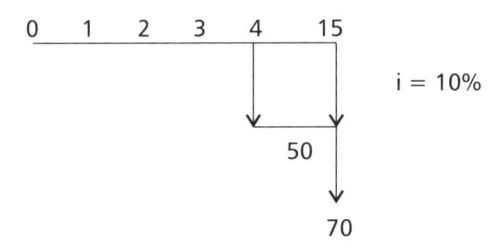

```
0   1   2   3   4           15
                |           |       i = 10%
                ↓           
                50
                            ↓
                            70
```

Solução:

Primeiro calcula-se o valor futuro referente à série uniforme. Depois, calcula-se o valor presente, tudo numa só expressão:

a) P = 100 × (F/A; 10%; 9) × (P/F; 10%; 10)

= 523,55

b) P = 50 × (F/A; 10%; 12) × (P/F; 10%; 15) + 70 (P/F; 10%; 15)

= 272,72

Resolva o exercício anterior sem empregar o fator **(F/A; i; n)**:

Solução:

a) P = 100 (P/A; 10%; 9) (P/F; 10%; 1)

= 523,55

b) P = 50 (P/A; 10%; 12) (P/F; 10%; 3) + 70 (P/F; 10%; 15)

= 272,72

Agora, como exemplo, a solução para a questão "a" na calculadora:

0 FV	
100 CHS PMT	
9 n	
10 i	
PV	575,90
1,1 /	523,55

2.6 Séries perpétuas

Quando em uma série uniforme o número de períodos é muito grande, pode ser conveniente considerá-la infinita. Tal é o caso das aposentadorias ou mensalidades de clubes. O valor presente de uma série perpétua é dado pela relação.

$$P = \lim_{n \to \infty} \frac{A(1+i)^n - 1}{i(1+i)^n} = A \frac{1}{i}$$

ou

$$\boxed{A = i P}$$

Esta última fórmula é bastante compreensível, pois mostra que uma série perpétua corresponde aos juros da quantia devida. Uma pessoa que apenas paga os juros de uma dívida e não amortiza nada nunca terminará de pagar a dívida.

Exercício 2.10: Determine o valor presente de uma série infinita de depósitos de UM 1.000,00, os quais ocorrem a cada ano, sabendo-se que a taxa de juros é de 12% ao ano.

Solução:

Fluxo de caixa:

$$A = Pi$$
$$P = \frac{A}{i} = \frac{1.000}{0,1200} = 8.333,33$$

Através das funções financeiras da calculadora, pode-se colocar um "n" muito grande, por exemplo, 9.999.999.999, que é o máximo suportado por ela. Então:

1.000 CHS PMT	
0 FV	
12 i	
9.999.999.999 n	
PV	8.333,33

Exercício 2.11: De quanto deve ser um depósito que permita retiradas perpétuas de UM 1.000,00 a se procederem a cada dois anos a partir de hoje, sendo a taxa de juros de 21,55% ao biênio?

Solução:

Principal na data de hoje:

$$P = \frac{A}{i} = \frac{1.000}{0,2155} = 4.640,37$$

Ou, pela calculadora, sem o uso das funções financeiras:

1.000 ENTER	
0,2155 /	4.640,37

2.7 Relações envolvendo a série em gradiente

A dedução das fórmulas envolvendo a série gradiente não será apresentada, pois foge dos objetivos do curso, porém, como nos demais casos, também está baseada na teoria das progressões.

As relações são as seguintes:

$$\boxed{P = G \times \left\{ \left[\frac{(1+i)^n - 1}{i^2} - \frac{n}{i} \right] \frac{1}{(1+i)^n} \right\}} \tag{13}$$

ou

$$\boxed{P = G(P/G; i; n)} \tag{14}$$

e

$$A = G \times \left[\frac{1}{i} - \frac{n}{i} \times \frac{i}{(1+i)^n - 1} \right]$$ (15)

$$A = G \times (A/G; i; n)$$ (16)

As relações (14) e (16) acham-se tabeladas e permitem obter o valor presente ou a série uniforme equivalente a uma série em gradiente.

Exercício 2.12: Qual o valor presente do seguinte fluxo de caixa a uma taxa de 5%?

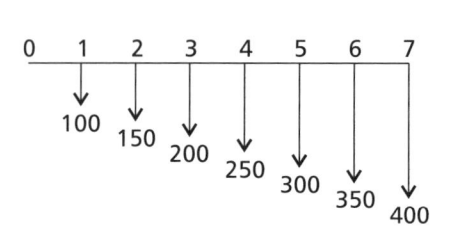

Solução:

A série acima é composta de uma série uniforme de 100 mais uma série em gradiente de 50.

(Note que a série em gradiente é definida com o início no período dois).

Tem-se:

P = 100 (P/A; 0,05; 7) + 50 (P/G; 0,05; 7) = 1.390,24

Exercício 2.13: Determine a série uniforme equivalente ao seguinte fluxo de caixa:

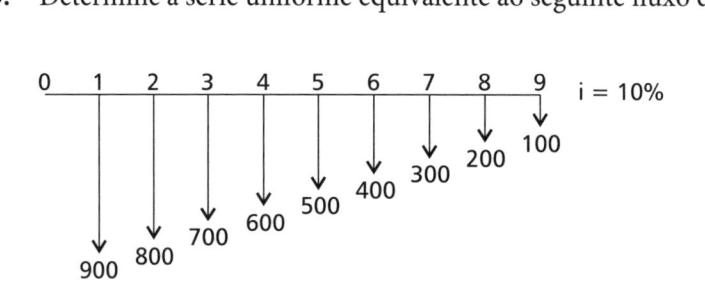

Solução:

A série acima não foi definida mas pode ser desdobrada nas séries estudadas A e G.

A soma das séries:

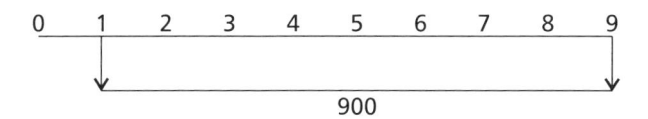

```
0   1   2   3   4   5   6   7   8   9
    ↓                               ↓
              900
```

e

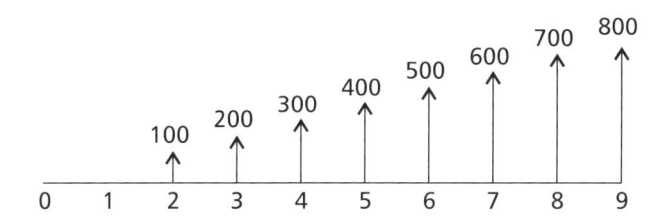

```
                                    800
                                700 ↑
                            600 ↑
                        500 ↑
                    400 ↑
                300 ↑
            200 ↑
        100 ↑
         ↑
0   1   2   3   4   5   6   7   8   9
```

dá como resultado a série em questão. Logo:

A = 900 − 100 (A/G; 0,1; 9)

A = 900 − 100 × 3,372

A = 562,80

Exercício 2.14: Dado o seguinte fluxo de caixa:

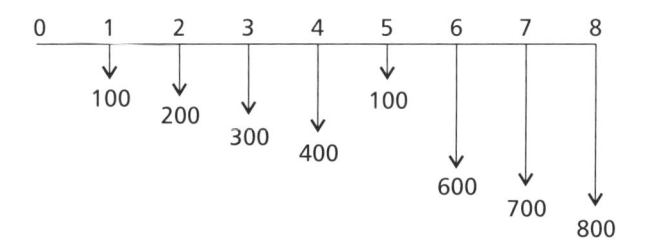

Calcule:

a) O valor presente equivalente a uma taxa de 10% a.p.

b) A série uniforme equivalente a uma taxa de 20% a.p.

Solução:

a) P ou VP ou VPL = uma série A de 100 (c/8 per.) +
uma série G de 100 (c/8 per.)
um valor futuro de 400 no 5º per.

P = 100 (P/A; 10%; 8) + 100 (P/G; 10%; 8) − 400 (P/F; 10%; 5)
= 1.887,99

b) A = 100 + 100 (A/G; 20%; 8) − 400 (P/F; 20%; 5) × (A/P; 20%; 8)
= 315,79

2.8 Séries em gradiente exponencial

Um tipo de série que pode acontecer, especialmente em cálculos previdenciários, é a série gradiente com crescimento exponencial. Vamos supor que alguém ganhe hoje 100 mil UM por ano e queira fazer um fundo de aposentadoria por 35 anos, recolhendo 20% a esse fundo. E que seu salário vá crescer 4% a.a., o que faria com que chegasse ao final da carreira ganhando quase quatro vezes o que ganha hoje. E mais: que esse fundo rendesse 6% a.a. Qual seria o montante acumulado ao final dos 35 anos?

A série gradiente exponencial pode ser representada deste modo:

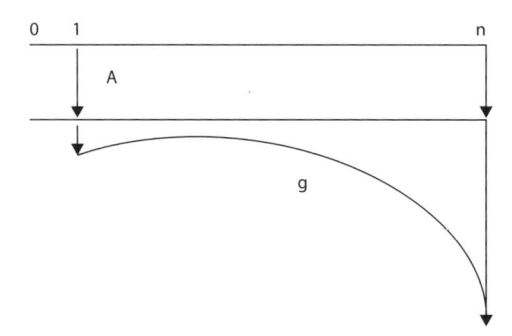

Onde A representa a série de partida ou, no exemplo, o quanto recolheria ao fundo por esse ano alguém interessado em fazer o investimento no plano. Hoje, ele ganha 100 mil por ano e recolheria 20 mil. Mas, no ano seguinte, ganhará 104 mil e recolheria 20,8 mil. Depois ganharia 108.160 e recolheria 21.632. E assim sucessivamente. Então haverá um crescimento das parcelas de 4% a.a. Esse é o "g", a taxa de crescimento exponencial da série, ou Gradiente Exponencial.

Mas, para se descontar esse fluxo de caixa, vai se utilizar o "i" de 6% a.a. Esse fluxo vai crescer a uma taxa g, ou ser multiplicado sucessivamente por (1 + g). Para se calcular o P, ele será descontado a uma taxa i, dividido sucessivamente por (1 + i).

Então, para calcular o P, é como se capitalizássemos a série a uma taxa g, e a descontássemos a uma taxa i. Então pode-se entrar diretamente na fórmula do P/A, usando como taxa a diferença entre a taxa i de desconto e a taxa g de crescimento da série, ou seja, cria-se uma taxa específica de desconto ie calculada da seguinte maneira:

$(1 + ie) = (1 + i) / (1 + g)$.

E, na fórmula:

$$P = A \frac{(1 + i)^n - 1}{i(1 + i)^n}$$

Substitui-se i por ie.

Para o problema proposto, temos:

A = 20.000 UM (20% de 100 mil)

N = 35 anos

Ie = (1 + 0,06) / (1 + 0,04) − 1 = 0,01923 ou 1,923% a.a.

O cálculo de P indicará um presente de 506.063,10.

Para calcularmos o montante, levamos esse valor ao futuro a 6% a.a. usando a fórmula do cálculo do F dado P. Assim, teremos F = 3.889.644,89.

Por curiosidade, considerando que, após esses 35 anos, a expectativa de vida dessa pessoa seja de mais de 30 anos, quanto ela poderia retirar por ano?

Bem, esse F = 3.889.644,89 passa a ser o P para os próximos 30 anos, e vamos calcular o novo A, a 6% a.a., que será sua aposentadoria anual.

Utiliza-se a fórmula do A dado P, para

N = 30 anos

P = 3.889.644,89

i = 6% a.a.

E o resultado para A é de 282.578,47.

É razoável? Teríamos que comparar com seu provável último salário anual, que seria de $100.000 \cdot (1,04)^{35} = 394.608,90$. Ou seja, a aposentadoria proporcionada pelo fundo seria de 72% do último salário anual.

2.9 Exercícios com respostas

1. Paulo tem uma dívida formada por três parcelas com vencimentos em dois meses, cinco meses e seis meses sendo os valores UM 800, UM 1.000 e UM 600, respectivamente. O

credor, para quem o dinheiro vale 5% ao mês, sugere que a dívida seja liquidada imediatamente, ou que o total seja pago em um ano. Quanto Paulo teria que pagar:

a) agora?

b) em um ano?

2. Ache os seguintes fatores na tabela financeira ou calcule-os utilizando as fórmulas:

a) Valor atual de um montante quando n = 48; i = 1,5%;

b) (P/G: 41%; 21);

c) (A/G; 2,25%; 36).

3. Ache os seguintes fatores na tabela financeira:

a) (A/F; 5%; 15)

O que permite este fator?

b) Valor hoje de uma quantia depositada há um ano rendendo juros de 5% ao mês.

4. Calcule com o auxílio de uma calculadora:

a) (F/G: 75%; 10)

observe que (F/G; i; n) = (P/G; i; n) × (F/P; i; n);

b) (P/F; 12,5%; 10,6);

c) (P/G; 21%; 45).

5. Qual o valor atual dos seguintes fluxos de caixa?

a)

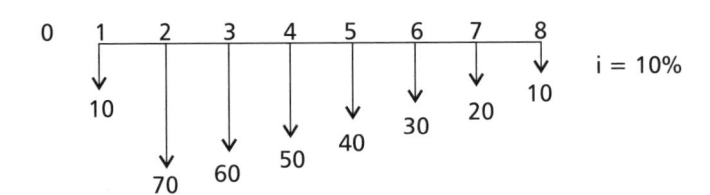

b)

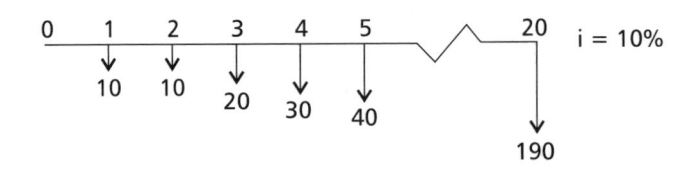

6. Ache a série uniforme equivalente ao seguinte fluxo de caixa:

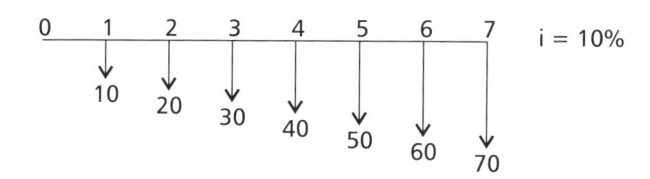

```
0   1   2   3   4   5   6   7       i = 10%
    ↓   ↓   ↓   ↓   ↓   ↓   ↓
   10  20  30  40  50  60  70
```

7. a) Nos dez primeiros aniversários de Paulo, seu tio investirá UM 10.000,00 por ano em letras (letras de UM 10.000,00). As letras rendem 40% ao ano e se destinam a financiar os estudos universitários de Paulo, bem como a ajudar no pagamento de seu primeiro carro por ocasião de sua formatura. Se Paulo retirar UM 1.500.000,00 no 18º aniversário, UM 1.700.000,00 no 19º aniversário, UM 3.900.000,00 no 20º, UM 5.100.000,00 no 21º e UM 6.300.000,00 no 22º, quanto irá sobrar no 23º aniversário para dar entrada na compra do carro?

   b) Se a inflação for de 35% a.a., quanto representa esta quantia em moeda atual (na data do nascimento de Paulo)?

8. Uma pessoa deseja formar, em quatro anos, um fundo de aposentadoria através de depósitos mensais em um banco que paga 7% ao ano de juros. Se o valor da aposentadoria for de UM 500,00 ao mês, qual deve ser o valor dos depósitos?

9. Você é o dono de uma loja que pretende vender em três vezes sem entrada e sem acréscimo ou à vista com X% de desconto. Após um estudo das demais variáveis envolvidas na transação você chegou à conclusão de que a taxa de juros deve ser de 5% ao mês. Qual deverá ser o valor de X?

10. Como Diretor Financeiro de uma escola, você quer oferecer uma alternativa para que os alunos possam efetuar os pagamentos das taxas escolares em cinco mensalidades iguais sem entrada e não mais em uma entrada mais três prestações. Se a taxa de juros a ser considerada na transação é de 4% ao mês, em quantos por cento esta mudança irá alterar o valor da mensalidade?

11. Paulo deve a Carlos dois títulos de UM 20.000 cada um, vencíveis em três e cinco anos. Quanto Paulo deverá aplicar no banco para que possa pagar os títulos com este dinheiro? Considere que o banco paga 7% ao ano.

12. Paulo comprou uma casa financiada em 100 prestações mensais. A primeira prestação custa UM 50.000, a segunda prestação 49.700, a terceira 49.400, e assim sucessivamente, diminuindo periodicamente de UM 300. Sabendo que a taxa foi de 1,5% ao mês, calcule:

    a) o valor financiado;

    b) qual seria a prestação caso ela fosse uma série uniforme.

Respostas: (2.9)

1. a) 1.956,88

   b) 3.514,27

2. 0,4893; 5,94; 15,12

3. a) 0,046342

   Achar a série uniforme (A) equivalente a um valor futuro considerada a taxa de 5% ao período.

   b) (F/P; 5%; 12) 1,7959

4. 463,8034; 0,2869348; 22,6311368

5. a) 202,87

   b) 563,16

6. 37,27

7. a) 11.296.456,29

   b) 11.357,05

8. 1.608,77

9. 9,23%

10. As novas prestações serão 15,2% menores que as anteriores.

11. 30.585,68

12. a) 2.000.000

    b) 38.741,14

2.10 Séries antecipadas

Nos casos de relacionamento entre **P** e **A** e entre **F** e **A** tratados até aqui, foram consideradas séries uniformes ditas postecipadas, ou seja, a série inicia no período 1 e termina no período **n**.

Frequentemente, ocorrem situações em que a série inicia no período "zero" e termina no período **n – 1**. Um exemplo é o caso da compra a prazo com entrada onde se relacionam **P** e uma série **A'** dita antecipada. Outro exemplo seria o caso de depósitos regulares, a partir de hoje, até um período **n – 1**, para uma retirada futura em **n**, onde se relaciona uma série antecipada **A'** com um valor futuro **F**.

RELACIONAMENTO ENTRE P e A'

Se considerarmos o seguinte diagrama:

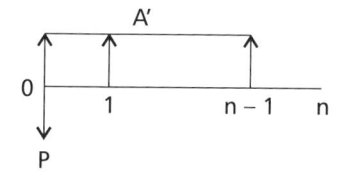

onde **P** é o valor presente e **A'** é a série antecipada, aplicando a expressão (8) sobre **A'**, calculamos **P'** em (– 1):

$$P' = A' \frac{(1+i)^n - 1}{i(1+i)^n} \quad \text{ou} \quad P' = A'(P/A; i; n)$$

Para calcularmos P, levamos P' de – 1 até zero:

$$P = P'(1+i)^1 \text{ ou } P = P'(F/P; i; 1)$$

então

$$\boxed{P' = A' \frac{(1+i)^n - 1}{i(1+i)^{n-1}}} \quad \text{ou} \quad \boxed{P' = A'(P/A; i; n)(F/P; i; 1)}$$

e

$$\boxed{A' = P \frac{i(1+i)^{n-1}}{(1+i)^n - 1}} \quad \text{ou} \quad \boxed{A' = P(A/P; i; n)(P/F; i; 1)}$$

Exercício 2.15: Considere uma venda a prazo. Pergunta-se qual o valor da prestação, para uma venda no valor de UM 100,00, em três pagamentos mensais e iguais, sendo o primeiro no ato da venda. A taxa é de 2% ao mês.

Solução:

$$A' = 100 \frac{0,02(1+0,02)^2}{(1+0,02)^3 - 1} = 33,9956$$

Para séries antecipadas coloca-se "beg" (de *begin*) no visor, pressionando-se "g" e "beg" e:

100 CHS PV
2 i
3 n
0 FV
PMT   34,00 (arredondado para duas casas após a vírgula)

Obs.: Para voltar ao modo postecipado, digita-se "g" e "end".

No relacionamento entre **F** e **A'**, procede-se de maneira análoga:

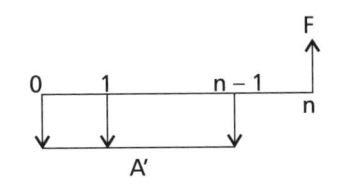

$$F' = A' \frac{(1+i)^n - 1}{i} \quad \text{mas} \quad F = F'(1+i)^1$$

então

$$\boxed{F = A' \frac{[(1+i)^n - 1](1+i)}{i}}$$

ou

$$\boxed{F = A' \, (F/A; i; n) \, (F/P; i; 1)}$$

e

$$\boxed{A' = F \frac{i}{[(1+i)^n - 1](1+i)}}$$

$$\boxed{A' = F \, (A/F; i; n) \, (P/F; i; 1)}$$

Vale lembrar que, para transformar uma série postecipada em antecipada, basta transportá-la no diagrama de fluxo de caixa por um período, ou seja:

$$A' = \frac{A}{(1+i)}$$

3

Considerações sobre Taxas de Juros

3.1 Taxa nominal e taxa efetiva
3.2 Conversão de uma taxa nominal em efetiva
3.3 Conversões entre taxas efetivas
3.4 Taxas cobradas antecipadamente
3.5 Exercícios com respostas sobre taxas nominais e taxas efetivas
3.6 Taxa interna de retorno (TIR) e taxa mínima de atratividade (TMA)
3.7 Exercícios com respostas sobre Taxa Interna de Retorno e Taxa Mínima de Atratividade
3.8 Fluxos de caixa com taxas de retorno complexas
3.9 Juros contínuos e fluxos contínuos

O capítulo aborda taxas nominais e taxas efetivas e conversões, além de introduzir os conceitos de Taxa Mínima de Atratividade (TMA) e Taxa Interna de Retorno (TIR). Ao final, está um texto sobre juros contínuos, abordados com ênfase especialmente na literatura norte-americana.

3.1 Taxa nominal e taxa efetiva

Frequentemente, nas transações financeiras a taxa de juros informada é apenas aparentemente correta. São utilizados artifícios para que a taxa pareça mais elevada ou mais baixa. Se um título rende 36% ao ano, é dito que ele rende 3% ao mês, o que é incorreto; 36% a.a. corresponde a 2,6% ao mês. Uma taxa mensal de 4% a.m. para um empréstimo, é muitas vezes dita 48% a.a. com capitalização mensal. Mas 4% ao mês equivalem a, aproximadamente, 60% a.a.

Para que uma taxa de juros seja considerada efetiva é necessário que o período referido na taxa coincida com o período de capitalização, caso contrário, a taxa será dita nominal. Até agora foram consideradas apenas taxas efetivas.

Exemplos de taxas nominais são:

40% a.a. com capitalização mensal;

12% a.s. com capitalização trimestral.

Quando é dito que a taxa é de 60% ao ano com capitalização mensal, significa que a taxa a ser efetivamente considerada será de:

$$\frac{60\%}{12} = 5\% \text{ ao mês}$$

Ora, 5% aplicados durante 12 períodos equivalem a:

$(1,05)^{12} - 1 = 79,59\%$ ao ano, que é a taxa efetiva anual.

Esta transformação será demonstrada a seguir.

3.2 Conversão de uma taxa nominal em efetiva

Seja uma taxa nominal **r** capitalizada **m** vezes por período. Será determinada a taxa equivalente **i** por período. Seja, ainda, **P** uma quantia emprestada à taxa **r**. O montante **F** formado após um período é:

$$\boxed{F = P\left(1 + \frac{r}{m}\right)^m = P(1 + i)^1} \qquad (17)$$

de onde:

$$\boxed{(1 + i) = \left(1 + \frac{r}{m}\right)^m} \text{ ou } \boxed{i = \left(1 + \frac{r}{m}\right)^m - 1} \qquad (18)$$

ou seja, o montante poderá ser calculado por qualquer uma das taxas: nominal ou efetiva.

Exercício 3.1: Qual a taxa efetiva anual de 30% a.a. com capitalização trimestral?

Solução:

Aplicando a expressão (18):

$$i = \left(1 + \frac{0,3}{4}\right)^4 - 1 = 33,55\% \text{ a.a.}$$

Na calculadora, limpam-se as funções financeiras para apagar resíduos em PMT pressionando "f" e "fin". Arbitra-se, então, 1 UM que ao final de um trimestre será 1,075 UM. E trata-se "n" como anos.

Então:

1 CHS PV
1,075 FV
0,25 n
i   33,55% a.a.

3.3 Conversões entre taxas efetivas

Para a transformação de taxas efetivas, relativas a períodos distintos, utilizam-se as expressões:

$$(1 + i) = (1 + i_m)^m \quad \text{ou} \quad i = (1 + i_m)^m - 1 \qquad (19)$$

onde:

i é a taxa do período maior;

i_m é a taxa do período menor;

m   é o número de vezes que o período menor ocorre no período maior.

Analogamente, dada uma taxa **i** para um período maior; calcula-se a taxa $\mathbf{i_m}$ para um período menor através da expressão:

$$(1 + i_m) = (1 + i)^{1/m} \quad \text{ou} \quad i_m = (1 + i)^{1/m} - 1 \qquad (20)$$

Exercício 3.2: Qual a taxa efetiva mensal equivalente a 12% ao semestre?

Solução:

Aplicando-se (19), tem-se:

$$(1 + 0{,}12) = (1 + i_m)^6$$

ou por (20):

$$\mathbf{i_m} = \text{taxa mensal} = (1 + 0{,}12)^{1/6} - 1 = 1{,}91\% \text{ a.m.}$$

Existe uma forma de converter taxas efetivas sem consultar as fórmulas 19 ou 20. Basta lembrar a única relação que é necessário decorar em Matemática Financeira:

$$F = P(1 + i)^n$$

Em se tratando de taxas efetivas equivalentes, pode-se calcular o valor futuro, F, com qualquer uma destas taxas. Considere, por exemplo, o cálculo do valor futuro de uma quantia aplicada por um ano. Este cálculo pode ser feito tanto a partir da taxa mensal, como pela taxa trimestral:

$$F = P(1 + i_m)^{12} = P(1 + i_t)^4$$

e

$$(1 + i_m)^{12} = (1 + i_t)^4$$

ou seja, a taxa mensal i_m, aplicada 12 vezes, deve dar o mesmo resultado que a taxa trimestral i_t aplicada quatro vezes! (um ano tem 12 meses ou quatro trimestres).

Pode-se, então, definir taxas equivalentes como "duas taxas expressas em periodicidades diferentes, mas que conduzem a um mesmo valor futuro quando aplicadas a um determinado valor presente".

A seguir, a solução através da calculadora, lembrando que o "n" deve ser em meses, pois se quer a resposta em % a.m.

Na calculadora:

1 CHS PV

1,12 FV

6 n

i   1,91% a.m.

Exercício 3.3: Qual a taxa semestral equivalente a 3% ao mês?

Solução:

$$(1 + i_t)^1 = (1 + 0,03)^6$$

(um semestre contém seis meses)

$i_s = (1,03)^6 - 1 = 0,1941$ ou 19,41% a.s.

Agora, o "n" deve ser em semestres:

1 CHS PV

1,03 FV

1/6 n

i   19,41% a.s.

3.4 Taxas cobradas antecipadamente

Infelizmente, nem todos os problemas de taxa efetiva e taxa nominal podem ser resolvidos aplicando-se as fórmulas (18), (19) e (20). Os órgãos financeiros utilizam-se de uma grande variedade de artifícios para encobrir taxas de juros mais altas por eles cobradas efetivamente. Uma das fórmulas utilizadas frequentemente é cobrar os juros antecipadamente.

Exercício 3.4: Calcule a taxa efetiva mensal de juros referente a um empréstimo com prazo de três meses, sabendo que é cobrado antecipadamente uma taxa de 22%.

Solução:

Considera-se um empréstimo de:

UM 100.000,00 – 22% = 78.000,00

Tem-se, pois, o seguinte fluxo de caixa sob o ponto de vista do tomador

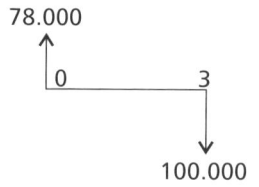

```
        78.000
          ↑
          |_____
          0           3
                      |
                      ↓
                   100.000
```

De onde:

$78.000 (1 + i)^3 = 100.000$

$1 + i = (100/78)^{1/3} = 1,0863$ e $i = 8,63\%$ a.m.

Agora, com a calculadora:

100.000 CHS PV	
78.000 PV	
3 n	
i	8,63% a.a.

Em operações bancárias de desconto de duplicatas, com frequência é utilizado este artifício.

3.5 Exercícios com respostas sobre taxas nominais e taxas efetivas

1. Qual é a taxa equivalente mensal, de 42% ao ano capitalizada trimestralmente?

    R.: 3,38%

2. Qual é a taxa efetiva anual, de 24% ao semestre capitalizada mensalmente?

    R.: 60,1%

3. Uma companhia planeja depositar UM 100.000,00 em um fundo no fim de cada ano, durante os próximos três anos.

    Se o fundo paga uma taxa de juros de 6,00% ao ano, com capitalização quadrimestral, quanto a companhia terá no fim do sexto ano?

    R.: 380.920,27

4. Quais as séries uniformes equivalentes aos seguintes fluxos de caixa?

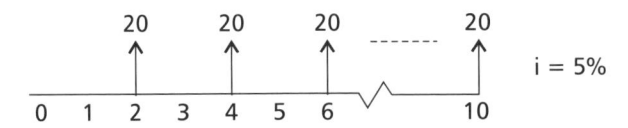

    R.: 9,7558

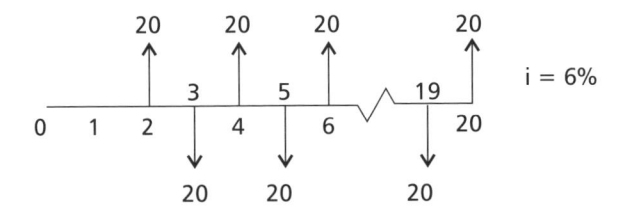

    R.: 1,0625

5. Um agiota empresta dinheiro para mensalistas apertados nas seguintes condições: "Te dou 5.000 e tu me devolverás 5.500 em uma semana." Qual a taxa de juros anual envolvida na transação?

    R.: 14.104,29% a.a.

3.6 Taxa Interna de Retorno (TIR) e Taxa Mínima de Atratividade (TMA)

Por definição, a taxa interna de retorno de um fluxo de caixa é a taxa para a qual o Valor Presente Líquido do fluxo é nulo. O VPL é o somatório dos valores presentes de todas as parcelas.

Exemplo:

É feito um investimento de UM 1.000,00 que renderá UM 200,00 por ano durante seis anos. Qual é a TIR deste investimento?

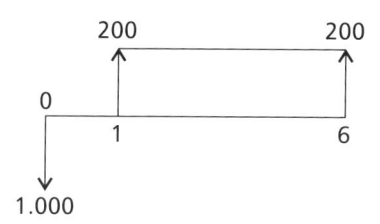

```
                200              200
                 ↑                ↑
        0        |                |
        |        1                6
        ↓
      1.000
```

$$VPL = -1.000 + 200 \times (P/A: i; 6) = 0 \text{ ou } -1.000 + 2000 \frac{(1+i)^6 - 1}{i(1+i)^6} = 0$$

$$(P/A; i; 6) = \frac{1.000}{200} = 5,00$$

Ora, temos uma equação de sexto grau! A taxa de retorno só pode ser encontrada por tentativas e, infelizmente, não existem métodos que permitam obter o resultado em poucas – 2 ou 3 – tentativas. Pode-se utilizar calculadoras financeiras que tenham um método iterativo programado ou, na falta destas, planilhas eletrônicas, ou ainda, tabelas de fatores financeiros.

Verificando nas tabelas, vê-se que o fator 5,00 para (P/A; i; 6) corresponde a uma taxa entre 5% (P/A = 5,08) e 6% (P/A = 4,92).

Uma regra de três pode dar uma aproximação:

0,16 → 1%

0,08 → X e X = 0,5, sendo a taxa então 5,5%. A resposta correta é 5,47%.

Para entender como as calculadoras financeiras e as planilhas eletrônicas fazem este cálculo, tente você mesmo fazê-lo a partir da equação.

Como regra geral, sugere-se o seguinte procedimento para a determinação de taxas de retorno:

1. Arbitrar uma taxa e calcular o valor presente líquido do fluxo de caixa.

    OBS.: Considerando-se o investimento, isto é, o valor no período zero, como negativo e as entradas como positivas.

2. Se o valor presente líquido for positivo (1), aumentar o valor da taxa e recalcular. Se for negativo, diminuir o valor da taxa e recalcular.

3. Repetir o passo 2 até que se chegue a um valor presente líquido tão próximo de zero quanto se queira.

Exercício 3.5: Qual é a taxa de retorno do fluxo de caixa abaixo?

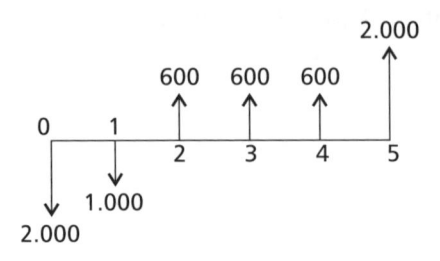

```
                      2.000
                       ↑
          600 600 600  |
           ↑   ↑   ↑   |
   0   1   |   |   |   |
   ────┬───┼───┼───┼───┼──
       │   2   3   4   5
       ↓
     1.000
   2.000
```

Solução:

1. Supondo que a taxa julgada mais adequada seja 4%.

    VPL = $-$ 2.000 $-$ 1.000 (P/F; 0,04; 1) + 600 (P/A; 0,04; 3) × (P/F; 0,04; 1) + 2.000 (P/F; 0,04; 5)

    VPL = $-$ 2.000 $-$ (1.000 × 0,96154) + (600 × 2,775 × 0,96154) + (2.000 × 0,82193) = 283,28

    A aproximação ainda não é boa!

2. A taxa estipulada foi muito baixa, pois VP > 0. Utilizando-se uma taxa de 7%, tem-se:

    VPL = $-$ 2.000 $-$ (1.000 × 0,93458) + (600 × 2,6242 × 0,93458) + (2.000 × 0,71299)

    VPL = $-$ 37,09

3. A taxa efetivamente é mais próxima de 7%. Talvez 6% seja uma boa estimativa.

    VPL = $-$ 2.000 $-$ (1.000 × 0,9434) + (600 × 2,6729 × 0,0434) + (2.000 × 0,74726)

    VPL = 64,09

A melhor estimativa continua sendo 7%. Uma interpolação linear poderá dar uma boa aproximação para a próxima estimativa:

   64,09 + 37,09 = 101,18 → 1,00

   37,09 → x

   x = 0,3666

A nova estimativa será:

   7 $-$ 0,3666 = 6,6334

Arredondando, tem-se 6,6%, que será utilizado para o novo cálculo do VPL:

   VPL = $-$ 2.000 $-$ (1.000 × 0,93805) + (600 × 2,64361 × 0,93805) + (2.000 × 0,72646)

   VPL = 2,80

A estimativa já pode ser considerada suficientemente boa:

i = 6,6%

frente à resposta exata que seria de 6,6279%.

Com a calculadora, deve-se montar a equação do VPL = zero e resolver por processo iterativo, que ela traz embutido.

$$VPL = -2.000 - 1.000 \, (P/F; i; 1) + 600 \, (P/A; i; 3) \times (P/F; i; 1) + 2.000 \, (P/F; i; 5) = zero$$

Utilizam-se as teclas de fluxo de caixa para introduzir os dados e calcula-se a TIR (CF significa *cash flow* ou fluxo de caixa)

2.000 CHS gCF0	
1.000 CHS gCFj	
600 gCFj	
3 gNj	
2.000 gCFj	
fIRR	6,63%

IRR são as iniciais de *Internet Rate of Return*, ou Taxa Interna de Retorno. NPV abrevia *Net Present Value*, ou Valor Presente Líquido.

Caso fosse dada uma Taxa Mínima de Atratividade (TMA – explicada no tópico seguinte), por exemplo, 10% a.a., já se poderia calcular o VPL na sequência, sem necessidade de introduzir as parcelas novamente.

10 i	
f NPV	– 310,78

Essa seria a perda do investimento na data de hoje!

GRÁFICO DO VALOR PRESENTE LÍQUIDO EM FUNÇÃO DA TAXA DE JUROS

O gráfico abaixo mostra a variação típica do valor presente do fluxo de caixa de um investimento para diversas taxas de juros:

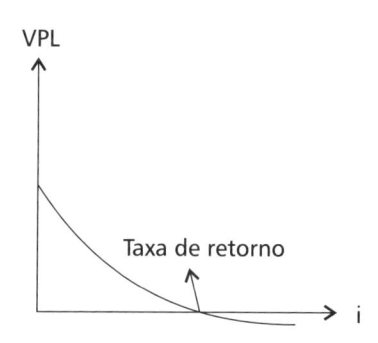

Para uma taxa de juros igual a zero, o valor presente líquido é o simples somatório das parcelas do fluxo de caixa. À medida que é incrementada a taxa de juros, o fluxo de caixa passa a ser descontado progressivamente até que o valor presente líquido se iguale a zero. A taxa de juros correspondente a este ponto é a taxa de retorno. Prosseguindo o incremento na taxa de juros, o valor presente líquido passa a ser negativo.

TAXA MÍNIMA DE ATRATIVIDADE

Um conceito também muito utilizado é o de Taxa Mínima de Atratividade (TMA). Ela é taxa a partir da qual o investidor considera que está obtendo ganhos financeiros. É uma taxa associada a um baixo risco e alta liquidez, ou seja, qualquer sobra de caixa pode ser aplicada, na pior das hipóteses, na TMA. Uma das formas de se analisar um investimento é confrontar a TIR com a TMA do investidor.

Um exemplo de aplicação do conceito de Taxa Mínima de Atratividade:

Exercício 3.6: Em 01-01-98 um investidor adquiriu um título por UM 100.000,00 para ser resgatado em seis meses rendendo 2% ao mês. Em 01-03-98, um segundo investidor propõe ao primeiro, a aquisição deste título. Quanto deve oferecer se sua TMA for de 2,5% ao mês?

Solução:

a) Cálculo do rendimento do título

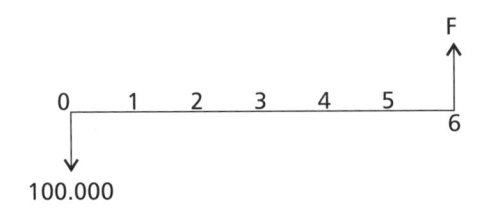

$F = 100.000 \times (F/P; 2\%; 6) = 112.616,24$

b) Cálculo de quanto o segundo investidor deve pagar:

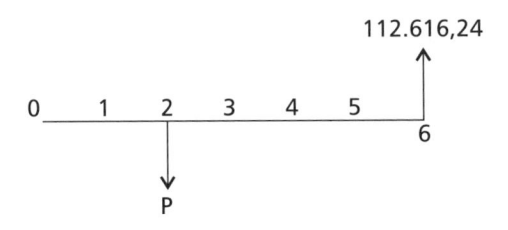

$P = 112.616,24 \times (P/F; 2,5\%; 4) = 102.024,77$

Na Parte II – Engenharia Econômica, serão apresentadas diferentes maneiras de determinar a TMA de uma empresa.

3.7 Exercícios com respostas sobre Taxa Interna de Retorno e Taxa Mínima de Atratividade

1. Uma pessoa vende um carro por UM 20.000,00 à vista. O mesmo carro pode também ser negociado a prazo nas seguintes condições:
   - uma entrada de UM 4.000,00;
   - 12 prestações mensais iguais de UM 1.500,00;
   - 2 prestações semestrais (a 1ª aos 6 meses e a 2ª em 12 meses) de UM 3.000,00 cada uma.

   Qual a taxa de juros que está sendo considerada na compra a prazo, ou seja, a taxa de retorno do vendedor?

2. Calcule a taxa de retorno do plano abaixo:

   Veículo plano 24.

   Valor a ser financiado: UM 60.000,00.

1º período	2º período	3º período	4º período
(6 meses)	(6 meses)	(6 meses)	(6 meses)
UM 3.147,00	3.713,00	4.382,00	5.164,00
mensais	mensais	mensais	mensais

3. Paulo possui UM 100.000,00 aplicadas na Caderneta de Poupança, rendendo, em média, 5% ao mês. Um corretor oferece a Paulo dois títulos: um deve ser resgatado em nove meses por UM 55.000,00, e o outro deve ser resgatado em 12 meses por UM 85.000,00. O que Paulo deve fazer?

4. Na compra à vista de uma geladeira, o vendedor concede um desconto de 10% sobre o preço básico. Este preço básico será acrescido de 15% no caso de uma compra em três vezes sem entrada. Qual a taxa de juros (compostos) ao mês envolvida na transação?

5. Quais as taxas de juros efetivas ao mês envolvidas nas seguintes transações:
   a) Uma duplicata de UM 50.000,00 é descontada por UM 36.000,00, 45 dias antes de seu vencimento;
   b) 50% ao ano com capitalização trimestral.

6. Zeca recebeu a seguinte proposta de crédito: "Te empresto UM 80.000 e tu me deves UM 90.000 em uma semana". Considerando que um mês equivale a 4,35 semanas, calcule a taxa efetiva mensal cobrada.

Respostas:

1. 6,19 a.m.
2. 3,94% a.m.
3. Se Paulo aplicar os UM 100.000,00 nos títulos, terá um rendimento de 3,2% ao mês. Então, é melhor ficar com o dinheiro na poupança.
4. i = 13,33% a.m.
5. a) 24,48%

    b) 4,04%
6. 66,92%

3.8 Fluxos de caixa com taxas de retorno complexas

Alguns fluxos de caixa não apresentam raízes reais. Para ilustrar isso, será determinado o valor presente líquido para o fluxo de caixa abaixo, para diversas taxas de juros:

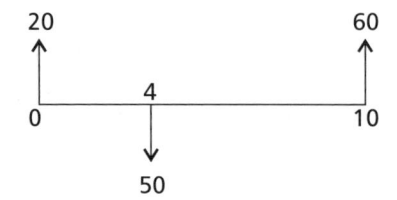

$$VPL = 20 - \frac{50}{(1-i)^4} + \frac{60}{(1+i)^{10}}$$

a) i = – 5%

$$VPL = 20 - \frac{50}{(1-0,05)^4} + \frac{60}{(1-0,05)^{10}}$$

$$VPL = 20 - \frac{50}{0,81} + \frac{60}{0,60}$$

VPL = 20 – 61,39 + 100,21

VPL = 58,82

b) i = 0

VPL = 20 – 50 + 60

VPL = 30

c) i = 5%

$$VPL = 20 - \frac{50}{(1,05)^4} + \frac{60}{(1,05)^{10}}$$

VPL = 20 − 41,14 + 36,83

VPL = 15,70

d) i = 10%

$$VPL = 20 - \frac{50}{(1,1)^4} + \frac{60}{(1,1)^{10}}$$

VPL = 20 − 34,15 + 23,13 = 8,98

e) i = 15%

$$VPL = 20 - \frac{50}{(1,15)^4} + \frac{60}{(1,15)^{10}}$$

VPL = 20 − 28,59 + 14,83 = 6,24

f) i = 20%

$$VPL = 20 - \frac{50}{(1,2)^4} + \frac{60}{(1,2)^{10}}$$

VPL = 20 − 24,11 + 9,69 = 5,58

g) i = 25%

$$VPL = 20 - \frac{50}{(1,25)^4} + \frac{60}{(1,25)^{10}}$$

VPL = 20 − 20,48 + 6,44 = 5,96

O fluxo de caixa aparentemente nunca apresenta o VPL = 0!

Uma solução para o problema poderá ser obtida com uma taxa de juros auxiliar aplicada aos UM 20,00 durante quatro períodos. Em termos práticos o problema será o seguinte: uma pessoa **A** toma emprestado UM 20,00 de outra pessoa **B,** por quatro períodos a uma taxa **i**. Após saldar a dívida, **A** empresta a diferença de UM 50,00 para o mesmo **B** por seis períodos, a uma taxa i' diferente de **i**.

Supondo a primeira taxa **i** = 5% (máximo que **A** tolera pagar), tem-se:

$F4 = 20 \times (1,05)^4 = 24,31$

Subtraindo este valor de 50, temos o seguinte fluxo de caixa:

```
           60
           ↑
    4_____|
    |      10
    ↓
  25,69
```

$$VPL = -25{,}69 + \frac{60}{(1+i')^6} = 0$$

ou seja:

$$(1+i') = \left(\frac{60}{25{,}69}\right)^{1/6} = 1{,}1519 \quad \text{ou} \quad i' = 15{,}19\%$$

"A" emprestará a 15,19%, que é uma ótima taxa se comparada aos 5% que costuma pagar.

A taxa interna de retorno de um fluxo é a taxa que zera o valor presente deste fluxo, ou seja:

$$\sum_{t=0}^{n} A_t (1+i)^{-t} = 0$$

onde:

A_t = parcela no período t

i = taxa interna de retorno

Matematicamente, é possível provar que o número de soluções no campo dos números reais positivos poderá ser menor ou igual ao número de variações de sinal que ocorrerem num fluxo.[1]

Portanto, da mesma forma como no caso anterior não houve ocorrência de taxa de retorno, poderia acontecer de haver até duas, o que, sem dúvida, também traria embaraços e a consequente necessidade de um artifício de resolução, como o utilizado no exercício.

3.9 Juros contínuos e fluxos contínuos

Nos exercícios vistos em nosso livro, sempre se considerou que os pagamentos ou os recebimentos aconteceram ao final do período. Foi uma simplificação.

---

[1] Regra dos Sinais de Descartes.

Por exemplo, o diagrama de Fluxo de Caixa abaixo apresenta um investimento numa unidade industrial:

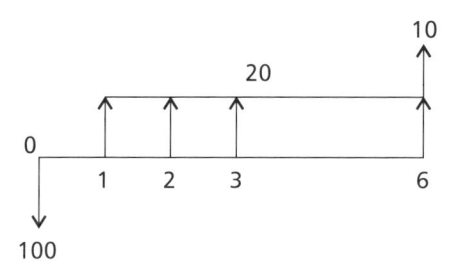

O investimento inicial é UM 100, com saldo líquido anual de UM 20 e um valor residual de UM 10. A simplificação foi considerar tanto o investimento quanto os saldos sendo realizados ao final de cada ano. Se o investimento, inicial, obras, por exemplo, tiver a duração de um ano, a simplificação conduzirá a um resultado satisfatório. Caso contrário, o resultado pode não corresponder à realidade.

Para o exemplo dado, a melhor representação seria a seguinte:

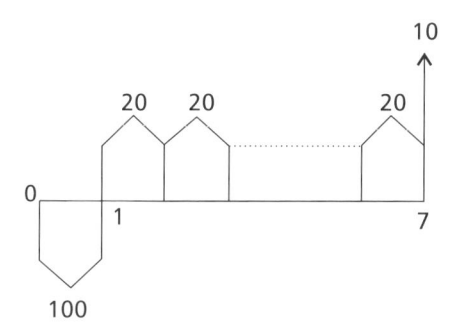

Considerou-se no caso que o investimento inicial e os saldos ocorrerão de forma contínua.[2]

A solução deste problema passa primeiramente pelo estudo da capitalização contínua, que é o próximo passo deste capítulo.

JUROS CONTÍNUOS

Uma taxa nominal i_N, como 20% a.a., capitalizada continuamente, conduzirá a uma taxa efetiva anual (i_a) superior a 20% a.a.

$$(1 + i_a) = \left(1 + \frac{i_N}{m}\right)^m$$

---

[2] Na prática, a redução máxima é para o período diário. Por isso, os juros contínuos só têm sentido em fluxos de caixa anuais, quando a redução do fluxo ao dia se torna praticamente igual ao fluxo contínuo, pois se considera que $1/365 \cong 1/\infty$.

sendo que **m** é o número de períodos e tende ao infinito ou

$$1 + i_a = \lim_{m \to \infty} \left(1 + \frac{i_N}{m}\right)^m$$

Como o famoso número **e** (**e** = 2,71828), base dos logaritmos neperianos, é o limite de expressão:

$$\left(1 + \frac{a}{b}\right)^{\frac{b}{a}}$$

basta um pequeno ajuste na fórmula de conversão de taxas:

$$1 + i_a = \lim_{m \to \infty} \left(1 + \frac{i_N}{m}\right)^{\frac{m}{i_N} \cdot i_N} \quad \text{ou}$$

$1 + i_a = e^{i_N}$ ou simplesmente $1 + i_a = e^i$

i_a é, portanto, igual a $e^i - 1$

$$\boxed{i_a = e^i - 1}$$

O cálculo de **F** dado **P** para **n** anos será:

$F = P \times (1 + i_a)^n$

ou $F = P \cdot e^{in}$

e $P = F \cdot e^{-in}$

Exemplo: Calcular a taxa efetiva anual de 20% a.a. capitalizada continuamente.

$i_a = e^{0,2} - 1 = 22,14\%$

Uma quantia de UM 100 aplicada durante dois anos terá o valor de:

$F = 100 \, (1,2214)^2 = 149,18$

ou diretamente

$F = 100 \times e^{0,2 \times 2} = 149,18$

Vale lembrar que a calculadora HP12C possui a função de exponenciação do número "e". A taxa efetiva anual de 20% a.a. capitalizada continuamente será:

0,2 ge^x	
1 –	0,2214
100 x	22,14% a.a.

O problema inverso é resolvido com a função ln (logaritmo neperiano).

Qual a taxa continuamente capitalizada que conduz a uma taxa efetiva anual de 10% a.a.?

0,1 enter	
1 + gln	0,0953
100 x	9,53% a.a.

JUROS CONTÍNUOS COM SÉRIES DISCRETAS

Para séries uniformes discretas, podem-se usar as fórmulas convencionais **P/A**, **A/P**, **F/A** e **A/F**, tendo-se o cuidado de utilizar como taxa de juros a taxa efetiva i_a.

Podem-se também desenvolver as fórmulas a partir da taxa nominal anual **i**.

Sabe-se que:

$$A = P \frac{i_a(1 + i_a)^n}{(1 + i_a)^n - 1}$$

substituindo-se i_a por $e^i - 1$

$$A = P \frac{(e^i - 1)(1 + e^i - 1)^n}{(1 + e^i - 1)^n - 1} \quad \text{ou}$$

$$\boxed{A = P \frac{e^{in}(e^i - 1)}{e^{in} - 1}}$$

por analogia:

$$\boxed{P = A \frac{e^{in} - 1}{e^{in}(e^i - 1)}}$$

$$\boxed{F = A \frac{e^{in} - 1}{e^i - 1}}$$

$$\boxed{A = F \frac{e^i - 1}{e^{in} - 1}}$$

FLUXOS DE CAIXA CONTÍNUOS

Para resolver o caso dos pagamentos ou recebimentos contínuos, passa-se a desenvolver a formulação:

– $\overline{P}$ dado $\overline{F}$ (onde $\overline{F}$ é um pagamento simples contínuo):

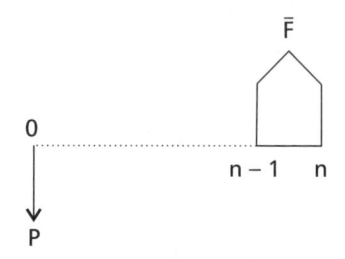

Deve-se trazer $\overline{F}$ para **n – 1** através de $(P/A, \infty, i_a)$ e, em seguida, até zero, através de $(P/F, n - 1, i_a)$.

$$P = \frac{\overline{F}}{m} \times \frac{\left(1 + \frac{i}{m}\right)^m - 1}{\frac{i}{m}\left(1 + \frac{i}{m}\right)^m} \times \frac{1}{(1 + i_a)^{n-1}} \quad \text{onde } \mathbf{m} \text{ tende a infinito}$$

ou

$$P = \overline{F} \times \frac{e^i - 1}{i\, e^i} \times \frac{1}{e^{i(n-1)}}$$

ou

$$P = \overline{F} \times \frac{e^i - 1}{i\, e^{in}}$$

– $\overline{P}$ dado $\overline{A}$ (onde $\overline{A}$ é uma série contínua de pagamentos):

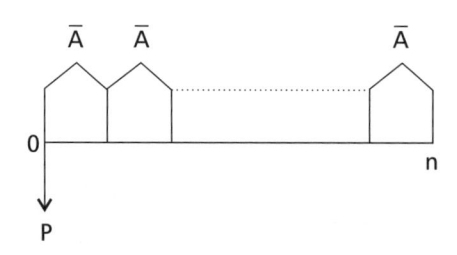

Para a solução, deve-se calcular o valor de $\overline{A}$ no início de cada período, criando-se uma série discreta antecipada **A'**:

$$A' = \overline{A} \times \frac{e^i - 1}{i \, e^i}$$

A partir daí, usa-se a expressão da série antecipada

$$P = A' \times \frac{(1 + 1_a)^n - 1}{i_a \, (1 + i_a)^{n-1}}$$

ou

$$P = \overline{A} \times \frac{e^i - 1}{i \, e^i} \times \frac{e^{in} - 1}{(e^i - 1) \, e^{i(n-1)}}$$

ou

$$\boxed{P = \overline{A} \, \frac{e^{in} - 1}{i \, e^{in}}}$$

Agora, já é possível analisar o exemplo proposto no início deste capítulo:

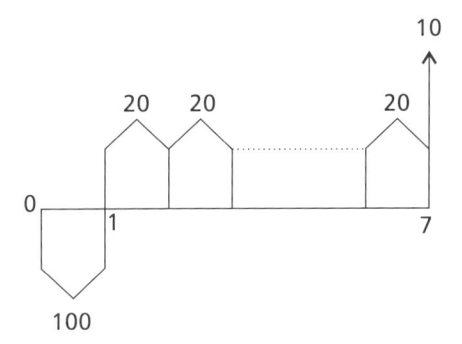

Calcular a sua taxa de retorno:

Esse problema deve ser equacionado e resolvido a partir de tentativas e aproximações sucessivas

$$0 = VPL = -100 \, (P/\overline{F}, i, 1) + 20 \, (P/\overline{A}, i, 6) \, (P/F, i, 1) + 10 \, (P/F, i, 7)$$

$$0 = VPL = -100 \left(\frac{e^i - 1}{i \, e^i} \right) + 20 \left(\frac{e^{i6} - 1}{i \, e^{i6}} \right) (e^{-i}) + 10(e^{-i7})$$

A taxa que satisfaz essa equação é de 7,268% a.a. continuamente capitalizada, o que equivale a 7,539% a.a. efetiva.

Este resultado é bastante aproximado da solução por período diário. Tente obtê-lo!

4

Amortização de Dívidas

4.1 Sistema francês de amortização
4.2 Sistema de Amortização Constante (SAC)
4.3 Comparação entre o sistema francês (Price) e o SAC
4.4 O período de carência
4.5 Outros sistemas de amortização
4.6 Exercícios sobre a amortização de dívidas

A disponibilidade de recursos é, sem dúvida, um fator imperativo para a concretização de um investimento. Ao se construir uma casa própria, ao se adquirir um equipamento industrial, é necessário que se tenha disponibilidade de recursos.

Se a pessoa, no caso da casa própria, ou a empresa, no caso do equipamento, dispuserem de um fundo, como caderneta de poupança ou depósito bancário respectivamente, poderão lançar mão desses fundos para efetivarem seus investimentos. Porém, na falta desses recursos, ou se esses forem insuficientes, terão que recorrer a empréstimos.

O valor desses empréstimos, ou seja, o principal, evidentemente terá que ser restituído à instituição financeira, acrescido de sua remuneração, que são os juros. As formas de devolução do principal mais juros chamam-se Sistemas de Amortização. Os mais usuais, normalmente praticados por instituições bancárias serão vistos neste capítulo. Evidentemente que, nos empréstimos pessoais, pode ocorrer uma gama de formas de amortização, notadamente em pequenas transações, não cabíveis de serem analisadas por sua singularidade.

4.1 Sistema francês de amortização

Este sistema também é conhecido pelos nomes de "Sistema Price" ou "Sistema de Prestação Constante", e muito utilizado nas compras a prazo de bens de consumo – crédito direto ao consumidor.

Nesse sistema, as prestações são constantes e correspondem, pois, a uma série uniforme A.

Uma das razões de se estudar amortização de dívidas é de se obterem respostas às perguntas:

Qual o estado da dívida? Quanto já foi amortizado?

Quando uma dívida é saldada em prestações, o devedor deverá, normalmente, restituir o principal mais os juros. As prestações pagas são compostas de uma parcela de juros e uma parcela de amortização. A amortização corresponde à parcela da prestação que é descontada do principal.

Exercício 4.1: Uma pessoa consegue um empréstimo de UM 100.000,00 a ser pago em 20 prestações iguais e semestrais a uma taxa de juros efetiva de 50% a.a. Calcule:

a) qual a taxa semestral;

b) qual o valor das prestações;

c) qual a parcela da primeira prestação que é amortização, e qual a que é relativa aos juros.

Solução:

A taxa semestral pode ser calculada diretamente pela fórmula:

$i_s = (1 + i_a)^{1/2} - 1$

$i_s = (1 + 0{,}5)^{1/2} - 1$

$i_s = 0{,}225 = 22{,}5\%$

A prestação vale:

$A = P \times (A/P; 0{,}225; 20)$

$A = 22.895{,}39$

E os juros:

$j = P \times i$

$j = 100.000 \times 0{,}225$

$j = 22.500$

Prestação = amortização + juros

p = a + j

a = 22.895,39 – 22.500

a = 395,39

Neste sistema, a parcela de juros decresce com o tempo, ao passo que a parcela de amortização aumenta com o tempo. Graficamente, pode-se apresentar este comportamento da seguinte maneira:

Representação da Prestação:

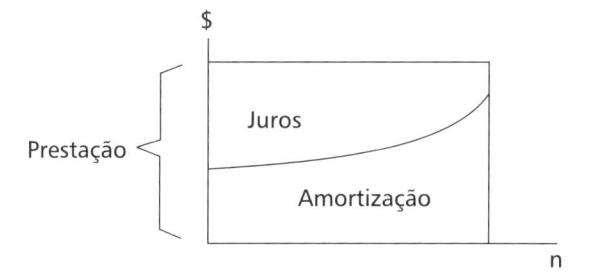

Representação do saldo devedor:

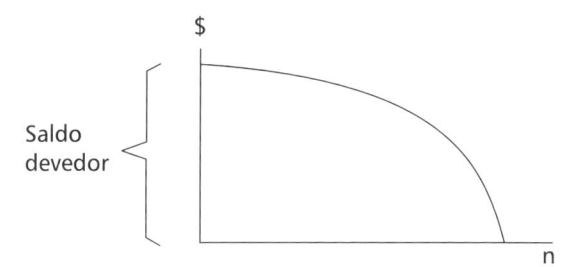

AMORTIZAÇÃO E JUROS

Se a quantia emprestada for **P**, o valor da prestação **p** será:

p = P × (A/P; i; n)

A parcela de juros da primeira prestação será:

$j_1 = iP$

A primeira amortização a_1 valerá:

$a_1 = p - j_1 = P_0 (A/P; i; n) - iP$

$$a_1 = P \frac{i(1+i)^n}{(1+i)^n - 1} - iP$$

A segunda amortização, a_2, é obtida da relação:

$$P = a_1 + j_1 = a_2 + j_2$$
$$a_2 = a_1 + (j_1 - j_2)$$

mas,

$$j_2 = j_1 - (i \cdot a_1)$$

onde a parcela $(i \cdot a_1)$ representa os juros da parcela que foi amortizada:

$$i \cdot a_1 = j_1 - j_2$$

de onde,

$$a_2 = a_1 + (i \cdot a_1)$$
$$a_2 = a_1 (1 + i)$$

e da mesma forma:

$$a_3 = a_2(1 + i)$$

As fórmulas do sistema francês de amortização estão esquematizadas no quadro a seguir:

Período	Prestação (p_k)	Amortização (a_k)	Juros (j_k)	Saldo Devedor (P_k)
0	–	–	–	$P_0 = P$
1	$p = P(A/P; i; n)$	$a_1 = P_0 \times (A/P; i; n) - iP_0$	$J_1 = iP_0 = p - a_1$	$P_1 = P - a_1$
2	p	$a_2 = a_1 (1 + i)$	$J_2 = iP_1 = p - a_2$	$P_2 = P_1 - a_2$
.				
.				
.				
n	p	$a_n = a_{n-1}(1 + i)$	$J_n = iP_{n-1} = p - a_n$	$P_n = P_{n-1} - a_n = 0$

O SALDO DEVEDOR

Imediatamente após o pagamento da k-ésima prestação, o saldo devedor pode ser calculado da seguinte forma:

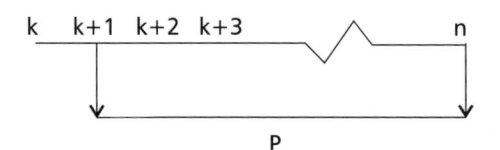

O valor presente deste fluxo de caixa corresponde ao saldo devedor, ou seja, *o saldo devedor é o valor presente das prestações futuras.*

$SD_k = p \times (P/A; i; n - k)$

EXEMPLO DA APLICAÇÃO DO SISTEMA FRANCÊS DE AMORTIZAÇÃO:

Exercício 4.2: Montar a planilha financeira para um financiamento de UM 1.000,00, a 36% ao ano nominais, com prazo de quatro meses, amortizável em quatro prestações mensais. Calcular também o saldo devedor imediatamente após a segunda prestação, mas sem o uso da planilha.

Solução:

a) Cálculo da taxa mensal:

$i = \dfrac{0,36}{12} = 0,03$ ao mês

b) Cálculo dos juros (1º mês):

$j_1 = iP = 0,03 \times 1.000 = 30$

c) Cálculo da prestação:

$p = P(A/P; 3\%; 4) = 1.000 \times 0,269 = 269$

d) Cálculo da amortização (1º mês):

$a_1 = p_1 - j_1 = 269 - 30 = 239$

e) Desenvolvimento da planilha:

Mês	Prestação	Juros	Amortização	SD
0	–	–	–	1.000,0
1	269,0	30,0	239,0	761,0
2	269,0	22,8	246,2	514,8
3	269,0	15,4	253,6	261,2
4	269,0	7,8	261,2	0
		Total	1.000,0	

f) Cálculo do SD: após a segunda prestação, ainda faltarão mais duas e, como o saldo devedor é o valor presente das prestações futuras, tem-se:

$$SD_2 = 269 \, (P/A; 3\%; 2) = 514,8$$

(o número 2 na fórmula corresponde ao número de prestações faltantes).

A calculadora HP12C possui função para calcular as parcelas de um Sistema Francês. Resolvendo pela calculadora:

Cálculo da taxa efetiva mensal:

$$i = \frac{0,36}{12} = 0,03 \text{ ao mês}$$

Cálculo da prestação

1.000 CHS PV	
3 i	
4 n	
0 FV	
PMT	269,03

A calculadora permite calcular os juros pagos, o principal pago e o saldo devedor a qualquer tempo (para o Sistema Francês). Como exemplo, temos esses valores após pagar a segunda prestação:

1.000 CHS PV	
3 i	
269,03 PMT	
2 fAMORT	52,83 (juros pagos)
X $\gtrless$ Y	485,22 (amortizações pagas)
RCL PV	514,83 (saldo devedor após pagar a prestação 2)

4.2 Sistema de Amortização Constante (SAC)

Este sistema foi popularizado pelo Sistema Financeiro de Habitação (SFH), que o adotou nos financiamentos de compra da casa própria. Atualmente, ele é muito utilizado para financiamentos de longo prazo. Como as amortizações são constantes, seu valor é obtido dividindo o principal **P** pelo número de prestações **n**. A primeira prestação vale então:

Prestação = Amortização + Juros

$$P_1 = \frac{P}{n} + iP$$

A segunda prestação é menor, pois os juros tendem a diminuir:

$$P_2 = \frac{P}{n} + [i(P-a)] \quad \text{onde a = amortização}$$

O saldo devedor diminui linearmente e se obtém subtraindo do principal o valor da amortização vezes o número de prestações pagas:

$$SD_k = P - (a \cdot K) \quad \text{onde K = n}^\circ \text{ de prestações pagas.}$$

Desenvolvendo-se período a período, chega-se ao seguinte quadro básico:

Período k	Prestação (P_k)	Amortização (a_k)	Juros (j_k)	Saldo Devedor (SD_k)
0	–	–	–	P
1	$\frac{P}{n} + iP$	P/n	iP	$P - \frac{P}{n}$
2	$\frac{P}{n} + iP - \frac{iP}{n}$	P/n	$iP - \frac{iP}{n}$	$P - \frac{2P}{n}$
...				
k	$\frac{P}{n} + iP - \frac{(k-1)iP}{n}$	P/n	$iP - \frac{(k-1)iP}{n}$	$P - \frac{kP}{n}$
...				
n	$\frac{P}{n} + iP - \frac{(n-1)iP}{n}$	P/n	$iP - \frac{(n-1)iP}{n}$	$P - \frac{nP}{n} = 0$

Graficamente, os comportamentos da prestação e do saldo devedor podem ser apresentados da seguinte forma:

Representação da prestação:

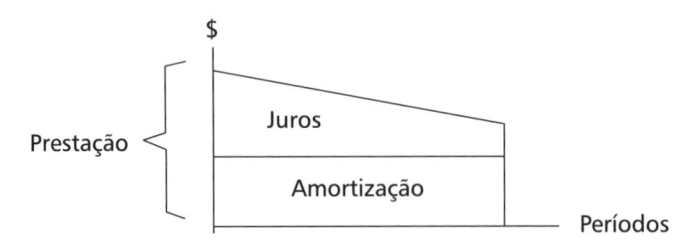

Representação do saldo devedor:

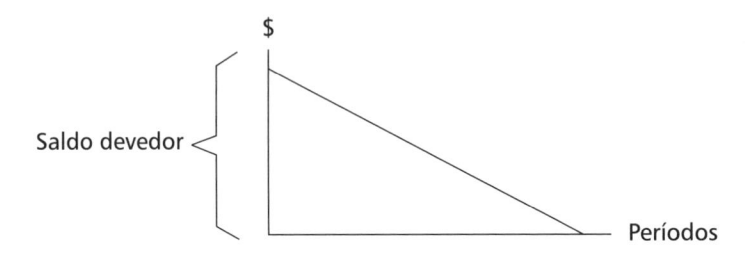

Exercício 4.3: Considere um empréstimo de UM 100.000,00 a ser pago pelo SAC em 20 prestações semestrais, sendo a taxa de 22,5% ao semestre.

(Vide exercício 4.1).

a) Qual o valor da primeira prestação?

b) Qual o valor da última prestação?

c) Qual o saldo devedor imediatamente após a quinta prestação?

Solução:

a) $P_1 = \dfrac{P}{n} + iP$

P1 = 5.000 + 22.500 = 27.500

b) Após o pagamento da penúltima prestação, o saldo devedor consiste em apenas uma amortização que vale UM 5.000,00. Quando o devedor pagar a última prestação, deverá pagar além desta amortização os juros sobre ela:

$P_{20} = 5.000 + 0{,}225 \times 5.000$

$P_{20} = 6.125$

c) SD = P − ak
SD = 100.000 − (5.000 × 5) = 75.000

4.3 Comparação entre o sistema francês (Price) e o SAC

Ambos os sistemas, "Price" e SAC, estão corretos e são equivalentes para determinada taxa de juros. No sistema SAC, as prestações no início são maiores que as prestações pelo sistema "Price". Depois de certo número de prestações, o valor pago pelo sistema "Price" passa a ser maior.

Uma comparação entre os exercícios 4.2 e 4.4 realça bem estas diferenças.

Exercício 4.4: Considerando-se novamente o enunciado do exercício 4.2, elaborar a tabela agora para o Sistema de Amortização Constante.

Solução:

a) Taxa mensal:

$$i = \frac{0,36}{12} = 0,03 = 3\% \text{ ao mês}$$

b) Cálculo dos juros (1º mês):

$j_1 = iP = 0,03 \times 1.000 = 30$

c) Cálculo da amortização:

$$a = \frac{P}{4} = 250$$

d) Cálculo da primeira prestação:

$p_1 = 250 + 30 = 280$

e) Desenvolvendo a planilha:

Mês	Prestação	Juros	Amortização	SD
0	–	–	–	1.000,0
1	280,0	30,0	250,0	750,0
2	272,5	22,5	250,0	500,0
3	265,0	15,0	250,0	250,0
4	257,5	7,5	250,0	–

Observa-se que, no Sistema Francês, a prestação era constante e no valor de 269. Aqui no SAC a prestação inicia maior, ocorrendo gradativa diminuição.

O saldo devedor é o somatório das amortizações que faltam, por exemplo:

$SD_2 = 2 \times 250 = 500$.

Na prática, há uma predominância na utilização do Sistema Francês para empréstimos de prazo curto (até 12 meses) para pessoas físicas e empresas de pequeno porte, haja vista ser facilmente programável o pagamento, pois a prestação é constante.

Já para os empréstimos de longo prazo, normalmente utilizados para investimentos fixos (prédios, equipamentos etc.), é mais difundido o sistema SAC. Como a prestação é decrescente, há uma mitigação do risco de não pagamento no futuro, tanto para o financiador como para o tomador.

4.4 O período de carência

Uma prática muito utilizada pelos organismos financeiros é a concessão de um período de carência no financiamento. A carência é um período no qual o tomador só paga os juros, de sorte que o Principal permanece constante. Isto possibilita certa folga ao tomador. Em algumas situações também pode ocorrer capitalização dos juros durante a carência.

Se no exercício 4.2, que tratava de um financiamento de UM 1.000, pelo sistema francês, amortizado em quatro prestações, fosse concedido um mês de carência, a planilha ficaria constituída da seguinte forma:

Mês	Prestação	Juros	Amortização	SD
0	–	–	–	1.000,0
1	30,0	30,0	–	1.000,0
2	269,0	30,0	239,0	761,0
3	269,0	22,8	246,2	514,8
4	269,0	15,4	253,6	261,2
5	269,0	7,8	261,2	0

4.5 Outros sistemas de amortização

Sistema Americano:

No sistema americano, pagam-se apenas os juros e o principal é devolvido ao final do empréstimo. Para um principal **P** e uma taxa **i**, haverá um pagamento de juros **iP**. No último período são pagos os juros **iP** mais o principal **P**.

Período	Prestação	Amortização	Juros	SD
0	–	–	–	P
1	iP	–	iP	P
2	iP	–	iP	P
.				
.				
.				
n – 1	iP	–	iP	P
5	P+iP	P	iP	–

Quem toma um empréstimo neste sistema deve normalmente formar um fundo para amortizar o principal. Denominando **q** os depósitos periódicos deste fundo, pode-se calculá-lo da seguinte forma:

$$q = P \, (A/F; \, i'; \, n)$$

onde **i'** é a taxa de remuneração do fundo

Se **i** for igual a **i'**, tudo se passará como no Sistema Francês, pois o tomador pagará periodicamente os juros iP do empréstimo e aplicará **P (A/F; i'; n)** na formação do fundo. O desembolso periódico será:

$$iP + P(A/F; i; n) = P \left[\frac{i}{(1+i)^n} + i \right] = P \left[\frac{i(1+i)^n}{(1+i)^n - 1} \right] = P(A/P; i; n)$$

que é a prestação **p** do sistema francês.

Pagamento único:

Este sistema é o mais simples, e muito utilizado para financiamentos industriais de capital de giro. O tomador simplesmente paga os juros e amortiza o principal, tudo no final do empréstimo.

Juros antecipados:

Neste sistema, os juros são cobrados antecipadamente e o principal é devolvido ao final do empréstimo. Deve-se atentar para o fato de a taxa efetiva não corresponder à nominal.

Exercício 4.5: As condições de um empréstimo são:

Prazo: dois meses.

Juros: 10% cobrados antecipadamente.

Amortização: ao final do segundo mês.

Valor: UM 100.000,00.

Qual a taxa efetivamente cobrada?

Solução:

100.000 = 90.000 (F/P; i; 2)

i = 5,41% ao mês

Importante se faz lembrar que, nos financiamentos, incide o Imposto sobre Operações Financeiras (IOF) sobre o principal, cobrado antecipadamente, que deve ser levado em consideração para o cálculo da taxa efetiva. Pessoas jurídicas podem lançar os juros como dedução no Imposto de Renda, advindo daí um benefício que também deve ser considerado. A influência dos impostos será analisada em detalhes em capítulos posteriores.

4.6 Exercícios sobre amortização de dívidas

1. a) Construa um quadro de amortização de uma dívida de UM 50.000 resgatada pelo sistema "Price" em cinco prestações a juros de 10% ao período.

   b) Construa um quadro de amortização com os dados do item a, no sistema SAC.

2. Considere uma dívida de UM 100.000,00 a ser resgatada em 25 prestações com 4% de juros ao período. Depois de quantas prestações o valor da prestação do sistema "Price" passa a ser superior ao do SAC?

   R.: Após dez prestações.

3. Uma pessoa fez um empréstimo de UM X a juros de 4% ao mês e saldou a dívida pelo SAC em dez prestações. A soma dos valores nominais das prestações foi de 50.000,00. Se a dívida tivesse sido paga pelo Sistema "Price", qual seria a soma dos valores nominais das prestações?

   R.: 50.530

4. UM 200.000.00 foram financiados em 20 prestações mensais pelo SAC com juros de 80% a.a. através de uma financeira. A financeira pretende vender os títulos da dívida por UM 220.000,00. Qual a taxa que a pessoa que comprar os títulos irá "ganhar"?

   R.: i = 3,8%

5. Uma dívida de UM 500.000,00 foi contraída nas seguintes condições:
   - pagamentos em oito prestações anuais, iguais (sistema "Price");
   - juros de 12% ao ano.

Após o pagamento da terceira prestação, o saldo devedor foi renegociado nos seguintes termos:

- o saldo devedor seria pago em 15 prestações ("Price") anuais;
- juros de 15% ao ano.

Calcule o valor da prestação da dívida renegociada.

R.: 62.050

6. Uma dívida de UM 500.000 foi amortizada pelo SAC com juros de 5% ao semestre. Foram pagas pontualmente quatro das 12 prestações semestrais e então a dívida foi renegociada pelo sistema Price em 10 prestações semestrais com juro de 6% a.s. Qual o saldo devedor após o pagamento da quinta prestação pelo Sistema Price?

R.: 190.775

7. Um empréstimo de UM 10.000 nas seguintes condições:
   - Sistema Price;
   - 25 prestações mensais;
   - juro de 2% ao mês;
   - taxa de abertura de crédito de UM 250.

Foi saldado pontualmente até a décima prestação.

Juntamente com a décima prestação, o devedor saldou a dívida pagando UM 6.500. Calcule:

a) o custo do dinheiro para o tomador (quantos por cento ao mês o tomador pagou considerando o negócio como um todo?)

b) qual era o saldo devedor?

c) se um terceiro tivesse adquirido os 15 títulos restantes por UM 6.000, qual teria sido a taxa de retorno dele (desse terceiro)?

R.: a) i = TIR ≅ 2,17%

b) SD = 6.581

c) i = TIR ≅ 3,26%

5

Inflação e Variações Cambiais

5.1 Taxa global de juros
5.2 Índices de correção monetária
5.3 Taxas prefixadas e pós-fixadas
5.4 Correção cobrada e correção capitalizada
5.5 Inflação na análise de investimentos
5.6 Análise a preços de hoje, a preços correntes ou a preços ajustados
5.7 Exercícios sobre inflação e correção monetária

A inflação é a perda do poder aquisitivo da moeda. Várias podem ser suas causas, tais como aumento da demanda de um bem sem condições de se aumentar proporcionalmente sua produção, aumento de custos de fatores de produção de alguns produtos, especulação com estoques ou excesso de circulação de moeda, entre outras.

Mas o que nos interessa, neste capítulo, é como introduzir seus efeitos na Matemática Financeira e na análise de investimentos.

Na Matemática Financeira, a inflação é considerada nos empréstimos através da correção monetária. A correção monetária, teoricamente, é um instrumento de correção da moeda na exata medida do efeito da inflação. Porém, os índices oficiais de correção monetária podem não refletir realmente a inflação.

Por esta razão, na análise de investimentos usa-se a inflação, medida através de índices de preço, em vez da correção monetária.

A variação cambial, ou seja, a valorização relativa de uma moeda – perante outra moeda –, aparecerá nos problemas de empréstimos de forma análoga à correção monetária.

5.1 Taxa global de juros

Frequentemente, é conveniente determinar uma taxa que englobe correção monetária e juros, como é o caso das taxas aplicadas nas compras a prazo.

Vamos supor uma quantia **P**, à qual vamos aplicar uma taxa global **i'**. O montante **F**, após um período, vale:

$$F = P(1 + i')$$

Por outro lado, aplicando primeiro a correção monetária θ, obtemos o principal corrigido monetariamente (**Pcorr**).

$$P_{corr} = P(1 + \theta)$$

A taxa de juros **i** deverá ser aplicada ao principal corrigido:

$$F = P_{corr}(1 + i) = P(1 + \theta)(1 + i)$$
$$F = P(1 + i + \theta + \theta i)$$

onde:

$$i' = i + \theta + \theta i$$

É mais prático, entretanto, aplicar primeiro uma taxa (correção monetária, inflação ou variação cambial), depois, a taxa de juros e então:

$$(1 + i') = (1 + \theta)(1 + i)$$

Exercício 5.1: Uma empresa brasileira fez um empréstimo equivalente a UM 2.000.000,00 em um banco alemão, nas seguintes condições:

- Juros de 2,8% ao trimestre.
- Pagamentos em cinco prestações anuais pelo SAC, em euros.

Se a valorização do euro em relação à UM nos próximos anos for estimada em 36%, 35%, 38%, 40% e 39%, calcule o valor em UM das prestações a serem pagas.

Solução:

Taxa equivalente anual:

$$(1 + 0{,}028)^4 = 1 + i \rightarrow i = 11{,}679242\%$$

Valor das amortizações:

$$\frac{2.000.000}{5} = 400.000 \rightarrow \text{amortização não corrigida}$$

Juros

$$j_1 = \frac{11{,}68}{100} \times 2.000.000 = 233.584{,}84$$

$$j_2 = \frac{11{,}68}{100} \times 1.600.000 = 186.867{,}88$$

$$j_3 = \frac{11{,}68}{100} \times 1.200.000 = 140.150{,}91$$

$$j_4 = \frac{11{,}68}{100} \times 800.000 = 93.433{,}94$$

$$j_5 = \frac{11{,}68}{100} \times 400.000 = 46.716{,}97$$

1ª Prestação = (400.000 + 233.584,84) 1,36

= 861.675.38

2ª Prestação = (400.000 + 186.867,88) 1,36 × 1,35

= 1.077.487,81

3ª Prestação = (400.000 + 140.150,91) 1,36 × 1,35 × 1,38

= 1.368.569,56

4ª Prestação = (400.000 + 93.433,94) 1,36 × 1,35 × 1,38 × 1,40

= 1.750.356,13

5ª Prestação = (400.000 + 46.716,97) 1,36 × 1,35 × 1,38 × 1,40 × 1,39

= 2.202.556,46

Normalmente, empréstimos em moeda estrangeira são tomados em valores expressos naquela moeda. Então, elabora-se a planilha financeira em euros, dólares, ou outra moeda e, na época dos pagamentos, é feita a conversão para nossa moeda.

Para empréstimos em moeda nacional, elabora-se a tabela com os valores originais, e esta tabela será corrigida à medida que haja variações de correção monetária, de forma análoga ao ocorrido no exercício 5.1.

Para este exercício, têm-se as seguintes planilhas financeiras em UM mil originais e UM mil corrigidos.

Tabela em UM mil originais

Período	Prestação	Juros	Amortização	SD
0	–	–	–	2.000
1	633	233	400	1.600
2	587	187	400	1.200
3	540	140	400	800
4	493	93	400	400
5	447	47	400	–

Tabela em UM mil corrigidos

Período	θ	Sd. Corrig.	Prestação	Juros	Amort.	SD
0	–	–	–	–	–	2.000
1	36	2.720	862	318	544	2.176
2	35	2.937	1.077	343	734	2.203
3	38	3.040	1.368	355	1.013	2.027
4	40	2.838	1.750	331	1.419	1.419
5	39	1.972	2.202	230	1.972	–

Para financiamentos pelo Sistema Francês, procede-se de maneira análoga.

O quadro a seguir analisa a montagem da planilha para o Sistema Francês:

Período	θ	Sd. Corrig.	Prestação	Juros	Amort.	SD
0	–	–	–	–	–	$P_0 = P$
1	θ_1	$P_0 = (1 + \theta_1)$	$p(1 + \theta_1)$	$iP1 + \theta_1$	$a_1(1 + \theta_1)$	$P_1(1 + \theta_1)$
2	θ_2	$P_1(1 + \theta_1) \times (1 + \theta_2)$	$p(1 + \theta_1) \times (1 + \theta_2)$	$iP(1 + \theta_1) \times (1 + \theta_2)$	$a_2(1 + \theta_1) \times (1 + \theta_2)$	$P_2(1 + \theta_1) \times (1 + \theta_2)$
–	–	–	–	–	–	–
–	–	–	–	–	–	–
–	–	–	–	–	–	–

Quando ocorre carência, em geral são cobrados apenas os juros, sendo a correção ou a variação cambial capitalizada.

Exercício 5.2: Qual deve ser a taxa global anual a ser cobrada por um banco que quer 1% ao mês de juros além da correção monetária que é prevista em 15% ao trimestre?

Solução 1:

A taxa de juros anual será:

$(1 + 0.01)^{12} - 1 = 0,1268$

A taxa de correção monetária anual será:

$(1 + 0,15)^4 - 1 = 0,749$

Logo, a taxa global anual a ser cobrada será:

$(1,1268)(1,749) - 1 = 0,9708 = 97,08\%$

Solução 2:

$(1 + i)^p = (1 + i)^n (1 + B)^m$

Os valores de **p**, **n** e **m** devem ser compatíveis, isto é, o período de tempo de cada fator deve ser o mesmo

$i' = (1 + 0,01)^{12} \times (1,15)^4 - 1 = 97,08\%$

5.2 Índices de correção monetária

A partir de 1964, o Brasil passou a adotar oficialmente a correção monetária, baseada na variação dos valores das ORTNs – Obrigações Reajustáveis do Tesouro Nacional.

Posteriormente, em 1986, foram criadas as OTNs – Obrigações do Tesouro Nacional – e, em 1989, passaram a ser utilizadas as variações dos Bônus do Tesouro Nacional (BTNs).

A partir de 1991, em vez de um índice, passou-se a utilizar Taxas Referenciais, a exemplo das taxas internacionais, como a LIBOR ou Prime-Rate. Primeiro foi a TRD – Taxa Referencial Diária e após a TJLP – Taxa de Juros de Longo Prazo. Mas o mais comum é utilizar-se diretamente um índice de inflação, como o Índice Geral de Preços (IGP-DI), apurado pela Fundação Getúlio Vargas.

Exercício 5.3: Uma empresa obteve, em primeiro de fevereiro de 1995, um empréstimo de UM 100.000 sujeito a correção monetária pelo IGP-DI a ser devolvido de uma vez em 01-02-98 com juros de 5% ao ano. Qual o montante (F) nessa data?

Dados: IGP-DI em jan./95 = 108,785

IGP-DI em jan./98 = 146,038

Solução:

- Cálculo da correção: $(1 + \theta) = \dfrac{146{,}038}{108{,}785} = 1{,}342446$ ou $\theta = 34{,}2446\%$
- Cálculo do Valor Corrigido:
  Valor Corrigido = $100.000 \times 1{,}342446 = 134.244{,}61$
- Cálculo do Montante: $F = 134.244{,}61\,(1 + 0{,}05)^3 = 155.404{,}92$

5.3 Taxas prefixadas e pós-fixadas

Uma questão, muito comum, é a comparação entre taxas pré e pós-fixadas.

Exercício 5.4: Uma financeira oferece duas modalidades de financiamento pagáveis em um ano:

1. correção monetária + 12% (pós-fixada);
2. 28,80% (prefixada).

Se é indiferente para a financeira emprestar numa ou noutra modalidade, em quanto ela está estimando a correção monetária para os próximos 12 meses?

Solução:

$$(1 + 0{,}288) = (1 + \theta) \times (1 + 0{,}12)$$

$$(1 + \theta) = \dfrac{1{,}288}{1{,}12} = 1{,}15 \text{ e } \theta = 15\% \text{ ao ano}$$

Ou, pela calculadora:

1,288 enter	
1,12 /	1,15
1 −	0,15
100 x	15% a.a.

5.4 Correção cobrada e correção capitalizada

Nos casos examinados até aqui, foram consideradas modalidades de financiamento com valores tomados em BTNs, dólares, euros etc. No caso de financiamentos em UM (moeda nacional), pode ocorrer o caso de a correção ser cobrada em vez de ser capitalizada.

Exemplo:

Um financiamento de UM 100.000,00, com correção monetária e juros de 5% ao semestre, deve ser amortizado em duas prestações semestrais pelo SAC. A correção deve ser cobrada em 180 e 360 dias juntamente com os juros, à razão de 19,362% no primeiro semestre e 25,052% no segundo semestre.

A planilha ficaria assim constituída:

Semest.	SD Corrig.	Amort.	Juros	Correção	Prest.	SD
0	–	–	–	–	–	100.000
1	119.362	50.000	5.968	19.362	75.330	50.000
2	62.526	50.000	3.126	12.526	65.652	–

Se este financiamento fosse feito com correção capitalizada, a planilha ficaria assim constituída:

Semest.	SD Corrig.	Amort.	Juros	Prest.	SD
0	–	–	–	–	100.000
1	119.362	59.681	5.968	65.649	59.681
2	74.633	74.633	3.732	78.365	–

Note-se que, no caso da correção cobrada, o saldo devedor, embora não pareça, é amortizado de forma acelerada.

5.5 Inflação na análise de investimentos

No Brasil, frequentemente a correção monetária assume variações diferentes dos índices de inflação.

Por isso, a análise de investimentos deve ser baseada nos índices de inflação, quando esta ocorrer. Por exemplo, um aplicador que teve um rendimento de 45% a.a. quando a inflação neste ano foi de 30% teve um rendimento real de:

$$\frac{1{,}45}{1{,}30} - 1 = 0{,}1154 \text{ ou } 11{,}54\% \text{ reais}$$

Também a utilização da variação cambial em análise de investimentos pode conduzir a erros, haja vista ser apenas relativa. Teoricamente, existe a seguinte relação entre inflação e variação cambial:

$$(1 + \theta) = (1 + \theta_1)(1 + \theta_2)$$

onde:

θ = inflação da nossa moeda;

θ_1 = valorização da moeda externa em relação a nossa moeda (variação cambial);

θ_2 = inflação da moeda externa.

No Capítulo 9, serão detalhadas algumas abordagens que poderão ser utilizadas para determinar o impacto da inflação e da indexação na análise de investimentos.

5.6 Análise a preços de hoje, a preços correntes ou a preços ajustados

Em condições de alta inflação, o investidor deve tomar certas precauções na análise de investimentos.

Exercício 5.5: Vamos supor que uma empresa investirá UM 100,00 num projeto voltado à exportação que lhe proporcionará lucros de UM 40,00 no 1º ano, UM 50,00 no 2º ano e UM 60,00 no 3º ano. É estimada uma valorização do dólar em relação à UM considerada, de 20, 25 e 30%, respectivamente para o 1º, 2º e 3º anos, e evidentemente os lucros da empresa crescerão com a variação cambial. Por outro lado, é estimada uma inflação no período, de 22, 28 e 35%. Pergunta-se: qual a taxa de retorno real deste investimento?

O primeiro passo para a solução do problema é transformar o fluxo a "preços de hoje":

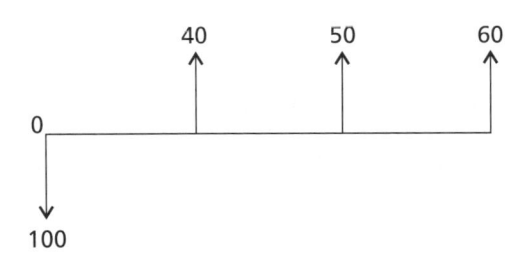

num fluxo a "preços corrigidos" aplicando a variação cambial sobre as parcelas:

Parcela corrigida no ano 1: $40 \times (1 + 0{,}2) = 48$

Parcela corrigida no ano 2: $50 \times (1 + 0{,}2)(1 + 0{,}25) = 75$

Parcela corrigida no ano 3: $60 \times (1 + 0{,}2)(1 + 0{,}25)(1 + 0{,}3) = 117$

e o fluxo a preços corrigidos assim ficaria:

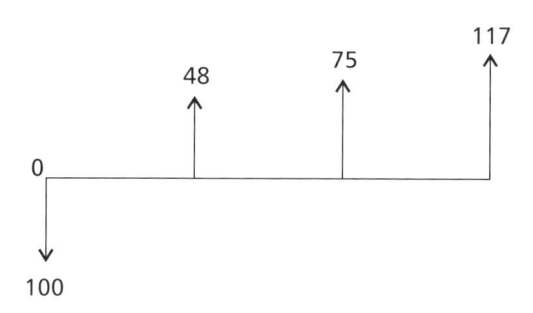

```
                      48      75     117
                      ↑       ↑       ↑
         0 ─────────────────────────────
         │
         ↓
        100
```

Resta, então, ajustar o fluxo em função das estimativas da inflação:

Parcela ajustada no ano 1: 48/(1 + 0,22) = 39,34

Parcela ajustada no ano 2: 75/(1 + 0,22)(1 + 0,28) = 48,03

Parcela ajustada no ano 3: 117/(1 + 0,22)(1 + 0,28)(1 + 0,35) = 55,50

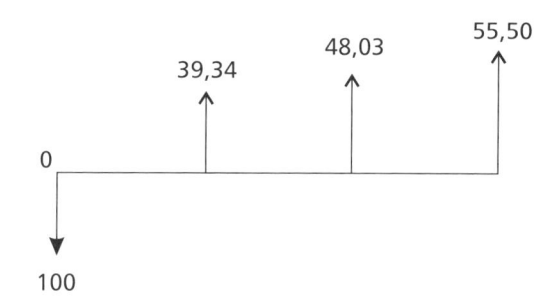

```
                    39,34   48,03   55,50
                      ↑       ↑       ↑
         0 ─────────────────────────────
         │
         ↓
        100
```

Agora, então, é possível calcular a taxa real de retorno deste investimento:

$$VP = 0 = -100 + \frac{39,34}{(1+i)} + \frac{48,03}{(1+i)^2} + \frac{55,50}{(1+i)^3}$$

de onde, por iteração, encontra-se i = 18,95% a.a.

Na calculadora:

100 CHS gCF0	
39,34 gCFJ	
48,03 gCFJ	
55,50 gCFJ	
fIRR	18,95% a.a.

Caso calculássemos a TIR diretamente do fluxo a preços de hoje, encontraríamos 21,65% a.a., o que é falso, pois efetivamente a empresa terá um retorno de 18,95% a.a. acima da inflação.

Mais detalhes sobre a análise de investimentos sob inflação podem ser obtidos na leitura do Capítulo 9.

5.7 Exercícios sobre inflação e correção monetária

1. Qual a taxa efetiva global semestral (resultado em %):

    a) 5% ao mês de correção monetária mais 10% ao trimestre de juros?

    R.: 62,15%

    b) 2% ao mês de correção cambial mais 15% ao ano de juros?

    R.: 20,77 a.s.

2. Um empréstimo de 1.000 US$ feito em 1º de dezembro/97 foi resgatado em 1º de junho/98, sendo a taxa de juros de 2% ao mês. Calcule o valor pago em UM, sabendo que:

    Valor do US$ em 1º de dezembro de 1997: 1,11 UM

    Valor do US$ em 1º de junho de 1998: 1,15 UM

    Obs: Cotações hipotéticas.

    R.: 1.295,09 UMs

3. Qual a taxa global anual de:

    a) 60% ao ano com capitalização trimestral e correção monetária de 5% a.a.

    R.: 83,65%

    b) Correção monetária de 1% ao mês e juros de 12% ao ano

    R.: 26,20%

    c) 30% ao semestre com capitalização quinzenal e correção monetária de 1% a.m.

    R.: 103,81%

    d) 50% ao ano com correção monetária de 15% ao trimestre

    R.: 162,35%

4. Um empréstimo de UM 100.000,00 em dólares deve ser pago ao final de dois anos com juros de 1% ao mês. Quanto deverá ser devolvido se a valorização do dólar for de 25% ao semestre em relação à UM?

    R.: 309.993,81

5. Determine qual a taxa real de juros paga além da correção monetária (ou aquém no caso de se encontrar rentabilidade negativa) para os poupadores em caderneta de poupança, admitindo que 10% dos recursos são sacados antes do prazo de maturação da aplicação (atualmente, prazo de um mês). Faça suposições sobre a taxa anual de inflação vigente e sobre a data em que os 10% são retirados dentro do mês.

6. Calcule a taxa global mensal de juros a ser paga por um empréstimo no exterior sujeito a uma taxa de juros *prime* de 10% ao ano, mais um *spread* de 1%. Admita que neste empréstimo o banco estrangeiro exija que a empresa aplique 10% do valor do empréstimo na compra de um equipamento que poderia ser comprado no mercado nacional pela metade do valor. Admita ainda que a empresa espera uma valorização do dólar em relação a nossa moeda, de 5% ao mês. O empréstimo será pago de forma integral ao final de um ano.

    R.: 6,37%

7. Um empréstimo de UM 10.050 será saldado em três prestações iguais e mensais de UM 4.000, sendo que a primeira vencerá em 60 dias. Calcule a taxa real de juros (não confundir com taxa global) cobrada, sabendo que foi prevista uma inflação de 3% ao mês no período.

    R.: 3,04% a.m.

8. Em fevereiro de 1993, uma pessoa comprou UM 200.000,00 em dólares e depositou-os em um banco uruguaio, o qual lhe garantiu um rendimento de 3,5% em um semestre. A valorização do dólar em relação a nossa moeda foi equivalente a 32% ao ano nesse semestre e a inflação equivalente foi de 31,5% ao ano. A diferença entre o preço de compra e venda do dólar é de 1%. Calcule:

    a) Quantas UMs foram obtidas em agosto com a venda dos dólares depositados.

    b) Qual o ganho real obtido, expresso em uma porcentagem mensal.

    R.: a) UM 235.470,19

      b) 2,67% a.m.

6
Principais Modalidades de Aplicação no Mercado Financeiro Nacional

6.1 Certificados de depósitos bancários
6.2 Fundos de aplicações de curto prazo
6.3 Certificados de depósitos bancários com correção monetária pós-fixada
6.4 Cadernetas de poupança
6.5 Debêntures
6.6 Exercícios

Este capítulo apresenta algumas das principais aplicações financeiras de renda fixa, atualmente existentes no país.

Classificamos estas aplicações em operações com correção monetária prefixada ou pós-fixada e selecionamos as principais alternativas:

a) Prefixadas
- Certificados de Depósitos Bancários
- Fundos de Aplicações de Curto Prazo

b) Pós-fixadas
- Certificados de Depósitos Bancários
- Cadernetas de Poupança
- Debêntures

Uma observação importante é que essas modalidades, bem como as sistemáticas de impostos dependem da política fiscal vigente, motivo pelo qual se recomenda a atualização constante sobre a legislação. Os exemplos aqui apresentados podem, portanto, não condizer com a realidade, e a tendência é de que, com a estabilização econômica e monetária, deixem de existir as modalidades pós-fixadas.

6.1 Certificados de Depósitos Bancários

Os Certificados de Depósitos Bancários – CDB – são títulos emitidos por Bancos destinados a carrear recursos para financiamentos em geral.

A sistemática mais usual é a do título com renda final, incidindo uma taxa de juros global (correção mais juros) exponencial, referida a 360 dias e deságio.

Os prazos mínimos, dependendo da política monetária momentânea, fixam-se desde 30 dias a 180 dias.

O Imposto de Renda incide sobre os ganhos nominais, com alíquotas entre 10% e 20%, dependendo da política fiscal momentânea.

Exercício 6.1: Um CDB prefixado com prazo de 30 dias, com taxa no papel de 42% a.a. (ano comercial de 360 dias) e oferecendo um deságio de 3%, terá que taxa efetiva global anual (ano real de 365 dias)? E qual será a taxa efetiva real em 365 dias se a previsão de inflação for de 20% a.a.? A alíquota do Imposto de Renda é de 15% sobre o ganho nominal.

Solução:

Primeiramente, vamos adotar uma simbologia para o desenvolvimento do modelo:

Dados: n = prazo em dias

　　　　tp = taxa no papel (360 dias)

　　　　d = deságio

　　　　a = alíquota do IR na fonte

　　　　r = previsão de correção monetária anual

Saídas: tg = taxa efetiva global em **n** dias (prazo)

　　　　tg_{365} = taxa efetiva global em 365 dias

　　　　tr_{365} = taxa efetiva real em 365 dias

Diagrama de fluxo de caixa para um título de UM 1,00:

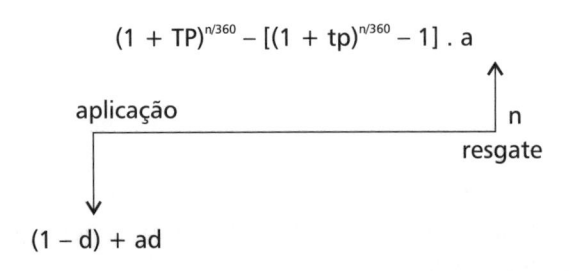

$$(1 + TP)^{n/360} - [(1 + tp)^{n/360} - 1] \cdot a$$

aplicação ──────────────────┐ n
　　　　　　　　　　　　　　　resgate

$(1 - d) + ad$

O aplicador deverá investir o valor do título, deduzido o deságio e acrescentando o imposto de renda sobre o deságio.

O resgate será pela taxa de juros do papel, capitalizada em **n** dias, exponencialmente, deduzindo-se o Imposto de Renda sobre os ganhos nominais.

Cálculo da taxa global em **n** dias (tg):

$$tg = \frac{(1 + tp)^{n/360} - [(1 + tp)^{n/360} - 1]a}{(1 - d) + ad} - 1$$

Cálculo da taxa global em 365 dias (tg_{365}):

$$tg_{365} = (tg + 1)^{365/n} - 1$$

Cálculo da taxa real em 365 dias (tr_{365}):

$$tr_{365} = \frac{(tg + 1)^{365/n}}{(1 + r)} - 1$$

Aplicando o modelo:

Dados: n = 30 dias
tp = 42% = 0,42
d = 3% = 0,03
a = 15% = 0,15
r = 20% = 0,20

Diagrama:

```
                        1,0252
                          ↑
                          |  30
              _____|
              |
              ↓
            0,9745
```

Taxa global em 30 dias:

$$tg = \frac{1,0252}{0,9745} - 1 = 0,05203 \text{ ou } 5,203\%$$

Taxa global em 365 dias:

$$tg_{365} = (1,05203)^{365/30} - 1 = 0,8536 \text{ ou } 85,36\%$$

Taxa real em 365 dias:

$$tr_{365} = \frac{1,8536}{1,20} - 1 = 0,5447 \text{ ou } 54,47\% \text{ a.a.}$$

6.2 Fundos de aplicações de curto prazo

As aplicações em Fundos de Renda Fixa podem ser realizadas por pessoas físicas ou jurídicas através de bancos comerciais e estão lastreadas em títulos da dívida pública e títulos privados. Como os títulos são mercados ao mercado, a renda não será perfeitamente fixa.

As aplicações de curto prazo (na realidade, curtíssimo prazo) são aplicações de um dia útil. A taxa é referida em base diária útil e as aplicações só ocorrem nos dias úteis (sexta, sábado e domingo valem por um dia útil), de modo que na prática se pode aplicar, em média, 22 dias por mês.

O Imposto de Renda incide na fonte sobre o rendimento nominal.

Exercício 6.2: O fundo de curto prazo está rendendo hoje 0,0452% a.d.u.

Qual a taxa equivalente média mensal, considerando reaplicação permanente durante um mês padrão com 22 dias úteis? Estima-se que a taxa deva manter-se constante para os próximos 22 dias úteis.

Supor uma alíquota do IR, de 20% na fonte, sobre o ganho nominal. A inflação estimada é de 0,9% a.m.

Solução:

Cálculo da taxa média mensalizada (tmm):

$$tmm = (1 + td)^{22} - 1 = (1,0004524)^{22} - 1 = 0,0100 \text{ ou } 1,00\% \text{ a.m.}$$

Considerando a alíquota (a) do IR na fonte, teremos a taxa líquida diária (tld):

$$tld = td\,(1 - a) = 0,04524\%\,(1 - 0,2) = 0,03619\% \text{ adu}$$

A taxa líquida mensalizada então será:

$$tlm = (1 + tld)^{22} - 1 = (1,0003619)^{22} - 1 = 0,00799 \text{ ou } 0,799\% \text{ a.m.}$$

Para se obter o rendimento real (acima da inflação), procede-se da seguinte forma:

$$\text{trm (taxa real mensal)} = \frac{1,00799}{1,009} = 0,9990 \text{ ou} - 0,100\% \text{ a.m., ou seja, um ganho real negativo.}$$

6.3 Certificados de depósitos bancários com correção monetária pós-fixada

Estes títulos são análogos, em termos de finalidade e órgãos emissores, a seus similares com correção prefixada. A diferença reside na forma de se calcular o rendimento.

Normalmente, as entidades financeiras aplicam sobre o valor nominal do título uma taxa exponencial referida a 360 dias, composta com a correção monetária calculada em função de um indexador (IGPM – Índice Geral de Preços a Preços de Mercado ou TR – Taxa Referencial, por exemplo) entre as datas de emissão e resgate, além de proporcionarem deságios.

Os prazos usuais são de até um ano, e a modalidade mais comum é a de renda única final.

O Imposto de Renda é cobrado na fonte sobre o deságio e sobre os juros.

Exercício 6.3: Determinar qual a taxa efetiva líquida real de um CDB com renda única final, cuja taxa no papel é de 15% a.a., deságio de 5% e prazo de 182 dias. Estima-se uma variação de correção monetária de 20% a.a. no período. A alíquota do IR é de 15% sobre os ganhos nominais.

Solução:

O modelo pode ser definido com as seguintes variáveis de entrada:

n = prazo em dias

tp = taxa no papel

d = deságio

a = alíquota do IR

r = previsão de correção monetária anual

Como saídas do modelo, teremos:

tg = taxa global no prazo

tg_{365} = taxa global de 365 dias

tr_{365} = taxa real em 365 dias

Cálculo da taxa global em **n** dias:

$$tg = \frac{\left[(1 + r)^{n/365} \times (1 + tp)^{n/360}\right](1 - a) + a}{(1 - d) + ad} - 1$$

em que o numerador expressa o valor do resgate, constituído da taxa capitalizada no prazo de aplicação com a correção monetária subtraída do Imposto de Renda, e o denominador expressa a aplicação, constituída do valor nominal aplicado menos o deságio e mais o IR sobre o deságio.

Cálculo da taxa global em 365 dias:

$$tg_{365} = (1 + tg)^{365/n} - 1$$

Cálculo da taxa real em 365 dias:

$$tr_{365} = \frac{(1 + tg)^{365/n}}{(1 + r)} - 1$$

Aplicando o modelo aos dados do problema, teremos:

$$tg = \frac{[(1,2)^{182/360} \times (1,15)^{182/360}](0,85) + 0,15}{1 - 0,05 + (0,15 \times 0,05)} - 1$$

$tg = 1,2001$ ou $20,01\%$

$tg_{365} = (1,2001)^{365/182} - 1 = 0,4416$ ou $44,16\%$ a.a.

$$tr_{365} = \frac{1,4416}{1,20} - 1 = 0,2013 \text{ ou } 20,13\% \text{ a.a.}$$

6.4 Cadernetas de poupança

A modalidade de aplicação mais difundida no país é a dos depósitos em Cadernetas de Poupança.

Estas aplicações rendem 6% a.a. de juros nominais, com capitalização mensal e correção monetária com base na taxa referencial – TR. As movimentações são livres, porém o rendimento total só é obtido com retiradas nas datas de aniversário da aplicação.

Exercício 6.4: UM 1.000,00 foram depositados na abertura de uma caderneta de poupança no dia 1º de março. Quanto poderá ser retirado em 1º de outubro do mesmo ano, se há uma estimativa de correção monetária de 5% ao mês?

Solução:

Primeiro passo: Cálculo da taxa de juros

$$\left(1 + \frac{0,06}{12}\right)^7 - 1 = 0,0355 \text{ ou } 3,55\%$$

Segundo passo: Cálculo da correção monetária

$(1 + 0{,}05)^7 - 1 = 0{,}4071$ ou $40{,}71\%$

Terceiro passo: Cálculo da taxa global

$(1{,}4071 \times 1{,}0355) - 1 = 0{,}4571$ ou $45{,}71\%$

Quarto passo: Cálculo da retirada

UM $1.000{,}00 \times 1{,}4571 =$ **UM 1.457,10**

Na data da edição deste livro, havia isenção do Imposto de Renda.

6.5 Debêntures

Debêntures são títulos privados emitidos por empresas para custear seus investimentos e operações. No Capítulo 14, é apresentado o tópico debêntures com mais detalhes, mas analisado sob ponto de vista da empresa emitente.

Aqui, no caso do investidor, deve-se levar em consideração o efeito do Imposto de Renda incidente sobre os juros, na fonte, bem como sobre prêmios e deságios.

Exercício 6.5: Seja um lançamento hipotético de debêntures. Se a alíquota do IR for de 40% na fonte, sobre o rendimento real, qual será a remuneração real líquida para o investidor?

Dados:

Prazo	= 3 anos
Amortização	= 33% ao final de cada ano
Taxa no papel	= 12% ao ano ou 2,87% ao trimestre
Pagamento dos Juros	= Trimestral
Prêmio	= 4% sobre o saldo remanescente ao final do 1º e do 2º anos.

Solução:

Diagrama para cada UM 100 investidos em papel:

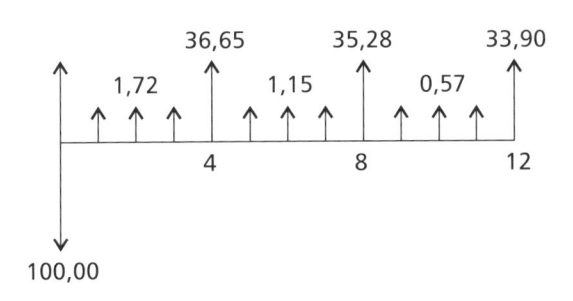

```
                    36,65        35,28        33,90
              1,72    ↑    1,15    ↑    0,57    ↑
         ↑ ↑ ↑    ↑   ↑ ↑ ↑    ↑   ↑ ↑ ↑   ↑
    ─────┼────────┼────────────┼────────────┼─────
                  4            8           12
         ↓
       100,00
```

onde:

Termo em zero: 100

1º, 2º e 3º termos: juros líquidos = 100 × 0,0287 × (1 − 0,4) = 1,72

4º termo: juros líquidos + prêmio líquido + amortização = 1,72 + 66,66 (0,04) (1 − 0,4) + 33,33 = 36,65

5º, 6º e 7º termos: juros líquidos = 66,66 × 0,287 × (1 − 0,4) = 1,15

8º termo: juros líquidos + prêmio líquido + amortização = 1,15 + 33,33 (0,04) (1 − 0,4) + 33,33 = 35,28

9º, 10º e 11º termos: juros líquidos = 33,33 × 0,287 × (1 − 0,4) = 0,57

12º termo: juros líquidos + amortização = 0,57 + 33,33 = 33,90

A taxa real para este fluxo é de 2,02 ao trimestre ou 8,32% ao ano.

A obtenção via calculadora tem os seguintes passos:

100	CHS	g CF0	
1,72	g CFj	3 g nj	
36,65	g CFj		
1,15	g CFj	3 g nj	
35,28	g CFj		
0,57	g CFj	3 g nj	
33,90	g CFj		
F IRR			2,02% a.t.

Embora as debêntures possam ter certas condições preestabelecidas, como a taxa no papel e os prêmios, na prática, periodicamente ocorre repactuação de taxas entre empresa emitente e debenturistas, com a finalidade de ajustar o rendimento do título às condições do mercado.

6.6 Exercícios

1. Aplicando UM 100.000 em CDB a 2,8% a.m., todos os meses, quanto terei após um ano? Desconsidere IR.

   R.: UM 139.289,18

2. Quanto tenho que aplicar hoje na poupança para retirar 20 mil daqui a sete meses? A poupança está rendendo 2,5% a.m., brutos.

   R.: UM 16.825,30

3. Apliquei 30.000 num Fundo de Curto Prazo um mês atrás e hoje tenho 30.780.

   Qual foi o rendimento diário (dia útil) supondo 22 dias úteis/mês?

   R.: 0,1167% a.d.u.

4. O que é mais interessante (desconsiderando IR)?
   - aplicar a 3,1% em CDB de 36 dias;
   - aplicar nesse mesmo período em um Fundo de Curto Prazo a 0,12% a.d.u. (27 dias úteis).

   R.: FCP, pois renderá 3,29% no período.

5. Qual o valor de resgate de 50 mil aplicados por 37 dias num CDB de 18% a.a. líquidos (360 dias)?

   R.: UM 50.857,84

6. A poupança rende 6% a.a. capitalizados mensalmente. Qual a taxa efetiva?

   R.: 6,1678% a.a.

7. O FCP de 30 dias está rendendo 2,3%. Qual o rendimento anual? Qual o rendimento por dia útil, supondo 22 dias úteis/mês?

   R.: a) 31,37% a.a.

   b) 0,1034% a.d.u.

8. Do dia 5 de outubro a 5 de novembro, a correção monetária foi de 1,2%. Quanto rendeu a poupança?

   R.: 1,7060% a.m.

9. O CDB está rendendo 2,8% a.m. contra uma inflação de 2,6% a.m. Qual o rendimento real?

   R.: 0,1949% a.m.

10. Investi 20 mil em ações em abril. Vendi 30% por 10 mil em maio, 30% por 15 mil em julho e os restantes 40% por 20 mil em agosto. Quanto rendeu, em taxa ao mês, esta minha aplicação? Se a inflação foi, em média, de 3% a.m., qual a taxa real média?

    R.: a) 33,74% a.m.

    b) 29,84% a.m.

Parte II

Engenharia Econômica

7
Comparação de Projetos de Investimentos

7.1 Conceitos e princípios
7.2 Métodos determinísticos de análise de investimentos
7.3 Método do Valor Anual Uniforme Equivalente (VAUE)
7.4 A Taxa Mínima de Atratividade (TMA)
7.5 Alternativas com vidas diferentes
7.6 Método do Valor Presente Líquido (VPL)
7.7 Horizonte de planejamento infinito para o método do Valor Presente Líquido
7.8 Métodos não exatos
7.9 Conceitos complementares
7.10 Exercícios propostos sobre métodos determinísticos

Por que investir? A pergunta pode parecer óbvia: investe-se para obter um retorno, ou seja, uma boa taxa de retorno. Em linguagem corrente fala-se em lucro. Expresso desta maneira, o ato de investir parece que só tem um lado: o lado positivo do ganho monetário. Se fosse assim todos seriam investidores, ou ao menos gostariam de investir.

Vamos, então, examinar em que consiste investir considerando a seguinte definição: investir consiste em renunciar a um consumo no presente em troca de uma promessa de um retorno satisfatório no futuro. Investir consiste, então, em deixar de gastar o dinheiro agora em um artigo de consumo para gastá-lo em algo que se espera que irá produzir um bom retorno no futuro. Mas, como diz a canção, o futuro não nos pertence: o que será, será. Não se deve confundir investimento com aplicação financeira. A caderneta de poupança não é, a rigor, um investimento e sim uma aplicação financeira. Aplicações financeiras apresentam riscos muito baixos, desde que, feitas em instituições de renome, com garantia e que não prometam lucros exorbitantes. Além disso, as aplicações apresentam uma outra característica, elas têm razoável liquidez.

O investidor deve, então, ser uma pessoa com um bom índice de confiança no futuro, um otimista, uma pessoa que acredita que os riscos do negócio são compensados pelas promessas de lucro. Investir envolve algo bastante sério e por essa razão exige uma análise rigorosa e metódica destinada a verificar se o negócio vale a pena.

Este capítulo apresenta dois dos principais métodos de análise de investimentos. Visando enfatizar as bases desses métodos não serão, neste momento, considerados efeitos fiscais, riscos e outras dificuldades práticas. Esses são assuntos de capítulos mais adiante.

7.1 Conceitos e princípios

No exercício de sua profissão, os engenheiros e técnicos da área econômico-financeira frequentemente deparam com a escolha de alternativas que envolvem estudos econômicos. Não raro, a escolha é feita sem que o custo do capital empregado seja considerado adequadamente. Somente um estudo econômico pode confirmar a viabilidade de projetos tecnicamente corretos.

A Engenharia Econômica objetiva a análise econômica de decisões sobre investimentos. E tem aplicações bastante amplas, pois os investimentos poderão tanto ser de empresas, como de particulares ou de entidades governamentais.

Exemplos típicos de problemas de Engenharia Econômica são:

1. Efetuar o transporte de materiais manualmente ou comprar uma correia transportadora.
2. Construir uma rede de abastecimento de água com tubos de menor ou maior diâmetro.
3. Comprar um veículo a prazo ou à vista.

Ao instalar uma nova fábrica, comprar novos equipamentos ou simplesmente alugar uma máquina, isto é, ao fazer um novo investimento, uma empresa deve fazer uma análise da viabilidade do mesmo.

Num primeiro momento, são considerados os aspectos econômicos do investimento. Pergunta-se se o investimento é rentável. Aplicando corretamente os critérios econômicos sabe-se quais os investimentos que rendem mais, ou seja, como aplicar o dinheiro de maneira a obter o maior retorno.

Mas de nada adianta conhecer a rentabilidade dos investimentos em carteira se não há disponibilidade de recursos próprios nem há possibilidade de se obterem financiamentos. Os investimentos mais rentáveis deverão ser analisados de acordo com critérios financeiros, os quais mostrarão os efeitos do investimento na situação financeira da empresa, por exemplo, como irá o investimento afetar o capital de giro da empresa.

Além do mais, ao se elaborar a análise econômica e financeira, somente são considerados os fatores conversíveis em dinheiro. Um investimento pode ter repercurssões que não sejam ponderáveis, tais como manter certo nível de emprego ou conseguir a boa vontade de um cliente ou fornecedor. Estes critérios imponderáveis são, em geral, analisados pela alta administração da empresa.

A decisão da implantação de um projeto deve, pois, considerar:

- critérios econômicos: rentabilidade do investimento;
- critérios financeiros: disponibilidade de recursos;
- critérios imponderáveis: fatores não conversíveis em dinheiro.

Vê-se, portanto, que a análise econômico-financeira pode não ser suficiente para a tomada de decisões. Para a análise global do investimento, pode ser necessário considerar fatores não quantificáveis como restrições ou os próprios objetivos e políticas gerais da empresa, através de regras de decisão explícitas ou intuitivas.

Finalmente, é conveniente ter em mente que para se fazer um estudo econômico adequado alguns princípios básicos devem ser considerados, como os seguintes:

a) Deve haver alternativas de investimento. É infrutífero calcular se é vantajoso comprar um carro à vista se não há condições de conseguir dinheiro para tal.

b) As alternativas devem ser expressas em dinheiro. Não é possível comparar diretamente 300 horas/mensais de mão de obra com 500 Kwh de energia. Convertendo os dados em termos monetários, teremos um denominador comum muito prático. Alguns dados, entretanto, são difíceis de se converter em dinheiro. Exemplos que ocorrem frequentemente nos casos reais são: boa vontade de um fornecedor, boa imagem da empresa ou *status*. São os chamados fatores imponderáveis, que são reservados para a tomada de decisão juntamente com os fatores ponderáveis.

c) Só as diferenças entre as alternativas são relevantes. Numa análise para decidir sobre o tipo de motor a comprar, não é relevante saber o consumo de energia se ele for idêntico para ambos.

d) Sempre serão considerados os juros sobre o capital empregado. Sempre existem oportunidades de empregar dinheiro de maneira que ele renda alguma coisa. Ao se aplicar o capital em um projeto devemos ter certeza de ser esta a maneira mais rendosa de utilizá-lo.

e) Nos estudos econômicos, o passado geralmente não é considerado. Interessam o presente e o futuro. A afirmação "não posso estimar este carro por menos de UM 30.000,00 porque gastei isto com ele na oficina" não faz sentido. O que interessa é o valor de mercado do carro.

7.2 Métodos determinísticos de análise de investimentos

A primeira questão que surge ao se analisar um investimento é quanto ao próprio objetivo da análise.

Qual é o objetivo da empresa que pretende investir? Respondendo a esta pergunta é possível traçar o objetivo da análise.

Um objetivo que foi largamente utilizado, e que hoje pode ser considerado ultrapassado, é o objetivo imediatista de lucro ao final do ano. Modernamente, com o advento de técnicas de administração como o Planejamento Estratégico, as empresas passaram a adotar filosofias, políticas e objetivos de longo prazo que não raro apoiam a seguinte situação: "Pode ser conveniente que neste exercício a empresa não tenha lucro, para que possamos incrementar as vendas e chegarmos ao fim do triênio como líderes do setor."

Este exemplo de política traduz um novo posicionamento. O objetivo "lucro imediato" passa a ser substituído pelo objetivo "máximos ganhos em determinado horizonte de análise".

Para uma análise sob este enfoque é necessário introduzir um conceito muito utilizado em Engenharia Econômica: "O Custo de Recuperação do Capital".

Antigamente, as empresas normalmente adotavam uma filosofia monista em relação aos custos, ou seja, contabilidade de custos e contabilidade financeira conjugadas. Com isto, todo investimento feito era amortizado em determinado número de anos, sob a forma de depreciação. A recuperação do capital era lançada a uma taxa "zero". Pelo conceito de equivalência, já estudado na Matemática Financeira, deve haver uma taxa tal que torne equivalente o investimento feito e sua recuperação. E é esta taxa que determina o custo do capital investido a ser lançado como despesa.

Por isso é interessante que a empresa adote uma filosofia dualista: contabilidade de custos separada da contabilidade financeira.

Três são os métodos básicos da análise de investimentos que se ajustam aos conceitos descritos:

1. Método do Valor Anual Uniforme Equivalente (VAUE);
2. Método do Valor Presente Líquido (VPL);
3. Método da Taxa Interna de Retorno (TIR).

Estes métodos são equivalentes e, se bem aplicados, conduzem ao mesmo resultado, apenas que cada um se adapta melhor a determinado tipo de problema.

7.3 Método do Valor Anual Uniforme Equivalente (VAUE)

Este método consiste em achar a série uniforme anual (A) equivalente ao fluxo de caixa dos investimentos à Taxa de Mínima Atratividade (TMA), ou seja, acha-se a série uniforme equivalente a todos os custos e receitas para cada projeto utilizando-se a TMA. O melhor projeto é aquele que tiver o maior saldo positivo.

Exercício 7.1: Uma empresa dispõe de UM 18.000 e conta com duas alternativas de investimento em um tipo de equipamento industrial:

- Equipamento de Marca A: exige um investimento inicial de UM 14.000 e proporciona um saldo líquido anual de UM 5.000 por sete anos.
- Equipamento de Marca B: investimento inicial de UM 18.000 e saldo líquido de UM 6.500 por sete anos.

Calcule qual a alternativa mais econômica, sabendo que a Taxa Mínima de Atratividade da Empresa é de 30% ao ano.

Solução:

Fluxo de Caixa das Alternativas de investimento:

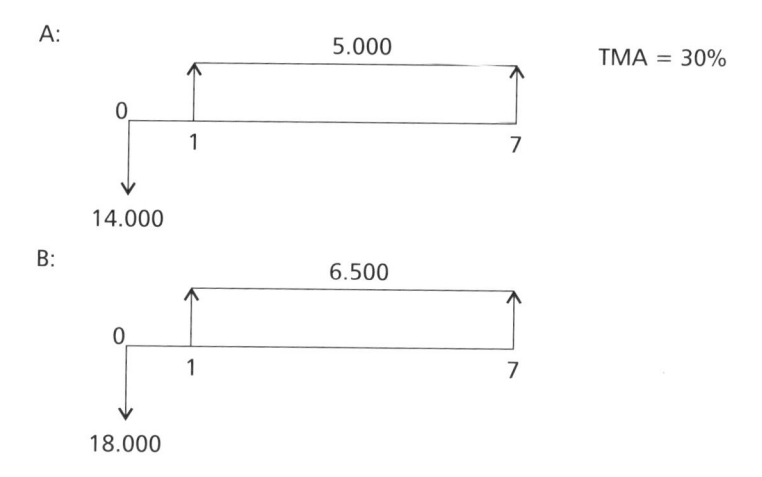

A:
5.000
0
1
7
14.000
TMA = 30%

B:
6.500
0
1
7
18.000

Vê-se, portanto, que:

– Alternativa A:

Considerando-se negativos os desembolsos de dinheiro e positivas as entradas, o Valor Anual Uniforme Equivalente da alternativa **A** é:

$$VAUE_A = -14.000 \, (A/P; 0,3; 7) + 5.000$$
$$VAUE_A = -4.996,2309 + 5.000 = 3,7691$$

O cálculo do VAUE consiste em determinar o que renderia o capital empregado à taxa mínima de atratividade e subtrair este valor, no caso 4.996,2309, dos saldos líquidos anuais. A alternativa A é, portanto, economicamente viável, pois o capital empregado rende 30% a.a. mais um saldo líquido anual de UM 3,7691.

Já na calculadora, a melhor maneira de executar os cálculos é trazer tudo ao valor presente (função NPV) e depois distribuir esse valor presente durante a vida do projeto (função PMT):

14.000 CHS g CF0	
5.000 g CFj 7 g nj	
30 i	
F NPV	10,56
CHS PV	−10,56
0 FV	
7 n	
PMT	3,77

– Alternativa B:

$VAUE_B = -18.000 \, (A/P; 0,3; 7) + 6.500 = 76,2745$

A alternativa B é mais viável do que a alternativa A, pois apresenta um VAUE maior.

Três considerações importantes merecem ser feitas:

1. Entre as alternativas A e B existe uma diferença de UM 4.000. Se a empresa optasse por A, ainda iria dispor de UM 4.000, que possivelmente seriam aplicados à TMA. Ocorreria um fluxo de caixa incremental:

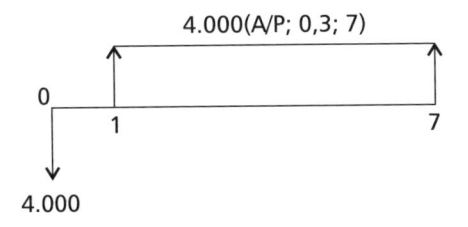

$$4.000(A/P; 0,3; 7)$$

```
            4.000(A/P; 0,3; 7)
        ↑                    ↑
    0   |                    |
        1                    7
        ↓
      4.000
```

Que evidentemente possui um valor nulo.

2. O VAUE da alternativa "A" é extremamente baixo, pois representa 0,027% do investimento. O VAUE da alternativa "B" é de 0,424% do investimento. Isto significa que, na prática, as duas alternativas são equivalentes, pois a própria sistemática de projeção dos saldos anuais já pode trazer erros superiores aos

percentuais relacionados. Numa situação destas, outros fatores não ponderáveis ou de risco poderiam determinar a escolha.

3. O Fator Taxa Mínima de Atratividade (TMA), que será analisado no próximo item.

7.4 A Taxa Mínima de Atratividade (TMA)

Ao se analisar uma proposta de investimento, deve ser considerado o fato de se estar perdendo a oportunidade de auferir retornos pela aplicação do mesmo capital em outros projetos. A nova proposta para ser atrativa deve render, no mínimo, a taxa de juros equivalente à rentabilidade das aplicações correntes e de pouco risco. Esta é, portanto, a Taxa Mínima de Atratividade (TMA).

Para pessoas físicas, no caso do Brasil, é comum a Taxa Mínima de Atratividade ser igual à rentabilidade da caderneta de poupança ou de aplicações de renda fixa em bancos de primeira linha: baixíssimo risco e alta liquidez.

Para as empresas, a determinação da TMA é mais complexa e depende do prazo ou da importância estratégica das alternativas.

Para investimentos de curtíssimo prazo, como comprar hoje uma matéria-prima com desconto ou daqui a cinco dias sem desconto, pode ser utilizada como TMA a taxa de remuneração de títulos bancários de curto prazo como os CDB's.

Em investimentos que envolvem o médio prazo (até seis meses), pode-se considerar como TMA a média ponderada dos rendimentos das contas do capital de giro, como aplicações de caixa, valorização dos estoques ou taxa de juros embutidas em vendas a prazo.

Já em investimentos de longo prazo, a TMA passa a ser uma meta estratégica. Por exemplo, a empresa que tem como objetivo crescer seu patrimônio líquido em 10% a.a., e ainda possui uma política de distribuição de dividendos da ordem de 1/3 de seus lucros, deverá fixar como TMA estratégica a taxa de 15% a.a. Assim, poderá distribuir 5% como dividendos e reinvestir os 10% restantes.

O Capítulo 14 amplia o texto sobre TMA, introduzindo o fator risco na taxa de desconto.

Exercício 7.2: Considere o exercício 7.1, apenas com uma modificação: a empresa conta com UM 16.000 para investir, e não mais UM 18.000.

Solução:

Neste caso, não haveria alteração na análise da alternativa A. Porém, a alternativa B merece um reexame. Se a empresa possui UM 16.000, faltarão UM 2.000 para adquirir o equipamento B.

Neste caso, a empresa poderá recorrer a um empréstimo e o custo deste empréstimo terá que ser computado. Supondo um empréstimo a uma taxa de 40% ao ano pagável ao final do ano, como ficará a alternativa B?

– **Alternativa B:**

– Fluxo do investimento

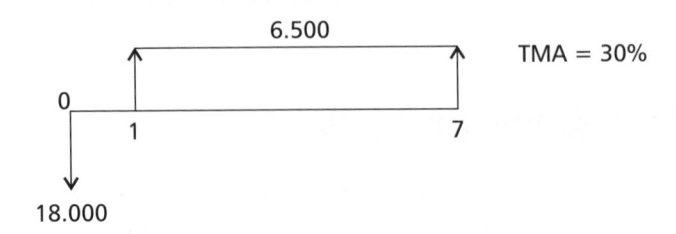

```
              6.500
         ↑─────────────↑    TMA = 30%
    0 ┌───┬─────────────┬
        1               7
        ↓
     18.000
```

– Fluxo do empréstimo

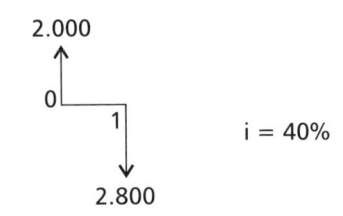

```
         2.000
           ↑
        0 └─┐
            1        i = 40%
            ↓
          2.800
```

– Fluxo final

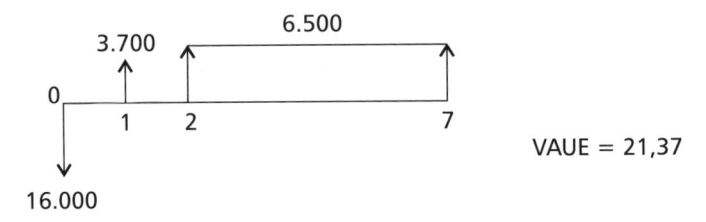

```
              6.500
      3.700 ↑─────────────↑
         ↑
    0 ┌───┬─┬─────────────┬
        1 2               7
        ↓                        VAUE = 21,37
     16.000
```

Conclui-se que, neste caso, mesmo a disponibilidade de recursos sendo menor que o valor necessário à aquisição, a empresa deverá optar pela alternativa B.

Através da calculadora:

16.000	CHS	g CF0		
3.700	g CFj			
6.500	g CFj	6 g nj		
30		i		
		F NPV	59,88	
		CHS PV	−59,88	
		0 FV		
		7 n		
		PMT	21,37	

7.5 Alternativas com vidas diferentes

Até aqui, os exemplos considerados apresentam alternativas com mesma vida. Alternativas com vidas diferentes requerem uma análise apropriada.

Exercício 7.3: Considere-se o caso de uma empresa que tenha duas alternativas de investimento (equipamentos similares) com vidas econômicas diferentes conforme os fluxos seguintes:

– **Alternativa A:**

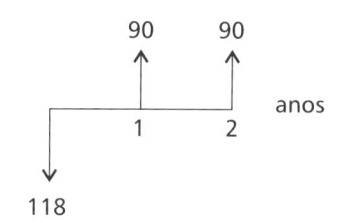

```
        90    90
        ↑     ↑
     ┌──┼─────┼──── anos
     │  1     2
     ↓
    118
```

– **Alternativa B:**

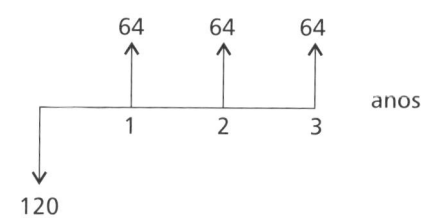

```
        64    64    64
        ↑     ↑     ↑
     ┌──┼─────┼─────┼──── anos
     │  1     2     3
     ↓
    120
```

A TMA é de 10% a.a. Qual a melhor alternativa supondo:

a) que os investimentos possam repetir-se indefinidamente (caso da substituição de equipamentos normais de produção);

b) que os investimentos sejam isolados, ou seja, sem repetição (compra de um equipamento provisório).

Solução:

a) Investimentos com repetição:[1]

Calculando diretamente os VAUEs das alternativas se obtêm:

VAUE A = 90 – 118 (A/P; 10%; 2) = 22,0

VAUE B = 64 – 120 (A/P; 10%; 3) = 15,7

A alternativa A deve ser a escolhida!

---

[1] Esta é a suposição usual nos exercícios de análise de investimentos: os projetos podem ser repetidos nas mesmas condições.

Exemplificando a alternativa A na calculadora:

118 CHS	g CF0	
90	g CFj	
2	g nj	
10	i	
	f NPV	38,20
	CHS PV	–38,20
0	FV	
2	n	
	PMT	22,00

A princípio, seria de se supor que houvesse necessidade de repetir os investimentos para se ter um horizonte comum de planejamento. No exemplo, o horizonte de planejamento seria de seis anos. Seria necessário repetir duas vezes o investimento A, e mais uma vez o investimento B:

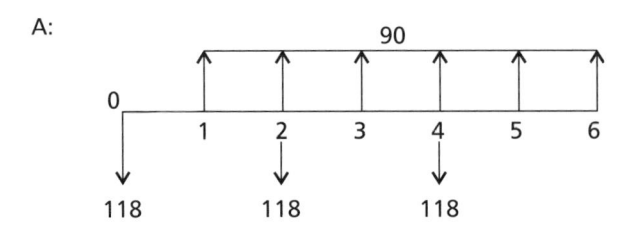

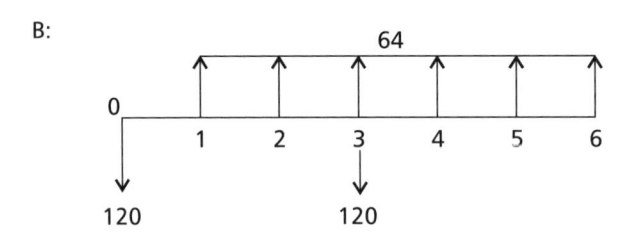

A:

```
              90
        ↑  ↑  ↑  ↑  ↑  ↑
    0   1  2  3  4  5  6
    ↓      ↓     ↓
   118    118   118
```

B:

```
              64
        ↑  ↑  ↑  ↑  ↑  ↑
    0   1  2  3  4  5  6
    ↓         ↓
   120       120
```

Estes investimentos apresentam VAUEs respectivos de:

$VAUE_A = 22{,}0$

$VAUE_B = 15{,}7$

Entretanto, calculando diretamente os VAUEs sem repetir os diagramas, encontram-se exatamente os mesmos resultados. A grande vantagem do método do valor anual consiste precisamente no fato de que o horizonte de planejamento já está implícito no método, isto é, não é necessário que os fluxos de caixa dos investimentos sejam repetidos até um horizonte de planejamento comum para poder compará-los.

b) Investimentos sem repetição:

Como a alternativa A possui vida mais curta, deve-se considerar que, no período diferencial, os recursos estejam à TMA. Transforma-se então o fluxo de caixa de dois para três anos.

– Investimento A:

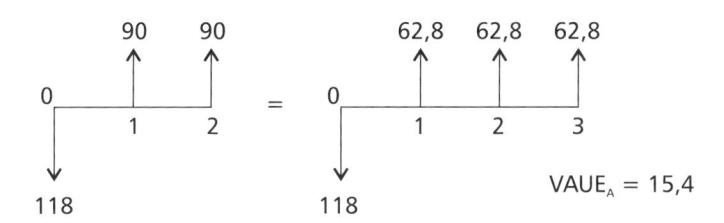

$$\begin{array}{c} 90 \quad 90 \\ \uparrow \quad \uparrow \\ 0 \quad 1 \quad 2 \\ \downarrow \\ 118 \end{array} = \begin{array}{c} 62{,}8 \quad 62{,}8 \quad 62{,}8 \\ \uparrow \quad \uparrow \quad \uparrow \\ 0 \quad 1 \quad 2 \quad 3 \\ \downarrow \\ 118 \end{array} \quad VAUE_A = 15{,}4$$

– Investimento B:

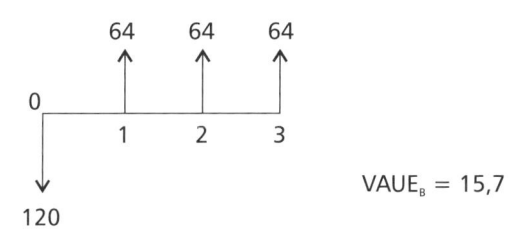

$$\begin{array}{c} 64 \quad 64 \quad 64 \\ \uparrow \quad \uparrow \quad \uparrow \\ 0 \quad 1 \quad 2 \quad 3 \\ \downarrow \\ 120 \end{array} \quad VAUE_B = 15{,}7$$

Sob esta condição, o investimento B passa a ser mais vantajoso.

Nota-se que este procedimento implica uma operação a mais, que é a da redistribuição do investimento A de dois para três anos, para então possibilitar a análise.

O método do valor presente, que será visto proximamente é o mais indicado para a análise deste tipo de problema.

Exercício 7.4: Uma empresa estuda a possibilidade de comprar uma máquina por UM 200.000,00 para reduzir seus gastos com mão de obra. Atualmente, a empresa gasta UM 113.000,00 por ano com mão de obra. Se a máquina for instalada, os custos de mão de obra baixarão para UM 30.000,00 anuais. Os custos de energia e manutenção são estimados em UM 20.000,00 anuais.

A compra da máquina ocasionará um aumento de imposto de renda de UM 10.000,00 anuais, pela diminuição dos custos dedutíveis. Se a TMA da empresa for de 12% a.a. e a máquina tiver uma vida útil de cinco anos, após os quais terá valor residual nulo, calcule se é econômica a compra da máquina.

OBS.: Não ocorrerá alteração nas receitas, mas apenas nos custos.

Solução:

– **Alternativa A:** Continuar com a produção manual

Custos:

– Mão de obra UM 113.000 anuais; logo:

$VAUE_A = 113.000$

– **Alternativa B:** Comprar a máquina

Custos:

– Máquina: 200.000 × (A/P; 0,12; 5)	= 55.480
– Mão de obra	= 30.000
– Energia + Manutenção	= 20.000
– Imposto de Renda	= 10.000

$VAUE_B = 115.480$

Não é, pois, vantajoso comprar a máquina nas condições fornecidas.

E se a TMA da empresa fosse 8%, a Alternativa A continuaria melhor?

Solução:

O $VAUE_B$ para 8%, seria:

$= 200.000 \times (A/P; 0,08; 5) + 30.000 + 20.000 + 10.000 = 110.080$

ou seja, se o custo de oportunidade fosse menor, poderia valer a pena comprar a máquina.

Exercício 7.5: Uma construtora está em dúvida quanto ao tipo de trator que deverá comprar. As características dos mesmos, obtidas dos registros de custos da empresa e dos preços de mercado, são:

Os custos anuais são crescentes devido ao aumento da manutenção e à diminuição da produtividade dos tratores. No 1º ano, o trator A tem um custo total de operação e manutenção de 15.000, e este custo cresce 4.500 ao ano. No caso do trator B, o custo é de 14.000 no 1º ano, aumentando numa base de 3.000 ao ano.

a) Qual trator comprar se a TMA for de 10% a.a.?

b) Supondo que o preço do trator B seja desconhecido, qual deverá ser este preço para que seja indiferente a compra do trator A ou B?

c) Qual o custo do trator A se o mesmo for vendido por 25.000 ao final do 92º ano?

	Trator A	Trator B
Preço de um novo	200.000	250.000
Anos de utilização	10	12
Valor residual	10.000	10.000

Solução:

Fluxo de caixa da compra do trator A:

– Investimento inicial

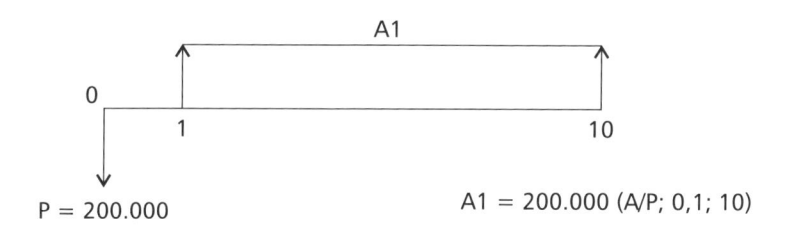

$P = 200.000$

$A1 = 200.000 \, (A/P;\, 0,1;\, 10)$

– Valor residual

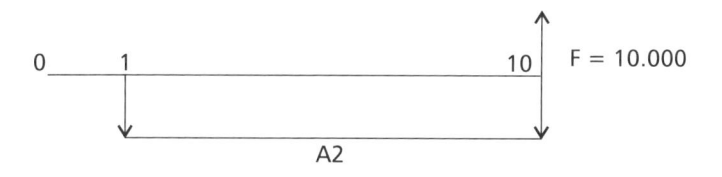

$F = 10.000$

$A2 = 10.000 \, (A/F;\, 0,1;\, 10)$

– Despesa fixa

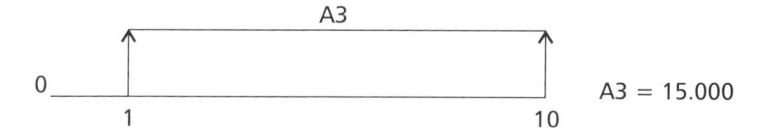

$A3 = 15.000$

– Despesas crescentes

No 2º ano temos uma despesa adicional de 4.500 e no 3º ano esta despesa será de 9.000. Trata-se, pois, de uma série G (em gradiente).

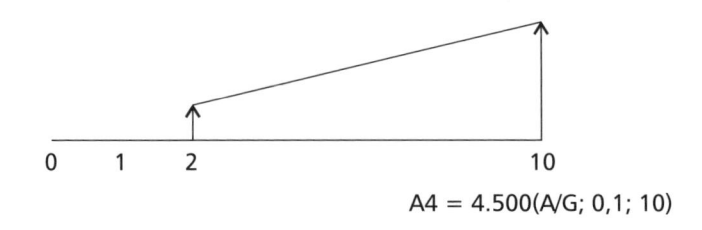

A4 = 4.500(A/G; 0,1; 10)

O mesmo desenvolvimento deve ser feito para o trator B para então responder às perguntas.

a) Resposta ao item "a"

VAUE do Trator A		VAUE do Trator B	
200.000 × (A/P; 0,1 ;10)	= 32.550	250.000 × (A/P; 0,1,12)	= 36.690
– 10.000 × (A/F; 0,1; 10)	= – 627,5	– 10.000 × (A/F; 0,1; 12)	= – 467,6
Despesa Fixa	= 15.000	Despesa Fixa	= 14.000
4.500 × (A/G; 0,1; 10)	= 16.762,5	3.000 × (A/G; 0,1; 12)	= 13.164
TOTAL (VAUE$_A$)	= 63.685,0	TOTAL (VAUE$_B$)	= 63.386,4

A vantagem está com o trator B, pois tem um custo anual menor.

b) Resposta ao item "b"

Neste caso:

$$VAUE_A = VAUE_B$$

Chamando de **P** o preço do trator B, teremos:

63.685 = P × (A/P: 0,1: 12) + (– 467,6 + 14.000 + 13.164)

0,14676 × P = 63.685 – 26.696,4

P = 252.034,61

c) Resposta ao item "c"

VAUE do trator A para 9 anos:

200.000 × (A/P; 0,1; 9)	= 34.728
– 25.000 × (A/F; 0,1; 9)	= – 1.841
Despesa Fixa	= 15.000
4.500 × (A/G; 0,1 ;9)	= 15.175
TOTAL	**= 63.061**

UTILIZAÇÃO PRÁTICA DO MÉTODO DO VALOR ANUAL

Como os exemplos puderam mostrar, este método e adequado em análises que envolvam atividades operacionais da empresa, com investimentos que normalmente possam repetir-se.

Uma empresa periodicamente apura resultados e o referencial normalmente utilizado é o ano. Portanto, a padronização dos resultados dos investimentos para valores anuais equivalentes os tornará mais palpáveis para uma tomada de decisão.

Uma das grandes utilidades do método do valor anual é a determinação da vida econômica de veículos e equipamentos em geral. No capítulo de substituição de equipamentos serão apresentados detalhes sobre a análise destas situações.

7.6 Método do Valor Presente Líquido (VPL)

Este método é tão simples quanto o VAUE. A única diferença reside em que. em vez de se distribuir o investimento inicial durante sua vida (custo de recuperação do capital), deve-se agora calcular o Valor Presente dos demais termos do fluxo de caixa para somá-los ao investimento inicial de cada alternativa. Escolhe-se a alternativa que apresentar melhor Valor Presente Líquido. A taxa utilizada para descontar o fluxo (trazer ao Valor Presente) é a TMA.

Exercício 7.6: Uma empresa dispõe de UM 150 mil e conta com duas alternativas para a aquisição de um novo equipamento de produção. Sua TMA é de 10% a.a. Verifique qual a melhor alternativa pelo método VPL.

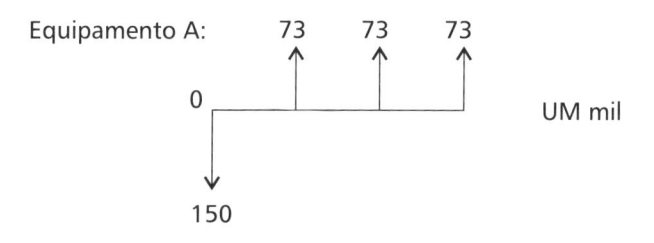

Equipamento A: 73   73   73   UM mil

                    0

                   150

```
Equipamento B:      52    52    52
                    ↑     ↑     ↑
            0 ──────┴─────┴─────┘        UM mil
              │
              ↓
             130
```

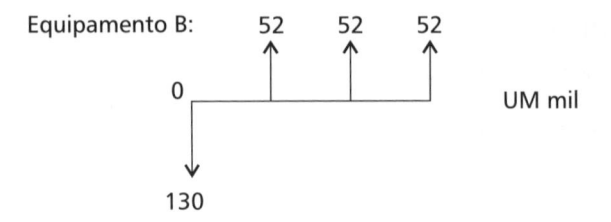

O que deve a empresa fazer?

Solução:

– **Alternativa A** (adquirir o equipamento A):

VPL = 73 × (P/A; 10%; 3) – 150 = 31,55

– **Alternativa B** (adquirir o equipamento B):

VPL = 52 × (P/A; 10%; 3) – 130 = – 0,68

Neste caso, a alternativa A é a mais vantajosa, pois oferece o maior valor presente líquido. A alternativa B ainda é uma opção pior do que não investir.

Exercício 7.7: Uma empresa tem programada a compra de 30 t de sua matéria-prima principal para daqui a um mês. O preço à vista é de UM 500 a tonelada. O fornecedor oferece a opção de pagamento em 60 dias, a partir da data de compra, com um acréscimo de 5%.

Esse fornecedor, no entanto, por estar com seus estoques muito elevados, está fazendo uma oferta especial válida para compras efetivadas até a data de hoje pela qual a empresa tem um desconto de 4% se pagar à vista.

A empresa tem que tomar a decisão hoje! O que deve fazer? Sua TMA é de 2% ao mês.

Solução:

– **Alternativa A:** Comprar à vista daqui a um mês.

Esta alternativa apresenta VP = 0.

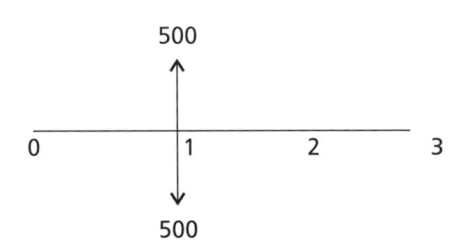

```
              500
               ↑
    ───────────┼───────────────────
    0          1        2        3
               │
               ↓
              500
```

– **Alternativa B:** Comprar daqui a um mês com pagamento 60 dias após a compra.

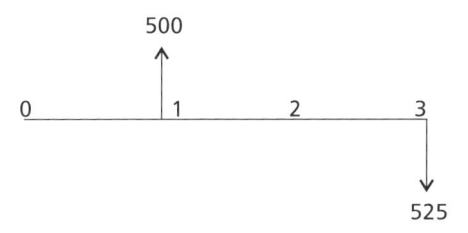

```
            500
             ↑
  0          1      2      3
                           ↓
                          525
```

– **Alternativa C:** Comprar hoje com desconto.

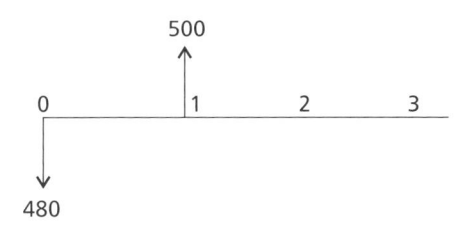

```
            500
             ↑
  0          1      2      3
  ↓
 480
```

VPL = 500 (P/F; 2%; 1) – 480 = 10,20

A alternativa C apresenta nítida vantagem sobre as demais. Note-se que, na alternativa C, mesmo a empresa comprando hoje, só poderá fazer uso da matéria-prima conforme o programa de produção. A análise poderia então ser feita apenas com os desembolsos, prevalecendo a alternativa de menor custo presente.

ALTERNATIVAS COM VIDAS DIFERENTES

No caso de os projetos serem isolados, ou seja, sem repetições, calculam-se diretamente os Valores Presentes Líquidos, pois se considera que, na diferença entre as vidas, os recursos estejam aplicados à TMA.

Mas, se os projetos tiverem vidas diferentes e puderem ser renovados nas mesmas condições atuais, deverá ser considerado como horizonte de planejamento o mínimo múltiplo comum da duração dos mesmos. Em outras palavras, deve-se supor que os projetos sejam repetidos até que se chegue a um horizonte de planejamento comum.

Exercício 7.8: Calcular, pelo método do Valor Presente Líquido, qual das alternativas abaixo para compra de um equipamento é mais econômica. Supor que haja repetição.

	A	B
Custo Inicial	400.000	600.000
Vida Útil	4 anos	8 anos
Valor Residual	40.000	80.000
Custo Anual de Operação	10.000	20.000
Taxa Mínima de Atratividade		10%

Solução:

Para que se possam comparar os Valores Presentes Líquidos das alternativas deve-se repetir o projeto A após quatro anos, pois o Horizonte de planejamento deverá ser de oito anos.

Resultam os seguintes fluxos de caixa (em valores × 1000):

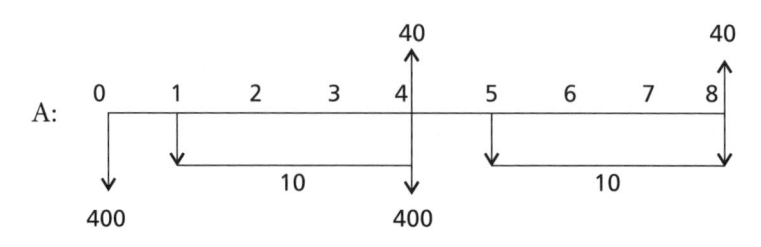

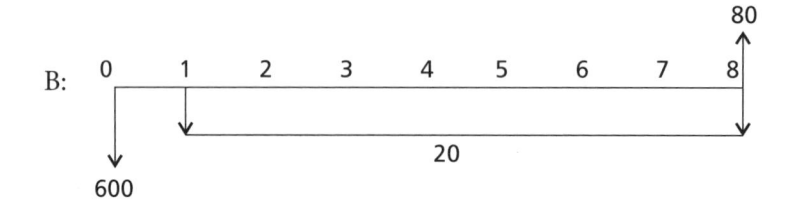

VPL_A = 400.000 + 10.000 (P/A; 0,1; 8) − 40.000 (P/F; 0,1; 4) + 400.000 (P/F; 0,1; 4) − 40.000 (P/F; 0,1; 8)

VPL_A = 400.000 + 10.000 × 5,3349 − 40.000 × 0,6830 + 400.000 × 0,6830 − 40.000 × 0,4665

VPL_A = 680.569

VPL_B = 600.000 + 20.000 (P/A;0,1;8) − 80.000 (P/F; 0,1; 8)

VPL_B = 600.000 + 20.000 × 5,3349 − 80.000 × 0,4665

VPL_B = 669.378,00

A alternativa B é mais econômica, pois o **VPL** de seus custos é menor.

Vai se exemplificar com a calculadora, o cálculo do VPL_A, que é o mais complexo:

400.000 CHS g CF0	
10.000 CHS g CFj 3 g Nj	
370.000 CHS g CFj	
10.000 CHS g CFj 3 g Nj	
30.000 g CFj	
10 i	
F NPV	−680.574

Uma observação: deve-se atentar aos sinais quando se trabalha com custos. A interpretação é de o Custo Presente ser 680.574. Também se ressalta a pequena diferença de valores decorrente do fato de a calculadora ser exata.

Exercício 7.9: A empresa "XVZ" está analisando duas alternativas de investimento mutuamente exclusivas. As alternativas disponíveis apresentam as seguintes características:

	Alternativa "A"	Alternativa "B"
Aplicação inicial	30.000	40.000
Receita anual	8.500	9.000
Custo anual de conservação	350	500
Valor residual	7.500	7.500
Vida econômica	4 anos	6 anos

Supondo uma TMA de 10% ao ano, indicar qual a melhor alternativa e as suposições necessárias:

Solução:

A suposição usual é de que os projetos são renováveis, o que nos leva ao uso do método do VAUE:

$$VAUE_A = -30.000 \times 0,31547 + 8.150 + 7.500 \times 0,21547 = 301,93$$
$$VAUE_B = -40.000 \times 0,23 + 8.500 + 7.500 \times 0,13 = 275,00$$

A melhor opção seria, então, a alternativa A.

No caso da suposição dos projetos não serem renováveis, teríamos:

$$VPL_A = -30.000 + 8.150 \times 3,17 + 7.500 \times 0,683 = 958$$
$$VPL_B = -40.000 + 8.500 \times 4,355 + 7.500 \times 0,5645 = 1.251,25$$

A melhor solução neste caso seria a alternativa B.

UTILIZAÇÃO PRÁTICA DO MÉTODO DO VALOR PRESENTE LÍQUIDO

Normalmente, este método é utilizado para análise de investimentos isolados que envolvam o curto prazo ou que tenham baixo número de períodos, de sorte que um valor anual teria pouco significado prático para uma tomada de decisão. Já investimentos com repetição, como no caso do exercício anterior, teriam uma solução mais prática com o método do

Valor Anual Uniforme Equivalente (VAUE), pois, nesses casos com repetição, o VPL exigiria extrair o mínimo múltiplo comum das vidas das alternativas.

7.7 Horizonte de planejamento infinito para o método do Valor Presente Líquido

Em diversas situações é necessária a comparação pelo método do valor presente de um número elevado de alternativas com vidas econômicas diferentes. A determinação do mínimo múltiplo comum e a consequente repetição dos fluxos de caixa podem ser tarefas bastante trabalhosas. A seguir é proposta uma solução menos cansativa e mais elegante para esta situação.

Seja um projeto cujo valor presente calculado a uma taxa **i** valha **VP**, sendo **n** a vida do projeto e supondo que ele seja repetido até o infinito, teríamos o seguinte fluxo de caixa:

ou seja, a cada **n** períodos ocorre uma receita ou despesa no valor **VP**.

Pretende-se calcular o valor presente desta série infinita, **VPx**. Aplicando-se o conceito de séries perpétuas e lembrando-se que no período zero já se tem um valor, obtém-se:

$$VPx = VP + \frac{VP}{i_n}$$

onde:

$$i_n = (1 + i)^n - 1$$

então:

$$VPx = VP + \frac{VP}{(1+i)^n - 1} = VP \frac{(1+i)^n}{(1+i)^n - 1}$$

logo:

$$VPx = \frac{VP}{i} (A/P; i; n)$$

Pode-se, dessa forma, comparar os valores presentes de uma série de alternativas sem a necessidade da determinação do mínimo múltiplo comum da vida dos projetos. Basta calcular o **VPx** para cada um deles.

7.8 Métodos não exatos

Os três métodos exatos, ou seja, os Métodos do Valor Anual Uniforme Equivalente (VAUE), Valor Presente Líquido (VPL) e Taxa Interna de Retorno (TIR), este último a ser visto no Capítulo 8, são equivalentes e ajustam-se perfeitamente ao conceito de "Equivalência" da Matemática Financeira. Alguns analistas, no entanto, ainda se utilizam de métodos não exatos, cujos principais exemplos serão aqui brevemente descritos, mais no sentido de informação de alerta do que de aprendizado teórico.

O principal método não exato é o do Tempo de Recuperação do Capital Investido "Pay-Back Time", que mede o tempo necessário para que o somatório das parcelas anuais seja igual ao investimento inicial

Seja o seguinte fluxo de caixa A:

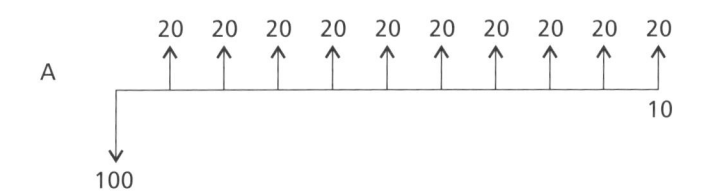

O *Payback Time* é de cinco anos, pois as cinco primeiras parcelas totalizam 100, que é valor do investimento inicial.

Este método não leva em consideração a vida do investimento, e pode ser dificultada sua aplicação quando o investimento inicial se der por mais de um ano ou quando os projetos comparados tiverem investimentos iniciais diferentes.

O defeito mais sério, no entanto, ocorre por não ser considerado o conceito de equivalência. Isto pode fazer com que os dois fluxos B e C a seguir possuam o mesmo *PayBack Time*:

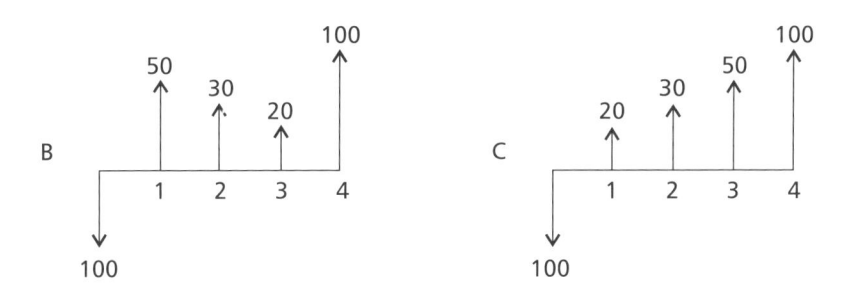

PayBack Time = 3 anos

É evidente que o fluxo B é mais atrativo.

Uma alternativa é o *PayBack* descontado, que elimina apenas o último defeito apontado. O *PayBack* descontado mede o tempo necessário para que o somatório das parcelas descontadas seja, no mínimo, igual ao investimento inicial.

Para o fluxo A, considerando uma TMA de 10%, o *PayBack* descontado é de oito anos, pois:

$$20 \,(P/A;\, 10\%,\, 8) = 106{,}70 > 100$$

Mas, para os fluxos B e C, o *PayBack* descontado seria de quatro anos, o que nos deixaria dúvidas, visto que o fluxo B é mais atrativo.

Outro método é o da "Rentabilidade do Projeto", que consiste no cálculo do índice $\dfrac{\text{Lucro Anual}}{\text{Investimento Inicial}}$ a plena capacidade, sendo o lucro anual calculado após a depreciação. O problema consiste no fato de a depreciação nada mais ser do que a recuperação do capital a uma taxa zero, o que não condiz com o conceito de TMA.

A utilização deste método é inadequada quando o empreendimento demandar um grande número de períodos para atingir a plena capacidade produtiva. Além disso, não leva em consideração a vida do investimento (considerada como infinita).

7.9 Conceitos complementares

Convenção do Custo Anual – Nos três métodos de análise de investimento, os custos ou receitas ocorridos durante o ano são considerados como tendo ocorrido ao final do ano. No exercício 7.4, por exemplo, considerou-se que as despesas de mão de obra, energia e manutenção são feitas ao final do ano, quando se sabe que estas são relativamente uniformes durante o ano. É, entretanto, vantajoso considerar que as despesas são todas feitas ao final do ano para a simplificação dos cálculos. Na maioria dos casos, esta convenção não implica erros significativos.

Vida Útil – No mesmo exercício 7.4, considera-se que a máquina tenha uma vida útil de cinco anos. Isto não significa que a máquina não possa mais ser utilizada após cinco anos, mas que depois de cinco anos ela não é mais econômica.

Valor Residual – Este termo é utilizado para especificar o valor líquido da dispensa de uma propriedade retirada de serviço. No caso de uma máquina velha, é o valor de venda da máquina menos os custos de sua remoção. Podem, pois, ocorrer valores residuais negativos.

Custo Inicial – O custo inicial de uma máquina inclui seu preço de venda, imposto, fretes, despesas de instalação e outras despesas para que a máquina comece a produzir.

7.10 Exercícios propostos sobre métodos determinísticos

1. O Departamento de Estradas e Rodagem está considerando dois tipos de cobertura asfáltica para estradas com os seguintes custos por km:

	Tipo A	Tipo B
– custo inicial	300.000	200.000
– período de revestimento	8 anos	6 anos
– custo anual de reparos	10.000	12.000
– custos de revestimento	150.000	120.000

   a) Compare o valor presente dos dois tipos de cobertura asfáltica considerando um horizonte de planejamento de 24 anos e valor residual zero. A TMA é de 10% a.a.

   b) Considere que o custo anual de reparos para a cobertura A é, na realidade, um valor médio durante os 24 anos. Os custos reais são crescentes, sendo 800 no 1º ano, 1.600 no 2º ano e assim por diante. Qual o **VPA** neste caso?

   R.: a) VPA = 492.467,92 VPB = 435.372,55

   b) VPA = 462.191,34

2. O Sr. X está considerando a possibilidade de entrar de sócio em uma empresa, que lhe renderia UM 120.000,00 por ano de lucro.

   O Sr. X espera permanecer como sócio da empresa por oito anos, quando poderá vender sua parte na sociedade por UM 1.000.000,00. Se o Sr. X conseguir empréstimo a 10% a.a., quanto poderá pagar para entrar na sociedade?

   R.: 1.106.698,52

3. Um carro da marca X, novo, custa UM 600.000,00 e dá uma despesa mensal de UM 15.000,00. Após um ano de uso, o carro poderá ser vendido por UM 400.000,00. Qual é o custo mensal de ter sempre o carro do ano, marca X? TMA.: 1% a.m.

   R.: 36.770

4. Compare os custos anuais dos seguintes tipos de depósitos, a uma TMA de 10% a.a.

	Madeira	Alvenaria
Custo inicial	UM 300.000,00	UM 400.000,00
Vida útil	10 anos	20 anos
Valor residual	UM 10.000,00	UM (–) 15.000,00
Custos anuais de manutenção	UM 15.000,00	UM 10.000,00

5. Uma empresa tem um contrato que dá direitos a exclusividade de certo artigo. Pelos termos do contrato a empresa pagará ao inventor UM 5.000,00 por ano mais UM 2,00 por artigo produzido. O inventor está oferecendo a venda da patente por UM 200.000,00. Sabendo que a produção é de 20.000 unidades anuais e que a empresa costuma ter um retorno de 10% sobre seus investimentos, por quantos anos o artigo deverá continuar sendo produzido para que a empresa compre a patente em vez de alugá-la?

   R.: 6,2 anos

6. Um fabricante estuda a possibilidade de lançamento de um novo produto. Pesquisas de mercado indicam a possibilidade de uma demanda anual de 30.000 unidades, a um preço de UM 10,00 por unidade.

   Alguns equipamentos existentes seriam utilizados, sem interferir na produção atual com um custo adicional de UM 4.000,00 por ano.

   Novos equipamentos no valor de UM 300.000,00 seriam necessários, sendo sua vida econômica de cinco anos. O valor de revenda aos cinco anos seria de UM 20.000,00 e o custo de manutenção estimado é de UM 10.000,00 por ano.

   A mão de obra direta e o custo de matéria-prima seriam de UM 4,00 e UM 3,00 por unidade, respectivamente, não havendo alteração de despesas de administração, vendas etc. Impostos municipais montarão a 3% do investimento inicial, anualmente. Considerando-se uma taxa mínima de atratividade de 10% a.a., deveria ser lançado o novo produto?

   R.: Não vale a pena lançar o produto, pois o valor presente do investimento é negativo (VPL = – 33.599).

7. A empresa TRIP S.A. está em dúvida quanto ao tempo que deverá manter seus caminhões em funcionamento. Os dados de custos à disposição da empresa são os seguintes:

Ano	1	2	3	4	
Valor de revenda	2.000	1.500	1.000	500	(dados em UM 1.000,00)
Custo operacional	400	600	800	1.000	

   O caminhão novo custa UM 2.800.000,00.

   Calcule a vida econômica do caminhão, sabendo que a TMA da empresa é de 20% a.a.

   R.: A vida econômica do caminhão é de três anos para um.

   $VAUE_3 = 1.630$

8. Uma pessoa para quem o dinheiro vale 7,5% a.a. quer comprar uma residência para alugar. Há duas opções básicas descritas a seguir:

	Casa	Apartamento
Preço de compra mais encargos iniciais	5.000.000,00	4.000.000,00
Valor líquido do aluguel anual	450.000,00	400.000,00
Tempo em que o imóvel será mantido	10 anos	8 anos
Valor de revenda do imóvel após este tempo	8.000.000,00	3.500.000,00

Qual a alternativa mais econômica?

R.: $VAUE_{CASA} = 287.057,78$

$VAUE_{AP} = 44.489,46$ (equivalente em 10 anos)

9. Há dois anos, a Empresa de Transportes Alfa arrendou uma estação terminal da Companhia Beta e pagou antecipadamente o aluguel por um período de cinco anos. O total pago foi de UM 60.000,00. Os termos do arrendamento permitem à Companhia continuar a alugar o local por um período de mais cinco anos, por um pagamento de UM 10.000,00 no início de cada ano do segundo período de cinco anos. A Beta necessita agora de recursos para financiar uma concorrência. A Beta propõe à Empresa Alfa que esta pague o aluguel antecipadamente do segundo período de cinco anos. Supondo uma taxa de juros de 8% ao ano, qual seria um pagamento conveniente a ser efetuado agora no lugar dos cinco pagamentos anuais?

10. A Companhia Beta está considerando dois planos alternativos para construção de um muro ao redor de sua nova fábrica em Curitibanos. Uma cerca feita em arame de aço galvanizado requer um custo inicial de UM 35.000,00 e custos anuais estimados de manutenção de UM 300,00. A vida esperada é de 25 anos. Uma parede de pré-moldados requer um custo inicial de apenas UM 20.000,00, mas necessitará de pequenos reparos a cada cinco anos a um custo de UM 1.000,00 e reparos maiores a cada dez anos a um custo de UM 5.000,00. Supondo-se uma taxa de juros de 10% antes dos impostos e uma vida perpétua, determinar qual a melhor solução.

11. Uma empresa está estudando a possibilidade de adquirir uma máquina de movimentação de materiais, e existem duas propostas:

	Proposta A	Proposta B
Custo da máquina	6.000.000,00	3.000.000,00
Vida econômica	6 anos	4 anos
Receita anual	1.500.000,00	1.200.000,00
Valor residual	1.000.000,00	1.200.000,00

Sabendo que a TMA da empresa é de 10% a.a., determine pelo método do Valor Presente qual a melhor alternativa.

12. Uma empresa estuda o lançamento de um novo produto, o que implicará os seguintes custos:

Compra e instalação do equipamento	UM 1.700.000,00
Imposto sobre produtos industrializados	20% sobre o valor de vendas
Outros custos anuais indiretos	UM 150.000,00
Custos anuais de mão de obra e matéria-prima	UM 10,00 p/ unidade

    O equipamento poderá ser utilizado por cinco anos ao final dos quais terá um valor residual de UM 200.000,00. O produto deverá ser vendido por UM 25,00 a unidade.

    Qual deverá ser a demanda mínima anual para compensar o investimento a uma TMA de 10% a.a.?

    R.: 56.570

13. Há dois anos a Companhia Alfa decidiu investir na implantação de uma nova unidade industrial. Foram gastos UM 500.000 em 1990 em ativos e UM 400.000 em 1991 em capital de giro, conforme a previsão feita, a qual considerava uma receita anual de UM 250.000, a partir de 1992, por cinco anos findos os quais o empreendimento seria vendido por UM 500.000. A TMA da empresa é de 15% ao ano.

    a) Determine se o empreendimento seria economicamente viável.

    b) A previsão da empresa teve que ser revista no que tange às receitas anuais que agora serão de apenas UM 100.000 anuais.

    Em virtude desta reversão de perspectivas, os diretores da Alfa estão examinando as duas propostas de venda do empreendimento:

    – agora em 1992, imediatamente após auferir a primeira das receitas anuais de UM 100.000, por UM 600.000

    – em um ano por 550.000.

    O que deverá ser feito? (vale a pena vender quando?)

    R.: a) VP = 97.033, economicamente viável

    b1) vendê-lo hoje VP = – 28.620

    b2) idem vendê-lo hoje (VP = 34.780)

14. Qual das condições de pagamento a seguir é a mais econômica?

    a) três vezes sem entrada;

    b) tudo daqui a dois meses;

    c) em cinco vezes com entrada (1/5).

    Para efeitos de cálculos, considere uma taxa de 30% a.m.

    R.: b

15. O proprietário de uma pedreira está em dúvida sobre qual o processo mais econômico de exploração de sua propriedade. Pelo processo acelerado ele obteria uma renda anual de UM 400.000 durante três anos e pelo processo normal a renda anual seria de UM 250.000 durante seis anos. Em ambos os casos a pedreira seria esgotada e não teria valor residual. Para uma TMA de 15% ao ano, qual a melhor alternativa? Quanto vale a pedreira para seu proprietário?

    R.: A 2ª alternativa, UM 946.120,5

16. Dois processos de tratamento de água estão em estudo. Os custos dos mesmos estão resumidos a seguir:

	Proc. A	Proc. B
Investimento inicial	100.000	140.000
Custo anual de manutenção	20.000	15.000
Renovação dos equipamentos	50.000	40.000
Duração dos equipamentos	10 anos	11 anos

    Faça uma análise econômica dos processos considerando um horizonte de planejamento infinito e uma TMA de 10% ao ano. Utilize ambos os métodos (VAUE e VP).

    R.: VP_A = 331.373 VP_B = 311.585

Você sabia?

Basicamente, a Matemática Financeira traduz em equações a expressão "tempo é dinheiro". Desde a Antiguidade vinha se desenvolvendo no ambiente bancário, com a finalidade de mostrar, em equações, a equivalência entre valores em datas distintas. Nos séculos XVIII e XIX, outro tipo de profissional passou a se preocupar com a equivalência entre parcelas em datas distintas: o Engenheiro. Na Revolução Industrial, por exemplo, na hora de substituir um equipamento a vapor por um elétrico, havia um desembolso inicial. Mas depois haveria crescimento da receita e/ou diminuição de custos, traduzidos em aumento dos ganhos anuais. Como provar que o aumento dos ganhos anuais compensava o investimento inicial? O "dono" da empresa queria a resposta, os investidores queriam a resposta. Bem, a Matemática Financeira podia ser utilizada para isso. Era o mesmo tipo de problema, agora mais complexo, com mais variáveis influenciando o futuro. Outro exemplo foi o da expansão das ferrovias americanas em direção ao Oeste. Faz-se um túnel ou desvia-se da montanha? O túnel custa mais, mas o tempo da viagem diminui e os custos operacionais diminuem. Compensa? As empresas queriam saber, o governo financiador queria saber.

Começa a se desenhar a Engenharia Econômica, um conjunto de técnicas que se utiliza da Matemática Financeira, a ciência exata, para a Análise de Investimentos. E a Engenharia Econômica vai além da Matemática Financeira, pois se utiliza de ferramentas estatísticas, programações matemáticas, tomada de decisão, análise de cenários, e o que for necessário para aumentar o grau de certeza em um investimento.

A partir dos anos 1950, os livros de *Engineering Economy* começaram a ser difundidos em disciplinas de cursos de Engenharia e Economia (depois Contabilidade e Administração). Apesar de alguns livros nos Estados Unidos tratarem sobre investimentos em infraestrutura ainda no fim do século XIX, pode-se dizer que o primeiro grande livro de Engenharia Econômica foi escrito por Eugene L. Grant em 1930 – *Principles of Engineering Economy*, depois agregando dois outros autores (GRANT; IRESON; LEAVENWORTH, 1982).

Hoje, a Matemática Financeira e a Engenharia Econômica estão muito difundidas nos diversos segmentos da economia. As matérias passaram a ser correntes para profissionais não só de bancos (Matemática Financeira) ou Engenheiros da indústria ou de infraestrutura, mas gestores de atividades de comércio ou serviços, e para problemas de pessoas físicas ou jurídicas.

Note-se que, no Brasil, a expressão *Engineering Economy* foi adaptada para a Engenharia Econômica. Houve uma troca do substantivo de Economia para Engenharia. Talvez a adaptação mais correta fosse Economia da Engenharia. Alguns cursos e livros utilizam essa "tradução". Mas o nome consagrado, sem dúvida, foi o de Engenharia Econômica. O livro que consagrou a expressão Engenharia Econômica no Brasil foi *Engenharia Econômica*, lançado em 1969 (HESS; MARQUES; PAES; PUCCINI, 1974).

8 Comparações Envolvendo Taxas de Retorno

8.1 Método da Taxa Interna de Retorno
8.2 Intersecção de Fischer
8.3 Taxa de retorno modificada: análise com reaplicação a taxas diferenciadas
8.4 Exercícios

Os dois métodos vistos no capítulo anterior são exatos, pois são absolutos. Apresentam resultados em unidades monetárias. Mas muitas vezes há o interesse na comparação do investimento com taxas oferecidas por outras aplicações financeiras ou outros investimentos. Este capítulo apresenta um método relativo, pois apresenta o indicador como uma taxa de remuneração, a Taxa Interna de Retorno (TIR).

Embora à primeira vista pareça que sempre deveríamos escolher diretamente os percentuais mais elevados, esta conclusão não pode ser generalizada. Por isso, inicialmente, serão mostradas as limitações dessa comparação, concluindo que a comparação direta de percentuais pode induzir a erros e o capítulo não só mostra porque isso acontece mas também como as comparações devem ser feitas. Além disso, apresenta uma variante do método TIR, a Taxa Interna de Retorno Modificada (TIRM).

8.1 Método da Taxa Interna de Retorno

O método da Taxa Interna de Retorno requer o cálculo da taxa que zera o Valor Presente dos fluxos de caixa das alternativas. Os investimentos com TIR maior que a TMA são considerados rentáveis e são passíveis de análise.

Entretanto, a comparação entre a TIR de duas alternativas não permite afirmar que se:

$$TIR_A > TIR_B$$

então A deve ser preferido a B.

Considerem-se, por exemplo, as seguintes alternativas mutuamente exclusivas:

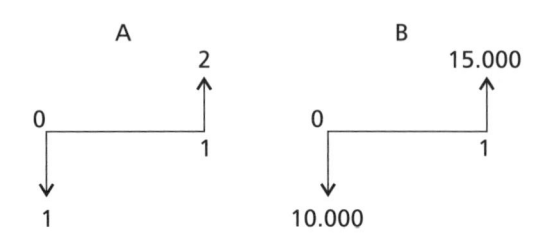

```
        A                           B
        2                        15.000
        ↑                           ↑
0 _____|           0 _____|
        1                           1
↓                   ↓
1                 10.000
```

$$TMA = 20\%$$

No caso $TIR_A = 100\%$ e $TIR_B = 50\%$, mas o projeto A envolve uma quantia tão baixa, rendendo, portanto, tão pouco que, havendo disponibilidade de recursos, a alternativa a ser escolhida é B.

Para provar pelo método da TIR que o projeto B é melhor do que o projeto A, deve-se utilizar um artifício que consiste em supor que o projeto maior B é formado por duas partes:

A e (B − A) pois A + (B − A) = B

Se provarmos que os dois projetos (ou as duas partes de B) rendem mais do que a TMA, então ambos deveriam ser realizados e isto equivale a escolher B.

O exercício a seguir ilustra a análise que deverá ser feita na comparação de alternativas utilizando-se o método da Taxa Interna de Retorno.

Exercício 8.1: Uma empresa, cuja TMA é de 6% ao ano, dispõe de duas alternativas para introduzir uma linha de fabricação para um dos componentes de seu principal produto. A alternativa A é para um processo automatizado que exigirá um investimento de UM 20.000 mil e propiciará saldos anuais de UM 3.116 mil durante dez anos. A alternativa B é para um processo semiautomatizado, com investimento mais baixo (UM 10.000 mil), mas, devido ao uso mais intenso de mão de obra, propiciará um saldo anual de UM 1.628 mil, também durante dez anos. Qual a melhor alternativa?

Solução (em UM mil):

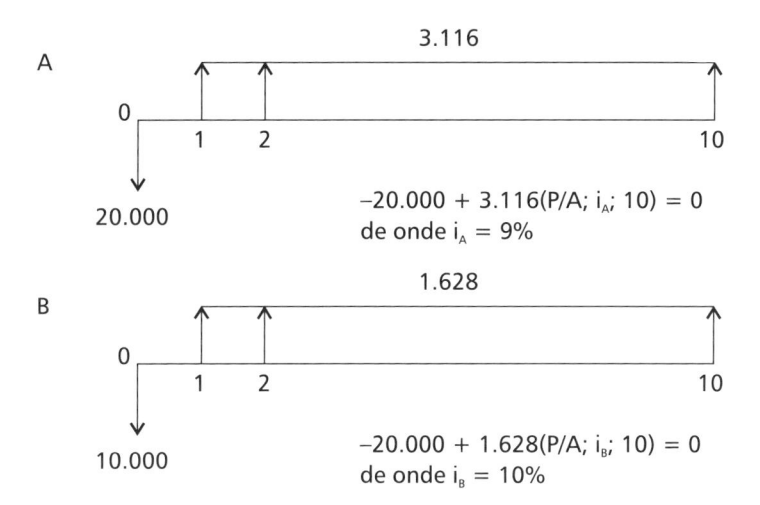

A

$$-20.000 + 3.116(P/A; i_A; 10) = 0$$
de onde $i_A = 9\%$

Fluxo A: investimento inicial de 20.000 no ano 0; entradas de 3.116 dos anos 1 a 10.

B

$$-20.000 + 1.628(P/A; i_B; 10) = 0$$
de onde $i_B = 10\%$

Fluxo B: investimento inicial de 10.000 no ano 0; entradas de 1.628 dos anos 1 a 10.

As duas alternativas apresentam TIR maior que a TMA e, portanto, ambas seriam atrativas para a empresa. A alternativa B apresenta taxa melhor, porém só será possível tomar uma decisão após conhecer o que será feito com a diferença dos investimentos e o que será feito com as parcelas que retornarão do primeiro ao décimo ano. É o problema do reinvestimento!

Pelo método do Valor Presente Líquido tem-se:

$$VPL_A = -20.000 + 3.116 \, (P/A; 6\%, 10) = 2.933$$
$$VPL_B = -10.000 + 1.628 \, (P/A; 6\%, 10) = 1.982$$

o que demonstra que A é a melhor alternativa e leva o analista a um aparente impasse.

Esse impasse, no entanto, pode ser solucionado simplesmente supondo que as diferenças no investimento e as parcelas que retornam sejam aplicadas à TMA (como nos métodos VAUE e VPL).

Aplicar UM 20.000 mil em A equivale a aplicar UM 10.000 mil em B e os restantes UM 10.000 mil em outro suposto investimento com taxa não conhecida. Este suposto investimento chama-se **investimento incremental.**

	Ano	A	B	A – B
Investimento Inicial	0	– 20.000	– 10.000	– 10.000
Economia Anual	1 a 10	3.116	1.628	1.488
TIR	–	9%	10%	8%

O investimento (A – B) é o investimento incremental e apresenta TIR de 8%.

Se a empresa optasse por B ela teria que aplicar a diferença num investimento que rendesse no mínimo 8%, para equivaler a A. Como se supõe que a empresa só possui a alternativa de aplicar a diferença à TMA de 6%, verifica-se facilmente que é preferível que ela opte por A. A melhor alternativa, portanto, é aplicar em A. ■

8.2 Intersecção de Fischer

O exercício apresentado anteriormente pode ser mais bem visualizado através de um gráfico VPL × taxa de desconto.

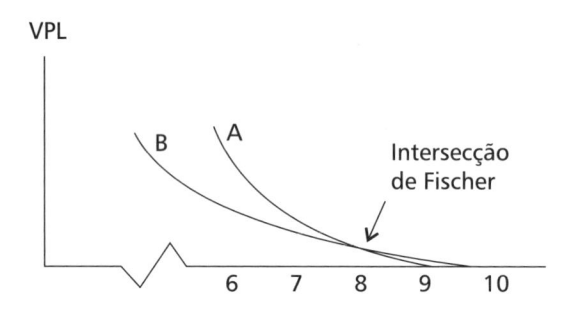

Para uma taxa de 8%, os Valores Presentes de A e B são iguais, e o investimento incremental possui valor presente nulo, pois:

$$VPL_A = VPL_B + VPL_{(A-B)} \text{ e como } VPL_A = VPL_B$$

então:

$$VPL_{(A-B)} = 0$$

Para uma taxa de 6% (TMA) tem-se que:

$$VPL_A = VPL_B + VPL_{(A-B)}$$

Se, em vez de 6%, a TMA fosse de 8,5%, a situação se inverteria, e B passaria a ser mais vantajoso do que A.

Pode-se então estabelecer para o exemplo que:

Se TMA < 8% → A superior

Se TMA > 8% → B superior

Quando ocorrerem vidas diferentes, o procedimento é análogo ao do método do Valor Presente Líquido, ou seja, se houver repetição, deve-se calcular preliminarmente o Mínimo Múltiplo Comum das vidas. No caso de os investimentos não se repetirem, calculam-se diretamente as TIRs de cada investimento e do investimento incremental, como no exercício 8.1.

Porém, poderão aí ocorrer algumas situações de difícil solução, como é o caso dos fluxos de caixa que não admitem TIR no campo real ou que admitem TIRs múltiplas.

Como exemplo, o fluxo:

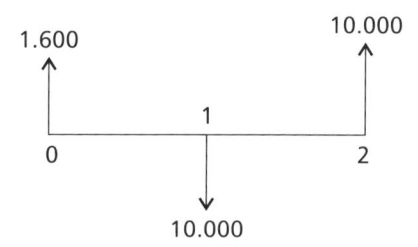

```
            1.600              10.000
             ↑                   ↑
             |         1         |
             0                   2
                       ↓
                     10.000
```

Ele apresenta duas taxas de retorno: 25% e 400%.

Na calculadora:

1.600 g CF0	
10.000 CHS G CFj	
10.000 g CFj	
f IRR	25

A calculadora apresenta apenas 25% como resposta. Mas, ao se colocar na sequência 400, ou 25, como taxa, resultará em VPL igual a zero!

400 i	
F NPV	0
25 i	
F NPV	0

Podem ocorrer igualmente situações de não existência ou existência de duas ou mais intersecções de Fischer, o que, sem dúvida, dificulta a aplicação do método.

É recomendável nesses casos o uso dos métodos VPL ou VAUE.

A utilização prática do método da TIR dá-se normalmente em projetos de implantação ou expansão industrial como comparação com os índices normais do setor a que o projeto se referir. Como exemplo, nos tempos atuais é normal um projeto do ramo siderúrgico apresentar TIR na faixa de 10% ao ano, a preços de hoje (sem levar em conta a inflação). Pesquisas realizadas junto às maiores empresas do Brasil mostram que, apesar das dificuldades citadas, o método da TIR é o mais utilizado. Isto se deve provavelmente ao fato de que seu resultado é bem mais palpável ou "falante" do que os métodos do VPL ou VAUE.

8.3 Taxa de Retorno Modificada: análise com reaplicação a taxas diferenciadas

Considera-se o seguinte fluxo de caixa anual:

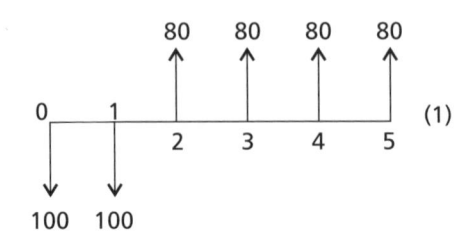

```
           80  80  80  80
           ↑   ↑   ↑   ↑
    0  1                      (1)
    │  │   2   3   4   5
    ↓  ↓
   100 100
```

para uma empresa que possui uma TMA de 10% a.a.

Este fluxo apresenta os seguintes resultados:

TIR = 17,4%

VPL(10%) = 39,6

VAUE(10%) = 10,4

Estes resultados supõem que as parcelas recebidas tenham sido reaplicadas às mesmas taxas, ou seja, à TMA no caso do VPL e do VAUE e à TIR no caso do método da Taxa Interna de Retorno.

A mesma suposição é feita para as parcelas negativas, ou seja, seu custo de obtenção é o da TMA ou TIR, conforme o método utilizado.

Um problema mais genérico, e também mais realista, propõe que as parcelas recebidas, ou seja, os valores, possam estar reaplicados a taxas diferentes. Se a empresa já vislumbrar reaplicações a determinada taxa, ela pode utilizar esta taxa como taxa de reaplicação. É também chamada de "Taxa de Risco", que pode ser variável.

Já as parcelas negativas devem ser descontadas a uma taxa que reflita o rendimento de depósito para obtê-las. Se a TMA refletir a remuneração de depósitos bancários, ela pode ser a taxa utilizada. Esta é a chamada "Taxa de Segurança".

Voltando ao fluxo (1), considera-se que a "Taxa de Risco" seja de 12% e a "Taxa de Segurança" seja igual à TMA.

Neste caso, sob estas condições, para estimar os resultados pelos três métodos, tem-se que seguir os seguintes passos:

1. Capitalizar as parcelas positivas para o último termo do fluxo na taxa de risco.

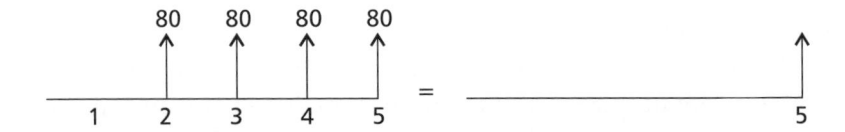

```
        80  80  80  80
        ↑   ↑   ↑   ↑                          ↑
     ───┼───┼───┼───┼───   =   ─────────────────┼───
        1   2   3   4   5                       5
```

2. Descontar as parcelas negativas, na taxa de segurança.

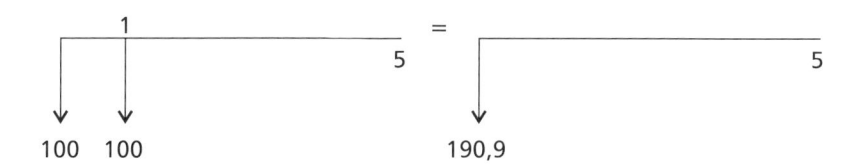

```
    1                                         
 ┌──┴──────────────────┐       ┌──────────────────────┐
                       5       =                      5
 ↓  ↓                           ↓
100 100                        190,9
```

3. Estimar TIR, VPL ou VAUE para o novo fluxo:

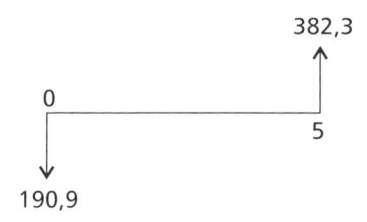

```
                            382,3
                              ↑
        0 ┌───────────────────┤
          │                   5
          ↓
        190,9
```

a) TIR:

$382,3 = 190,9 (1 + i)^5 \therefore i = 14,9\%$

b) VPL:

VPL = 382,3 (P/F; 10,0; 5) − 190,9 = 46,5

c) VAUE:

VAUE = 382,3 (A/F;10,0; 5) − 190,9 (A/P;10,0; 5) = 12,3

Alguns autores denominam estes métodos, respectivamente, como TIRM ou Taxa Interna de Retorno Modificada, VPLM ou Valor Presente Líquido Modificado e VAUEM ou Valor Anual Uniforme Equivalente Modificado.

A tabela abaixo permite uma melhor análise:

MÉTODOS	NORMAL	MODIFICADO
TIR(%)	17,4	14,9
VPL	39,6	46,5
VAUE	10,4	12,3

No método da TIR, houve diminuição, ao passo que no VPL e VAUE houve aumento de valores. Isto se deve ao fato de o método ser mais realista, fazendo com que os resultados convirjam, evitando assim o principal problema do método da TIR, que era justamente o da reaplicação.

Este tipo de análise é bastante flexível, permitindo amplo estudo de sensibilidade, admitindo inclusive a utilização de taxas de reaplicação inferiores à TMA, quando esta for apenas um valor mais provável. A taxa de reaplicação poderia ser o valor mais pessimista de um campo estimativo da TMA.

Embora não haja a função TIRM na calculadora, há uma maneira de resolver o problema.

1. Calcula-se o VPL das parcelas positivas a 12%. Esse valor já fica armazenado em PV. Então, leva-se esse valor a FV a 12%.
2. Calcula-se o VPL das parcelas negativas a 10%.
3. Usam-se as funções FV e PV para calcular i, que vem a ser TIRM.

Primeiro, levam-se as parcelas positivas para o período 5:

0 gCF0	
0 gCFj	
80 gCFj 4 g Nj	
12 i	
fNPV	216,95
0 PMT	
5 n	
FV CHS FV	382,35

Agora, as parcelas negativas são trazidas ao período zero:

100 CHS gCF0	
100 CHS gCFj	
10 i	
fNPV	−190,91

Por fim, com os valores −190,91 e 382,35 já armazenados, respectivamente, em PF e FV, calcula-se o i:

5 n	
i	14,90

Essa é a TIRM!

8.4 Exercícios

1. Faça um estudo sobre as seguintes propostas de investimento mutuamente exclusivas:

	A	B	C
Io	20.000	30.000	40.000
Receita anual	6.000	8.500	11.000
Valor residual	10.000	15.000	17.000
Vida útil	5 anos		

   Utilize o método da TIR e uma TMA = 15%

   R.: A melhor alternativa é B, pois TIR (B − A) = 18%.

2. Qual a opção mais vantajosa para aplicar o dinheiro:

   a) a 100% a.a. com capitalização mensal, ou

   b) a uma taxa de 1% ao mês e correção monetária de 18% ao trimestre?

3. Se o diretor da Companhia Catarinense de Tratores S.A. viesse pedir-lhe para aconselhá-lo sobre qual dos tornos deveria comprar, a fim de maximizar o retorno de seu investimento, qual seria sua resposta?

   São conhecidos os valores da tabela a seguir e o gráfico do valor presente em função da TMA.

	Torno A	Torno B
Valor da compra	100.000	100.000
Economias anuais	1º ano = 20.000	1º ano = 100.000
	2º ano = 40.000	2º ano = 31.250
Valor residual	80.000	0
Vida útil	2 anos	2 anos

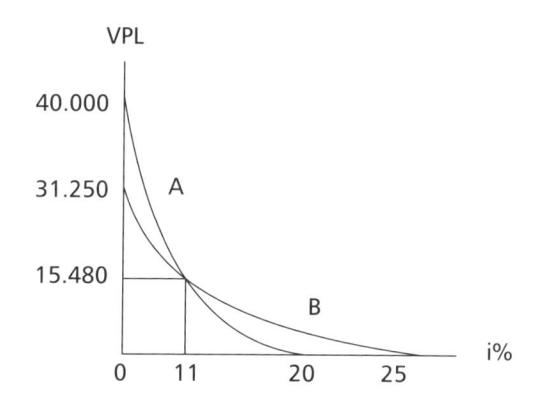

4. Compare os seguintes investimentos pelo método da Taxa Interna de Retorno. Comente.

	A	B
Investimento inicial	5.000	4.000
Receita anual	500	708
Vida útil (anos)	10 anos	10 anos
Valor residual	5.000	0

R.: $TIR_A = 10\%$
$TIR_B = 12\%$
$TIR_{A-B} = 7,5\%$

9

Taxas Variáveis e Inflação

9.1 A taxa mínima de atratividade variando com o tempo
9.2 A necessidade da consideração da inflação nas análises
9.3 Situações de inflação
9.4 A sistemática da taxa específica de desconto – séries geométricas
9.5 Exercícios

Neste capítulo, serão apresentadas algumas abordagens úteis para analisar os efeitos da inflação e de outras perturbações nos investimentos.

A conscientização sobre a inflação está relacionada com uma série de assuntos tratados neste livro. Já na primeira parte, sobre Matemática Financeira, foi necessário incluir um capítulo sobre inflação e variações cambiais. A consideração da inflação também está presente no capítulo sobre análise econômico-financeira de projetos.

Vale registrar que, a partir da década de 1990, os países, de uma maneira geral, fizeram o que se denominou de "lição de casa", ou seja, os ajustes em suas contas, de modo que ainda restam poucos países com inflação acima de dois dígitos. No Brasil, particularmente, desde o lançamento do Plano Real, em 1994, a inflação está sob controle, pois houve o entendimento da classe política de que as perdas por ela ocasionadas têm efeitos negativos, não só para o conjunto da população, mas também para as receitas governamentais.

Este capítulo teve a sua primeira versão em tempos de hiperinflação. Ele, entretanto, continua atual, pois:

1. sempre existe uma pequena inflação (os exemplos de deflações são muito raros) e, num longo prazo, como o de investimentos em planos de aposentadoria, ela, com certeza, terá grande influência;

2. as variações diferenciadas de preços em setores específicos são frequentes e devem ser consideradas nas análises;
3. no plano mundial a inflação continua presente em diversos países e o leitor poderá se deparar com casos em que ela deverá ser levada em conta; e
4. as variações de taxas de câmbio, muitas vezes causadas por motivos de mercado, políticas governamentais, especulações, ou mesmo motivos psicológicos, vão afetar investimentos feitos numa ou noutra moeda.

Assim, existem boas justificativas para se ler este capítulo, mesmo que a inflação atual esteja em níveis ditos "civilizados".

9.1 A taxa mínima de atratividade variando com o tempo

Nos exercícios vistos até aqui sempre se supôs a constância da TMA durante a vida do projeto.

Já no Capítulo 8 foram propostas metodologias de análise em que se supunha que a empresa investidora poderia reinvestir as parcelas positivas a determinada taxa, chamada taxa de risco ou taxa de reaplicação, que poderia ser superior ou inferior à taxa mínima de atratividade.

Sabe-se que, no mercado de capitais, as taxas variam diariamente, de sorte que a TMA referida a um período maior (mês ou ano) é sempre média. Dependendo da data em que for recebida a parcela positiva, a sorte fará com que a taxa de reaplicação esteja acima ou abaixo da média.

Se esta TMA média variar durante a vida do projeto, deve-se analisar o problema de maneira diferenciada, segundo a ótica da figura:

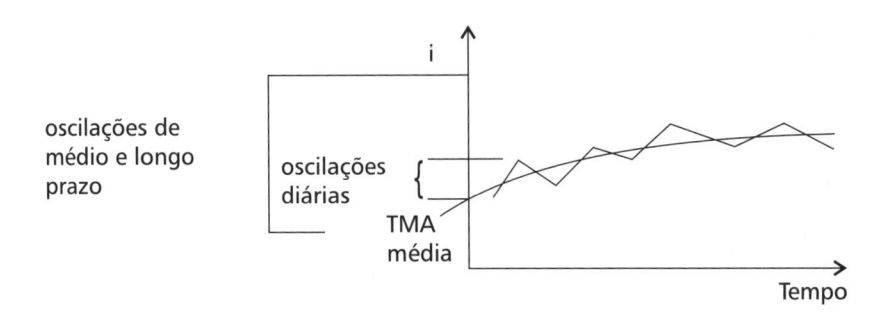

Nota-se, a princípio, que o método da TIR não apresentará a solução adequada, visto ser muito difícil uma comparação de uma TIR com várias TMAs.

O método do VAUE também é problemático, visto ser extremamente difícil distribuir uniformemente um fluxo com TMA variável.

O método do VPL, este sim, apresenta todas as condições para solucionar este tipo de problema.

Mesmo assim, é interessante dividir a abordagem em duas partes:

1. Supondo reaplicação à TMA vigente, ou seja, o método convencional.
2. Supondo reaplicação a Taxas Diferenciadas, ou seja, segundo o método modificado visto no Capítulo 8.

1. Reaplicação à TMA:

No método convencional, a expressão do **VPL** podia ser representada da seguinte forma:

$$VPL = \sum_{j=0}^{n} F_j (1+i)^{-j}$$

onde F_j eram as parcelas do período 0 até **n**, e **i** era a TMA.

No caso de a TMA variar, cada parcela estará sujeita a determinada TMA que se chamará:

i_e

Supondo-se o seguinte fluxo:

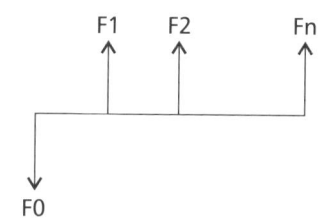

O **VPL** será:

$$VPL = F0 + \frac{F_1}{(1+i_1)} + \frac{F_2}{(1+i_1)(1+i_2)} + \ldots + \frac{F_n}{(1+i_1)\ldots(1+i_n)}$$

ou

$$VPL = F0 + \sum \frac{F_j}{\prod_{e=1}^{j}(1+i_e)}$$

Exercício 9.1: Seja o seguinte fluxo de caixa:

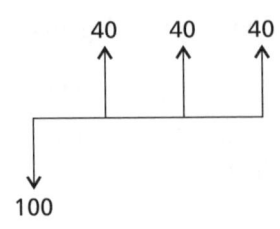

```
        40   40   40
        ↑    ↑    ↑
    ┌───┴────┴────┘
    ↓
   100
```

Qual o **VPL**, estimando que a TMA, que hoje é de 7% ao ano, cresça linearmente até 9% a.a.?

Solução:

$$VPL = -100 + \frac{40}{(1+0,07)} + \frac{40}{(1+0,07)(1+0,08)} +$$

$$+ \frac{40}{(1+0,07)(1+0,08)(1+0,09)}$$

VPL = 3,75

2. Reaplicação a taxas diferenciadas:

Neste caso, procede-se como no método do **VPL** modificado, ou seja, capitalizam-se os fluxos positivos às taxas de reaplicação e após calcula-se o valor presente descontando-se sucessivamente a cada TMA.

Exercício 9.2: Seja o exercício anterior, supondo-se que a empresa já tenha uma oportunidade "casada" de reaplicação destas parcelas, num projeto paralelo, à taxa de 8,5%. Qual o **VPL**?

Solução:

Capitalizam-se as parcelas até o final da vida, na taxa de 8,5%:

Fluxo Capitalizado = 40(F/A; 8,5%; 3) = 130,5

Após, calcula-se o valor presente líquido modificado:

$$VPLM = -100 + \frac{130,5}{(1,07)(1,08)(1,09)} = 3,60$$

9.2 A necessidade da consideração da inflação nas análises

Nos problemas resolvidos até agora não foram considerados os efeitos da inflação na análise de investimentos. Em geral, os cálculos são feitos admitindo-se como premissa de que todos os preços subirão na mesma proporção. Se todos os preços e, portanto, os custos e as receitas estivessem sujeitos à mesma variação, seria correto desconsiderar esta variação, ou seja, não seria necessário levar em conta a inflação.

Esta premissa pode não se verificar na prática em virtude de duas razões. A primeira razão está ligada à necessidade de capital de giro da empresa. Para que não haja necessidade suplementar de capital de giro devido aos aumentos de inflação, as empresas devem ter condições de embutir os valores da inflação nos preços das vendas a prazo.

A segunda razão se deve ao fato de que em períodos de forte inflação, e esta é a regra no Brasil, há forte tendência a um aumento diferenciado nos preços. Neste caso, é evidente que os resultados dos cálculos, desconsiderando-se a inflação, não serão mais corretos. Então, a princípio, numa situação com alta inflação, esta deveria ser considerada na análise de investimentos. Acontece, infelizmente, que, em geral, é muito difícil prever aumentos diferenciados em preços para horizontes de planejamento maiores que um ano. É claro que existem casos em que é possível prever que haverá evolução diferenciada em alguns preços. Produtos com alto conteúdo tecnológico, por exemplo, tendem a baixar de preço em termos absolutos. O custo da mão de obra tenderia a aumentar com o tempo. O problema é saber quanto. No item 9.4 será apresentado um método que permite levar em conta o efeito da inflação diferenciada na análise de investimentos.

9.3 Situações de inflação

Os métodos do Valor Presente Líquido, Valor Anual Uniforme Equivalente e Taxa Interna de Retorno necessitam de algumas considerações para serem aplicados em situação em que há indexação.

Para tal, serão apresentados dois tipos de fluxos de caixa originais, a serem submetidos à análise pelos métodos referidos:

1. Fluxos de Caixa sujeitos a reajustes, ou seja, os valores são apresentados a preço de hoje, e deverão ser corrigidos monetariamente, por determinada taxa quando da época do pagamento ou recebimento. A esses fluxos chamaremos de "fluxos de caixa a preços de hoje".

2. "Fluxos de Caixa a preços correntes", nos quais já estaria embutida uma taxa de correção monetária.

Mas, para os dois casos, o analista poderá utilizar-se de uma TMA real, à qual será agregada a sua estimativa de inflação, que poderá ser variável, ou de uma TMA global, que englobe a TMA real e a estimativa de inflação.

Serão, portanto, quatro as situações possíveis, a seguir analisadas:

Caso 1: Fluxos sujeitos a Reajuste e TMA Real como Parâmetro de Análise:

Seja o caso de um investidor para o qual a TMA é de 12% a.a. acima da inflação com a oportunidade de investir segundo o seguinte fluxo de caixa anual:

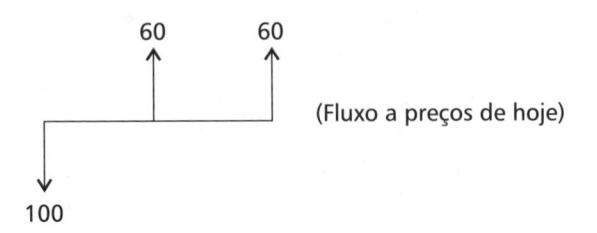

```
      60      60
      ↑       ↑
      |       |          (Fluxo a preços de hoje)
      |
      ↓
     100
```

sendo que os recebimentos terão reajuste pela variação cambial, estimada em 18% para o primeiro ano e 23% para o segundo ano.

Neste caso, efetuando o reajuste, teremos:

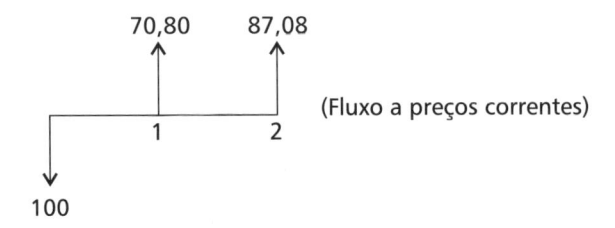

```
     70,80   87,08
      ↑       ↑
      |       |          (Fluxo a preços correntes)
      1       2
      ↓
     100
```

Se a inflação for estimada respectivamente em 20% e 25%, teremos após seu desconto:

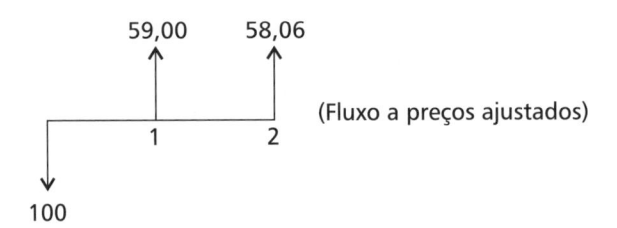

```
     59,00   58,06
      ↑       ↑
      |       |          (Fluxo a preços ajustados)
      1       2
      ↓
     100
```

onde:

$59,00 = 70,80 / 1,2$ e

$58,06 = 87,08 / (1,2 \times 1,25)$

Podemos, então, calcular a Taxa Interna de Retorno do fluxo ajustado (TIR real) e o Valor Presente a 12%:

TIR real   = 11,20% a.a.

VPL a 12%   = – 1,04

E o que parecia um bom investimento a preços de hoje, com TIR = 13,07%, torna-se um investimento menos atrativo, utilizando o fluxo a preços ajustados, pois a TIR real é de 11,20%, e o Valor Presente é negativo.

Caso 2: **Fluxos sujeitos a Reajuste e TMA Global como Parâmetro de Análise:**

Vamos utilizar o mesmo exemplo do caso 1, mas considerando um novo investidor que analisa com taxas globais, estimadas em 34,4% e 40% a.a., para os anos 1 e 2.

Neste caso, partiremos diretamente do fluxo a preços correntes do caso 1 para o cálculo do VPL, utilizando a TMA variável (34,4% e 40%).

$$VPL = -100 + \frac{70,80}{1,344} + \frac{87,08}{1,344 \times 1,400} = -1,04$$

O resultado é o mesmo em relação ao caso 1 para o valor presente, já que supomos o mesmo *feeling* para ambos os investidores, em relação à expectativa de inflação.

A diferença está em que não haverá sentido no cálculo da TIR global, já que a TMA global é variável.

Portanto, quando houver análise com inflação, é preferível decompor a TMA global nas taxas de inflação e na TMA real.

Também é importante salientar que sempre que a TMA for variável, provavelmente é porque ocorre um componente fixo, que é a TMA, e um componente variável, que é a taxa de inflação.

Caso 3: **Fluxos a Preços Correntes e TMA Real como Parâmetro de Análise**

Seja agora um novo investimento, com fluxo de caixa, a preços correntes, ou seja, não sujeito a reajustes, sendo analisado pelo mesmo investidor do caso 1, cuja TMA é de 12% e que estima inflações de 20 e 25%.

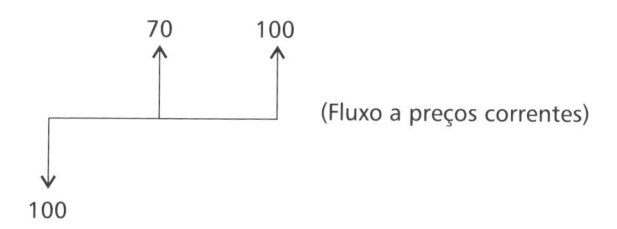

```
        70      100
        ↑       ↑
        |       |
    ____|_____|
    |              (Fluxo a preços correntes)
    ↓
   100
```

Calculando os fluxos a preços ajustados, temos:

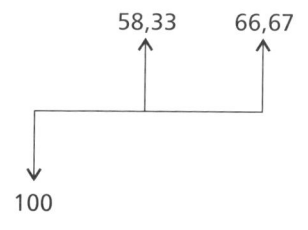

```
       58,33   66,67
        ↑       ↑
        |       |
    ____|_____|
    |
    ↓
   100
```

e   TIR real = 15,87%

VPL a 12% = 5,23

Pode ser interessante calcular a série equivalente a preços correntes, visando a uma contraproposta, a 12%:

$$VPL = -105,23 + \frac{A}{1,2 \times 1,12} + \frac{A}{1,2 \times 1,25 \times (1,12)^2}$$

de onde

A = 82,50

e o fluxo ficaria da seguinte forma:

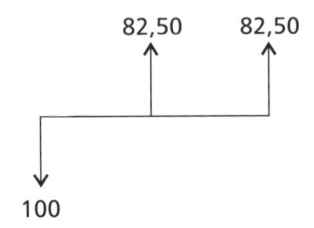

```
              82,50   82,50
                ↑       ↑
        |───────┘       |
        |───────────────┘
        ↓
       100
```

Isto significa que, para este investidor receber 70 ao final do primeiro ano e 100 ao final do segundo ano, equivale a receber duas parcelas de 82,50.

Caso 4: **Fluxos a Preços Correntes e TMA Global como Parâmetro de Análise**

Este é o caso convencional com TMA variável, visto no item 9.1.

Vamos supor o fluxo:

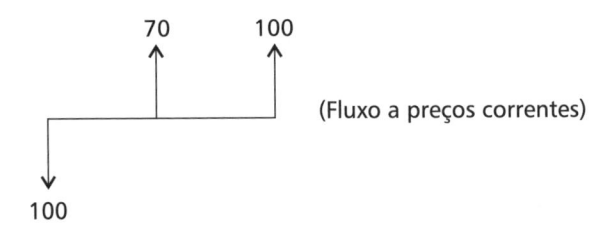

```
         70      100
          ↑       ↑
    |─────┘       |                (Fluxo a preços correntes)
    |─────────────┘
    ↓
   100
```

e a TMA global estimada em 34,4% e 40%.

O **VPL** seria:

$$VPL = -100 + \frac{70}{1,344} + \frac{100}{1,344 \times 1,400} = 5,23$$

E, da mesma forma que no caso 2, não há muito sentido em calcularmos a TIR, pois esta seria uniforme, contra uma TMA variável.

Exercício 9.3: Dois fornecedores A e B apresentaram respectivamente as seguintes propostas numa concorrência para entrega de um equipamento especial:

A	B
30% no pedido	15% no pedido
30% com os projetos (60 dias)	35% com os projetos (90 dias)
30% com a fabricação (120 dias)	50% na entrega (150 dias do pedido)
10% na entrega (150 dias do pedido)	
Valor: UM 20.000,00	Valor: UM 23.000,00

Os valores são em UM, não estando previstos reajustes. O concorrente A, no entanto, fornece ainda um prazo adicional de 30 dias após cada evento para o pagamento das parcelas, ao passo que B tolera o pagamento em 30 dias, desde que os valores sejam corrigidos monetariamente. A TMA real da empresa que está comprando o equipamento é de 1% a.m. acima da inflação.

A previsão da correção monetária, que deve ser igual à inflação, para os próximos seis meses é de: 10, 10, 10, 12, 12 e 12%, respectivamente.[1]

Qual a melhor alternativa, sob os aspectos eminentemente quantitativos?

Solução:

Para as duas alternativas, fica evidente a opção pelo pagamento a 30 dias dos eventos. Em A, porque não há correção, e em B, porque temos a correção contra uma taxa de desconto que engloba correção com os juros de 1% a.m.

A partir dos fluxos a preços correntes:

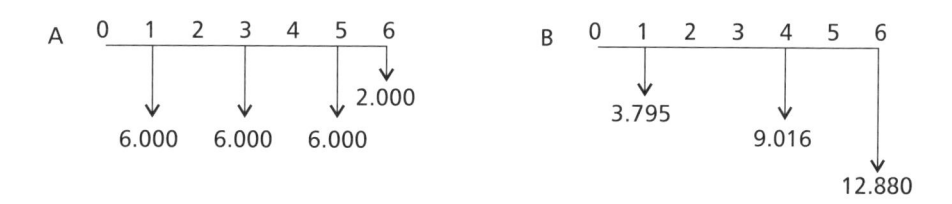

```
A   0   1   2   3   4   5   6
        |   |   |       |
        ↓   ↓   ↓       ↓ 2.000
      6.000 6.000 6.000

B   0   1   2   3   4   5   6
            |           |       |
            ↓           ↓       ↓
          3.795       9.016   12.880
```

---

[1] As taxas de inflação do exercício são propositalmente exageradas para realçar seus efeitos.

devem-se calcular os fluxos a preços ajustados:

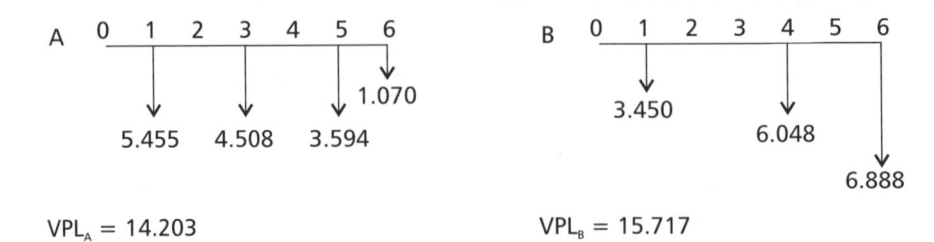

A: fluxo com saídas 5.455 (ano 1), 4.508 (ano 2), 3.594 (ano 3), 1.070 (ano 4)

$VPL_A = 14.203$

B: fluxo com saídas 3.450 (ano 1), 6.048 (ano 4), 6.888 (ano 6)

$VPL_B = 15.717$

Resposta:

A alternativa A é superior, pois, apesar de cobrar de forma mais antecipada, compensa pelo não reajuste em 30 dias e pelo próprio menor valor nominal da proposta.

9.4 A sistemática da taxa específica de desconto – séries geométricas

Para o cálculo do valor presente de fluxos de caixa em que há componentes sujeitos, além da taxa de desconto, a taxas de variação específicas, tais como uma inflação diferencial, crescimento de vendas ou outros aumentos e diminuições geométricas, podemos calcular, para cada componente, uma nova taxa que englobe a taxa de variação (correção) e a taxa de desconto: a "taxa específica de desconto", i_e.

Seja **H** o valor de um componente qualquer de um fluxo de caixa (receita, custo de matéria-prima, custo de mão de obra etc.), iniciando no período 1, mas sujeito a um crescimento θ ao período. A partir do valor **H**, a preços da data zero, se teria o seguinte fluxo de caixa corrigido, para esse componente:

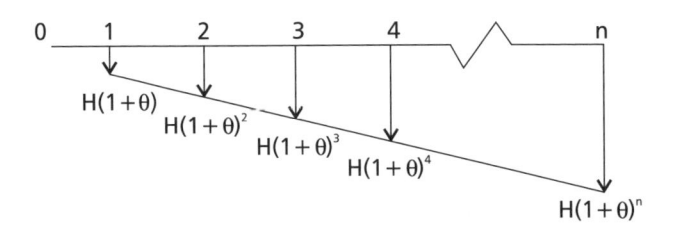

Fluxo: $H(1+\theta)$, $H(1+\theta)^2$, $H(1+\theta)^3$, $H(1+\theta)^4$, ..., $H(1+\theta)^n$

O valor presente deste fluxo de caixa vale:

$$P = H\frac{(1+\theta)}{(1+i)} + H\frac{(1+\theta)^2}{(1+i)^2} + \ldots + H\frac{(1+\theta)^n}{(1+i)^n}$$

fazendo

$$\frac{1}{1+i_e} = \frac{1+\theta}{1+i}$$

ou

$$1 + i_e = \frac{1 + i}{1 + \theta}$$

onde:

i_e = taxa específica de desconto de um componente

θ = taxa de variação de preço de um componente

i = TMA

$$VP = \frac{H}{1 + i_e} + \frac{H}{(1 + i_e)^2} + \frac{H}{(1 + i_e)^3} + ... + \frac{H}{(1 + i_e)^n}$$

De acordo com o item 2.4 – RELAÇÃO ENTRE **P** E **A,** temos:

$$VP = H \frac{(1 + i_e)^n - 1}{i_e (1 + i_e)^n}$$

ou

$$VP = H\ (P/A;\ i_e;\ n)$$

As três últimas fórmulas mostram que o valor presente de uma série geométrica pode ser obtido aplicando-se o fator que permite achar o valor presente de uma série uniforme, utilizando-se, entretanto, uma taxa específica de desconto.

Exercício 9.4: Uma empresa de informática pretende lançar no mercado um *modem*. As características deste projeto são as seguintes:

Investimento inicial: UM 400.000,00

Preço do produto: UM 500,00

Custos variáveis de produção: UM 100,00

Demanda anual: 500 unidades

Valor residual: UM 50.000,00

Em razão da concorrência, estima-se que haverá uma redução real anual de 3% no preço de venda do produto. Os custos variáveis de produção, por outro lado, aumentarão em 5% ao ano. Calcule se é viável o lançamento do produto. Para este tipo de investimento, de risco relativamente elevado, a empresa considera razoável uma TMA real de 20% ao ano. (Desconsidere o imposto de renda).

Solução:

Vamos calcular separadamente o valor presente de cada item do fluxo de caixa, antes porém, identificando sua taxa específica de desconto:

1. Receitas: $\quad ie_1 = (1,20/0,97) - 1 = 23,71\%$

   $VP_1 = 250.000 \, (P/A; 23,71\%; 7) = 816.628$

2. Custos de Produção: $\quad ie_2 = (1,20/1,05) - 1 = 14,29\%$

   $VP_2 = 50.000 \, (P/A; 14,29\%; 7) = 212.529$

3. Valor Residual: $\quad ie_3 = i = 20\%$

   $VP_3 = 50.000 \, (P/F; 20\%; 7) = 13.954$

O valor presente do projeto será:

$VP = VP_1 - VP_2 + VP_3 -$ Investimento Inicial

$VP = 816.628 - 212.529 + 13.954 - 400.000$

$VP = 218.053$

o que torna o projeto atrativo.

Esta sistemática da "Taxa específica de desconto" é realmente muito útil quando se utiliza o método do Valor Presente Líquido.

Para o método da TIR, seria necessário o desenvolvimento de um modelo específico para se chegar à TIR, o que tornaria a sistemática tão ou mais complexa que a via convencional, ou seja, cálculo dos fluxos ajustados e, após, cálculo da TIR real, conforme abordado no item 9.3.

9.5 Exercício

1. A construção de certa estrada envolve os seguintes custos:
   - implantação da estrada: UM 60.000.000,00;
   - custo de manutenção: UM 100.000 no 1º ano e cresce na razão de 3% ao ano.

   Pretende-se com um pedágio de UM 100 cobrir os custos da estrada nos próximos 18 anos. A taxa de mínima atratividade é de 10% a.a. e o valor residual da estrada será considerado nulo.

   Qual deve ser o atual fluxo mínimo de veículos, se ele crescer a uma taxa de 5% a.a., para que se justifique a construção da estrada?

   R.: 51.210 hoje

10 Efeitos da Depreciação e do Imposto de Renda nas Análises

10.1 A depreciação
10.2 O Imposto de Renda
10.3 Alternativas financiadas
10.4 Exercícios propostos sobre depreciação e Imposto de Renda

Nos exercícios apresentados nos capítulos anteriores, não foi explicitado o efeito do Imposto de Renda sobre a rentabilidade dos investimentos. O objetivo deste capítulo é justamente mostrar como deve ser feita a análise considerando este efeito. Além disso, será chamada a atenção para os efeitos em si, ou seja, o que acontece com os diferentes tipos de investimento se forem levados em conta os pagamentos de impostos. Uma suposição que será feita, neste capítulo, é de que a empresa está sujeita ao pagamento do Imposto de Renda, ou seja, ela é lucrativa, não pode utilizar o Imposto de Renda a título de incentivo fiscal e além disso tem naturalmente o interesse em minimizar, de forma legal, os valores a serem pagos.

Para melhor compreensão deste capítulo são necessários conhecimentos básicos de Contabilidade. Será suposto que o leitor saiba distinguir entre as operações que têm impacto sobre o lucro da empresa e aquelas que são neutras.

10.1 A depreciação

A depreciação é contabilmente definida como a despesa equivalente à perda de valor de determinado bem, seja por deterioração ou obsolescência. Não é um desembolso, porém é uma despesa e, como tal, pode ser abatida das receitas, diminuindo o lucro tributável e, consequentemente, o Imposto de Renda, este sim um desembolso real, e com efeitos sobre o fluxo de caixa.

A legislação fiscal adota certos parâmetros, caso contrário todos iriam querer depreciar seus bens no menor tempo possível, beneficiando-se o quanto antes dos efeitos fiscais. Por isso, a legislação brasileira permite que prédios sejam depreciados linearmente em 25 anos, equipamentos em dez anos e veículos em cinco anos. Eventualmente, estes prazos podem diminuir se justificada uma utilização mais "dura". A instalação dos equipamentos normalmente é lançada como despesa.

A depreciação contábil é feita de forma linear, de modo que um equipamento que tenha sido adquirido por UM 10 milhões, deprecie um décimo do valor a cada ano, ou seja, UM 1 milhão.

A expressão é simples:

$$DC = fd \times P$$

onde:

DC = depreciação contábil

fd = fator de depreciação = $\dfrac{1}{N}$ sendo N = prazo de depreciação

P = preço de compra

n = período qualquer de depreciação

o valor contábil após **n** anos de depreciação será:

$$VC_n = P - n \cdot DC$$

Exercício 10.1: Determine o valor residual deste referido equipamento após sete anos de depreciação.

Solução:

Depreciação contábil:	DC	=	0,1 × UM 10 milhões
		=	UM 1 milhão
Valor residual contábil:	VC7	=	UM 10 milhões − (7 × UM 1 milhão)
		=	UM 3 milhões

Contraposta à depreciação contábil está a depreciação que realmente houve no bem, ou seja, a perda efetiva de valor com o passar dos anos.

No exercício anterior, poderia ser possível admitir para o equipamento uma vida útil de 16 anos, com um valor residual estimado, a preço de sucata, de 4% do valor de compra.

Se chamarmos o valor residual estimado de VRE, a depreciação real (DR) será:

DR = t × P, onde **t** é a taxa de depreciação, obtida da seguinte forma:

VRE = P (1 + Nt)

de onde $t = \left(\dfrac{VRE}{P} - 1\right) \cdot \dfrac{1}{N}$; sendo sempre menor do que zero. E o valor real (VR) após **n** anos de depreciação será dado por:

VR_n = P (1 + nt)

Complementação:

Determinar o Valor Real após os mesmos sete anos de uso do equipamento do exercício anterior.

Dados: P = UM 10 milhões
VRE = UM 0,4 milhão
N = 16

taxa: = $t = \left[\dfrac{VRE}{P} - 1\right]\dfrac{1}{N}$ = – 0,06, ou seja, a taxa de depreciação é de 6% ao ano.

Depreciação Real: DR = t × P = 0,6 milhão

Valor Real após sete anos:

VR7 = P(1 + nt) = 10 . [1 + (7 × – 0,06)] = UM 5,8 milhões

Se colocarmos em um gráfico as duas funções de depreciação, contábil e real, notaremos certa defasagem:

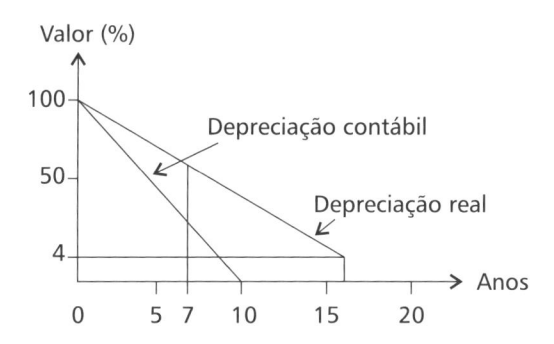

No ano 7, o bem estaria contabilizado pela quantia de UM 3 milhões, enquanto seu valor de mercado seria UM 5,8 milhões.

Caso a empresa vendesse este bem ao cabo de sete anos, deveria então lançar esta diferença como lucro tributável, o que iria influir no cálculo do Imposto de Renda.

DEPRECIAÇÃO EXPONENCIAL

No exercício anterior, utilizamos um modelo linear para a depreciação real. No entanto, a prática nos diz que na maioria das vezes ela é conduzida por uma curva exponencial com queda acentuada nos primeiros anos e mais suave nos anos posteriores.

Seja a função exponencial:

$$y_n = y_0 (i + t)^n$$

onde:

y_n = último termo
y_0 = primeiro termo
t = taxa
n = prazo

Se adaptarmos esta função a nossa simbologia, teremos:

$$VRE = P (1 + t)^N$$

de onde:

$$t = \left(\frac{VRE}{P} \right)^{\frac{1}{N}} - 1, \text{ sendo menor que zero e:}$$

$$VRn = P(1 + t)^n$$

A depreciação real no ano **n** será $Dn = t \cdot VR_{n-1}$

Exercício 10.2: Resolver o exercício anterior supondo depreciação exponencial.

Solução:

A taxa será dada por:

$$t = \left(\frac{VRE}{P} \right)^{\frac{1}{N}} - 1 = -0,18, \text{ ou seja:}$$

a taxa é de 18% ao ano de depreciação.

$$VR7 = P(1 + t)^n = 10 (1 - 0,18)^7 = UM\ 2,5 \text{ milhões}$$

e, portanto, menor que os UM 5,8 milhões referentes à depreciação linear.

Comparação gráfica:

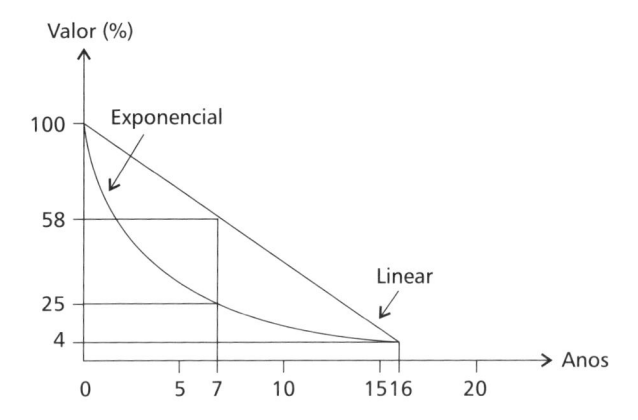

[Gráfico: Valor (%) vs Anos. Curva Exponencial partindo de 100, passando por 58 em 5 anos, 25 em 7 anos, 4 em 15 anos. Reta Linear de 100 a 0 em 16 anos.]

Da mesma forma como um equipamento pode ser depreciado, os investimentos em projetos de engenharia e despesas de "posta em marcha" podem ser amortizados, à razão de 20% ao ano, no caso brasileiro.

As jazidas minerais também são passíveis de exaustão, com taxas regulamentadas pela Receita Federal.

10.2 O Imposto de Renda

O Imposto de Renda é uma forma de imposto incidente sobre o lucro das corporações. No caso brasileiro é um percentual que pode oscilar na faixa de 30 a 50%, dependendo da política fiscal vigente, aplicado sobre o lucro apurado ao final de cada exercício.

O lucro é, basicamente, a diferença entre receitas e despesas, enquanto o que realmente interessa nos problemas de análise de investimentos é o fluxo de caixa real.

Por isso, devem-se comentar alguns fatores que apresentam características especiais: a depreciação, por exemplo, é uma despesa não correspondida por saída de caixa; a amortização de financiamentos é saída de caixa, mas não é despesa; vendas a prazo podem representar receitas num período, mas entradas de caixa em outro.

Estes fatores influirão substancialmente na análise por seu efeito sobre o Imposto de Renda e, principalmente, por afetarem de forma diferente a análise de lucro e a análise de fluxo de caixa.

Neste capítulo, só para fins de simplificação, considerar-se-á que o Imposto de Renda será pago no período em que é apurado o lucro quando na realidade costuma ocorrer uma defasagem de um exercício entre a ocorrência do lucro e o pagamento do imposto. No capítulo sobre projetos industriais, os exercícios serão resolvidos, de forma mais realista, considerando o Imposto de Renda de um exercício como pago no exercício seguinte.

A maneira mais prática de verificar o efeito do Imposto de Renda na rentabilidade de uma alternativa de investimento consiste em montar uma planilha que parte do fluxo de caixa bruto, isto é, o fluxo de caixa ignorando-se o Imposto de Renda. O exercício a seguir ilustra a montagem de uma planilha deste tipo.

Exercício 10.3: Seja o caso de uma empresa que fará um investimento em um equipamento. O investimento será de UM 10.000 e terá lucros, antes da depreciação e do IR, de UM 3.000 durante cinco anos, após o que o equipamento será vendido por UM 4.000. Determinar o **VPL** a 10% ao ano, não considerando o Imposto de Renda e, após, considerando o efeito do Imposto de Renda, cuja taxa é de 35%.

Solução:

Estruturando os dados em forma de planilha, temos:

Ano	a Fluxo antes do IR	Depreciação	Diferença Contábil	Renda Tributável	b IR	a − b Fluxo após IR
0	− 10.000					− 10.000
1	3.000	1.000		2.000	700	2.300
2	3.000	1.000		2.000	700	2.300
3	3.000	1.000		2.000	700	2.300
4	3.000	1.000		2.000	700	2.300
5	7.000*	1.000	− 1.000**	1.000***	350	6.650
VP	3.856					1.420

(*) Lucro de 3.000 mais valor de revenda de 4.000.

(**) O valor contábil, sendo de 5.000 e a revenda de 4.000, caracteriza uma perda contábil de 1.000, dedutível do IR.

(***) Lucro de 3.000 menos depreciação e menos perda contábil.

Nota: Considerou-se 10% a.a. de depreciação contábil.

O efeito do Imposto de Renda foi substancial, reduzindo o Valor Presente de 3.856 para 1.420, o que num caso real poderia influenciar negativamente na caracterização da compra.

As regras para montar uma planilha são as seguintes:

1. Verificar se o problema envolve financiamento. Neste caso, como será mostrado no item 10.3, além das colunas do exercício 10.3 devem ser incluídas duas novas, uma de juros e outra de amortização.

2. Os valores envolvendo compra ou venda de equipamentos devem ser discriminados (não devem ser somados ou subtraídos com outros valores) na coluna fluxo de caixa bruto, ou seja, no quinto ano poder-se-ia ter feito duas linhas, uma do lucro e outra da venda do equipamento.

3. A compra de um equipamento e sua venda pelo valor contábil não são tributadas.

4. No caso da venda de equipamento, deve-se calcular o valor contábil do mesmo:
   - se o valor contábil for superior ao valor de venda, haverá em prejuízo contábil correspondente à diferença entre estes valores. O prejuízo contábil deverá ser subtraído da renda tributável.
   - se ocorrer o inverso haverá um lucro contábil, sendo que este será somado à renda tributável.

5. As despesas são abatidas da renda tributável e as receitas são somadas.

Frequentemente, a análise das alternativas é feita comparando-se apenas os custos, pois não se dispõe de dados das receitas. Também neste caso deve ser considerado o impacto do Imposto de Renda pois continua valendo o pressuposto de que a empresa gera lucro e tem interesse em minimizar, de forma legal, esta despesa. Na análise envolvendo só custos, a coluna renda tributável da planilha representa a quantia que poderá ser abatida dos lucros da empresa e ela será obtida pela soma das despesas (fluxo de caixa bruto) com a depreciação. A coluna do Imposto de Renda representa então a quantia que poderá ser subtraída do Imposto de Renda da empresa devido ao lançamento das despesas do projeto em estudo. Como se trata de um imposto economizado, ela deverá ser subtraído do fluxo de caixa bruto. Não se deve, pois, estranhar o fato de o Imposto de Renda ser considerado uma receita.

10.3 Alternativas financiadas

Caso as alternativas sejam contempladas por um financiamento, convém levar este fato em conta nas análises. A obtenção de um bom financiamento poderá tornar um investimento mais interessante ou o inverso poderá acontecer: a necessidade de obter um financiamento pode tornar um bom projeto bem menos interessante, principalmente em épocas de escassez de créditos, ou seja, em situações de altos juros.

Vamos supor, agora, que no exercício anterior a compra seja financiada através do Sistema de Amortizações Constantes, em quatro amortizações com valores anuais de UM 2.500 a uma taxa de 15% ao ano.

Solução:

Novamente, estruturando em forma de planilha, temos:

Ano	a* Fluxo antes do IR	b Depreciação	c** Amortização	d Diferença Contábil	e = a − b + c + d Renda Tributável	f IR	g = a − f Fluxo após IR
0							
1	−1.000	1.000	2.500		500	175	−1.175
2	−625	1.000	2.500		875	306	−931
3	−250	1.000	2.500		1.250	438	−688
4	125	1.000	2.500		1.625	569	−444
5	7.000*	1.000		− 1.000**	1.000***	350	6.650
VP	2.818						1.471

onde:

(*) Deduzidos amortização e juros, mas não a depreciação.

(**) A amortização do financiamento não é uma despesa, apenas desembolso e, portanto, não dedutível.

(***) Não inclui o valor de revenda.

Nota-se que, antes do Imposto de Renda, a compra à vista apresenta uma nítida vantagem sobre a compra financiada. No entanto, após o IR, a compra financiada passa a ser melhor opção, devido ao efeito fiscal dos juros do financiamento, dedutíveis do lucro tributável.

TMA ANTES E APÓS O IR

O exercício 10.3 enseja uma grande dúvida: será mesmo interessante tomar um financiamento a uma taxa superior à TMA (15% contra 10% a.a.)?

Tudo depende da TMA considerada ser antes ou após o IR.

No exercício 10.3, a TMA considerada foi de 10% a.a. após o IR, e por isso o resultado está plenamente correto, pois caso utilizássemos outra TMA considerada antes do IR, teríamos que levar em conta o IR sobre as receitas advindas dos 10.000 que continuariam aplicados à TMA, no caso da compra financiada.

Se a TMA do exercício 10.3 é de 10% a.a. após o IR, significa que, antes do IR, a TMA seria aproximadamente $\dfrac{10\%}{(1 - 0,35)} = 15,38 \cong 15\%$, a mesma taxa do financiamento.

Isto explica o porquê de os valores presentes, com ou sem financiamento, serem bastante aproximados para este exercício.

10.4 Exercícios propostos sobre depreciação e Imposto de Renda

1. Há seis anos uma empresa adquiriu um equipamento por UM 2.500.000, o qual foi depreciado linearmente à razão de 10% ao ano. Qual o reflexo no Imposto de Renda (taxa de 35%) da venda do equipamento por:

    a) UM 800.000

    b) UM 1.000.000

    c) UM 1.500.000

    R.: a) economia de UM 70.000

    b) nenhum

    c) despesa de UM 175.000

2. Uma grande e lucrativa empresa está considerando um investimento UM 100.000 em equipamentos (depreciáveis linearmente em dez anos) e UM 25.000 em matéria-prima (não depreciável).

    Este projeto proporcionará uma receita líquida anual de UM 24.000. Ao final de dez anos o projeto seria desativado e os UM 25.000 investidos em matéria-prima seriam recuperados.

    Suponha uma taxa de Imposto de Renda de 40% e uma TMA de 12%.

    a) Determine, utilizando o método do valor presente, se o projeto é lucrativo

    b) Recalcule o resultado para o caso em que a empresa não precisasse investir em matéria-prima.

    R.: a) VP = – 12.986,57

    b) VP = 3.964,10

3. Está sendo proposta a instalação de uma correia transportadora que custaria UM 100.000 (depreciável em cinco anos linearmente) e mais uma despesa de instalação de UM 20.000. O investimento proporcionaria uma economia de despesas (exceto depreciação) de UM 30.000 durante seis anos e ao final deste período a correia teria um valor residual nulo.

    Considere a taxa de Imposto de Renda de 40% e a TMA = 12% ao ano.

    a) Calcule o valor presente do projeto.

    b) Idem considerando um financiamento de UM 100.000 pelo SAC em quatro prestações anuais a uma taxa de 10% ao ano.

    R.: a) VP = – 9.156,46

    b) VP = 2.876,67

4. Um empreiteiro deverá escolher uma das seguintes alternativas para cumprir um contrato de construção de uma barragem:

   a) Comprar tratores por UM 13.000.000; o valor residual seria de UM 3.000.000 ao final de sete anos.

   Estes valores também servem para calcular a depreciação. Os custos de manutenção são de UM 1.100.000 por ano e a operação custa UM 35.000,00 por dia.

   b) Alugar um trator similar por UM 83.000,00 por dia.

   Considerando uma TMA de 15% após o Imposto de Renda de 40%, quantos dias por ano os tratores deverão ser utilizados para justificar a compra?

   R.: 102 dias

5. Uma mina de ouro contém 200 toneladas deste metal. Sua exploração requer, entretanto, muitos investimentos e trabalho. Os proprietários da mina estão em dúvida sobre o destino a dar a ela. Existem três alternativas em estudo:

   a) vendê-la por UM 1.000.000;

   b) explorá-la intensivamente, o que requer investimentos na ordem de UM 1.500.000 e renderia UM 150.000 por 21 meses. A primeira receita ocorreria ao final do terceiro mês;

   c) explorá-la em ritmo mais lento, investindo UM 400.000 e obtendo uma receita anual de UM 500.000 por cinco anos.

   O valor contábil atual da mina é de UM 300.000 e a TMA vale 20% ao ano. Calcule qual a melhor alternativa considerando um Imposto de Renda de 35%. A depreciação da mina e dos investimentos poderá ser feita de acordo com sua exploração. O valor residual da mina é zero independente do sistema de exploração da mesma.

   R.: VP(a) = 755.000; VP(b) = 713.781; VP(c) = 718.260

   A melhor alternativa é, pois, vender a mina!

11

Aplicações em Substituição de Equipamentos

11.1 As razões da substituição de ativos
11.2 Os diversos tipos de substituição
11.3 Baixa sem reposição
11.4 Substituição idêntica e o conceito de "vida econômica"
11.5 Substituição não idêntica
11.6 Substituição com progresso tecnológico
11.7 As novas abordagens e a substituição estratégica
11.8 Exercícios propostos sobre substituição de equipamentos

Substituição de equipamentos é um conceito amplo que abrange desde a seleção de ativos similares, porém novos, para trocar os existentes, até a avaliação de ativos que atuam de modos completamente distintos no desempenho da mesma função. Exemplificando, caminhões velhos podem ser substituídos por modelos novos que operam de maneira semelhante. Poderá, entretanto, ocorrer que estes caminhões possam ser substituídos pelos serviços de uma transportadora. Poderão ainda ser alugados ou seu serviço poderá ser feito por um guindaste ou manualmente, desde que haja viabilidade econômica.

As decisões de substituição são de uma importância crítica para a empresa, pois são em geral irreversíveis, isto é, não têm liquidez e comprometem grandes quantias de dinheiro. Uma decisão apressada de "livrar-se de uma sucata" ou o capricho do possuir sempre o "último modelo" podem causar problemas sérios de capital de giro.

Mas por que estudar substituição de equipamentos? Primeiro, porque é um problema que ocorre em todas as empresas, em geral em maior intensidade nas indústrias, e cada decisão é muito importante. Não é só isto, porém. Aqui a utilização dos métodos do Valor Presente e do Valor Anual Uniforme Equivalente exige maior cuidado do que nos exemplos clássicos. Em substituição de equipamentos, de acordo com o tipo de problema, haverá vantagens claras de se escolher um método em detrimento do outro. A escolha do método do valor presente, por exemplo, não é conveniente para determinar a vida econômica de um equipamento como será mostrado mais adiante.

Até o momento, citamos apenas exemplos industriais, mas as aplicações dos modelos de decisão para substituição de equipamentos têm também grande potencial de utilização na área agrícola. Eles poderão responder a perguntas do tipo:

- qual a vida econômica de um pomar de determinada variedade de laranjas?
- quando fazer o corte final de um reflorestamento?[1]
- como comparar economicamente uma variedade precoce com outra tardia?
- vale a pena reformar o laranjal trocando a variedade? Quando?

11.1 As razões da substituição de ativos

Existem várias razões não exclusivas entre si que tornam econômica uma substituição de equipamentos.

A deterioração é uma das causas e se manifesta por custos operacionais excessivos, manutenção crescente, perdas, entre outras.

O avanço tecnológico pode causar obsolescência de equipamentos. Métodos mais eficientes ou melhores máquinas afetam os estudos de reposição.

Existem situações em que, com a mudança de uma operação corrente, um equipamento perde a capacidade de operar eficientemente, isto é, o equipamento torna-se inadequado.

Em enquetes informais realizadas em cursos de engenharia econômica ministrados para gerentes industriais constatamos que muitas empresas brasileiras (provavelmente a maioria) tem o costume de manter os equipamentos velhos em funcionamento mesmo quando sua operação não é mais economicamente viável. As despesas de manutenção, em geral, superam em muito o valor dos investimentos. Acreditamos que existe atualmente no Brasil um potencial enorme de redução de custos simplesmente desfazendo-se de equipamentos obsoletos com tempos de operação muito elevados ou produzindo fora das especificações. Acreditamos que as empresas não fazem as substituições que deveriam fazer por causa de um acomodamento administrativo: as decisões de substituição não chegam a ser cogitadas, pois o estilo administrativo dominante ainda é o de resolver os problemas só em último caso e não se antecipar a eles. As empresas preferem os bombeiros às soluções mais racionais.

---

[1] Vide o artigo dos autores: *Rentabilidade dos reflorestamentos dos Pinus spp. em Santa Catarina,* apresentado no V Enegep.

11.2 Os diversos tipos de substituição

Tradicionalmente, o assunto substituição de equipamentos é apresentado analisando-se as situações práticas em que há necessidade de dar baixa em equipamentos existentes ou adquirir equipamentos novos em substituição aos existentes. As seguintes situações serão desenvolvidas neste capítulo:

1. baixa sem reposição;
2. substituição idêntica;
3. substituição não idêntica;
4. substituição com progresso tecnológico;
5. substituição estratégica.

Os modelos de substituição foram desenvolvidos levando-se em conta a natureza e as consequências da evolução tecnológica. Em baixa sem reposição analisam-se aquelas situações em que um equipamento está perdendo sua razão de existir em virtude da evolução dos produtos ou processos. O modelo da substituição idêntica deve ser utilizado nos casos em que praticamente não há evolução tecnológica, ou melhor, suas consequências econômicas são negligenciáveis. Quando se reconhece que houve um progresso tecnológico pontual, isto é, os novos equipamentos são mais aperfeiçoados, mas não é possível detectar uma tendência de evolução contínua, o modelo recomendado é o de substituição não idêntica. Se, ao contrário, a evolução é contínua e se reflete por economias periódicas de custos, o modelo de substituição com progresso tecnológico é o mais adequado.

Finalmente, reconhecendo que a evolução tecnológica envolve também a capacidade da empresa de manter ou melhorar sua posição estratégica, o modelo de substituição estratégica leva em conta não só a obsolescência de custos dos equipamentos como também a obsolescência de mercado, que leva em conta o decréscimo do potencial de receita dos equipamentos velhos.

Além deste enfoque, um estudo mais aprofundado sobre o assunto terá que levar em conta os riscos envolvidos. Um exemplo típico do tratamento desta situação é associar distribuições de probabilidades de quebra de equipamentos aos estudos de substituição.

Para avaliar toda a análise de substituição, a empresa deverá ter dados históricos do desempenho dos equipamentos existentes. Haverá ainda a necessidade de um processo periódico para detectar as necessidades de substituições, ou seja, de um sistema de administração de custos que informe as necessidades de substituição de equipamentos.

11.3 Baixa sem reposição

Um equipamento poderá deixar de ser econômico antes de atingir sua vida física e não ser desejável sua substituição. O critério de decisão neste caso será:

- O ativo deverá ser mantido por mais um período se o Valor Presente Líquido de sua manutenção neste período for maior que zero.

O cálculo do número de períodos – usualmente anos –, em que o ativo deve ser mantido, envolve, pois, o cálculo do Valor Presente Líquido de manutenção do ativo no primeiro período, no segundo período, e assim por diante, até que se obtenha no período i:

$$VP_i < 0$$

O ativo deverá então ser dispensado no período **i – 1**.

Exercício 11.1: Foram estimados os seguintes valores de custos e receitas relativos à manutenção de um ativo nos próximos três anos:

Ano	Valor de Venda	Custos de Operação	Receita
0	400.000	–	–
1	300.000	80.000	240.000
2	200.000	100.000	220.000
3	100.000	120.000	200.000

Supondo que a taxa de mínima atratividade antes do imposto de renda é de 10% a.a., determinar quando o ativo deverá ser vendido.

Solução:

A manutenção do ativo no próximo ano implica investir UM 400.000,00 agora (deixar de receber é, no caso, o mesmo que investir) para receber UM 300.000,00 mais UM 160.000,00 (240.000 – 80.000) ao final do ano:

$$VP_1 = -400.000 + \frac{460.000}{(1 + 0,1)}$$

$$VP_1 = 18.181,82$$

Como **VP₁ > 0**, o ativo deverá ser mantido no primeiro ano. Manter o ativo no segundo ano implica um investimento de UM 300.000,00 para receber UM 200.000,00 mais UM 120.000,00 um período após:

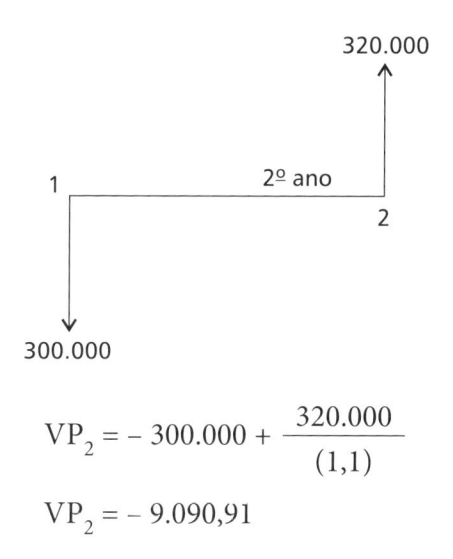

$$VP_2 = -300.000 + \frac{320.000}{(1,1)}$$

$$VP_2 = -9.090,91$$

Como **VP₂ < 0**, o ativo deverá ser vendido no final do primeiro ano.

O pressuposto do critério de decisão enunciado anteriormente é que os ativos tendem a tornar-se mais onerosos com o passar do tempo. Se esta não for a situação em estudo, antes de decidir vender um ativo deverá ser considerado um horizonte de planejamento mais amplo.

Não é conveniente utilizar o método do Custo Anual para estudos de baixa de equipamentos.

11.4 Substituição idêntica e o conceito de "vida econômica"

Existem equipamentos que, em menor grau, são afetados pelo desenvolvimento tecnológico. Podem ser incluídos neste grupo grande parte dos veículos, motores elétricos ou máquinas operatrizes para utilização ampla. Tais equipamentos, com o uso, apresentam custos crescentes devido ao desgaste e deverão ser substituídos por novos, os quais tendo características semelhantes – para efeito de estudo, idênticas – serão após um tempo também substituídos, e assim por diante. O intervalo ótimo entre duas substituições é denominado Vida Econômica. Existe o balanço de dois custos: o custo de investimento inicial que tende a tornar a vida do bem o maior possível e os custos de operação/manutenção, que tendem a encurtar a vida do bem já que são crescentes. Trata-se, pois, de um problema de máximos e mínimos e, como tal, poderá ser resolvido. Na prática, entretanto, verifica-se que é mais fácil resolver o problema por tentativas.

A determinação da vida econômica consiste em achar os custos ou resultados anuais uniformes equivalentes (CAUE ou VAUE) do ativo para todas as vidas úteis possíveis. O ano para o qual o CAUE é mínimo ou o VAUE é máximo é o da vida econômica do ativo.

Exercício 11.2: Considere os dados sobre valor de revenda e custos de operação de um carro marca X:

Ano	1	2	3	4	5
Revenda	50.000	44.000	38.000	30.000	23.000
Custos	1.000	1.600	2.400	3.400	4.600

O preço do carro novo é 58.000 a uma TMA de 10% a.a.

Qual a vida econômica do carro?

Solução:

1ª **Alternativa:** ficar com o carro por um ano.

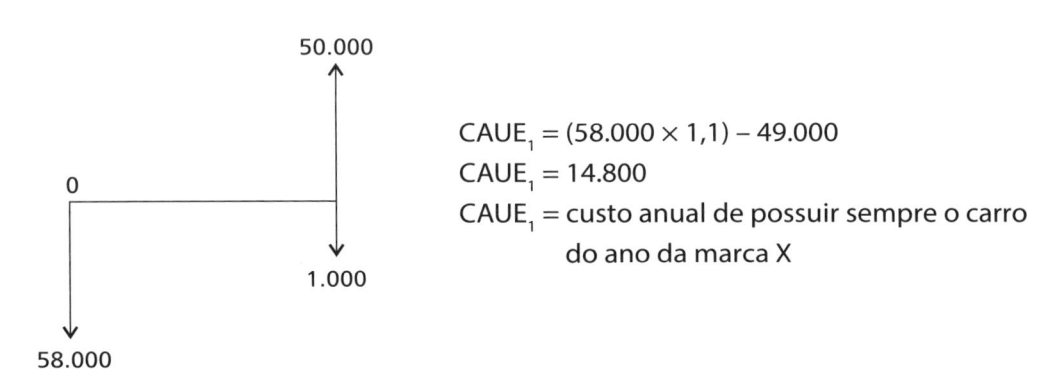

$CAUE_1 = (58.000 \times 1,1) - 49.000$

$CAUE_1 = 14.800$

$CAUE_1$ = custo anual de possuir sempre o carro do ano da marca X

2ª **Alternativa:** ficar com o carro por dois anos.

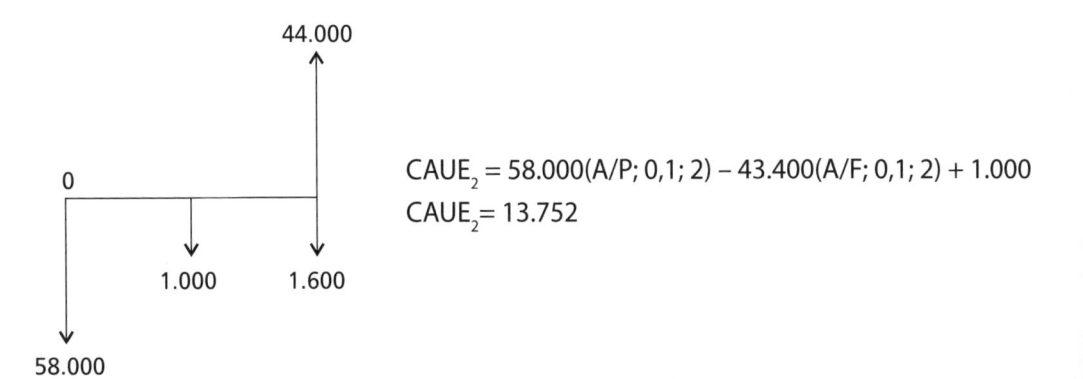

$CAUE_2 = 58.000(A/P; 0,1; 2) - 43.400(A/F; 0,1; 2) + 1.000$

$CAUE_2 = 13.752$

A política de manter o carro por dois anos é mais econômica que a de mantê-lo por apenas um ano.

3ª Alternativa: ficar com o carro por três anos.

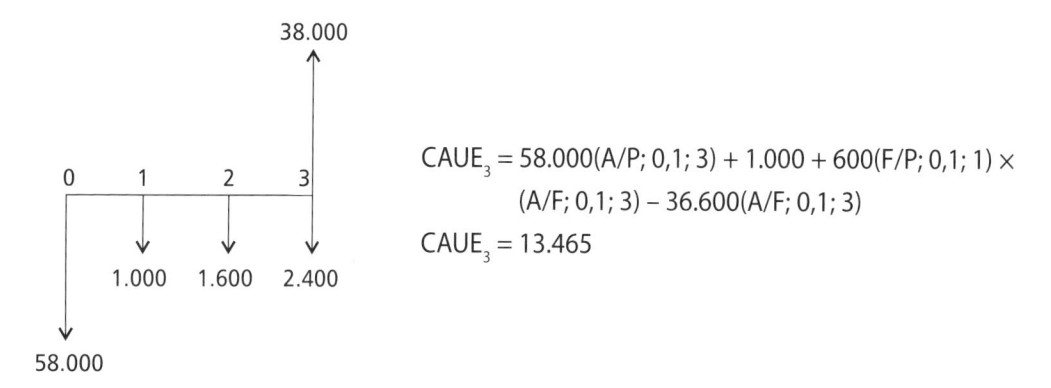

$$CAUE_3 = 58.000(A/P; 0,1; 3) + 1.000 + 600(F/P; 0,1; 1) \times (A/F; 0,1; 3) - 36.600(A/F; 0,1; 3)$$

$$CAUE_3 = 13.465$$

Como se vê, a política de manter o carro por três anos é ainda mais econômica do que a de mantê-lo por dois anos.

4ª Alternativa: ficar com o carro por quatro anos.

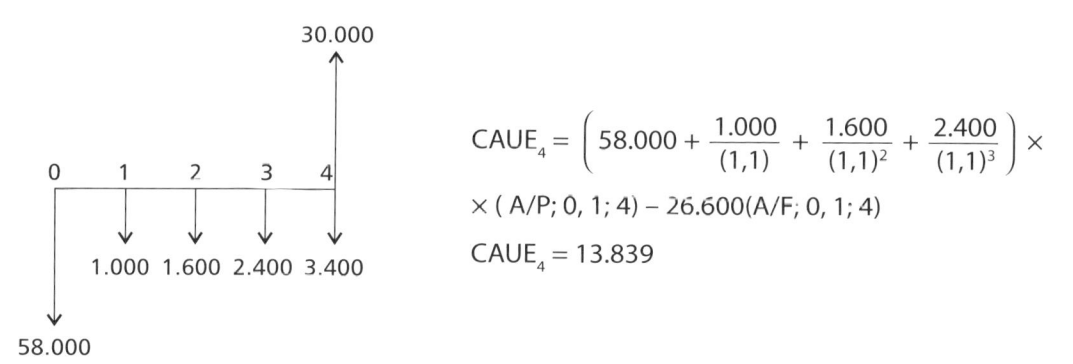

$$CAUE_4 = \left(58.000 + \frac{1.000}{(1,1)} + \frac{1.600}{(1,1)^2} + \frac{2.400}{(1,1)^3}\right) \times (A/P; 0,1; 4) - 26.600(A/F; 0,1; 4)$$

$$CAUE_4 = 13.839$$

A partir do terceiro ano não vale a pena manter o carro, pois seus custos estão aumentando. Para confirmar, será considerada ainda, a quinta alternativa.

5ª Alternativa: ficar com o carro por cinco anos.

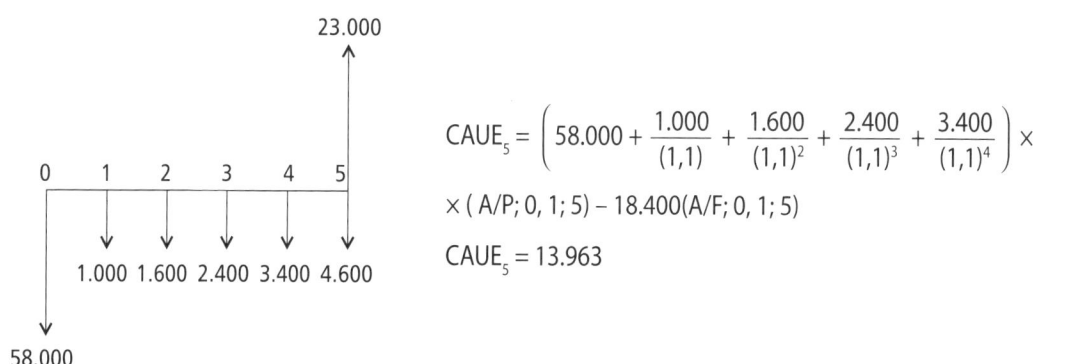

$$CAUE_5 = \left(58.000 + \frac{1.000}{(1,1)} + \frac{1.600}{(1,1)^2} + \frac{2.400}{(1,1)^3} + \frac{3.400}{(1,1)^4}\right) \times (A/P; 0,1; 5) - 18.400(A/F; 0,1; 5)$$

$$CAUE_5 = 13.963$$

De fato, a vida econômica do carro é de três anos.

O resultado deste exercício pode ser mais bem visualizado através de um modelo gráfico que represente a vida no eixo das abscissas e o CAUE no eixo das ordenadas.

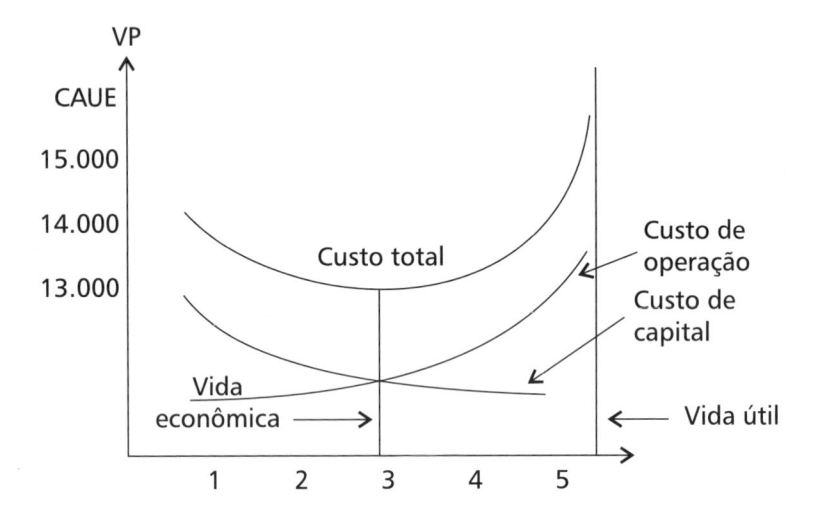

É de se observar que neste exercício se considerou um ativo que não influi diretamente na produção e consequente geração de receita.

No caso de equipamentos de produção, pode ocorrer com o tempo uma diminuição da capacidade produtiva com efeito nas receitas. Nestes casos, pode ser mais conveniente considerar o VAUE (Valor Anual Uniforme Equivalente) em vez do CAUE.

11.5 Substituição não idêntica

Antes de iniciar o estudo de substituição não idêntica – caso geral – será apresentado um exercício simplificado para discutir a maneira correta de alocar os recursos nestes problemas.

Exercício 11.3: A empresa de transportes Levatudo S.A. está considerando a possibilidade de substituir seus caminhões velhos. As características dos caminhões são:

- Caminhão novo:

    Preço: UM 4.000.000,00

    Custo anual de operação: UM 200.000,00

    Vida útil: 15 anos, igual à vida econômica

– Caminhão velho:

Valor atual: UM 1.000.000,00

Custo anual de operação: UM 500.000,00

Vida útil: cinco anos

Se o caminhão novo não for comprado agora, só poderá ser comprado em cinco anos. O valor residual dos dois caminhões é zero.

Determine se a compra do caminhão novo é econômica a uma TMA de 10% pelo Método de Custo Anual sem considerar o impacto do imposto de renda.

Solução:

Método A

1ª Alternativa: comprar o caminhão novo.

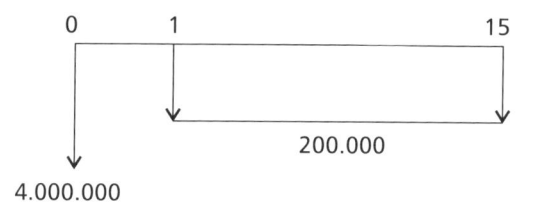

$CAUE_n = 4.000.000 \, (A/P; 0,1; 15) + 200.000$

$CAUE_n = 725.895,11$

2ª Alternativa: ficar com o caminhão velho.

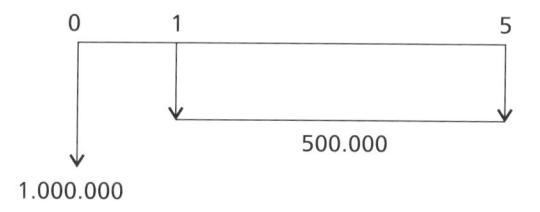

$CAUE_V = 1.000.000 \, (A/P; 0,15; 5) + 500.000$

$CAUE_V = 763.797,48$

A melhor alternativa pelo método A é comprar o caminhão novo.

Método B

1ª Alternativa: comprar o caminhão novo. Caso o caminhão novo seja comprado, o velho será vendido e o desembolso líquido agora será de UM 3.000.000. Logo, tem-se o fluxo de caixa:

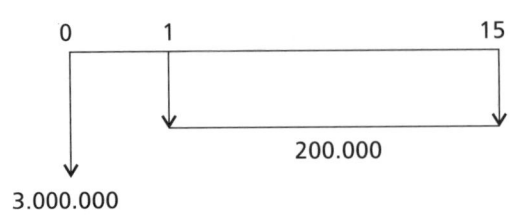

$CAUE_n = 3.000.000 \, (A/P; 0,1; 15) + 200.000$

$CAUE_n = 594.421,33$

2ª Alternativa: ficar com o caminhão velho. O reembolso líquido desta alternativa é o custo de operação.

$CAUE_V = 500.000,00$

A melhor alternativa pelo método B é ficar com o caminhão velho. E agora? Como os dois métodos conduzem a conclusões diferentes, somente um deles está certo. No método B, a consideração do horizonte de planejamento não está correta, pois nem a primeira nem a segunda alternativa podem ser renovadas aos mesmos custos.

Além disso, o valor do caminhão velho, UM 1.000.000,00, deverá ser distribuído em cinco e não 15 anos.

No método A, a consideração do horizonte de planejamento está correta, pois o custo anual da primeira alternativa é UM 725.895,11, até o infinito e na segunda alternativa é UM 763.797,48 até o quinto ano e UM 725.895,11 daí por diante. O método do custo anual supõe que as alternativas podem ser repetidas ao mesmo custo. Ora, no método B isto não acontece.

Conclui-se, portanto, que a maneira correta de resolver problemas de substituição é o método A, no qual se colocam os custos de cada alternativa, independentemente de outras alternativas.

Analisando o problema de alocação de custos, já é possível o estudo da Substituição Não Idêntica. Na literatura norte-americana, utiliza-se o termo *Desafiante* ou *Atacante* para indicar o ativo novo que está sendo cogitado para substituir o "Defensor" que é o ativo existente. Estes termos serão os adotados neste texto.

O exemplo dos caminhões apresentado é de substituição não idêntica e, como o nome já indica, a substituição a ser analisada envolve a consideração de um desafiante com características diferentes do ativo atual, isto é, o defensor. Para o futuro, entretanto, considera-se que os desafiantes não sofrerão mudanças significativas.

O defensor poderá ser substituído agora ou ser mantido por um, dois ou mais anos. A análise envolve a determinação da vida econômica do desafiante. Aquele que apresentar o menor CAUE para sua vida econômica será escolhido. Uma etapa que não deverá ser esquecida é determinar, em primeiro lugar, qual é o melhor desafiante.

Os problemas de substituição são mais facilmente compreendidos se for feita a suposição de que a empresa na realidade não é proprietária de seus equipamentos, e que deverá comprá-los pelo preço de mercado caso deseje utilizar seus serviços. Esta postura evita tanto a tendência de utilizar valores contábeis em vez de valores de mercado, como os erros apontados no exercício anterior – método B.

Recapitulando, há na realidade duas decisões que deverão ser tomadas. Primeiramente deverá ser decidido se haverá ou não substituição. Caso a substituição seja econômica, deverá ser decidido, em uma segunda etapa, quando ela deverá ser feita.

A substituição deverá ser feita caso:[2]

$$CAUE^*_a < CAUE^*_d$$

ou

$$VAUE^*_d < VAUE^*_a$$

ou seja, se o atacante (índice a) for mais econômico que o defensor ótimo. Se esta primeira condição for preenchida, resta determinar quando ela deverá ser feita.

Nos exercícios propostos em geral já se parte do pressuposto de que o atacante é mais econômico. Esta suposição é feita porque os estudos completos sobre substituição não idêntica são na realidade bastante trabalhosos, necessitando-se normalmente mais tempo do que aquele disponível em uma aula.

O exercício a seguir ilustra o conceito apresentado.

Exercício 11.4: A empresa de transportes Levatudo S.A. está considerando a possibilidade de substituir seus caminhões velhos. As previsões do valor de mercado e dos custos de operação destes caminhões para os próximos anos são:

ANO	0	1	2	3	4	5
Valor de mercado	1.000.000	750.000	600.000	400.000	200.000	0
Custo de operação	–	350.000	450.000	550.000	650.000	750.000

---

[2] O uso do asterisco indica que se trata de valor ótimo.

As características dos caminhões novos são:

Custo inicial: 4.000.000,00

Vida útil: 20 anos

Custo operacional: 30.000 no 1º ano, 60.000 no 2º ano, 90.000 no 3º ano etc.

Valor de revenda: estimado pela expressão $\dfrac{4.000.000}{(1,1)^n}$

Determinar, utilizando TMA = 10% a.a., sem levar em conta o Imposto de Renda, se o caminhão velho deve ser substituído. Em caso positivo, quando?

Solução:

Cálculo da vida econômica do caminhão novo: O fluxo de caixa genérico para esta alternativa é:

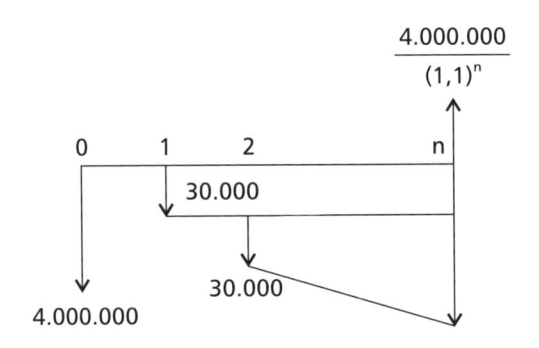

A tabela abaixo contém o cálculo do CAUE para os diversos anos possíveis:

Anos Custos	5	10	15	20
Investimento inicial (1)	1.055.200	651.000	525.880	469.840
Operação (2)	84.300	141.750	188.370	225.240
Revenda (3)	– 406.827,65	– 96.771,37	– 30.134,67	– 10.381,27
Soma: CAUE	732.672,35	695.978,63	684.115,33	684.698,73

(1) 4.000.000 (A/P; 0,1; n)

(2) 30.000 + 30.000 (A/G; 0,1; n)

(3) $\dfrac{4.000.000}{(1,1)^n}$ (A/F; 0,1; n)

Da tabela se infere que a vida econômica do desafiante está em torno de 15 anos. Uma segunda tentativa deve ser feita para uma melhor aproximação:

$CAUE_{14} = 685.193,63$ $CAUE_{17} = 683.334,60$
$CAUE_{16} = 683.532,23$ $CAUE_{18} = 683.532,79$

A vida econômica do caminhão é, pois, 17 anos e $CAUE_{17} = 683.334,60$.

Alternativas para época de troca:

Agora vamos verificar quando deve ser feita a troca. Como estamos adotando o CAUE, e como não há substituição idêntica para o defensor, vamos considerar um horizonte de análise de cinco anos, que é sua vida adicional máxima. A partir do sexto ano, o CAUE será 683.335 para todas as alternativas.

1º – manter o caminhão velho por mais um ano.

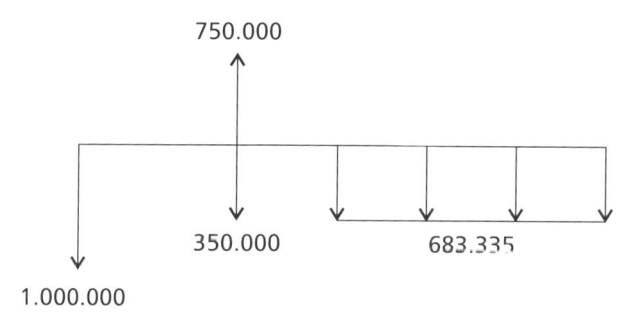

$CAUE_1 = [1.000.000 - 400.000 \,(P/F; 10\%; 1) + 683.335 \,(P/A; 10\%; 4)\,(P/F; 10\%; 1)] \times (A/P; 10\%; 5)$

$CAUE_1 = 687.332$

2º – manter o caminhão velho por dois anos:

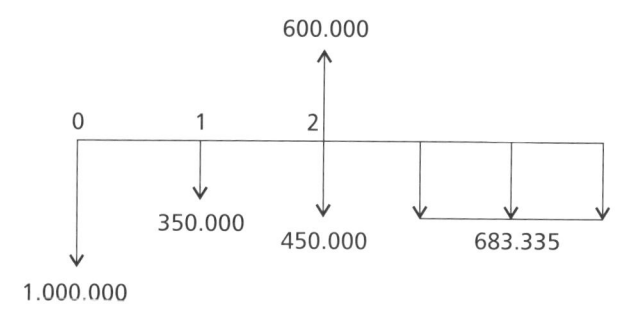

$CAUE_2 = [1.000.000 + 350.000 \,(P/F; 10\%; 1) - 150.000 \,(P/F; 10\%; 2) + 683.335 \,(P/A; 10\%; 3) \times (P/F; 10\%; 2)] \times (A/P; 10\%; 5)$

$CAUE_2 = 685.514$

3º – manter o caminhão velho por três anos:

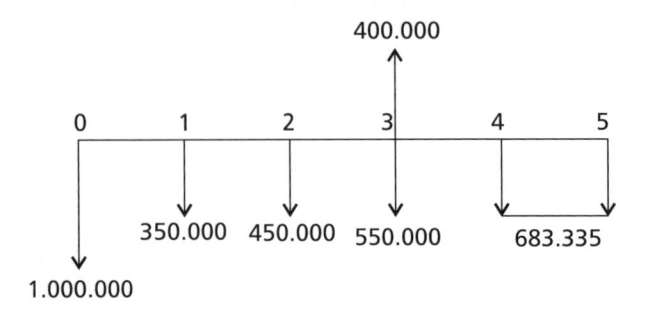

```
                           400.000
                             ↑
    0      1      2      3      4      5
    ├──────┼──────┼──────┼──────┼──────┤
    ↓      ↓      ↓      ↓      ↓      ↓
 1.000.000 350.000 450.000 550.000  683.335
```

$CAUE_3 = 710.619$

4º – manter o caminhão velho por quatro anos:

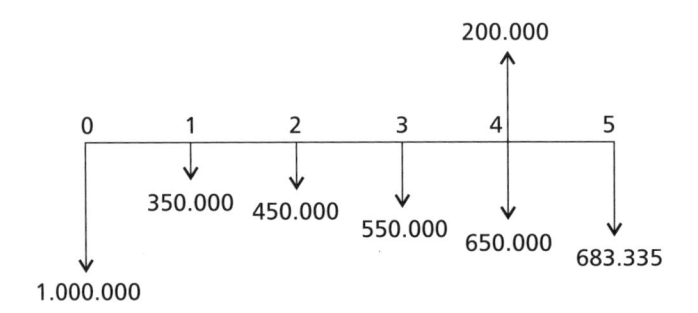

```
                                  200.000
                                    ↑
    0      1      2      3      4      5
    ├──────┼──────┼──────┼──────┼──────┤
    ↓      ↓      ↓      ↓      ↓      ↓
 1.000.000 350.000 450.000 550.000 650.000 683.335
```

$CAUE_4 = 747.855$

5º – manter o caminhão velho por cinco anos:

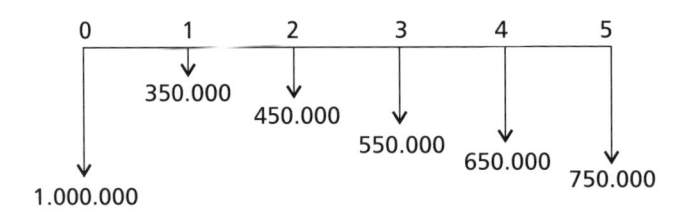

```
    0      1      2      3      4      5
    ├──────┼──────┼──────┼──────┼──────┤
    ↓      ↓      ↓      ↓      ↓      ↓
 1.000.000 350.000 450.000 550.000 650.000 750.000
```

$CAUE_5 = 794.810$

Como nenhum dos CAUEs é inferior a 683.335, conclui-se que a troca deve ser imediata.

Exercício 11.5: Vamos supor que a estimativa a respeito do preço atual de venda dos caminhões velhos tenha sido revista e que o valor correto seja 950.000. Determine qual a solução mais econômica neste caso.

Solução:

Vamos calcular a nova vida econômica do defensor:

1º – Manter o caminhão velho por mais um ano:

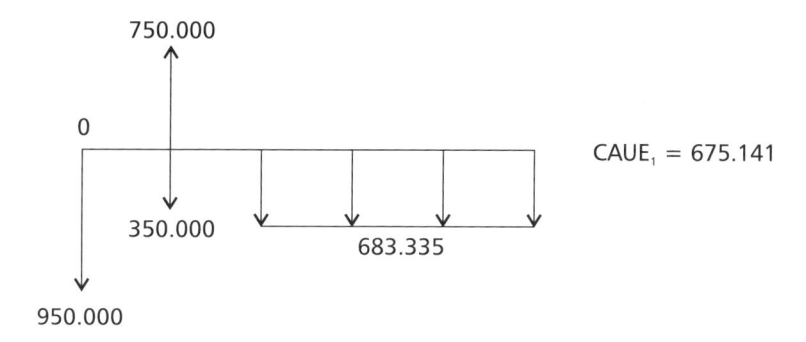

$CAUE_1 = 675.141$

2º – Manter o caminhão velho por mais dois anos:

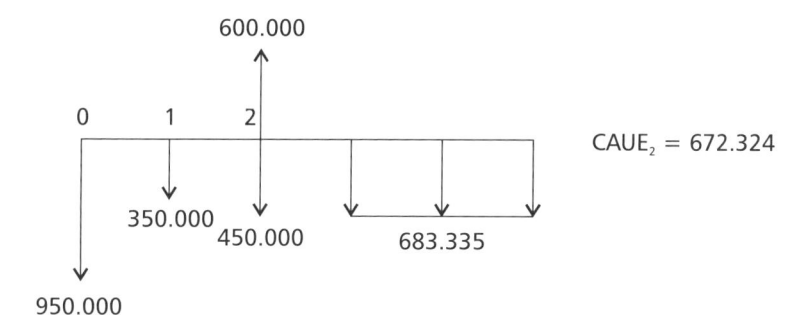

$CAUE_2 = 672.324$

Até agora, tem sido vantajoso manter o caminhão velho, pois o CAUE é inferior a 683.335.

3º – Manter o caminhão velho por mais três anos:

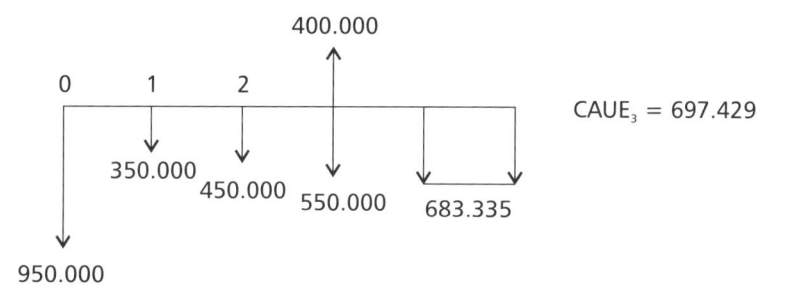

$CAUE_3 = 697.429$

Agora mudou! Não vale a pena ficar com o caminhão velho até o terceiro ano. Ele deverá ser vendido ao final do segundo ano.

No exemplo apresentado (11.4), o defensor era um ativo obsoleto e a questão resumia-se em saber "quando" trocar pelo novo ativo. Podem ocorrer casos em que o defensor seja tecnicamente válido. E um exemplo seria o caso de uma empresa que opera com equipamento de uma marca A e defronta-se com a possibilidade de substituí-lo por outro equipamento semelhante da marca B. A solução para este problema deve ser feita em duas etapas. Na primeira, confrontam-se as duas marcas, como o caso da substituição idêntica, para saber por qual se deve trocar o atual defensor, se por um da mesma marca ou pelo desafiante da outra marca.

Na segunda etapa, verifica-se quando deve ser feita a troca. Evidentemente que, se na primeira etapa o desafiante da mesma marca for o indicado, a troca deve ser feita ao fim da vida econômica do defensor ou imediatamente, se sua vida econômica já tiver sido ultrapassada.

Exercício 11.6: Uma empresa vem operando com um determinado equipamento da marca 'A' em sua linha de produção: Este equipamento tem um preço de UM 10.000 mil, vida útil de quatro anos e os seguintes valores de revenda, de custos operacionais e receitas geradas a cada ano:

UM mil

Ano	Valor de Revenda	Custo Operacional	Receitas
1	6.900	5.200	9.000
2	4.300	5.700	9.000
3	2.500	6.000	9.000
4	700	6.500	8.500

A atual linha de equipamentos já está em atividade há dois anos, e a empresa agora resolveu contratar você para elaborar um estudo econômico para ver se é vantajoso trocar a linha de equipamentos pelos de marca B.

O equipamento da marca B possui um preço mais elevado, ou seja, de UM 12.000 mil, porém maior capacidade de produção e maior vida útil.

A seguir, são fornecidos os dados de valor de revenda, custo operacional e receitas a cada ano, para o equipamento marca B.

Ano	Valor de Revenda	Custo Operacional	Receitas
1	8.000	6.300	10.500
2	5.000	6.300	10.500
3	3.000	6.500	10.300
4	2.000	6.700	10.000
5	–	7.000	9.500

A empresa também deseja saber, dependendo de qual marca for escolhida, quando deve substituir o atual equipamento. A TMA da empresa é de 10% a.a. e não é necessário considerar IR e depreciação, por efeito didático.

Solução:

Numa primeira etapa, devem ser confrontadas as marcas A e B, para saber qual tem maior VAUE na vida econômica, ou seja, por qual trocar.

No quadro a seguir é proposta uma esquematização que facilitará a resolução deste problema.

Equipamento A:

	1	2	3	4	5	6
	Ano	CRC	VALO	VAACLO	VAUELO	VAUE Projeto
	1	− 4.100	3.454	3.454	3.800	− 300
	2	− 3.714	2.727	6.181	3.561	− 153
	3	− 3.266	2.254	8.435	3.391	+ 126
	4	− 3.004	1.366	9.801	3.091	+ 88

Equipamento B:

	1	2	3	4	5	6
	Ano	CRC	VALO	VAACLO	VAUELO	VAUE Projeto
	1	− 5.200	3.818	3.818	4.200	− 1.000
	2	− 4.533	3.471	7.289	4.200	− 333
	3	− 3.919	2.855	10.144	4.079	+ 160
	4	− 3.354	2.254	12.398	3.910	+ 556
	5	− 3.164	1.552	13.950	3.679	+ 515

Onde:

CRC = Custo de Recuperação de Capital

VALO = Valor Atual dos Lucros Operacionais

VAACLO = Valor Atual Acumulado dos Lucros Operacionais

VAUELO = Valor Anual Uniforme Equivalente dos Lucros Operacionais

VAUE Projeto = Valor Anual do Projeto

Na coluna (2), o Custo de Recuperação de Capital representa a distribuição do Investimento Inicial e do Valor Residual durante cada vida considerada através dos fatores (A/P) e (A/F) respectivamente.

Na coluna (3), os lucros de cada ano estão a valores atuais, através de aplicação dos fatores (P/F) para n = 1, 2, 3 e 4.

A coluna (4) apresenta o somatório dos lucros de cada ano atualizado.

A coluna (5) distribui os valores da coluna (4) para séries uniformes.

E a coluna (6) apresenta finalmente a diferença entre as colunas (5) e (2), ou seja, o valor anual do projeto para cada vida.

Observa-se que o equipamento A apresenta vida econômica de três anos com valor de UM 126 mil, ao passo que o equipamento B apresenta vida econômica de quatro anos, mas com valor de UM 556 mil.

O equipamento B deve ser, portanto, o escolhido.

Deve-se considerar que o equipamento B tem ainda a seu favor o fato de gerar mais receitas, o que poderia implicar a necessidade de um menor no de equipamentos B em relação a A.

Resta saber quando o equipamento B deve substituir o atual defensor.

Considerando um horizonte de dois anos, que é a vida adicional máxima do defensor, tem-se:

1ª Opção:

Substituir ao final do 3º ano:

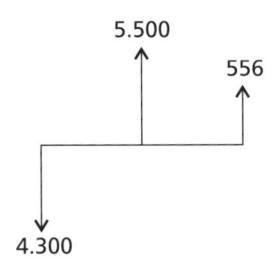

$$VAUE_3 = [-4.300 + 5.500 \ (P/F; 10\%; 1) + 556 \ (P/F; 10\%; 2)] \times (A/P; 10\%; 2) = 668$$

2ª Opção:

Substituir ao final do 4º ano:

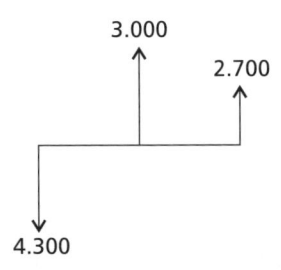

$$VAUE_4 = [-4.300 + 3.000 \ (P/F; 10\%; 1) + 2.700 \ (P/F; 10\%; 2)] \times (A/P; 10\%; 2) = 380$$

Como o VAUE do desafiante é 556, então é preferível substituir ao final do 3º ano, ou seja, daqui a um ano. ■

11.6 Substituição com progresso tecnológico

Os modelos de substituição analisados nos itens anteriores são estáticos à medida que não consideram o progresso tecnológico, isto é, o fato de que os equipamentos são constantemente aperfeiçoados. A consideração de que o progresso tecnológico é constante, ou mais precisamente, que os benefícios econômicos do progresso tecnológico são constantes facilita a elaboração de modelos de substituição. Ela também é bastante realista e será adotada no modelo desenvolvido a seguir a partir de um exemplo prático. De forma mais precisa, o modelo considera o custo da obsolescência comparando-se os custos de operação do equipamento a ser adquirido com os custos dos equipamentos que serão lançados no mercado nos próximos anos. A obsolescência, diferentemente da deterioração, uma característica intrínseca do equipamento, situa-se fora do equipamento existente e é uma característica devida aos novos equipamentos lançados no mercado.

Vamos considerar o caso de um automóvel, o qual é bastante simples, pois existem facilmente disponíveis tabelas de preços para carros usados. Será suposto que o preço dos veículos novos permanece constante, mas que o gasto por quilômetro rodado tenda a diminuir em virtude do progresso técnico (motores mais econômicos).

Exercício 11.7: Em 1º de janeiro de 1987, um representante comercial comprou um automóvel zero km por UM 1.000. A previsão de depreciação deste carro, feita com base em revista especializada, é a seguinte:

Data da revenda	Preço de revenda
31/12/...	
1987	720
1988	620
1989	540
1990	460
1991	400
1992	360
1993	325

O representante prevê percorrer 30.000 km por ano, sendo que o custo do quilômetro rodado com seu carro irá aumentar da seguinte forma:

Ano	Custo por 1.000 km
1987	9
1988	10
1989	11
1990	12
1991	13
1992	14,5
1993	16

Entretanto, no caso dos carros novos, os custos do quilômetro rodado tendem a cair em razão do aperfeiçoamento dos motores, os quais tendem a consumir menos e durar mais. As previsões de custo do quilômetro rodado dos carros novos para os próximos anos são as seguintes:

Para um carro novo comprado em 1º/jan.	Custo por 1.000 km para o carro novo
1987	9
1988	9
1989	8
1990	8
1991	7
1992	7
1993	6

Calcule a vida econômica do carro considerando uma TMA de 10% ao ano.

Solução:

1º Cálculo do custo anual do investimento:

Se o carro for revendido ao final do ano	1.000 × (A/P; 10%; n)	Valor de revenda × (A/F; 10%; n)	CAUE do investimento
1987	1.100,00	720,000000	380,00
1988	576,19	295,237800	280,95
1989	402,11	163,141992	238,97
1990	315,47	99,1165568	216,35
1991	263,80	65,5190000	198,28
1992	229,61	46,6586664	182,95
1993	205,41	34,256788	171,15

2º Cálculo da inferioridade de serviço do carro comprado em 1º/1/87:

A inferioridade de serviço do carro adquirido em 1º de janeiro de 1987 em relação ao veículo mais recente resulta da diferença de custo da quilometragem do ano. A tabela a seguir demonstra o cálculo desta diferença de custo em termos de Custo Anual Uniforme Equivalente:

Ano	Inferioridade de serviço no decorrer do ano	Valor presente da inf. de serv.	Somatório do VP	CAUE da inf. de serviço
1987	0	0	0	0
1988	30	24,79	24,79	14,29
1989	90	67,62	92,41	37,16
1990	120	81,96	174,37	55,01
1991	180	111,76	286,13	75,48
1992	225	127,01	413,14	94,86
1993	300	153,95	567,09	116,48

3º Determinação da vida econômica:

A soma dos valores dos CAUEs das duas tabelas anteriores fornece-nos o Custo Anual Uniforme Equivalente da inferioridade total de serviço:

Para uma utilização até o final do ano	Gradiente de inferioridade de serviço total em termos de CAUE
1987	380,00
1988	295,24
1989	276,13
1990	271,36
1991	273,76
1992	277,81
1993	287,63

A tabela anterior mostra que a inferioridade mínima de serviço é obtida quando o automóvel é vendido ao final do ano de 1990, isto é, após quatro anos de uso. Este custo é de 271,36, dito "mínimo adverso", tendo em conta as condições de uso consideradas.

A determinação da vida econômica, feita anteriormente, difere do método tradicional, apenas pelo fato de que a comparação dos custos de utilização do equipamento é feita com o equipamento que está por vir.

A HIPÓTESE DA CONSTÂNCIA DO MÍNIMO ADVERSO

Concluímos que o período de vida ótimo do equipamento é aquele em que o CAUE é mínimo. Isto, entretanto, só é válido se aceitarmos a hipótese de que o mínimo adverso de todos os equipamentos futuros será igual ao valor do CAUE.

Esta hipótese equivale a admitir que a velocidade da evolução técnica ficará constante e esta hipótese é mais razoável que aquela que supõe que não há evolução técnica (vida econômica nos casos de substituição idêntica e não idêntica).

11.7 As novas abordagens e a substituição estratégica

Nos últimos anos, com o aumento da competição ligada à globalização dos mercados e os avanços tecnológicos na manufatura e nos serviços, os executivos têm sido conscientizados das necessidades de atualização dos equipamentos. A justificativa econômica desta necessidade, entretanto, baseada nos modelos tradicionais de substituição de equipamentos, nem sempre tem sido encontrada, embora se "acredite" que esta decisão é acertada. O próprio termo *substituição* muitas vezes se torna inadequado, principalmente quando o equipamento existente desempenha apenas parcialmente as funções do novo. Intuitivamente parece claro que é necessário atualizar os equipamentos para permanecer competitivo. As planilhas de custos, entretanto, não mostram isto.

A literatura americana tem sido pródiga em artigos justificando novas tecnologias de manufatura. As razões invocadas e as abordagens utilizadas variam. Tem sido proposto sucessivamente: o velho *payback,* multicritérios – notadamente AHP (Capítulo 17), alocação mais abrangente de custos, matriz de *input-output* de Leontief e incorporação de considerações estratégicas. A visão simplificada da máquina simples nos modelos de substituição tem sido criticada propondo-se em seu lugar modelos que consideram as múltiplas funções dos novos equipamentos.

As economias de custos indiretos de fabricação têm sido bastante ressaltadas nas novas tecnologias de manufatura. Os exemplos mais citados mencionam redução dos níveis de estoques, diminuição dos refugos, dos retrabalhos e simplificação da programação da produção.

O reconhecimento da importância estratégica das substituições de equipamentos tem sido evidenciado em vários artigos. Isto implica, principalmente, a consideração de aspectos mercadológicos ou de competitividade, tais como maior variedade para os consumidores, menor tempo de atendimento ou maior qualidade. Os métodos sugeridos envolvem análises multiatributo ou sistemas especialistas. A quantificação das vantagens também tem sido proposta sob a justificativa de que o melhor sistema de manufatura para a estratégia da empresa é aquele que é o mais lucrativo.

Uma proposta interessante feita por Mayer (Engineering Economist S/93) consiste em agregar ao modelo com progresso tecnológico (11.6) os custos da obsolescência de mercado. A inferioridade de serviço do equipamento existente deverá, então, considerar, além da obsolescência de custos de operação, o decréscimo do potencial de receita do equipamento existente. Esta abordagem evita o erro de se considerar que "se nada for feito as receitas continuarão iguais". Reconhece-se, explicitamente, o fato de que a falta de investimentos em novas tecnologias pode levar a uma deterioração da posição de mercado.

Uma forma simplificada de fazer isto está ilustrada no exercício proposto a seguir, no qual se considera que o fato de que não possuir o último modelo ocasiona perdas de mercado para a empresa.

Exercício 11.8: Considere o exercício anterior com as seguintes alterações: Trata-se de uma locadora de veículos (e não de um representante comercial) e ela, além dos custos, deverá ainda considerar o decréscimo de receitas proporcionado pelos carros velhos devido ao fato de que os clientes preferem sempre os carros mais novos. Os demais dados permanecem os mesmos. As receitas proporcionadas pelo veículo são de UM 500.000 no primeiro ano e elas decrescem de 50.000 por ano à medida que o carro envelhece. Determine sua vida econômica para este caso.

Solução:

Neste caso, deve-se elaborar uma nova tabela de inferioridade de serviço para o carro existente. Esta tabela apresenta então a obsolescência de mercado medida em termos de decréscimo do potencial de receita do carro existente quando comparado ao mais novo.

Ano	Inferioridade de serviço no decorrer do ano (obsolescência de mercado)	Valor presente da inf. de serv. (ob. de merc.)	Somatório do VP	CAUE da inf. de serviço (ob. de merc.)
1987	0	0	0	0
1988	50	45,455	45,455	26,190
1989	100	82,645	128,100	51,511
1990	150	112,697	240,797	79,964
1991	200	136,603	377,400	99,558
1992	250	155,230	532,630	122,292
1993	300	169,342	701,972	144,185

Somando-se estes valores com aqueles obtidos no exercício 11.7 e computando-se os CAUEs correspondentes, obtêm-se os seguintes resultados:

Para uma utilização até o final do ano	Gradiente de inferioridade de serviço total em termos de CAUE
1987	380
1988	321,43
1989	327,64
1990	351,32
1991	373,32
1992	400,10
1993	431,82

A tabela mostra que a vida econômica agora é de apenas dois anos, isto é, ela diminuiu de quatro para dois anos.

O quadro a seguir associa os modelos de substituição de equipamentos apresentados às contingências ou razões que levam à decisão de substituir:

Contingências da substituição	Modelo	Custos envolvidos	Comparação com
Deterioração	Substituição idêntica	Custos de operação, de perda de capacidade e de valor residual	Equipamento novo idêntico
Mudança tecnológica isolada	Substituição não idêntica	Idem	Equipamentos novos idênticos
Mudança tecnológica contínua com obsolescência de custos	Substituição com progresso tecnológico	Idem	Equipamento aperfeiçoado a ser lançado
Mudança tecnológica contínua com obsolescência de custos e de mercado	Substituição estratégica	Idem mais custos da perda de competitividade	Idem

11.8 Exercícios propostos sobre substituição de equipamentos

1. A fábrica de porcelana Xmit possui um forno de esmaltação há oito anos e, como usa diesel de combustível, muito caro atualmente, o diretor está pensando em vendê-lo agora e aplicar o dinheiro à taxa mínima de atratividade de 10% a.a., ou continuar com ele se for mais conveniente.

    O valor atual da revenda é de UM 80.000,00. Seu valor residual ao final do próximo ano será de UM 30.000,00, ao final de dois anos será UM 8.000,00 e daqui a três anos seu valor será zero.

    As despesas anuais de operação e manutenção são de UM 30.000,00. O forno proporcionará receitas de UM 90.000,00 durante o ano vindouro, de UM 53.700,00 durante o ano seguinte e de UM 37.835,000 no último ano.

    Quando a empresa deverá vender o forno?

    Faça os gráficos dos fluxos de caixa das possíveis alternativas e tome a decisão, usando o método do Valor Presente.

    (Baixa sem reposição.)

2. A empresa está considerando a possibilidade de vender os direitos de fabricação de determinado produto. Num estudo sobre a situação foram levantados os seguintes dados:

Ano	Valor de mercado dos direitos	Demanda anual	Preço de venda	Custo variável unitário
0	100.000	–	–	–
1	90.000	10.000	14	10
2	80.000	10.000	14	11
3	70.000	10.000	14	12
4	60.000	10.000	14	12,5

    Considerando-se que a empresa pode auferir 15% a.a. sobre o dinheiro recebido na transação, determinar se é econômica a referida venda. Quando?

    Considere que os demais custos envolvidos são irrelevantes, inclusive o imposto de renda.

    (Baixa sem reposição.)

    R.: Ao final do 2º ano.

3. Considere os dados sobre valor de revenda e custos operacionais de um carro da marca X:

Ano	1	2	3	4	5
Revenda	47	41	34	28	24
Custos	4	7	11	16	21

   (dados em UM 1.000)

   O preço do carro novo é de UM 65.000. Calcule, considerando a TMA de 10% a.a., se é mais econômico:

   a) comprar um carro novo e ficar com ele por cinco anos.

   b) comprar um carro com um ano de uso e vendê-lo com quatro anos de uso.

   Não é necessário levar em conta o imposto de renda.

   R.: alternativa b

   CAUE = UM 21.488,52

4. A Locacarro está em dúvida quanto à marca dos veículos que deverão ser adquiridos e a idade de troca dos mesmos. Os dados de custos e receitas dos veículos são:

	Marca X	Marca Y
Custo de um Novo	700	900
Receita do 1º ano	400	500
Receita do 2º ano	300	400
Receita do 3º ano	200	300
Receita do 4º ano	150	150
Valor de revenda		
Ao final do 1º ano	500	650
Ao final do 2º ano	400	500
Ao final do 3º ano	300	400
Ao final do 4º ano	200	250

   a) Se a TMA da empresa for 20% ao ano, calcule qual a melhor política, isto é, qual o carro e por quanto tempo ele deverá ser mantido.

   b) Calcule o VAUE, após o imposto de renda de 40%, de manter o carro X por dois anos. Considere uma TMA de 12% e depreciação linear de 20% ao ano.

   R.: a) Deverá ser comprado o carro Y e ele deverá ser trocado a cada três anos.

   b) 45,96

5. Uma fábrica está considerando a compra de um novo equipamento para substituir outro, velho, com três anos de idade. A vida física do equipamento atual é de cinco anos. Os custos dos últimos três anos e para os próximos dois anos são os seguintes:

Ano	Despesas de operações	Despesas de manutenção	Valor residual ao final do ano
1	600,00	100,00	–
2	800,00	300,00	–
3	1.000,00	500,00	1.400,00
4	1.200,00	700,00	1.100,00
5	1.400,00	900,00	900,00

O superintendente da fábrica sugeriu que este equipamento seja substituído por um novo modelo que custa UM 6.000,00. O fabricante afirmou que este novo equipamento não necessitará de manutenção e, além disso, reduzirá os custos de operação em UM 100,00 por ano em relação aos custos correspondentes com o equipamento antigo. Supondo desvalorização linear em cinco anos para o desafiante, e valor residual de UM 1.000,00 (o valor de mercado do desafiante diminui de UM 1.000,00 por ano), verificar se vale a pena substituir o equipamento a uma taxa mínima atrativa de 10% a.a. Em caso afirmativo, quando? (Não é necessário levar em conta o imposto de renda).

R.: Deve ser trocado agora (CAUEd1º – 2,340) e o novo modelo por sua vez deverá ser trocado a cada ano (CAUEa1º = 2.100).

6. Faça um estudo sobre a seguinte proposta de substituição de equipamentos:
   - Equipamento existente (defensor):

   valor de revenda atual e nos próximos anos:

   1.200 (atual); 1.000 (em um ano); 800; 600; 400

   previsão de custos de operação para os próximos anos:

   5.500; 6.500; 7.500 etc.

   - Equipamento proposto (atacante):

   preço de aquisição e instalação: 21.000

   vida física: dez anos

   custos anuais de operação para os próximos anos:

   500 (1º ano); 1.000; 1.500 etc.

   valor de revenda para os próximos anos:

   18.000; 16.500; 15.000 etc.

Dados adicionais:

- TMA = 20% a.a.
- Não é necessário levar em conta o imposto de renda.

Dica: a vida econômica do atacante está entre três e sete anos.

R.: O defensor deverá ser mantido por mais *um* ano, findo então o qual se deve adquirir o atacante. Este deverá ser mantido por cinco anos, pois é esta sua vida econômica.

CAUE(d1º) = 5.940, CAUE(d2º) = 6.900 e CAUE(a5º) = 6.729,6

7. Há quatro anos uma empresa comprou um torno por UM 1.000.000,00, o qual está sendo depreciado linearmente à razão de 5% ao ano sem valor residual. As despesas anuais com o torno são de UM 180.000,00 para o ano em curso (52), UM 210.000,00 para o próximo ano, e assim por diante (aumentam de UM 30.000,00 por ano).

Estima-se que o valor de mercado atual para o torno seja de UM 700.000,00 e que este valor tenda a diminuir de UM 100.000,00, por ano.

Foi sugerida a compra de um torno novo por UM 1.200.000,00, o qual terá seu valor de mercado diminuído de 15% ao ano (exponencialmente). Este torno reduzirá as despesas para um valor de UM 100.000,00 para os primeiros três anos, sendo que a partir do quarto ano as despesas aumentarão de UM 35.000,00 por ano devido à manutenção crescente. Para o novo torno deverá ser utilizada a depreciação linear de 5% a.a. sem valor residual.

A TMA, após o imposto de renda, é de 10% a.a.

Por uma questão de política interna da empresa, caso o torno novo venha a ser comprado, ele deverá ser mantido, pelo menos, por seis anos e no máximo por nove anos.

Determine, considerando o imposto de renda:

a) a vida econômica do torno novo;

b) se é econômica a substituição do torno. Em caso positivo, quando?

R.: a) sete anos e CAUE7 = 261,9;

b) Sim, ao final primeiro ano.

Nota: Consulte o Capítulo 10 – Efeitos da Depreciação e do Imposto de Renda nas Análises, antes de resolver este exercício.

8. A empreiteira ABC dispõe dos seguintes dados sobre seus tratores marca N:
   - Preço novo: UM 4.000.
   - Preços de revenda após 1, 2, 3, 4 anos: 2.500; 1.500; 1.000 e UM 500.
   - Custos anuais de operação: 1º ano 700; 2º ano 1.400; 3º ano 2.800 e 4º ano UM 4.200.

Considerando uma TMA de 20% ao ano:

a) Determine, sem levar em conta o imposto de renda, a vida econômica destes tratores.

b) Calcule, considerando um imposto de renda de 40%, o CAUE de manter os tratores por dois anos. Considere uma depreciação linear de 20% ao ano.

R.: a) $CAUE_1 = 3.000$; $CAUE_2 = 2.954,54$; $CAUE_3 = 3.131,78$

$CAUE_4 = 3.461,35$ A vida econômica é, pois, dois anos.

b) 2.063,64

9. Considere o exercício 11.7. Para verificar a influência do preço do carro, da quilometragem rodada e da evolução tecnológica na vida econômica, resolva o exercício para cada uma das seguintes situações:

a) Os preços de compra e de revenda do carro são 80% superiores aos propostos.

b) O carro irá rodar 50.000 km por ano.

c) As previsões de custo do quilômetro rodado dos carros novos para os próximos anos são as seguintes:

Para um carro novo comprado em 01/01 do ano	Custo por 1.000 km para o carro novo
1987	9
1988	9
1989	8,5
1990	8,5
1991	8
1992	8
1993	7,5

R.: a) Um investimento maior aumenta a vida econômica para seis anos.

b) Se o carro rodar mais, a vida econômica diminui para três anos.

c) Um progresso tecnológico mais lento aumenta a vida econômica.

12
Aplicação em Análise Econômico-Financeira de Projetos e Uso de Planilha Eletrônica

12.1 Investimento fixo

12.2 Projeções de custos e receitas

12.3 Capital de giro próprio

12.4 Financiamento

12.5 Cronograma de usos e fontes dos recursos

12.6 Outras despesas e desembolsos

12.7 Projeção de resultados

12.8 Projeções de fluxos de caixa

12.9 Índices de produtividade do ativo

12.10 Índices de produtividade de recursos circulantes

12.11 Capacidade de pagamento

12.12 Retorno do investimento

12.13 Análise de sensibilidade

12.14 Análise a preços correntes e a preços ajustados

12.15 A visão geral do projeto: das estratégias à análise econômico-financeira

A aplicação da Engenharia Econômica na Análise de Projetos Industriais é a própria Análise Econômico-Financeira de Projetos. Devido à diversidade dos tipos de projetos, não é recomendável se ter uma metodologia fixa, pois a resposta necessária pode ser diferente para cada situação. Numa expansão de capacidade, por exemplo, um tipo de resposta pode ser o retorno do investimento incremental. Já num projeto associado a novo produto, a resposta pode ser o preço mínimo obtenível para esse novo produto. Projetos de novas unidades podem ser tratados isoladamente, ao passo que expansões, modernizações e relocalizações devem levar em consideração o incremento em relação à situação atual.

Pode-se listar uma série de tipos de respostas exigíveis de uma Análise Econômico--Financeira, como a seguir:

Montante dos investimentos

Financiamentos

Montante de recursos próprios

Custo dos produtos

Preços possíveis

Retorno do investimento próprio

Riscos de pagamento do financiamento

Possibilidades de pagamento de dividendos

Índices de produtividade dos recursos

Índices de risco financeiro

Sensibilidade Econômico-Financeira a fatores externos

A Figura 12.1 apresenta um fluxograma básico para elaboração da Análise Econômico--Financeira. Repete-se aqui que ele deve ser ajustado para cada situação. Também deve se salientar que a Análise Econômico-Financeira não é isolada. Ela depende de uma série de outros estudos que compõem um Projeto de Negócio, também chamado Estudo de Viabilidade ou Anteprojeto. Esses outros estudos são as definições estratégicas, o estudo de mercado, a definição do sistema produtivo e o estudo da logística e da localização. Tudo isto pode ser visto em detalhes no livro *Elaboração de projetos empresariais* de Nelson Casarotto Filho (São Paulo, Atlas, 2009).

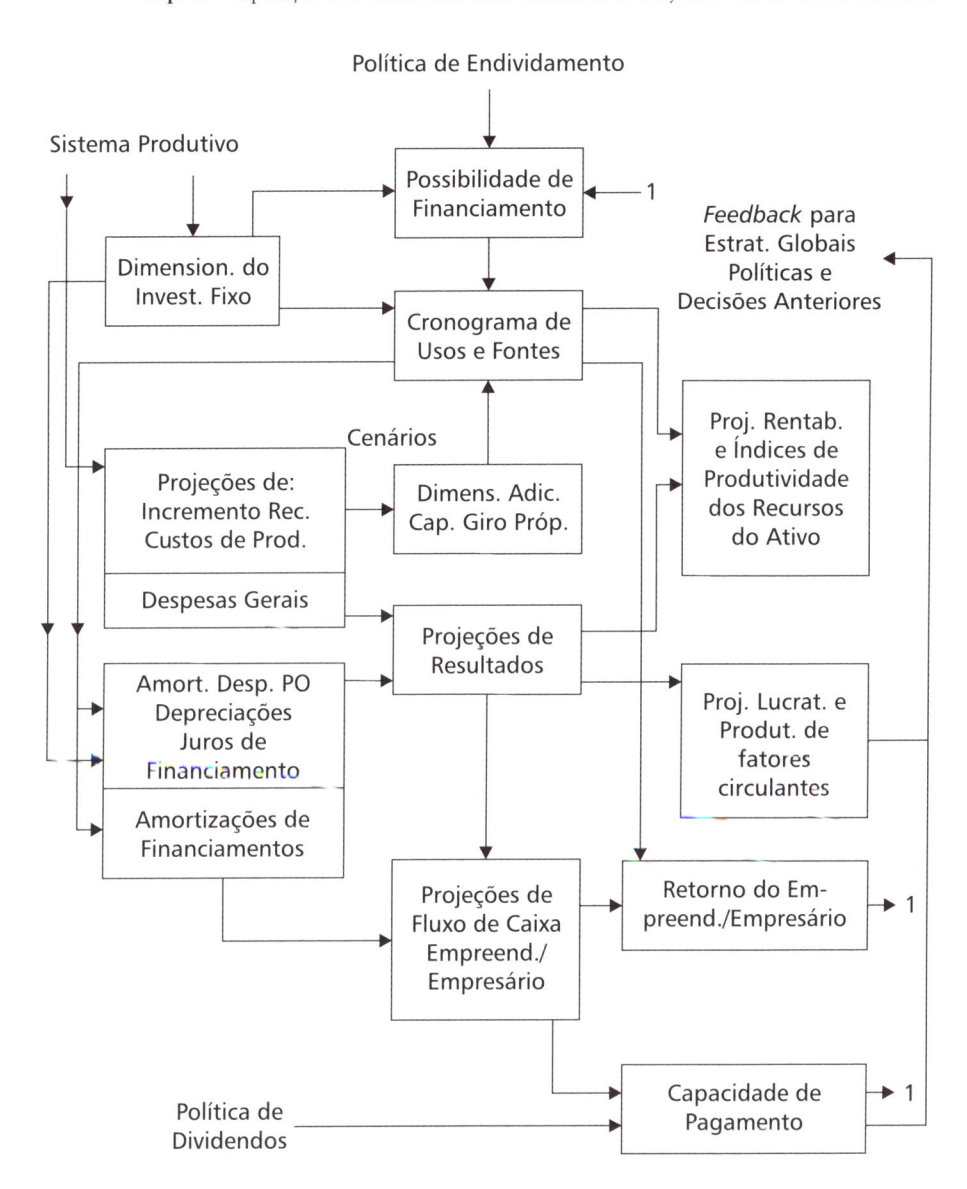

Figura 12.1 *Fluxo de operações para Análise Econômico-Financeira.*

Esse fluxograma será analisado a partir deste ponto.

12.1 Investimento fixo

O primeiro passo da Análise Econômico-Financeira é o dimensionamento do Investimento Fixo.

Terrenos, construções civis, equipamentos de produção, instalações industriais (transporte interno, utilidades, funções auxiliares), infraestrutura administrativa, Engenharia (básica – incluindo desenvolvimento de produto/processo –, de detalhe e de montagem), gerenciamento da implantação do projeto e capacitação tecnológica constituem um nível de agregação já adequado à análise proposta.

O modo recomendado de coleta de informações tem por base a tomada de preços a partir das planilhas dos balanços de massa e dos demais fatores de produção, oriundos de um estudo do Sistema Produtivo.

Mas nem sempre é possível obter essas respostas com a precisão desejada, especialmente em situações de processos integrados, como na indústria química, em que uma tomada de preços pode implicar a necessidade de elaboração da Engenharia Básica.

Nesses casos podem ser utilizadas equações de ajuste de preços com base em experiências anteriores, em função da capacidade, inflação, local de fabricação, desenvolvimento tecnológico, como apresentado a seguir:

$$(V_2/V_1) = (C_2/C_1)^a \cdot (P_2/P_1) \cdot (1 + x((L_2/L_1) - 1)) \cdot (T_2/T_1)$$

onde:

V_2 = valor do equipamento em análise

V_1 = valor de equipamento em situação conhecida

C_2 = capacidade do equipamento em análise

C_1 = capacidade do equipamento conhecido

P_2 = índice de preço hoje

P_1 = índice de preço da época da situação conhecida

x = participação do custo de mão de obra na fabricação do equipamento

L_2/L_1 = fator de correção do custo de mão de obra entre os dois locais de fabricação

T_2/T_1 = fator de ganho de produtividade em função da variação de tecnologia entre as duas épocas

a = coeficiente de ajuste de preço à capacidade (ganho de escala)

Esta expressão possibilita, embora com perda de precisão, maior rapidez, o que pode ser fundamental para a tomada de decisão de uma empresa pressionada pela concorrência.

12.2 Projeções de custos e receitas

As receitas, na maioria dos casos, são o programa de produção multiplicado pelo preço de mercado dos produtos, obtido num Estudo de Mercado. Os custos podem ter duas abordagens, conforme o tipo de sistema de produção e de produto. Indústrias químicas normalmente podem possuir um ou mais produtos derivados do mesmo processo, sem possibilidade de dissociá-los. Nesse caso, os custos podem ser estimados para cada conta, porém globalmente para o projeto. Já para indústrias de produtos ditos "com forma", como móveis, especialmente naquelas com sistemas por seções ou por grupos, com maior número de produtos, as estimativas podem se basear nos diagramas de fluxos de processo de cada produto, utilizando-se de coeficientes para a atribuição de custos indiretos, paradas para *set-up* ou manutenção, reinvestimento em tecnologia ou outros custos. De qualquer modo, devem ser consolidados os custos, com e sem o projeto, pois a análise do retorno do projeto deverá se basear nos incrementos causados por ele. Como subdivisão básica, recomenda-se a seguinte forma:

CUSTOS DE PRODUÇÃO

    Variáveis

        Pessoal e encargos

        Matérias-primas e insumos

        Subcontratações

        Transporte de insumos

        Consumo de energia elétrica

        Combustíveis

        Peças de reposição

    Fixos por turno

        Pessoal e encargos

        Serviços terceirizados

    Fixos

        Pessoal e encargos

        Seguros

        Serviços terceirizados

        Demanda de energia elétrica

        Reinvestimento em tecnologia

DESPESAS GERAIS
>   Variáveis
>   >   Comissões de vendas
>   >   Impostos variáveis
>   >   Transportes de entrega
>   Fixas
>   >   Pessoal e encargos
>   >   Custos administrativos
>   >   Impostos fixos
>   >   Serviços terceirizados

12.3 Capital de giro próprio

O investimento em capital de giro é Capital de Giro Próprio Adicional necessário para a operação do equipamento ou da nova fábrica, sendo constituído principalmente pelo estoque de matérias-primas, produtos em elaboração e produtos acabados, além dos recursos disponíveis em caixa e para sustentar as vendas a prazo. A estrutura atual do capital de giro deve ser confrontada com uma nova situação pós-projeto para se apurar o adicional necessário, ou, em certos casos, um enxugamento gerador de caixa. Em alguns casos, a adequação do capital de giro pode representar um verdadeiro saneamento financeiro, trocando os financiamentos de curto prazo por linhas de longo prazo.

12.4 Financiamento

Políticas de Negócios, relativas à formação do capital, reinvestimento, novos aportes, endividamento e ao custo de empréstimos de longo prazo devem orientar a previsão de fontes e quantidade de recursos para financiar o projeto.

12.5 Cronograma de usos e fontes dos recursos

Este item contempla, a partir do Investimento Fixo, do Capital de Giro Próprio e das possibilidades de financiamento, um exercício de previsão de implantação do projeto, com a discriminação dos investimentos, a estruturação das fontes de financiamento e os aportes de recursos próprios, conforme a disponibilidade dos recursos.

12.6 Outras despesas e desembolsos

Algumas contas de despesas ou desembolsos merecem tratamento especial. As depreciações e amortizações de despesas pré-operacionais, como projetos, treinamentos e custos de posta em marcha, representarão despesas mas não desembolsos. Já as amortizações de financiamentos representarão desembolsos, sem constituir-se em despesas. Os juros dos financiamentos, apesar de representarem despesas e desembolsos simultâneos, serão considerados neste item, pois são papel fundamental de diferenciação do fluxo de caixa do projeto para o fluxo de caixa do acionista.

12.7 Projeção de resultados

As projeções de receitas, custos, despesas gerais, depreciações e amortização de despesas pré-operacionais possibilitarão projetar o demonstrativo de resultados, apurando-se o resultado líquido anual. Recomenda-se um prazo adequado à dinâmica do tipo de empreendimento. Setores mais tradicionais, ligados a *commodities*, podem ter um horizonte de análise de mais de dez anos. Já segmentos mais dinâmicos, de tecnologia de ponta, devem ter horizontes de análise com prazos menores.

12.8 Projeções de fluxos de caixa

Com base nas projeções de resultados e nas projeções de amortizações de financiamentos, podem-se projetar os fluxos de caixa para o empreendimento e para o acionista. Recomenda-se integrar o regime de caixa (projeções de resultados) com o regime de competência (projeções de fluxo de caixa), apenas ajustando o Imposto de Renda quando houver defasagens significativas, além das depreciações e amortizações de despesas pré-operacionais (que são despesas mas não são desembolsos) e amortizações de financiamentos (que são desembolsos mas não são despesas).

Um projeto, no entanto, pode ser, no mínimo, decomposto em duas partes, quais sejam, o fluxo do financiamento de longo prazo e o fluxo do empresário, admitindo-se parte do projeto sendo financiado por bancos e outra parte pelos recursos próprios (inversões de lucros ou aportes dos acionistas).

Se o indicador escolhido para a análise for a Taxa de Retorno, isso implica que podemos ter até três taxas num projeto:

1. Taxa de Retorno do Empreendimento ou do Projeto: é a taxa de retorno de todo o *mix* ou *funding* de recursos envolvidos. Normalmente, interessa a financiadores como indicador de capacidade de pagamento dos custos financeiros do empréstimo.

2. **Taxa de Retorno do Empresário ou do Acionista:** é a taxa de retorno dos recursos próprios alocados no projeto. Interessa aos acionistas que alocarão os recursos.
3. **Taxa do Financiamento:** é a taxa de juros dos recursos de financiamento de longo prazo. Interessa aos órgãos governamentais voltados ao fomento industrial que podem manipulá-la (juntamente com os prazos e os níveis de participação), de forma a catapultar a Taxa de Retorno do Empresário a níveis atrativos quando a Taxa de Retorno do Empreendimento não for interessante para um projeto socialmente atrativo.

Para se calcularem as taxas de Empreendimento e do Empresário adota-se uma planilha financeira que abrangerá o horizonte de análise suficiente, e apuram-se os saldos periódicos conforme o modelo da Figura 12.2.

Períodos	0	1	... ...	N – 1	N
– Investimento + Valor Residual					
= Investimento do Empreendimento					
+ Liberação do Financiamento					
= Investimento do Empresário					
Receitas Líquidas					
– Custos e Despesas					
– Depreciações e Amortização de Despesas Pré-operacionais					
– Juros do Financiamento					
= Lucro Antes do Imposto de Renda					
– Imposto de Renda					
= Lucro Líquido					
+ Depreciação e Amortização Desp. Pré-operacionais					
+ Juros do Financiamento					
= Saldo do Empreendimento					
– Amortização de Financiamentos					
– Juros de Financiamento					
= Saldo do Empresário					

Figura 12.2 *Modelo de planilha para Análise de Projetos Industriais.*

Confrontando-se o Saldo do Empreendimento com o Investimento do Empreendimento, obtém-se a TIR do Empreendimento. De forma análoga, se obtém a TIR do Empresário.

Em forma de diagrama, os fluxos teriam as configurações da Figura 12.3:

Sendo: Fluxo do Empreendimento

Fluxo do Financiamento

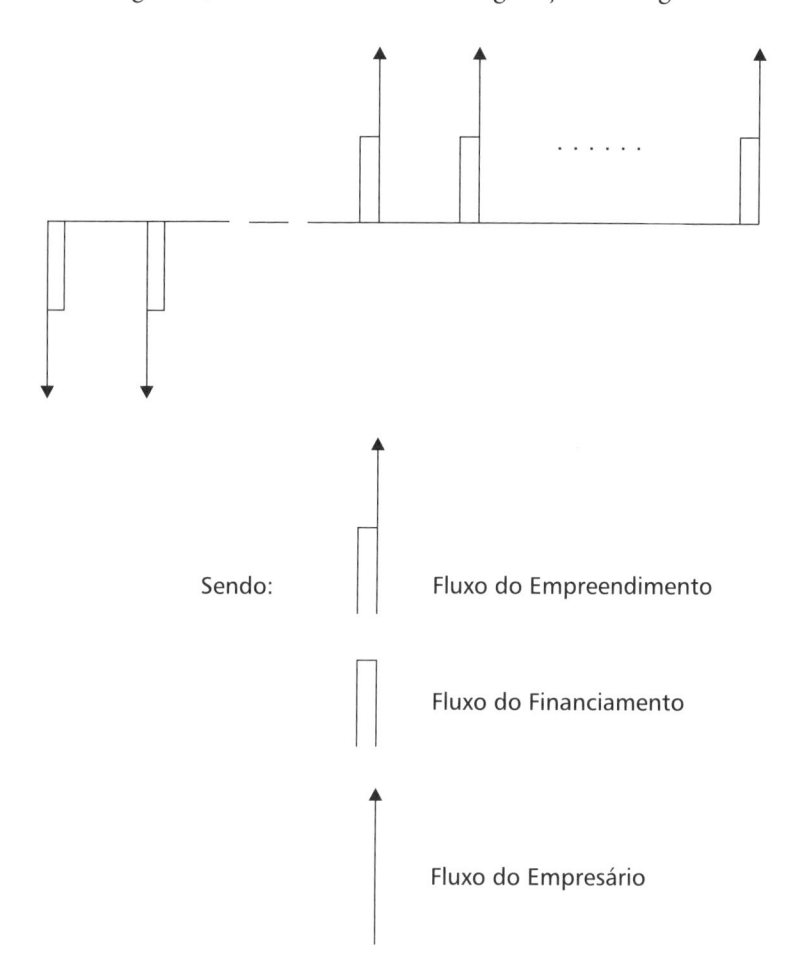

Fluxo do Empresário

Figura 12.3 *Representação de fluxos de caixa.*

12.9 Índices de produtividade do ativo

Com o cruzamento das informações do Quadro de Usos e Fontes com as da Projeção de Resultados é possível obter indicadores de produtividade de contas do ativo. Rentabilidade dos Recursos Próprios, Rotação do Ativo Fixo, do Capital de Giro ou de alguns de seus componentes, Receitas por Unidade de Ativo são alguns dos itens obteníveis.

12.10 Índices de produtividade de recursos circulantes

A partir da projeção de resultados, podem-se cruzar as Receitas com diversos tipos de custos e obter índices de produtividade de fatores de produção através do índice Receita por

Unidade de Fator ou o lucro pela receita obtendo a lucratividade ou ainda os índices de Ponto de Equilíbrio Econômico (% de utilização da capacidade a partir da qual obtém-se lucro) ou Financeiro (% de utilização da capacidade abaixo da qual não é possível saldar os compromissos).

12.11 Capacidade de pagamento

A capacidade de pagamento dos exigíveis de longo prazo (financiamentos) gerará um *feedback* para a estruturação do Quadro de Usos e Fontes, ajudando a dimensionar o grau máximo possível de participação de financiamentos no projeto. O quadro da Figura 12.4 auxilia na determinação de indicadores sobre a capacidade de pagamento.

Períodos		0	1	... ...	N – 1	N
= Lucro Antes do Imp. de Renda						
– Imposto de Renda						
– Dividendos						
= Saldo após Dividendos						
+ Depreciação						
– Investimentos com Rec. Próprios						
= Saldo para Amort. de Financiamento 1						
– Amortização de Financiamentos 2						
= Saldo Após Amortização de Financiamento 3						
Índices	1/2 (capac. de pagam.) 3/2 (margem)					

Figura 12.4   *Quadro para cálculo da capacidade de pagamento.*

12.12 Retorno do investimento

Como explicado no item 12.8 – Projeções de fluxos de caixa –, é possível obter dois tipos de Taxas de Retorno: Do Empreendimento (ou do projeto), Do Acionista (ou do empresário ou, ainda, do empreendedor), sendo que, sob o ponto de vista da tomada de decisão do empresário, deve ser utilizado o segundo tipo.

12.13 Análise de sensibilidade

A Análise do Retorno a diferentes taxas de reaplicação, através do cálculo da TIRM, é o primeiro ponto importante da Análise de Sensibilidade. Mas existem outros fatores importantes a serem considerados. Com a globalização da economia, uma variável importante é a sensibilidade do projeto a variações cambiais. Matérias-primas e Produtos sendo comercializados de e para vários países exigem projetos consistentes e resistentes a variações cambiais.

Também em países com instabilidade econômica, deve ser efetuada a Análise da Sensibilidade a variações diferenciadas de inflação para cada componente do Fluxo de Caixa. O estudo de cenários pode fornecer indicações de como poderão comportar-se os preços de venda, das principais matérias-primas, dos salários, a variação das moedas dos financiamentos, a correção oficial para o ativo imobilizado e patrimônio líquido, de modo a gerar, a partir do fluxo de caixa a preços de hoje, um novo fluxo de caixa a preços ajustados.

Exercício 12.1 Um exemplo de Análise Econômico-Financeira

Utilizar-se-á de um caso para apresentar o método de Análise Econômico-Financeira.

O exemplo que será apresentado é um caso real. Trata-se de um estudo para implantar uma fábrica de pasta de surimi no Oeste de Santa Catarina. A justificativa era a de utilizar peixes pequenos criados em lagoas de piscicultura, não aproveitáveis para produção de *filets*. A produção estimada era de 1.000 t/ano a R$ 4 por quilo com um consumo de 1.600 t/ano de peixes pequenos a R$ 1 por quilo. Os demais itens de custos e investimentos estão apresentados a seguir.

Obs.: O exercício está resolvido em planilha eletrônica Excel cujo modelo está disponível no *site* do GEN | Atlas.

1. Informações sobre o Projeto:	**Nome:** Fábrica de Surimi
	Prazo de Análise: 10 anos

i)	**Investimentos Fixos:**			
	Terreno	R$	0,00	
	Construção civil	R$	420.000,00	
	Equip. e instalações	R$	1.500.000,00	
	Projetos, montagem e outros	R$	200.000,00	
	TOTAL	R$	2.120.000,00	
ii)	**Faturamento Anual (100%):**	R$	4.000.000,00	
iii)	**Dados sobre Custos (100%):**			
	Matéria-prima	R$	1.600.000,00	
	Mão de obra direta e encargos	R$	144.000,00	
	Mão de obra indireta e encargos	R$	108.000,00	
	Pessoal administrativo	R$	144.000,00	
	Seguros		2,0%	s/ c. civil, equip. e instalações
	Peças de reposição		10,0%	s/ equip. e instalações
	Fretes		3,0%	s/ matéria-prima

Comissões de vendas	5,0%	s/ faturamento
Impostos	12,0%	s/ vendas
	0,0%	s/ compras
Despesas financeiras	100,0%	vendido a prazo
	10,0%	descontado
	1,0%	ao mês
	número dias	(veja item v)

Outros Custos Industriais Diretos	R$	200.000,00
Outros Custos Industriais Indiretos	R$	0,00
Outras Despesas Gerais Fixas	R$	20.000,00
Outras Despesas Gerais Variáveis	R$	0,00

iv) **Implantação**

Prazo de implantação (1 ano)

Prazo de análise (10 anos)

Dias de operação no ano .... 220 dia(s)

v) **Giro Próprio**

Dias faturamento (caixa)	2 dia(s)
Dias estoque matéria-prima	10 dia(s)
Dias estoque prod. acabados	15 dia(s)
Prazo médio dos fornecedores	15 dia(s)
Prazo de clientes (só vendas a prazo)	30 dia(s)
Prazo de prod. em elaboração	5 dia(s)

vi) **Financiamento**

Percentual financiado	60,0% s/ inv. fixo – terreno + giro
Taxa de juros	10,0%
Carência	2 ano(s)
Amortização	6 ano(s)

vii) **Outras**

Depreciação:	4,0% a.a. s/ c. civil
Construções	
Equip. inst.	10,0% a.a. s/ equip. e inst.
Amort. desp. pré-operacional	20,0% p/ amort. pré-operacional
Dividendos	0,0% s/ lucro líq. depois do IR
IR	40,0% a.a.
Valor residual (fixo) R$	212.000,00

Utilização da capacidade: preencher na planilha de custos

TMA 12,00%

Informa-se também que no primeiro ano a empresa operará a 60% da capacidade, depois a 70, 80, 90 e, finalmente, a 100% no ano 5.

O primeiro passo é estruturar os custos. O quadro seguinte mostra a estruturação para os três primeiros anos, considerando a proporcionalidade dos custos diretos e despesas gerais variáveis à utilização da capacidade.

i) Estruturação de Custos	Ano 01	Ano 02	Ano 03
Custos Indust. Diretos			
Mão de obra direta e encargos	86.400,00	100.800,00	100.800,00
Matéria-prima	960.000,00	1.120.000,00	1.120.000,00
Fretes	28.800,00	33.600,00	33.600,00
Outros Custos Industriais Diretos	120.000,00	140.000,00	140.000,00
Subtotal 1	1.195.200,00	1.394.400,00	1.394.400,00
Custos Indust. Indiretos			
Mão de obra indireta e encargos	108.000,00	108.000,00	108.000,00
Seguros	38.400,00	38.400,00	38.400,00
Manutenção	150.000,00	150.000,00	150.000,00
Outros Custos Indust. Indiretos	0,00	0,00	0,00
Subtotal 2	296.400,00	296.400,00	296.400,00
Subtotal Industrial	1.491.600,00	1.690.800,00	1.690.800,00
Despesas Gerais Fixas			
Custos Indust. Indir.	296.400,00	296.400,00	296.400,00
Despesas Admin.	144.000,00	144.000,00	144.000,00
Outras Desp. Gerais Fixas	20.000,00	20.000,00	20.000,00
Subtotal 3	460.400,00	460.400,00	460.400,00
Despesas Gerais Variáveis			
Custos Indust. Diretos	1.195.200,00	1.394.400,00	1.394.400,00
Impostos (líquido)	288.000,00	336.000,00	336.000,00
Vendas	120.000,00	140.000,00	140.000,00
Desp. Financeiras	2.400,00	2.800,00	2.800,00
Outras Desp. Gerais Variáveis	0,00	0,00	0,00
Subtotal 4	1.605.600,00	1.873.200,00	1.873.200,00
Total Geral dos Custos	2.066.000,00	2.333.600,00	2.333.600,00
Receitas	2.400.000,00	2.800.000,00	2.800.000,00

A seguir, são calculados os valores do Capital de Giro para se dimensionar a necessidade do adicional do capital de giro próprio.

Como exemplo, as necessidades de disponibilidades para o ano 1 foram calculadas como 2 dias de faturamento, ou seja (2/220) × faturamento do ano 1, em que 220 é o número de dias de operação. Da mesma forma, as demais necessidades foram assim calculadas:

Matérias-primas: (10/220) × (custo de MP + fretes)

Produtos Acabados: (15/220) × Custo Industrial Total

Produtos em Elaboração: (5/220) × média entre (custo MP + fretes e Custo Industrial Total)

Financiamento das vendas: (30/220) × % de vendas a prazo × faturamento

As coberturas:

Fornecedores: (15/220) × Custo MP

Duplicatas descontadas: 10% do financiamento das vendas

Financiamentos de curto prazo: não existirão

Adicional de giro próprio: é a necessidade adicional a ser financiada em cada ano. É obtida pelo resultado de: necessidades – coberturas – giro existente.

	Ano 01	Ano 02	Ano 03
ii) Capital de Giro			
Necessidades			
Disponibilidade	21.818,18	25.454,55	25.454,55
Estoque de Matérias-primas	44.945,45	52.436,36	52.436,36
Estoque de Produtos em Elaboração	28.186,36	32.322,73	32.322,73
Financ. de vendas	327.272,73	381.818,18	381.818,18
Estoque de Produtos Acabados	101.700,00	115.281,82	115.281,82
Total	523.922,73	607.313,64	607.313,64
Coberturas			
Crédito de fornecedores	65.454,55	76.363,64	76.363,64
Duplic. descontadas	32.727,27	38.181,82	38.181,82
Financiamento de curto prazo	–	425.740,91	492.768,18
Giro existente	425.740,91	67.027,27	0,00
Adicional de giro	–	–	–
Total	523.922,73	607.313,64	607.313,64

Antes de se passar à projeção do demonstrativo de resultados, vai-se elaborar a planilha do financiamento:

	Saldo devedor inicial	Amortizações	Juros	Prestações	Saldo final
Ano 01	1.527.444,55	0,00	152.744,45	152.744,45	1.527.444,55
Ano 02	1.527.444,55	0,00	152.744,45	152.744,45	1.527.444,55
Ano 03	1.527.444,55	254.574,09	152.744,45	407.318,55	1.272.870,45
Ano 04	1.272.870,45	254.574,09	127.287,05	381.861,14	1.018.296,36
Ano 05	1.018.296,36	254.574,09	101.829,64	356.403,73	763.722,27
Ano 06	763.722,27	254.574,09	76.372,23	330.946,32	509.148,18
Ano 07	509.148,18	254.574,09	50.914,82	305.488,91	254.574,09
Ano 08	254.574,09	254.574,09	25.457,41	280.031,50	0,00

A seguir, resume-se, então, o quadro de usos e fontes do projeto, para o ano zero e os dois primeiros anos de implantação.

Quadro de Usos e Fontes	Ano 00	Ano 01	Ano 02
Usos:			
Fixo: terreno	0,00		
Const. civil	420.000,00		
Equip. inst.	1.500.000		
Projetos	200.000,00		
Giro	425.740,91	67.027,27	0,00
Total	2.545.740,91	67.027,27	0,00
Fontes:			
Financiamentos	1.527.444,55		
Rec. Próprios	1.018.296,36	67.027,27	0,00
Total	2.545.740,91	67.027,27	0,00

Nota-se a necessidade de adicional de giro de 67.027 no ano 1, para passar de 60% para 70% da capacidade de operação no ano 2. Isso vai se repetir quando passar para 90% e depois para 100%.

Com essas informações passa-se ao demonstrativo de resultados.

Demonst. Result. Exercício	Ano 1	Ano 2	Ano 3
Receitas	2.400.000,00	2.800.000,00	2.800.000,00
(–) Custos de produção	1.491.600,00	1.690.800,00	1.690.800,00
a) Diretos: MOD	86.400,00	100.800,00	100.800,00
MP	960.000,00	1.120.000,00	1.120.000,00
Fretes	28.800,00	33.600,00	33.600,00
Outros	120.000,00	140.000,00	140.000,00
Total Diretos	1.195.200,00	1.394.400,00	1.394.400,00
b) Indiretos: MOI	108.000,00	108.000,00	108.000,00
Segs.	38.400,00	38.400,00	38.400,00
Manutenção	150.000,00	150.000,00	150.000,00
Outros	0,00	0,00	0,00
Total Indiretos	296.400,00	296.400,00	296.400,00
(=) Lucro Bruto	908.400,00	1.109.200,00	1.109.200,00
(–) Desp. Gerais	574.400,00	642.800,00	642.800,00
a) Fixas: Desp. Adm.	144.000,00	144.000,00	144.000,00
Outras	20.000,00	20.000,00	20.000,00
b) Variáveis: Vendas	120.000,00	140.000,00	140.000,00
ICMS	288.000,00	336.000,00	336.000,00
Financiamento	2.400,00	2.800,00	2.800,00
Outras	0,00	0,00	0,00
Total Variáveis	410.400,00	478.800,00	478.800,00
(–) Juros de Financiamento	152.744,45	152.744,45	152.744,45
(–) Depreciação e Amort. de Desp. Pré-operacionais	206.800,00	206.800,00	206.800,00
(=) Lucro Líq. Antes IR	– 25.544,45	106.855,55	106.855,55
(–) IR	– 10.217,78	42.742,22	42.742,22
(=) Lucro Líq. após IR	– 15.326,67	64.113,33	64.113,33
Dividendos	0,00	0,00	0,00
Índices:			
Lucratividade (%)	– 0,64	2,29	2,29
Rentabilidade (%)	– 1,51	5,91	5,91

Verificam-se já os dois primeiros índices de avaliação, lucratividade sobre vendas (Lucro após IR/Faturamento) e Rentabilidade (Lucro após IR/Recursos Próprios). Embora sejam fracos de início, após o quinto ano tornam-se regulares (10% para a lucratividade e 30% para a lucratividade).

Uma observação importante é sobre o Imposto de Renda negativo do ano 1. Essa consideração é válida para projetos de expansão, afinal, o restante da empresa beneficia-se por pagar menos IR. Mas, no caso de implantações, devem-se acumular os prejuízos para ir abatendo na medida em que acontecem os lucros.

Agora inicia-se a análise econômico-financeira propriamente dita. Primeiro, vem a análise financeira ou de capacidade de pagamento.

Capacidade de Pagamento	Ano 01	Ano 02	Ano 03
Lucro Líq. Antes do IR	– 25.544,45	106.855,55	106.855,55
(–) IR	– 10.217,78	42.742,22	42.742,22
(+) Depreciação e Amort. de Desp. Pré-operac.	206.800,00	206.800,00	206.800,00
(–) Dividendos	0,00	0,00	0,00
(–) Invest. com Rec. Próprios	67.027,27	0,00	134.054,55
a (=) Saldo para Amortização	124.446,05	270.913,33	136.858,78
b (–) Amortização	0,00	0,00	254.574,09
(=) Saldo Final	124.446,05	270.913,33	– 117.715,31
Saldo Acumulado	124.446,05	395.359,38	277.644,07
Índice utilização capac. pagam. (b/a)	0,00	0,00	1,86

Esse quadro mostra a capacidade de pagamento dos compromissos para os três primeiros anos. Verifica-se que, embora o saldo acumulado seja sempre positivo, recomenda-se uma ação para evitar saldo negativo do ano 3, como aumentar a participação dos recursos próprios, ou o alongamento do financiamento.

Por fim, mostra-se o quadro final, estruturado para o cálculo da Taxa Interna de Retorno e do Valor Presente Líquido, tanto do Empreendimento quanto do Acionista. Nesse caso, vão se apresentar os resultados para os dez anos.

Verifica-se que a TIR do empreendimento está numa faixa de 15% ao ano, o que é considerado normal. Como parte do projeto é financiada a 10% a.a., o acionista beneficia-se dessa diferença e sua TIR é catapultada para a faixa dos 20% a.a. É evidente que, quando o empreendimento não for financiado, a Taxa do Acionista será igual à Taxa do Empreendimento, pois a diferença entre os dois fluxos é justamente o fluxo do financiamento.

Pode-se resumir dizendo que economicamente o projeto é viável, embora esteja no limite da viabilidade. Todos os cuidados devem ser tomados, desde a gestão do projeto, evitando gastos e prazos adicionais para começar a operar.

Em termos financeiros, deve ser equacionado o saldo negativo no ano 3, pelo alongamento da dívida ou por maior aporte de recursos pelos acionistas.

Análise do Retorno (anos 0 a 2)	Ano 00	Ano 01	Ano 02
Receitas		2.400.000,00	2.800.000,00
(–) Custos de Produção		1.491.600,00	1.690.800,00
Custo Industrial Direto		1.195.200,00	1.394.400,00
Custo Industrial Indireto		296.400,00	296.400,00
(–) Desp. Gerais		574.400,00	642.800,00
Fixas		164.000,00	164.000,00
Variáveis		410.400,00	478.800,00
(–) Juros do Financ.		152.744,45	152.744,45
(–) Deprec. + Amort. Desp. Pré-oper.		206.800,00	206.800,00
(=) Lucro Antes do IR		– 25.544,45	106.855,55
(–) IR		– 10.217,78	42.742,22
(+) Juros do Financ.		152.744,45	152.744,45
(+) Deprec. + Amort. Desp. Pré-oper.		206.800,00	206.800,00
(=) Fluxo Operacional do Empreend.		344.217,78	423.657,78
(–) Amort. Financ.		0,00	0,00
(–) Juros do Financ.		152.744,45	152.744,45
(=) Fluxo Operacional do Acionista		191.473,33	270.913,33
(–) Rec. Próprios	1.018.296,36	67.027,27	0,00
(–) Investimento	2.545.740,91	67.027,27	0,00
(+) Financ.	1.527.444,55	0,00	0,00
(=) Fluxo de Empreendimento Final	– 2.545.740,91	277.190,51	423.657,78
(=) Fluxo do Acionista Final	– 1.018.296,36	124.446,05	270.913,33
ÍNDICES:	–	–	–
TIR empreendimento (% a.a.)	15,30% a.a.		
TIR acionista (% a.a.)	19,73% a.a.		
VPL empreendimento	447.637,11		
VPL acionista	563.146,34		

Análise do Retorno (anos 3 a 6)	Ano 03	Ano 04	Ano 05	Ano 06
Receitas	2.800.000,00	3.600.000,00	4.000.000,00	4.000.000,00
(–) Custos de Produção	1.690.800,00	2.089.200,00	2.288.400,00	2.288.400,00
Custo Industrial Direto	1.394.400,00	1.792.800,00	1.992.000,00	1.992.000,00
Custo Industrial Indireto	296.400,00	296.400,00	296.400,00	296.400,00
(–) Desp. Gerais	642.800,00	779.600,00	848.000,00	848.000,00
Fixas	164.000,00	164.000,00	164.000,00	164.000,00
Variáveis	478.800,00	615.600,00	684.000,00	684.000,00
(–) Juros do Financ.	152.744,45	127.287,05	101.829,64	76.372,23
(–) Deprec. + Amort. Desp. Pré-oper.	206.800,00	206.800,00	206.800,00	166.800,00
(=) Lucro Antes do IR	106.855,55	397.112,95	554.970,36	620.427,77
(–) IR	42.742,22	158.845,18	221.988,15	248.171,11
(+) Juros do Financ.	152.744,45	127.287,05	101.829,64	76.372,23
(+) Deprec. + Amort. Desp. Pré-oper.	206.800,00	206.800,00	206.800,00	166.800,00
(=) Fluxo Operacional do Empreend.	423.657,78	572.354,82	641.611,85	615.428,89
(–) Amort. Financ.	254.574,09	254.574,09	254.574,09	254.574,09
(–) Juros do Financ.	152.744,45	127.287,05	101.829,64	76.372,23
(=) Fluxo Operacional do Acionista	16.339,24	190.493,68	285.208,13	284.482,57
(–) Rec. Próprios	134.054,55	67.027,27	0,00	0,00
(–) Investimento	134.054,55	67.027,27	0,00	0,00
(+) Financ.	0,00	0,00	0,00	0,00
(=) Fluxo de Empreendimento Final	289.603,24	505.327,55	641.611,85	615.428,89
(=) Fluxo do Acionista Final	– 117.715,31	123.466,41	285.208,13	284.482,57

Análise do Retorno (anos 7 a 10)	Ano 07	Ano 08	Ano 09	Ano 10
Receitas	4.000.000,00	4.000.000,00	4.000.000,00	4.000.000,00
(−) Custos de Produção	2.288.400,00	2.288.400,00	2.288.400,00	2.288.400,00
Custo Industrial Direto	1.992.000,00	1.992.000,00	1.992.000,00	1.992.000,00
Custo Industrial Indireto	296.400,00	296.400,00	296.400,00	296.400,00
(−) Desp. Gerais	848.000,00	848.000,00	848.000,00	848.000,00
Fixas	164.000,00	164.000,00	164.000,00	164.000,00
Variáveis	684.000,00	684.000,00	684.000,00	684.000,00
(−) Juros do Financ.	50.914,82	25.457,41	0,00	0,00
(−) Deprec. + Amort. Desp. Pré-oper.	166.800,00	166.800,00	166.800,00	166.800,00
(=) Lucro Antes do IR	645.885,18	671.342,59	696.800,00	696.800,00
(−) IR	258.354,07	268.537,04	278.720,00	278.720,00
(+) Juros do Financ.	50.914,82	25.457,41	0,00	0,00
(+) Deprec. + Amort. Desp. Pré-oper.	166.800,00	166.800,00	166.800,00	166.800,00
(=) Fluxo Operacional do Empreend.	605.245,93	595.062,96	584.880,00	584.880,00
(−) Amort. Financ.	254.574,09	254.574,09	0,00	0,00
(−) Juros do Financ.	50.914,82	25.457,41	0,00	0,00
(=) Fluxo Operacional do Acionista	299.757,02	315.031,46	584.880,00	584.880,00
(−) Rec. Próprios	0,00	0,00	0,00	− 905.850,00
(−) Investimento	0,00	0,00	0,00	− 905.850,00
(+) Financ.	0,00	0,00	0,00	0,00
(=) Fluxo de Empreendimento Final	605.245,93	595.062,96	584.880,00	1.490.730,00
(=) Fluxo do Acionista Final	299.757,02	315.031,46	584.880,00	1.490.730,00

Observa-se que, no ano 10, na linha investimento, há um valor negativo de 905.850,00, formado pelo valor residual do fixo mais o capital de giro existente. Esse valor retornaria ao acionista em caso de venda da empresa.

Este exercício foi resolvido com auxílio de uma planilha modelada no programa EXCEL, disponível para os leitores, já preenchida com o Exercício 12.1. A Planilha "Análise de Projetos" conta com três subplanilhas para análise de projetos industriais com prazos de cinco anos (recomendável para indústrias de alta tecnologia), dez anos (para indústrias tradicionais tipo alimentos, móveis...) e 15 anos (para indústrias de insumos básicos (cimento, siderurgia, celulose, adubos...). Conta ainda com duas subplanilhas com cinco e dez anos, para comércio e serviços, tendo um hotel como exemplo já preenchido.

12.14 Análise a preços correntes e a preços ajustados

As análises para o exercício anterior foram feitas a preços de hoje, ou seja, considerou-se que todos os itens, de receita ou de custo, variassem com o mesmo índice de preços.

Com altos índices de inflação, é comum acontecer que o índice de preço do produto seja diferente dos índices de preços das matérias-primas ou do índice de reajuste salarial. Ou ainda, o financiamento pode ter sido tomado em moeda externa, que pode ter variação diferente da inflação.

Uma solução seria elaborar a análise a preços correntes, ou seja, corrige-se cada termo do fluxo "de hoje", ano a ano, conforme os índices de preços de cada item de custo ou receita. Ter-se-á então o "Fluxo de Caixa a Preços Correntes".

A taxa de retorno a ser encontrada terá a inflação embutida.

A TMA a ser usada no desconto no método do VP deve incluir a inflação, sob a forma:

$$(1 + i') = (1 + \theta)(1 + i)$$

onde:

i = TMA real

θ = inflação

i' = TMA com inflação

Já o método do VAUE fica prejudicado, visto que um VAUE num fluxo a preços correntes tem pouco significado.

Uma solução poderia ser baseada no fluxo a preços de hoje, porém fazendo variar apenas os itens de custo que desconfiássemos tivessem variações de preços diferentes dos demais. Criaríamos então o fluxo a preços ajustados.

Exercício 12.2: Uma empresa possui duas opções para aquisição de um novo forno para produção de produtos cerâmicos especiais.

O forno tipo A possui aquecimento elétrico e seu alto grau de automatização exige apenas um operador por turno. A potência deste tipo de forno é de 200 kW, mas a temperatura necessária ao processo demandará apenas 90% desta potência.

O preço deste forno é de UM 20 milhões.

O forno B possui aquecimento a óleo combustível. É um forno mais rude, menos eficiente, e menos automatizado. Exige três operadores por turno. O consumo de óleo estimado é de 30 litros por hora. Seu preço é de UM 10 milhões.

Calcule qual a melhor alternativa:

1. Supondo que não haja variação nos índices de preço dos componentes do fluxo de caixa.
2. Supondo que fosse estimado que os preços dos derivados do petróleo crescessem a uma taxa 10% acima da inflação, e que os demais itens variassem conforme a inflação.

Outras informações:

Preço do litro do óleo combustível = UM 20,00

Custo do kWh consumido: UM 2,00

Custo do kW instalado: UM 1.220,00/mês

Salários de operadores: UM 28.125/mês

Custo de manutenção: estimado em 5% por ano sobre o valor do equipamento.

Seguros: 1% por ano como prêmio.

Vida estimada para os fornos: 10 anos

Depreciação contábil: 10 anos

Valor residual: equivalente para ambos no valor de UM 1.000 mil

Os demais custos assume-se que sejam iguais.

As receitas adicionais a serem geradas serão iguais em ambos os casos.

Se a TMA da empresa for de 10%, qual a melhor opção sabendo-se que os fornos operarão 330 dias/ano e 24 horas/dia?

Solução da questão 1:

Este problema pode ser analisado apenas pelos custos diferenciais, já que as receitas serão as mesmas.

Equipamento A:
- **Custo Anual de Energia Elétrica**

  Consumo:

  Fator de Demanda × Potência Total = Potência Necessária.

  0,9 × 200 kW = 180 kW

  $180 \text{ kW} \times 330 \dfrac{\text{dias}}{\text{ano}} \times 24 \dfrac{\text{horas}}{\text{dia}} = 1.425.600 \dfrac{\text{kWh}}{\text{ano}}$

  Custo do Consumo:

  $1.425.600 \dfrac{\text{kWh}}{\text{ano}} \times \text{UM } 2{,}00 = \text{UM } 2.851{,}20 \dfrac{\text{mil}}{\text{ano}}$

  Demanda:

  $180 \text{ kW} \times 12 \dfrac{\text{meses}}{\text{ano}} \times \text{UM } \dfrac{1.220}{\text{kW}} = \text{UM } 2.635{,}20 \dfrac{\text{mil}}{\text{ano}}$

  Custo Total de Energia Elétrica: UM 5.486,40 mil

- **Custo Anual de Mão de obra**

  $1 \text{ Operador/Turno} \times 3 \text{ turnos} \times \dfrac{\text{UM } 28.125}{\text{mês}} \times 12 \dfrac{\text{meses}}{\text{ano}}$

  = UM 1.012,50 mil

  Encargos (60%) = UM 607,50 mil

  Total da Mão de obra = UM 1.620 mil

- **Custo Anual de Seguros:** 1% × 20 milhões = UM 200 mil
- **Custo Anual de Manutenção:** 5% × 20 milhões = UM 1.000 mil
- **Custo Total Anual:** UM 8.306 mil

Equipamento B:
- **Custo Anual de Combustível**

  $30 \dfrac{\text{litros}}{\text{hora}} \times 24 \dfrac{\text{horas}}{\text{dia}} \times 330 \dfrac{\text{dias}}{\text{ano}} = 237.600 \dfrac{\text{litros}}{\text{ano}}$

  $237.600 \dfrac{\text{litros}}{\text{ano}} \times 20 \dfrac{\text{UM}}{\text{litro}} = \text{UM } 4.752 \text{ mil}$

- **Custo Anual de Mão de obra**

  $3 \dfrac{\text{operadores}}{\text{turno}} \times 3 \text{ turnos} \dfrac{\text{UM } 28.125}{\text{mês}} \times 12 \dfrac{\text{meses}}{\text{ano}} = \text{UM } 3.037{,}50 \text{ mil}$

  encargos (60%) = UM 1.822,50 mil

- **Custo Anual de Seguros**

  1% de UM 10 milhões = UM 100 mil

- **Custo Anual de Manutenção**

  5% de UM 10 milhões = UM 500 mil

Total dos Custos: UM 10.212 mil

Análise: Equipamento A (UM mil)

Ano	(1) Investimento	(2) Custo Anual	(3) Depreciação	(4) Custo Dedutível	(5) = 0,35 × (4) em (n – 1) Abatimento do IR	(6) = (1) + (2) + (5) Fluxo Final
0	20.000	–	–	–	–	20.000
1	–	8.306	2.000	10.306	–	8.306
2 a 9	–	8.306	2.000	10.306	(3.607)	4.699
10	(1.000)[1]	8.306	2.000	9.306	(3.607)	3.699
11	–	–	–		(3.257)	(3.257)

Equipamento B (UM mil)

Ano	(V Investimento	(2) Custo Anual	(3) Depreciação	(4) Custo Dedutível	(5) = 0,35 (4) em (n – 1) Abatimento do IR	(6) = (1) + (2) + (5) Fluxo Final
0	10.000	–	–	–	–	10.000
1	–	10.212	1.000	11.212	–	10.212
2 a 9	–	10.212	1.000	11.212	(3.924)	6.288
10	(1.000)	10.212	1.000	10.212	(3.924)	5.288
11	–	–	–		(3.574)	(3.574)

Os Valores Presentes para os Equipamentos (A) e (B) são, respectivamente: UM 50.625 mil e UM 50.566 mil. Isto torna os equipamentos economicamente equivalentes para a empresa, em termos meramente quantitativos.

Solução da questão 2: (supondo fosse estimado que os preços dos derivados do petróleo crescessem a uma taxa 10% acima da inflação e que os demais itens variassem conforme a inflação)

Simplesmente, deveria ser refeito o quadro do equipamento B, supondo variações de 10% ao ano no custo do combustível, gerando-se um quadro a preços ajustados.

Custo do Combustível

Ano 1: $4.752 \times (1,1)^1$ = 5.227

Ano 2: $4.752 \times (1,1)^2$ = 5.749

---

[1] A diferença entre o valor de revenda e o valor contábil deve ser lançada como lucro tributável ou despesa dedutível, se for, respectivamente, positiva ou negativa. Para ambas as alternativas a diferença é de UM 1.000 mil.

Ano 3: $4.752 \times (1,1)^3 = 6.325$

. . . .

. . . .

. . . .

Ano 10: $4.752 \times (1,1)^{10} = 12.325$

Equipamento B:

Ano	Investimento	Custo Anual	Depreciação	Custo Dedutível	Abatimento do IR	Fluxo Final
0	10.000					10.000
1		10.687	1.000	11.687		10.687
2		10.209	1.000	11.209	(4.090)	6.119
3		11.785	1.000	12.785	(4.273)	7.512
4		12.417	1.000	13.417	(4.474)	7.943
5		13.113	1.000	14.113	(4.695)	8.418
6		13.878	1.000	14.878	(4.939)	8.939
7		14.720	1.000	15.720	(5.207)	9.513
8		15.646	1.000	16.646	(5.502)	10.144
9		16.665	1.000	17.665	(5.827)	10.838
10	(1.000)	17.785	1.000	17.785	(6.182)	11.603
11		–	–	–	(6.225)	(6.225)

O Valor Presente passa a ser UM 62.616 mil. Isto significa que, fazendo-se a suposição de crescimento diferenciado dos índices dos preços dos combustíveis derivados do petróleo, o Valor Presente dos custos passa a ser superior, podendo inclusive fazer com que a alternativa B passe a ser descartada.

Esta análise pode ser considerada como uma "Análise de Sensibilidade" do fluxo de caixa em relação aos índices de preços dos componentes.

A elaboração de um gráfico do Valor Presente em função do índice de variações relativas dos preços dos combustíveis fornece uma melhor visão para a análise.

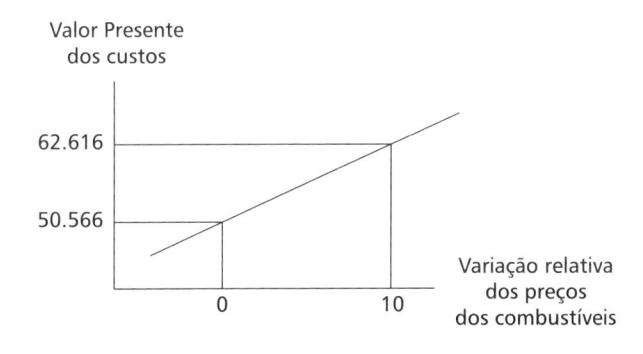

Da mesma maneira, a TIR pode ser passível de análise de sensibilidade em função dos índices de preços de algum componente, ou até em função de uma queda ou elevação no nível de vendas da empresa.

Para o caso de vários elementos do fluxo de caixa terem variações diferentes de um índice geral de preços, Pamplona[2] desenvolveu um modelo que permite calcular o Valor Presente com base apenas no fluxo de caixa original a preços constantes.

Seu modelo está alicerçado na criação de uma "Taxa Específica de Desconto" para cada item do fluxo de caixa, conforme apresentado no item 9.4.

Se considerarmos:

θ: Taxa prevista de inflação geral

θ_k: Taxa prevista do índice de preço específico do item k

i_r: Taxa real de desconto

j = 1 a n: Períodos

$C_{k,j}$: Valor do item k no ano j a preços da data zero

C_0: Valor na data zero

$$VP = C_0 + \sum_{k=1}^{m} \sum_{j=1}^{n} C_{k,j} (1 + d_k)^{-j}$$

Onde:

d^k = Taxa de desconto específica do item k,

obtida por:

$$(1 + d_k) = (1 + i_r)(1 + \theta)/(1 + \theta_k)$$

No caso particular de $\theta_k = \theta$, então $d_k = i_r$.

Incorporando a depreciação e o Imposto de Renda, teríamos:

$$VP = C_0 + \left[\sum_{k=1}^{m} \sum_{j=1}^{n} C_{k,j} (1 + d_k)^{-j} \right] (1 - \sigma) + \sigma \cdot \sum_{j=1}^{m} C_{dep,j}(1 + d_{dep})^{-j}$$

Onde:

σ: Taxa do i_r

$C_{dep,j}$: Valor da depreciação no período j a preços da data zero

d_{dep}: Taxa específica de desconto da depreciação

---

[2] Ver referências bibliográficas.

Aplicando a metodologia para o cálculo do Valor Presente dos custos do mesmo equipamento B, supondo que o índice dos preços dos combustíveis cresça 10% acima da inflação, temos:

Item de Custo (k)	Discriminação	Valor hoje	θ_k	Observações
1	Combustível	4.752	1,1θ	Valor repete do ano 1 ao ano 10
2	Mão de obra	4.860	θ	Idem
3	Seguros	100	θ	Idem
4	Manutenção	500	θ	Idem
VR	Valor Residual	(1.000)	θ	Ocorre apenas no ano 10
Dep.	Depreciação	1.000	θ	Valor repete do ano 1 ao ano 10

Para o cálculo de d_k, teríamos:

$$(1 + d_k) = (1 + i_r) \times (1 + \theta)/(1 + \theta_k)$$

Sendo:

$$(1 + d_1) = (1 + 0{,}1) \frac{1}{1{,}1} \text{ ou } d_1 = 0$$

e, d_2, d_3, d_4, d_{VR} e d_{dep} = 10% = Taxa Real de Descontos

e

$$VP = 10.000 + \left[\sum_{j=1}^{10} 4.752(1{,}0)^{-j} + \sum_{j=1}^{10} 4.860(1{,}1)^{-j} + \right.$$
$$\left. \sum_{j=1}^{10} 100(1{,}1)^{-j} + \sum_{j=1}^{10} 500(1{,}1)^{-j} - 1.000(1{,}1)^{-10} \right] \times$$
$$\times 0{,}65 - \left[0{,}35 . \sum_{j=1}^{10} 1.000(1{,}1)^{-j} \right]$$

VP = 10.000 + [4.752 (P/A, 0%, 10) + (4.860 + 100 + 500) (P/A, 10%, 10)] 0,65 − 1.000 (P/F, 10%, 10) 0,65 − 1.000 (P/A, 10%, 10) 0,35

VP = 60.293,87

A pequena diferença em relação à metodologia analítica (VP = 63.438) deveu-se ao fato de o modelo ter considerado, para efeito facilitador, que o Imposto de Renda fosse pago no mesmo exercício da ocorrência do lucro.

Vamos considerar agora que para este equipamento "B" mais um item de custo, o de mão de obra, cresça a taxa diferente da inflação geral, e que esta taxa seja de – 6%, em termos reais (em relação à inflação geral).

Neste caso, $(1 + d_2) = (1 + 0,1) \times \dfrac{1}{(12 - 0,06)} = 1,1702$ e $d_2 = 17,02\%$

Então:

$VP = 10.000 + [\ 4.752\ (P/A,\ 0\%,\ 10) + 4.860\ (P/A,\ 17,02\%,\ 10) + (100 + 500)\ (P/A,\ 10\%,\ 10)]\ 0,65 - 1.000\ (P/F,\ 10\%,\ 10)\ 0,65 - 1.000\ (P/A;\ 10\%;\ 10)\ 0,35$

ou

$VP = 55.589,01$.

12.15 A visão geral do projeto: das estratégias à análise econômico-financeira

A Engenharia Econômica, como vimos até aqui, está ainda centrada nos modelos determinísticos de análise de projetos, excessivamente quantitativos, e há a necessidade de critérios que levem em conta a Estratégia Empresarial. Afinal, muitos dos indicadores usados pela Engenharia Econômica, como a Taxa Interna de Retorno ou o *Payback Time*, na verdade se constituem apenas em parâmetros para políticas, que são componentes de uma Estratégia Empresarial. A Estratégia Empresarial é bem mais ampla do que os indicadores usados na Engenharia Econômica.

Este capítulo tem por finalidade introduzir o tema "Estratégia Empresarial", facilitando com isso, a busca dos critérios para a tomada de decisão sobre alternativas de investimentos, notadamente aqueles investimentos mais ligados ao longo prazo dos negócios da empresa, ou seja, aqueles que envolvem implantações, expansões, relocalizações, verticalizações ou outros reposicionamentos estratégicos.

A primeira proposta é de fragmentar a empresa em Unidades Estratégicas de Negócios (UENs), para então definir a estratégia em cada unidade, pois uma UEN, segundo Aacker, é uma unidade organizacional que deve ter uma estratégia de negócios definida e um gerente com responsabilidades de venda e lucro, sendo o agrupamento dos diversos negócios baseado principalmente nas suas similaridades ou magnitudes. Assim, uma empresa de eletrodomésticos pode ter nos produtos para cozinha uma UEN. Porém, se um eletrodoméstico de cozinha (um multiprocessador) representar uma percentagem razoável das receitas, por exemplo, 20%, ele também poderá ser isoladamente uma UEN plenamente justificada.

E que componentes devem ser definidos numa UEN?

Basicamente, devem ser respondidas três perguntas:

COMO competir na UEN? ou Estratégia de Competitividade

QUANTO investir na UEN? ou Estratégia de Utilização dos Meios

COMO desenvolver a UEN? ou Estratégia de Produto/Mercado

Essas 3 estratégias podem ser chamadas de Estratégias Globais ou de Mercado.

Estratégia Global de Competitividade ou de COMO competir:

A Estratégia de Competitividade, muito em voga, após o lançamento dos livros *Estratégia competitiva* e *Vantagem competitiva*, de Michael Porter, define como a empresa deseja competir: basicamente por liderança de custo (alta produção) ou por diferenciação. No primeiro caso, a ênfase é em processos automatizados e contínuos. No segundo, a ênfase é no produto e/ou mercado diferenciado ou especializado.

Porter, com base em levantamentos estatísticos, apresenta o gráfico "Curva U", visto na Figura 12.5.

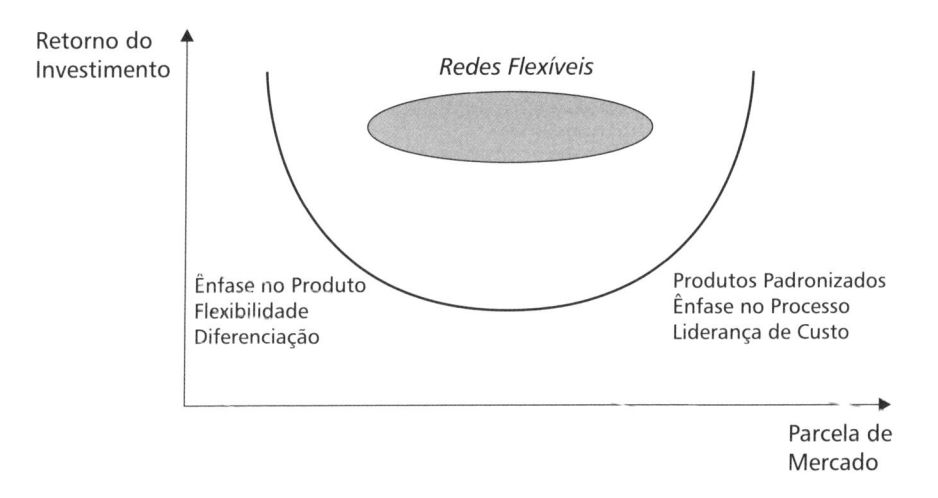

Figura 12.5 *Gráfico "Curva U", adaptado de Porter.*

Por ele, fica claro que as empresas rentáveis são as de grande fatia de mercado (porque têm baixo custo) ou as de pequena fatia (porque são especializadas). As de média fatia, e que provavelmente não se definiram estrategicamente, via de regra acabam sendo engolidas pelas grandes ou desaparecem do mercado.

Um fabricante de tintas, por exemplo, pode optar entre as seguintes opções estratégicas competitivas:

1. produzir tinta látex residencial em galões (estratégia de liderança de custos);
2. produzir látex residencial em tonéis, sob encomenda de construtores (estratégia de foco de mercado, para mercados locais);
3. produzir tintas industriais para alta temperatura (estratégia de diferenciação de produto);
4. produzir tintas industriais para fabricantes de motores elétricos (estratégia de diferenciação produto/foco de mercado).

A opção por mais de uma estratégia competitiva só seria recomendável, segundo Porter, para UENs diferentes. Mas vale a ressalva de que a automatização e o conceito de células de manufatura estão cada vez mais possibilitando redução de custos simultaneamente ao aumento da flexibilidade e da qualidade do produto. Redes de pequenas empresas, especialmente na Itália, também têm conseguido competitividade internacional, consorciando marca, tecnologia, logística e gestão, obtendo grande flexibilidade com redução de custos, o que nos levou a incluir a elipse da Figura 12.5, representando uma área em que um consórcio pode obter bons resultados, mesmo sem possuir uma grande fatia de mercado.

Resumindo, são cinco as opções estratégicas de competitividade:

1. liderança de custo;
2. liderança de custo com foco de mercado;
3. diferenciação de produto (por qualidade ou flexibilidade);
4. diferenciação de produto com foco de mercado.
5. redes flexíveis de empresas

ESTRATÉGIA DE QUANTO INVESTIR OU DE UTILIZAÇÃO DOS MEIOS

Trata-se de definir quanto deve ser investido na UEN. Basicamente são três as opções:

A) investimento;

B) manutenção;

C) desinvestimento.

Segundo o modelo de portfólio de mercado (ver Porter) BCG (Boston Consulting Group), as UENs podem ser classificadas em quatro campos (Figura 12.6), em função do binômio Crescimento de Mercado × Fatia Relativa de Mercado, denominados:

- **Estrela:** um produto com alto crescimento de mercado e alta fatia relativa e que ainda necessita investimentos para a manutenção da fatia.
- **Vaca Leiteira:** um produto com baixo crescimento de mercado mas alta fatia relativa. Esse produto necessita baixos investimentos e pode sustentar os demais.
- **Interrogação:** um produto com alto crescimento de mercado e baixa fatia relativa. Altos investimentos poderiam ou não levá-lo à condição de estrela. A estratégia poderá ser de investimento ou desinvestimento, conforme o cacife da empresa e a sua condição de competição, ou seja, haverá relação com a estratégia de competitividade.
- **Cão Vadio:** um produto de baixo crescimento de mercado e baixa fatia relativa. Deve sofrer desinvestimento.

```
              alto
               ↑
crescimento   | Estrela      | Interrogação |
    de        |--------------|--------------|
  mercado     | Vaca Leiteira| Cão Vadio    |

              alta ←─────────────────────
                   fatia relativa de mercado
```

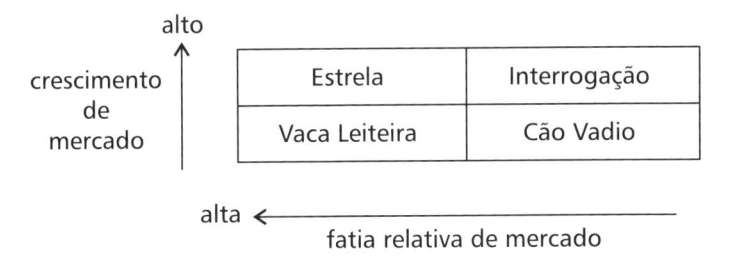

Figura 12.6 *Matriz BCG*.

O processo normal é que o produto passe de Interrogação para Estrela e, após, para Vaca Leiteira. A posição Cão Vadio deve ser evidentemente evitada.

A justificativa do portfólio BCG, está nas restrições orçamentárias, ou seja, alguns produtos gerarão o "surplus" para permitir o investimento em outros produtos.

Estratégias quanto a Produto/Mercado ou COMO desenvolver a UEN?

Em relação a produto/mercado, seis estratégias podem ser relacionadas:

A) Penetração (com expansão horizontal).

B) Desenvolvimento do Mercado (com expansão horizontal).

C) Desenvolvimento do Produto.

D) Diversificação Lateral (ou expansão lateral).

E) Diversificação a Montante (Verticalização a Montante).

F) Diversificação a Jusante (Verticalização a Jusante).

Ansoff desenvolveu a matriz Produto/Mercado apontando quatro possíveis estratégias, conforme a Figura 12.7.

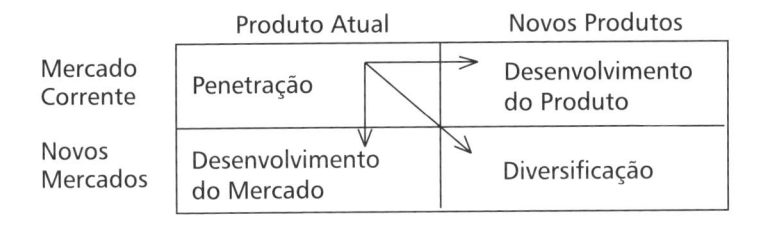

	Produto Atual	Novos Produtos
Mercado Corrente	Penetração	Desenvolvimento do Produto
Novos Mercados	Desenvolvimento do Mercado	Diversificação

Figura 12.7 *Matriz Produto/Mercado*.

Por essa figura, a Estratégia de Penetração se dá com os mesmos produtos nos mesmos mercados. Já a estratégia de Desenvolvimento pelo produto se dá através do desenvolvimento do produto, mas atuando no mesmo mercado. A estratégia de desenvolvimento de mercado se dá pela exploração de novos mercados, mas com os mesmos produtos destinados a novos mercados. A estratégia de Diversificação pode se dar de três maneiras:

- Diversificação Lateral: Novos produtos em linhas de produção ou processos paralelos.
- Diversificação a Jusante: Novos produtos tendo como matéria-prima seus atuais produtos.
- Diversificação a Montante: Novos produtos como insumos para seus atuais produtos, podendo também serem destinados ao mercado.
- Oposta às diversificações a jusante/montante há a "desverticalização".
- Oposta à diversificação lateral há a "concentração".

Exemplos: um alto poder de barganha dos clientes pode indicar a Diversificação a jusante ou, uma forte concorrência pode indicar Diversificação Lateral, ou então uma boa base em tecnologia pode indicar uma Expansão pelo Produto ou, ainda, um alto crescimento demográfico em algum segmento pode indicar uma Expansão de Mercado.

Mas essas estratégias são também dependentes das estratégias de Competitividade e de Utilização dos meios. Assim, uma estratégia de diferenciação de produto pode dizer respeito a uma expansão pelo produto ou a uma diversificação lateral. Uma estratégia de Custos Mínimos pode, por exemplo, indicar uma Verticalização a Montante, com alto investimento.

O RESUMO DO *MIX* ESTRATÉGICO

A Figura 12.8 resume a sequência de etapas para se obter o *Mix* Estratégico. Inicia-se pela definição da UEN e da Estratégia de Competitividade. Com essa estratégia e a definição do Portfólio com as demais UENs, analisa-se a Estratégia de Utilização dos Meios e, após, a Estratégia de Produto/Mercado. Com essas três estratégias globais e as políticas, define-se a Estratégia de Produção.

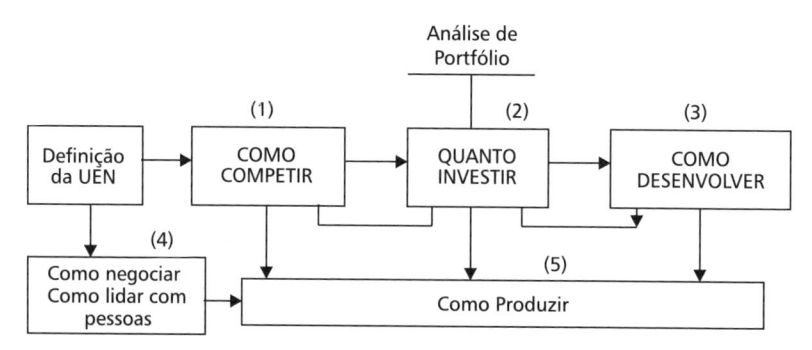

Obs.: (1) Estratégia de Competitividade
(2) Estratégia de Utilização dos Meios
(3) Estratégia de Produto/Mercado
(4) Políticas de Negócios e Gestão
(5) Estratégia de Produção

Figura 12.8 *Resumo do Mix Estratégico*.

Um frigorífico, por exemplo, poderia ter sinteticamente a seguinte definição de *Mix* Estratégico para seu negócio de carne de aves:

- como competir: abate em larga escala, com baixo custo;
- quanto investir: alto investimento;
- como desenvolver: verticalização a montante (rações);
- política de retorno de investimentos: 20% a.a. após IR;
- como produzir: processo de mistura automatizado com flexibilidade de formulações e propriedades físicas das matérias-primas.

Somente após essas definições estratégicas, é que a empresa passaria a analisar e decidir entre possíveis projetos de investimento, ou seja, passaria à fase do Anteprojeto: que tipo e quantidade de ração produzir, em que colocar a fábrica, com que processo e fatores de produção e como financiá-la.

O *Mix* Estratégico será extremamente útil, também para a análise de aquisição de empresas.

Além dos aspectos quantitativos do negócio (Valor de Mercado da Empresa e Retorno do Investimento) deve ser analisada a coerência estratégica dos parâmetros da nova unidade adquirida, com a estratégia indicada para a empresa.

ANÁLISE AMBIENTAL COMO BASE PARA A GERAÇÃO DAS ESTRATÉGIAS

A Análise Ambiental pode ser baseada no tradicional modelo das Oportunidades, Ameaças, Pontos Fortes e Pontos Fracos. Oportunidades e Ameaças resultam da Análise Ambiental Externa. Buscam-se fatores de competitividade sobre os quais se fará a análise.

Pode-se então classificar os fatores de competitividade em dois tipos:

1. Fatores Diretos:
    - Entrantes Potenciais.
    - Produtos Substitutos.
    - Relação com Concorrentes.
    - Relação com Clientes.
    - Relação com Fornecedores.
2. Fatores Indiretos:
    - Governo.
    - Tecnologia/ecologia.
    - Mercado/economia.
    - Cultura/demografia.

3. Fatores de Suporte:
   - Vínculos regionais.
   - Infraestrutura.

Originalmente, Porter havia proposto os cinco primeiros fatores. Uma complementação ao modelo de Porter significaria a consideração explícita da influência dos fatores incluídos nos estudos anteriores (Análise do Meio Ambiente, da Indústria e do Mercado), pois eles se constituirão em ameaças ou oportunidades para os competidores, como mostrado na Figura 12.9.

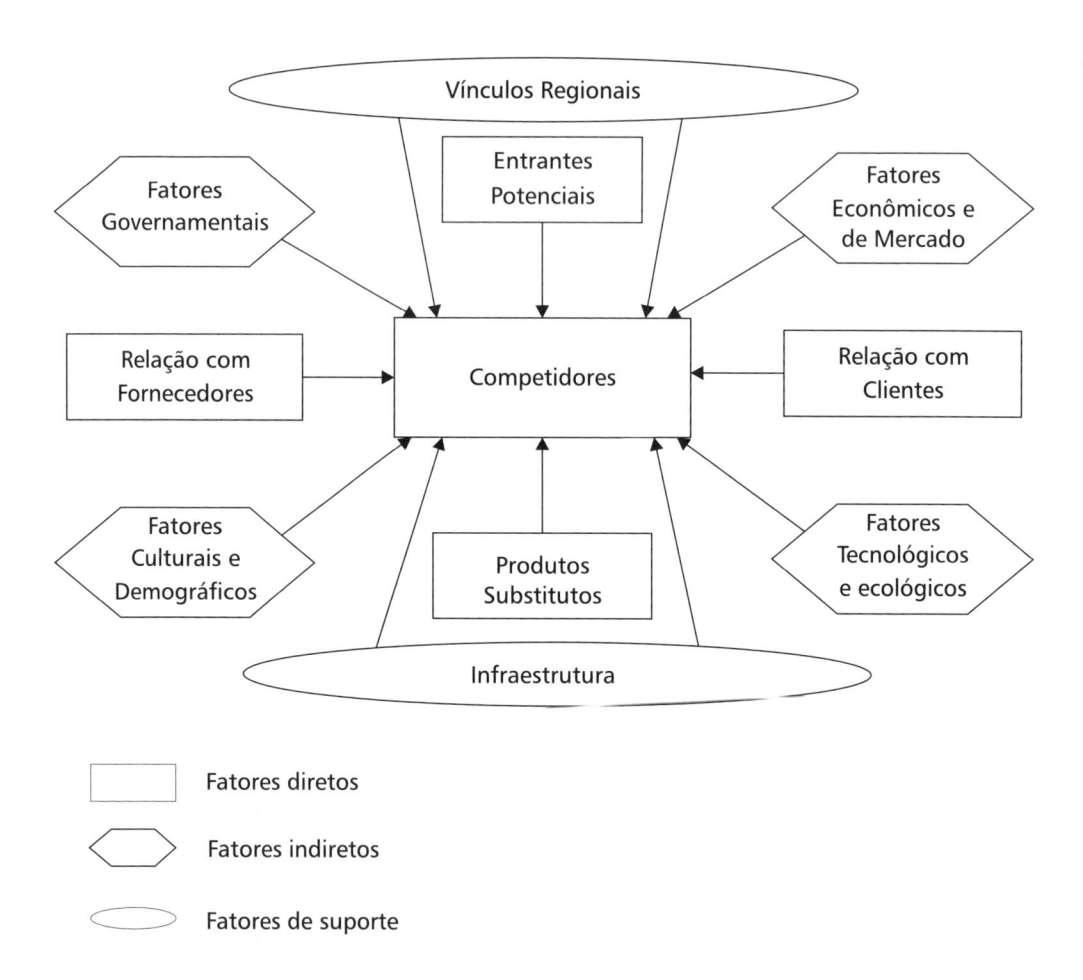

Figura 12.9 *Modelo de análise de competitividade ampliado (adaptado de Porter).*

Esta ampliação do modelo de Porter é necessária pois o seu modelo é basicamente de identificação e análise de ameaças, ou seja, ameaças de novos concorrentes, ameaças de produtos substitutos, ameaças de fornecedores e ameaças de concorrentes. As oportunidades (e evidentemente as ameaças) estão efetivamente nos novos fatores incorporados, ou seja, governo, mercado/economia, cultura/demografia e tecnologia/ecologia, vínculos regionais e infraestrutura.

A análise detalhada desses fatores resultará na identificação das ameaças e oportunidades e será a medida do desempenho interno (fortes e fracos).

A Análise Ambiental Interna tem por objetivo identificar forças capazes de enfrentar as ameaças ou aproveitar as oportunidades e identificar fraquezas a serem sanadas.

Então a Análise Ambiental Interna é dependente da Análise Ambiental Externa. Os componentes da Figura 12.10 podem ser a base para a análise ambiental interna. Para cada um dos fatores de competitividade, é recomendável que a análise seja feita, numa primeira etapa, detectando os pontos fortes e fracos para deter as ameaças previstas pela Análise Ambiental Externa em relação aos Fatores Diretos de Competitividade. Numa segunda etapa seriam analisados os pontos fortes e fracos em relação às previsões, para aproveitamento das oportunidades e detenção das ameaças relativas aos Fatores Indiretos de Competitividade.

Numa terceira etapa, seriam identificadas alternativas factíveis de solução dos pontos fracos. A quarta etapa é a de síntese para subsidiar a determinação das estratégias.

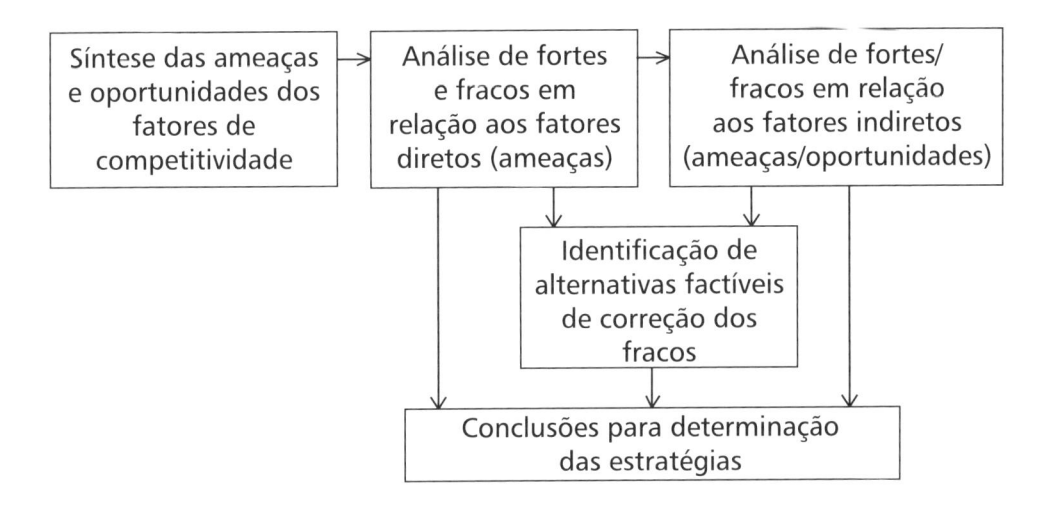

Figura 12.10 *Fluxograma para a análise ambiental interna.*

A Figura 12.11 apresenta, em termos gerais, uma árvore de possibilidades de estratégias globais. Ela não é rígida, mas apenas indicativa para possibilitar a compatibilização das estratégias.

Como competir	Quanto investir	Como desenvolver
Liderança de custo	Investir	P, DP, DM, DL, IM, IJ, C
	Manter	P, DM, DP, C
	Desinvestir	Vender, DV, C
Foco de mercado com lid. de custo	Investir	P, DP, IM, IJ, C
	Manter	P, DP, C
	Desinvestir	Vender, DV, C
Diferenciação de produto	Investir	P, DP, DM, DL, IM, IJ, C
	Manter	P, DM, DP, C
	Desinvestir	Vender, DV, C
Diferenciação de produto com foco de mercado	Investir	P, DP, IM, IJ, C
	Manter	P, DP, C
	Desinvestir	Vender, DV, C
Rede flexível	Investir	P, DP, DM, DL, IM, IJ, C
	Manter	P, DP, DM, DL, C
	Desinvestir	Vender, DV, C

Obs.: P – Penetração
DP – Desenvolvimento de Produto
DM – Desenvolvimento de Mercado
DV – Desverticalização
DL – Diversificação Lateral
IM – Integração a Montante
IJ – Integração a Jusante
C – Concentração

Figura 12.11 *Árvore de possibilidades estratégicas globais da UEN.*

É importante salientar que, para redes de empresas, quer seja, por exemplo, uma montadora e sua rede de fornecedores, quer seja um consórcio de pequenas empresas, do tipo italiano, a metodologia do *Mix* Estratégico deve ser aplicada ao conjunto todo formador da rede.

A Análise Estratégica subsidia a etapa de elaboração dos Estudos de Viabilidade, por vezes chamada de Elaboração de Anteprojetos ou ainda de Projetos Empresariais. É a fase de determinação dos parâmetros do projeto, em que são feitos:

1. Estudo de Mercado: determinação de quantidades a serem comercializadas, segmentação de mercado, preços, locais e formas de comercialização, promoção e outras variáveis mercadológicas;

2. Estudo da Logística e de Macro e Microlocalização das operações;
3. Estudo do Sistema Produtivo, incluindo as estratégias de produção, tecnologias, processo produtivo, cadeia de fornecimento, participação em redes, escala e nível de utilização da capacidade;
4. Estudo sobre a Gestão e o Equacionamento Econômico-Financeiro

A Avaliação Econômico-Financeira, vista neste capítulo, é o fechamento, a checagem final de que as estratégias escolhidas e os parâmetros determinados são os adequados ao sucesso do empreendimento. A Figura 12.12 apresenta a sequência das etapas do projeto, com ênfase na Análise Econômico-Financeira.

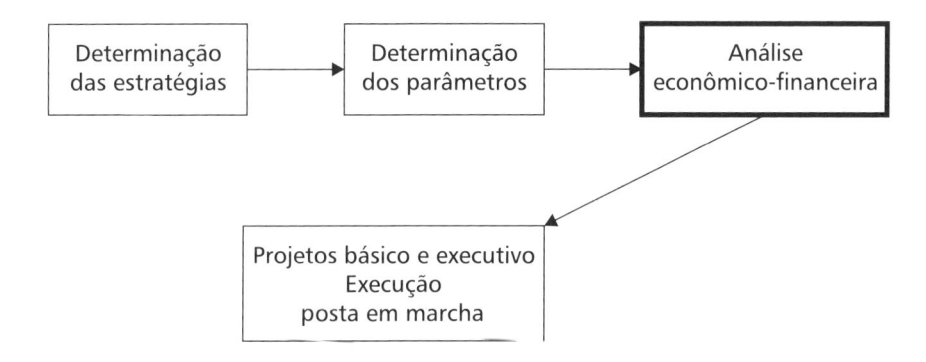

Figura 12.12 *Sequência das etapas do projeto, com ênfase na Análise Econômico-Financeira.*

O aprofundamento do tema Elaboração de Projetos Empresariais, com forte ênfase da determinação das estratégias empresariais e dos parâmetros do empreendimento, pode ser feito a partir do livro homônimo *Elaboração de projetos empresariais*, de um dos autores desta obra (Nelson Casarotto Filho), também editada pela Editora Atlas (ver bibliografia).

13
Obtenção de Dados de Custos e Estruturação de Problemas

13.1 Devem ser considerados todos os custos?

13.2 Custos de mão de obra

13.3 Custo da área e instalações

13.4 Custo da matéria-prima

13.5 A classificação em custos fixos e custos variáveis

13.6 Ponto de equilíbrio

13.7 Custo de capital e taxa mínima de atratividade (TMA)

13.8 Estudos de casos

No decorrer deste livro, as situações apresentadas envolvem basicamente o cálculo e a análise de exercícios previamente elaborados, ou seja, os custos já eram conhecidos e a situação já foi apresentada sob forma de problema. Não foi necessário descobrir o problema, nem determinar quais os custos relevantes que deveriam ser levados em conta na análise. A única exceção foi o Capítulo 11, no qual foi detalhado um caso de um projeto de fábrica nova. No caso dos investimentos correntes de uma empresa, o levantamento dos custos relacionados e a própria montagem da situação requerem muita iniciativa, conhecimentos e tempo. Ora, a realidade empresarial pode ser bastante complexa. Normalmente, são tomadas muitas decisões nas quais uma consideração mais detalhada dos custos envolvidos não é feita por falta de dados quantitativos, pela urgência da decisão, ou pelo fato das pessoas envolvidas não se darem conta de que é possível calcular qual a melhor decisão do ponto de vista econômico.

Poucas empresas apresentam uma cultura quantitativa e conseguem, dessa forma, tomar decisões mais racionais eliminando os riscos desnecessários. Watermann[1] já constatou que

---

[1] Em "O fator renovação", no capítulo *Fatos amigáveis, controles adequados,* Watermann mostra que os executivos de firmas inovadoras veem informações onde outros só veem dados.

os executivos das empresas mais bem administradas tendem a fazer comparações e medições de maneira a tirar a tomada da decisão dos domínios da mera opinião.

Para sistematizar esta transformação de dados em informações, as empresas necessitam frequentemente experimentar uma transformação do tipo desenvolvimento organizacional. Não estamos querendo afirmar que todas as decisões empresariais podem ou devem ser feitas apenas em bases quantitativas. Isto seria um absurdo, pois a Administração não é uma ciência exata. O que afirmamos, com base tanto em nossa experiência empresarial quanto nos contatos com colegas e empresários, é que por uma série de motivos, alguns deles já expostos, os aspectos quantitativos não são suficientemente considerados nas decisões empresariais e a falta de uma cultura quantitativa pode custar bastante caro à empresa.

Este capítulo visa apresentar algumas considerações sobre a obtenção e a alocação de custos nos problemas de análise de investimentos. Além disso, será apresentado um caso baseado no jogo de empresa GP-EPS,[2] no qual será necessário montar um problema e determinar quais os custos relevantes a serem considerados.

13.1 Devem ser considerados todos os custos?

Normalmente, na comparação de projetos de investimentos, só interessam as diferenças entre os custos das alternativas. Esta prática pressupõe, entretanto, que uma alternativa será necessariamente escolhida e, mais, que os custos obtidos só valem para efeitos comparativos entre as alternativas e não poderão ser utilizados para verificar se o negócio como um todo é vantajoso.

Para se obter o custo total de certo empreendimento, como compra de um equipamento, lançamento de um novo produto, modificação de um processo de produção etc., é necessária a determinação de uma série de custos extras entre os quais se destacam os seguintes:

- custo de área ocupada;
- custos administrativos extras;
- custo da matéria-prima;
- custo dos refugos, do retrabalho e outros custos ligados à qualidade;
- custo de hora parada (atividade gargalo);
- custo do atraso da produção;
- etc.

Dificilmente, uma empresa média conhece todos estes custos, mas os esforços no sentido de determiná-los deve ser uma preocupação constante não só do departamento de custos,

---

[2] O jogo de empresa GP-EPS, desenvolvido no Departamento de EPS da UFSC, visa capacitar os participantes a fundamentarem suas decisões, considerando principalmente os aspectos quantitativos.

mas também do engenheiro de produção. Os resultados dos cálculos de engenharia econômica estão intimamente ligados com a disponibilidade e a exatidão dos custos.

A prática corrente nos departamentos de custos é dividi-los em três categorias:

- custos de mão de obra direta;
- custos de matéria-prima;
- custos indiretos de fabricação.

Os dois primeiros são de obtenção relativamente simples e os terceiros, por serem de determinação difícil, ou melhor, de atribuição difícil ou duvidosa, são seguidamente estimados como uma porcentagem sobre a mão de obra direta. Esta prática pode levar a estimativas grosseiras, o que deverá ser identificado pelo analista. O analista de investimentos deverá, pois, ter conhecimentos suficientes sobre custos para saber utilizar os dados disponíveis da forma mais correta.

A seguir serão feitas algumas considerações sobre alguns tipos de custos a serem abordados nos cálculos de análise de investimentos.[3]

13.2 Custos de mão de obra

A mão de obra direta e os encargos sociais a ela relacionados representam um custo de determinação não tão evidente quanto se poderia supor. Nas indústrias em geral, pode-se considerar que um operário trabalha, em média, 1.800 horas por ano, caso sua jornada seja de 44 horas por semana. Este número (1.800) foi obtido considerando-se as férias, os feriados e as interrupções normais na jornada de trabalho. Trata-se de uma estimativa das horas produtivas anuais de um operário na produção. Vamos utilizar este valor em nossos cálculos, mas concordamos que ele poderá ser diferente em diversas situações.

Além do salário, as empresas têm uma série de custos com seus empregados devido ao pagamento da Previdência, 13º salário e outras despesas. Chamaremos estes custos de encargos sociais e sua determinação deverá ser feita. O valor obtido varia de empresa para empresa de acordo com as vantagens não salariais oferecidas a seus empregados. A legislação brasileira, por outro lado, muda muito e os valores dos encargos sociais devem ser seguidamente atualizados. É conveniente, para uma determinação mais exata dos encargos sociais, a sua divisão em três componentes: contribuições mensais obrigatórias, encargos anuais e uma estimativa dos pagamentos extras para aviso prévio, indenizações etc.

Além dos custos já citados, podem ser considerados: custos do departamento de pessoal, da manutenção do clube ou do campo de futebol, custo da cooperativa dos funcionários etc. Estes custos podem ser chamados de custos rateados. Para a determinação exata dos

---

[3] No caso de projetos industriais, uma descrição dos custos envolvidos é feita no capítulo correspondente.

custos de mão de obra, recomendamos a consulta da literatura sobre custos. Nos exercícios propostos, vamos considerar que eles são conhecidos, e expressos em termos de uma porcentagem do salário.

Recapitulando, para determinar o custo/hora da mão de obra é necessário:

- determinar o número de horas produtivas por período;
- calcular o custo dos encargos sociais, os quais envolvem:
  - contribuições mensais obrigatórias;
  - encargos anuais;
  - estimativa de custos eventuais;
- elaborar um eventual rateio de custos indiretos.

13.3 Custo da área e instalações

Os custos referentes à área ocupada por máquinas, produtos em processo ou estoques devem ser considerados quando da comparação de equipamentos ou processos. Estes custos, frequentemente negligenciados, podem ser bem mais elevados do que uma análise superficial pode induzir. Eles compreendem:

- aluguel do prédio;
- seguros;
- despesas de iluminação;
- despesas de faxina e manutenção;
- custo das instalações elétricas, hidráulicas etc.;
- IPTU – Imposto Predial e Territorial Urbano.

O total destes custos é em geral rateado pela área disponível, sendo expresso em UM/m^2 por ano. Deverá ser considerada além da área direta ocupada pela máquina, a área para eventuais produtos em processo e a área de circulação.

Quando a empresa é proprietária do prédio, duas abordagens poderão ser utilizadas: considerar o custo de mercado do aluguel ou o CAUE do investimento na aquisição do prédio. O exemplo a seguir ilustra esta abordagem.

Exemplo:

Uma empresa pretende adquirir um terreno e construir, dentro de um ano, um prédio para a expansão de suas atividades. As características do investimento são as seguintes:

Custo do terreno: UM 5.000.000

Custo da construção e instalações: UM 7.500.000

Área do prédio: 2.500 m^2

Vida útil do prédio: 15 anos

O valor residual corresponde ao terreno que se pode considerar que valoriza à razão de 1% ao ano.

Calcule, sob uma TMA de 10% ao ano, qual o valor que deverá ser considerado, a título de investimento e depreciação, como custo de área e instalações. O valor obtido é diferente do valor considerado na contabilidade fiscal?

O custo anual do empreendimento vale:

A = 5.000.000 * 1,1 (A/P; 10%; 15) + 7.500.000 (A/P; 10%; 15) − 5.000.000 (1,01)^{16} (A/F; 10%; 15)

A = 1.524.631,71 (a partir do ano 2, pois o ano 1 é de implantação)

o que dá UM 609,85/m^2 ao ano.

A contabilidade fiscal só considera o custo da depreciação do prédio, o qual no caso valeria:

4% × 7.500.000 = 300.000

ou seja, UM 120/m^2 ao ano. Observe-se que se utilizou a taxa legal de depreciação (4% ao ano).

13.4 Custo da matéria-prima

O custo da matéria-prima (m.p.) envolve, além do preço pago pela mesma, os seguintes itens:

- inspeção de recepção;
- custo de transporte e seguro correspondente;
- custo de estocagem (área, pessoal, + seguro...);
- custo de capital investido;
- custo de obsolescência e/ou deterioração;
- outros itens podem ser importantes em casos específicos.

13.5 A classificação em custos fixos e custos variáveis

Por definição, os custos fixos são aqueles que independem da quantidade produzida. Enquadram-se nesta categoria, os custos de investimentos em equipamentos (depreciação mais juros), os custos de área e instalações e alguns custos indiretos.

Os custos variáveis são diretamente proporcionais à quantidade produzida. Frequentemente são considerados como variáveis os custos de mão de obra, matéria-prima, transporte, energia e desgaste de ferramentas.

Pela própria definição, pode-se constatar que a classificação de todos os custos nestas duas categorias não resiste a uma análise mais rigorosa. Na realidade, existem custos que são parcialmente fixos e parcialmente variáveis. Nos exercícios propostos neste capítulo, será feita a simplificação de classificar todos os custos nas duas categorias, fixos ou variáveis, mas nos casos concretos poderá ser importante considerar também custos semivariáveis ou custos semifixos.

13.6 Ponto de equilíbrio

A finalidade da classificação dos custos em fixos e variáveis é que ela permite uma comparação melhor entre alternativas com diferentes estruturas de custos. Pode-se verificar qual a melhor alternativa para diferentes níveis de produção ou demanda, isto é, achar o ponto de equilíbrio (*break-even point*) entre estas alternativas.

O ponto de equilíbrio também poderá mostrar o nível de atividade a partir do qual um negócio se torna lucrativo.

Exercício 13.1: A empresa EPS deverá escolher entre dois sistemas de bombeamento de água. Os dados econômicos dos sistemas são:

Sistema	A	B
Investimento inicial	1.000.000	500.000
Vida econômica	7 anos	6 anos
Potência	20 HP	7,5 HP
Vazão por hora	1.000 m³	100 m³
Valor residual	400.000	100.000

O custo do kWh é de UM 3 e a TMA é de 10% ao ano. Determine o ponto de equilíbrio para os sistemas A e B, ou seja, com que demanda anual de água os dois sistemas são equivalentes, considerando 1 HP útil = 1.200 Watts.

Solução:

Neste caso, tem-se apenas um custo fixo representado pelo investimento menos o valor residual e um custo variável que é o custo da energia. Em termos de custos anuais, temos:

Custos fixos:

Io (A/P; 10%; n) − VR (A/F; 10%; n)

A	B
205.405,50	114.803,69
− 42.162,20	− 12.960,74
163.243,30	101.842,95

Custos variáveis:

Lembrando que 1 HP = 1,2 kW

A − 20 HP × 1,2 kW/HP × 3 UM/kWh = 72 UM/1.000 m^3

B − 7,5 HP × 1,2 kW/HP × 3 UM/kWh = 27 UM/100 m^3

$\qquad\qquad\qquad\qquad\qquad\qquad$ = 270 UM/1.000 m^3

Ora, no *ponto de equilíbrio* temos:

custos totais de A = custos totais de B

CFA + CVA × Volume = CFB + CVB × Volume

163.243,30 + 72V = 101.842,95 + 270V

$$V = \frac{61.400,35}{198} = 310,103 \text{ mil m}^3$$

Este seria o volume anual de água para o qual os dois sistemas se equivalem. Considerando-se que as bombas funcionariam 300 dias por ano, teríamos 1h e 2m de funcionamento para o sistema A e 10h e 20m para o sistema B.

Graficamente, temos:

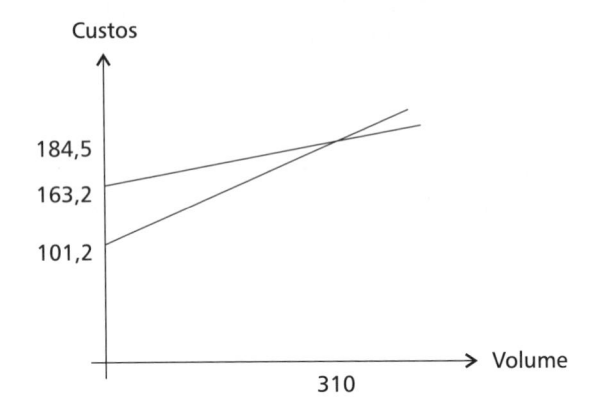

Custos: 184,5 ; 163,2 ; 101,2
Volume: 310

13.7 Custo de capital e taxa mínima de atratividade (TMA)

Os recursos de investimentos utilizados pelas empresas provêm de várias fontes (vide Capítulo 14). Entre elas destacamos:

- os acionistas (capital próprio da empresa ou patrimônio líquido);
- os empréstimos;
- as debêntures (vide Capítulo 14).

Cada um destes recursos é remunerado de uma forma ou tem seu custo. Aos acionistas cabem os lucros, enquanto os empréstimos e as debêntures são remunerados com juros. Os investimentos da empresa deverão, então, render o suficiente para pagar os juros dos capitais de terceiros e proporcionar um lucro compatível com as expectativas dos acionistas. Em outras palavras, a taxa de mínima atratividade da empresa deverá ser maior ou igual a seu custo de capital.

O custo do capital da empresa deve, pois, levar em conta a composição do capital, isto é, deve-se calcular o custo médio ponderado do capital. O custo do capital próprio está associado à expectativa de lucros da empresa e, por corresponder a uma expectativa, é o de determinação mais difícil.

Na falta de dados melhores, pode-se considerar que a expectativa dos acionistas é de que a empresa tenha no futuro os mesmos lucros do passado. O rendimento de uma ação considerando-se dados do mercado vale:

$$R = \frac{(Preço + Dividendos)_t}{(Preço)_{t-1}} - 1$$

Como os preços das ações sofrem flutuações, é conveniente considerar o valor médio do rendimento em um período suficientemente grande.

No caso dos empréstimos ou debêntures, é interessante observar que o custo real do dinheiro obtido se torna inferior à taxa de juros efetivamente paga em virtude do Imposto de Renda. Os juros pagos são despesas e, como tal, irão diminuir a receita tributável da empresa e, em consequência, o Imposto de Renda a ser pago. O exemplo a seguir ilustra este aspecto.

Exercício 13.2: Considere os seguintes dados da empresa ABC:

DEMONSTRATIVO DE RESULTADOS
(Resumo – dados dolarizados ou CMI)

Receita líquida de vendas	1.000.000
– Custo dos Produtos Vendidos	700.000
= Receita operacional	300.000
– Despesa financeira	100.000
= LAIR	200.000
– Imposto de Renda (30%)	60.000
Lucro líquido	140.000

OUTROS DADOS

Patrimônio Líquido	900.000
Dívidas	800.000

a) Admitindo que o valor de mercado das ações da empresa seja igual a seu valor patrimonial e que há uma expectativa de que os lucros se mantenham no mesmo percentual, calcule o custo médio ponderado do capital da empresa (após o IR).

b) A empresa pretende lançar no mercado debêntures não conversíveis que renderiam 10% ao ano de juros. O custo desta operação (veja item 6.5 para maiores detalhes sobre o custo de debêntures) será de 20.000 e o valor total das emissões seria de 400.000. Calcule o efeito deste lançamento sobre o custo do capital da empresa.

c) Refaça os cálculos considerando que o valor de mercado da empresa é 1.000.000.

Solução:

a) – Custo do capital próprio:

$$\frac{140.000}{900.000} = 0{,}1555$$

– Custo das dívidas:

$$\frac{100.000}{800.000}(1-0,30) = 0,0875$$

– Custo ponderado:

$$\frac{0,1555 \times 900.000 + 0,0875 \times 800.000}{1.700.000} = 0,1235$$

b) – Custo de capital da debênture:

$$\frac{40}{380}(1-0,30) = 0,0737$$

– Custo ponderado do capital

$$\frac{0,1555 \times 900 + 0,0875 \times 800 + 0,0737 \times 380}{2.080} = 0,1144 \text{ ou } 11,44\%$$

c) $\dfrac{1.000 \times 0,1555 + 800 \times 0,0875 + 380 \times 0,0737}{2.180} = 11,63\%$

Já chamamos a atenção para algumas simplificações feitas em nossa abordagem. Uma visão mais detalhada sobre a TMA é em geral apresentada nos livros de finanças. Recomendamos também a leitura dos itens 14.2 e 15.2.

13.8 Estudos de casos

CASO 1: A EMPRESA AVÍCOLA

Uma empresa avícola possui capacidade em seu abatedouro para 2.500 aves/hora. Atualmente, já produz, através de horas-extras, o equivalente a 3.000 aves/hora, o que corresponde a uma produção de 210.000 aves por semana.

Após a decisão de ampliação de sua capacidade, a empresa dá início ao planejamento de um novo abatedouro e deve decidir sobre o processo de evisceração que será utilizado, sendo que existem à disposição da empresa, basicamente, dois processos: o processo manual e o processo automático.

Como se trata de uma etapa indispensável ao processo de abate de aves, pois nesta fase são retiradas as vísceras e os miúdos, a empresa pesquisou e obteve os seguintes dados sobre os dois tipos de processo:

1. CUSTO DE INSTALAÇÃO (EM UM)

a) PROCESSO AUTOMÁTICO

– Máquina de evisceração	18.000.000,00
– Nória transportadora	4.620.000,00
– Máquina de depilar patas	800.000,00
Total	23.420.000,00

b) PROCESSO MANUAL

– Gralha de evisceração	1.050.000,00
– Pistola extr. cloaca – 04 unid.	1.000.000,00
– Pistola extr. pulmões – 04 unid.	200.000,00
– Tesoura de pescoço – 03 unid.	160.000,00
– Nória transportadora (dupla)	9.240.000,00
Escaldador de patas – 02 unid.	200.000,00
– Depilador de patas – 02 unid.	700.000,00
Total	12.550.000,00

2. NÚMERO DE FUNCIONÁRIOS NECESSÁRIOS:

Função	Processo manual	Processo automático
– Três pontos	2	0
– Repasse	2	1
– Cloaca	4	0
– Corte transversal	2	0
– Retirada de miúdos	16	8
– Traqueia	2	0
– Pulmões	4	0
Total de funcionários	32	9

3. OUTRAS INFORMAÇÕES SOBRE OS PROCESSOS

a) PROCESSO MANUAL:

- adapta-se a qualquer tamanho de ave e independente do volume de produção;
- não exige uniformidade (tamanhos, semelhança) nas aves;
- o consumo de energia elétrica é praticamente igual ao processo automático.

b) PROCESSO AUTOMÁTICO:

- melhoria na qualidade do produto em função do menor contato com pessoas;
- foi projetado para uma produção superior a 5.000 aves/hora;
- exige uma uniformidade das aves que serão abatidas.
- o consumo de água na evisceradora automática é menor do que no processo manual. (O custo da água é negligenciável, mas existe o risco de sua falta.)

4. INFORMAÇÕES GERAIS.

a) a TMA da empresa é de 18% a.a., após o imposto de renda;

b) o salário mensal dos funcionários do setor é UM 10.000 por mês, e os encargos sociais representam 182% deste valor;

c) a vida útil dos equipamentos é de dez anos;

d) a dificuldade para obtenção de mão de obra de atividade da empresa;

e) valor de revenda dos equipamentos ao final da vida útil: 10% do equipamento novo;

f) alíquota total de imposto sobre o lucro na empresa: 44%.

PEDE-SE:

1. identificar as diferenças de custos de investimentos e operação para as duas alternativas, bem como os outros fatores importantes a serem considerados;

2. utilizar o método da TIR, fazer o cálculo antes e depois do IR. Considere o Imposto de Renda incidindo no ano de seu pagamento;

3. ache o ponto de equilíbrio entre as duas alternativas. Use o método do CAUE e considere o Imposto de Renda no ano da ocorrência do lucro;

4. apresentar um relatório de recomendações para a empresa, indicando qual o processo que deverá ser adotado;

5. faça um estudo sobre a eventualidade de haver um imposto sobre a máquina de evisceração do processo automático.

RESOLUÇÃO

A decisão da empresa, com consequente opção entre um ou outro processo de evisceração, será tomada considerando-se a economia decorrente do processo, ou seja, o processo de maior investimento somente será escolhido se a economia dele decorrente for compensadora. Portanto temos, para um abate de 5.000 frangos/hora:

1. investimentos para o processo manual: 12.550.000;
2. investimentos para o processo automático: 23.420.000.

OUTRAS INFORMAÇÕES:

a) quanto ao consumo de energia elétrica, os sistemas se equivalem;

b) haveria uma redução de pessoal da ordem de 23 funcionários, se adotado o processo automático;

c) podemos considerar os custos contábeis mensais com a operacionalização dos equipamentos, conforme abaixo, excluindo-se os custos comuns:

Custos	Sistema manual	Sistema automático
1. Pessoal	902.400,00	253.800,00
2. Depreciação	104.583,00	195.166,00

d) o acréscimo de investimentos do processo produtivo normal para o automático é de UM 10.870.000,00:

– A TMA da empresa antes do IR vale 18%/0,56 = 32% a.a.

e) as economias anuais geradas são:

– pessoal 7.783.200,00

f) projeção do fluxo de caixa do investimento:

Ano	Fluxo de caixa bruto	Depreciação	Renda tributada	Imposto de Renda	Fluxo de caixa
	(1)	(2)	(3)	(4)	(5)
0	(10.870.000,00)				(10.870.000,00)
1	7.783.200,00	1.087.000,00	6.696.200,00		7.783.200,00
2	7.783.200.00	1.087.000,00	6.696.200,00	(2.946.328,00)	4.836.872,00
3	7.783.200,00	1.087.000,00	6.696.200,00	(2.946.328,00)	4.836.872,00
4	7.783.200,00	1 087.000.00	6.696.200,00	(2.946.328,00)	4.836.872,00
5	7.783.200,00	1 087.000,00	6.696.200,00	(2.946.328,00)	4.836.872,00
6	7.783.200,00	1.087.000,00	6,696.200,00	(2.946.328,00)	4.836.872,00
7	7.783.200,00	1.087.000,00	6.696.200,00	(2.946.328,00)	4.836.872,00
8	7.783.200,00	1.087.000,00	6.696.200,00	(2.946.328,00)	4.836.872,00
9	7.783.200,00	1.087.000,00	6.696.200,00	(2.946.328,00)	4.836.872,00
10	8.870.200,00	1.087.000,00	7.783.200,00	(2.946.328,00)	5.923.872,00
11	–	–	–	(3.424.608,00)	(3.424.608,00)

g) fluxo de caixa bruto:

A partir do fluxo bruto da coluna (1), ou seja, dos retornos antes do IR, conseguimos uma TIR equivalente a 71,31% a.a., que é superior à TMA da empresa antes do IR, de 32% a.a.

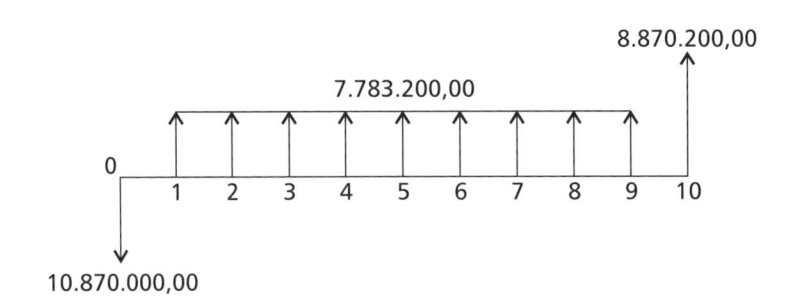

OBS.: Cálculo da TIR:

10.870.000,00 = 7.783.200,00 * (P/A; i; 9) + 8.870.000,00 * (P/F; i; 10)

onde:

i = TIR = 71,31% a.a.

h) fluxo de caixa líquido.

Considerando o fluxo de caixa da coluna (5), pode-se calcular uma TIR após o IR de 53,21% a.a., o que se apresenta bastante superior à TMA da empresa que é de 18% a.a.

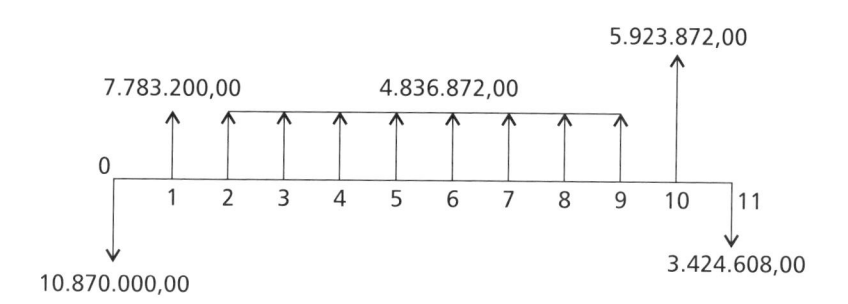

```
                                           5.923.872,00
                                                ↑
         7.783.200,00        4.836.872,00
              ↑       ↑   ↑   ↑   ↑   ↑   ↑   ↑
         0
         ├──────┼───┼───┼───┼───┼───┼───┼───┼────┼────
                1   2   3   4   5   6   7   8   9   10  11
         ↓                                            ↓
    10.870.000,00                                3.424.608,00
```

OBS.: Cálculo da TIR

$$10.870.000,00 - 7.783.200,00 * (P/F; i; 1) + 4.836.872,00 * (P/A; i; 8) + 5.923.872,00 * (P/F; i; 10) - 3.424.608,00 * (P/F, i, 11)$$

onde:

i = TIR = 53,21% a.a.

RELATÓRIO DE ANÁLISE

Considerando:

1. a atividade da empresa, por suas características, é de difícil ambientação por parte das pessoas em função da temperatura e umidade envolvidas;
2. a obtenção de mão de obra, a cada dia que passa, torna-se mais difícil na região em que a empresa atua;
3. existe disponibilidade limitada de água para utilização na indústria;
4. a empresa possui os recursos necessários para a realização dos investimentos;
5. a taxa interna do investimento incremental, considerando-se as economias envolvidas (vide item f), é de 53,21% a.a. do ponto de vista financeiro e de 41,50% considerando-se os aspectos econômicos envolvidos;
6. a TMA da empresa é de 18% a.a., após o IR;
7. necessidade de automação constante das etapas do processo produtivo;
8. a preocupação constante com a qualidade dos produtos;
9. a uniformidade obtida no tamanho das aves, em decorrência do processo de produção e sexagem dos frangos, permite que se utilize a evisceração automática na empresa analisada.

Recomenda-se:

Aquisição do Sistema Automático em detrimento do sistema manual de evisceração, pois, além de obtermos uma TIR altamente atrativa, se comparada com a TMA da empresa, todos os demais fatores já analisados e descritos neste livro orientam para a utilização do processo automático.

Deve ainda ser considerado na decisão que todos os fatores negativos para a implantação do Sistema Automático já deixaram de existir na empresa analisada em função de seu atual estágio tecnológico de produção.

CASO 2: EQUIPAMENTOS ALFA, BETA E GAMA.

1. A EPS S.A. possui oito unidades produtivas do tipo Alfa, que apresentam as seguintes características:

- preço: UM 600.000 (novas);
- depreciação: 5% por trimestre (linear);
- produtividade: 4.000 unidades de azul mais 2.000 unidades de vermelho por trimestre (considerando-se que 50% do tempo seja gasto na fabricação de azul e os outros 50% na produção de vermelho);
- necessidade de mão de obra: nove empregados;
- outros custos de operação e manutenção: 3.000, 6.000, 9.000 etc., por trimestre (esses custos crescem de UM 3.000 por trimestre);
- valor de revenda: 80% do valor contábil;
- consumo de MP: 5 unidades para o produto azul;
  12 unidades p/vermelho (preço da MP: UM 1/u).

Três das oito unidades produtivas foram adquiridas há seis períodos, duas há dez períodos e as restantes três há 14 períodos. Em consequência, os custos unitários de operação e manutenção destas unidades são UM 18.000, 30.000 e UM 42.000 respectivamente.

a) Calcule a idade econômica das unidades produtivas Alfa considerando uma TMA de 3% ao período e que a margem de contribuição dos produtos (preço de venda – (MP + MO)) azul e vermelho valem 10 e 18 UM respectivamente. Consequentemente, o que deverá ser feito?

b) Calcule qual o custo de não realizar a substituição na idade econômica.

2. Foram lançadas no mercado duas novas marcas de unidades produtivas: Beta e Gama. As da marca Beta apresentam as seguintes características:

- custo: UM 7.000.000;
- depreciação: 5% ao trimestre (linear);

- produtividade: 48.000 unidades de azul mais 24.000 unidades de vermelho por trimestre;
- mão de obra: 72 empregados;
- outros custos de operação e manutenção: 32.000, 64.000 etc, esses custos crescem de UM 32.000 por trimestre;
- consumo de MP: 4 unidades por azul e 10 unidades para o vermelho;
- valor de revenda: 90% do valor contábil.

As unidades da marca Gama apresentam as seguintes características:

- custo: UM 900.000;
- depreciação e valores de revenda: mesmo critério das unidades Alfa;
- produtividade: 6.500 mais 3.250 unidades/trimestre de azul e de vermelho respectivamente;
- mão de obra: 13 empregados;
- outros custos de operação e manutenção: 6.000, 12.000 etc.;
- consumo de MP: 5 e 10 unidades para azul e vermelho respectivamente.

a) Calcule a vida econômica das unidades produtivas Beta e Gama considerando os aumentos das margens de contribuição baseados nos seguintes custos:

- mão de obra (MO): 2.500 por empresa por trimestre;
- matéria-prima (MP): UM 1/unidade.

b) Caso a empresa opte pelas unidades Gama, quais as substituições que deverão ser feitas?

3. A decisão de aquisição de unidades produtivas do tipo Beta envolve um risco (vide Capítulo 17), pois a empresa poderá não vender toda sua produção. Considere as seguintes possibilidades:

- produção a 80% da capacidade; e
- produção a 100% da capacidade.

a) calcule qual a melhor opção para cada uma destas situações;

b) faça uma comparação entre as unidades Beta e Gama. A partir de que demanda as unidades Beta são mais econômicas?

4. Refaça os cálculos considerando uma taxa de imposto de renda de 35%.

5. Refaça os cálculos considerando que nos três primeiros períodos os equipamentos funcionam apenas com 90% da capacidade produtiva e que, a partir do 10º período, há uma perda periódica de 5% da capacidade produtiva (No 12º período, a capacidade produtiva é de apenas 85%).

Solução:

1 – a) *Cálculo da vida econômica dos equipamentos Alfa.*

A margem de contribuição por período vale:

4.000 × 10 + 2.000 × 18 = UM 76 mil

Vamos considerar como referência uma vida de dez períodos. Neste caso, o fluxo de caixa (em milhares de UM) fica:

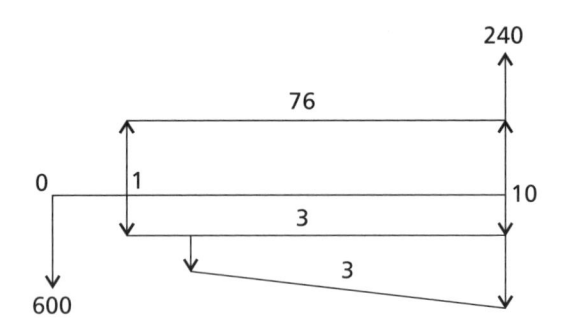

$VUE_{\alpha(10)}$ = – 600 (A/P; 3%; 10) + (76 – 3) – 3 (A/G; 3%; 10) + 240 (A/F; 3%; 10)

$VUE_{\alpha(10)}$ = – 600 × 0,11723 + 73 – 3 × 4,2565 + 240 × 0,08723

= 10,828

Para 11 períodos, temos:

$VUE_{\alpha(11)}$ = – 600 (A/P; 3%; 11) + (76 – 3) – 3 (A/G; 3%; 11) + 216 (A/F; 3%; 11)

= 10,903

Como o valor aumentou (e quanto maior o VUE, mais econômico), vamos considerar 12 ou mais períodos:

$VUE_{\alpha(12)}$ = 10,806 $VUE_{\alpha(13)}$ = 10,578

Conclusão: a vida econômica dos equipamentos Alfa é 11 anos considerando-se uma TMA de 3%.

1– b) *Cálculo do custo de não efetuar a substituição na idade econômica considerando--se como referência a substituição idêntica na idade econômica.*

– Valor presente do aumento de custos de uma substituição feita no 12º período:

VP = (10,903 – 10,806) (P/A; 3%; 12) = UM 966

2 – a) *Vida econômica dos equipamentos Beta e Gama.*

Vamos inicialmente calcular o aumento das margens de contribuição para estes equipamentos. Custo unitário da mão de obra;

$MO_{\alpha a}$ = 9 × 1.250/4.000 = 2,813

Assim, o custo unitário da mão de obra para fabricar azul é igual ao número de empregados vezes a metade do salário (considerando que a metade do tempo será consagrada a fabricar azul e a outra metade do tempo será gasta na produção de vermelho).

$$MO_{\alpha V} = 9 \times 1.250/2.000 = 5,625$$
$$MO_{\beta a} = 72 \times 1.250/48.000 = 1,875$$
$$MO_{\beta v} = 72 \times 1.250/24.000 = 3,75$$
$$MO_{\gamma a} = 13 \times 1.250/6.500 = 2,50$$
$$MO_{\gamma v} = 13 \times 1.250/3.250 = 5,0$$

Custo unitário da matéria-prima:

$$MP_{\alpha a} = 5 \quad MP_{\alpha V} = 12$$
$$MP_{\beta a} = 4 \quad MP_{\beta v} = 10$$
$$MP_{\gamma a} = 5 \quad MP_{\gamma v} = 10$$

Aumento da margem de contribuição para os equipamentos Beta e Gama:

$$Beta_a = (2,813 - 1,875) + (5 - 4) = 1,938$$
$$Beta_v = (5,625 - 3,75) + (12 - 10) = 3,875$$
$$Gama_a = (2,813 - 2,5) + (5 - 5) = 0,313$$
$$Gama_v = (5,625 - 5,0) + (12 - 10) = 2,625$$

A contribuição por período vale então:

Beta → 48.000 × 11,938 + 24.000 × 21,875 = UM 1.098 mil

Gama → 6.500 × 10,313 + 3.250 × 20,625 = UM 134 mil

Finalmente, podemos montar os fluxos de caixa para os equipamentos Beta e Gama:

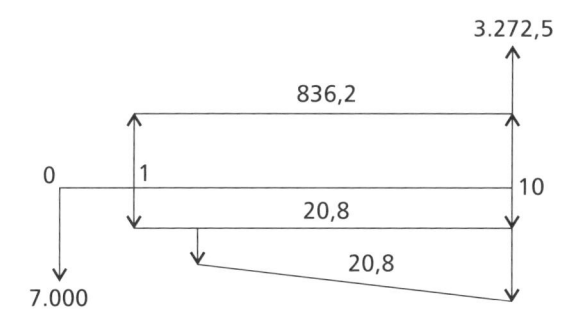

$$VUE_{\beta(10)} = -7.000\,(A/P;\,3\%;\,10) + (1.098 - 32) - 32\,(A/G;\,3\%;\,10) + 3.150\,(A/F;\,3\%;\,10)$$

$$= 383,957$$

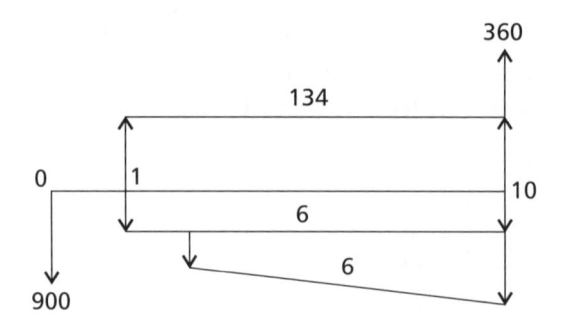

$$VUE_{\gamma(10)} = -900\ (A/P;\ 3\%;\ 10) + (134-6) - 6\ (A/G;\ 3\%;\ 10) + 360\ (A/F;\ 3\%;\ 10)$$
$$= 28{,}357$$

Para 11 períodos, temos:

$VUE_{\beta(11)} = 380{,}249$

$VUE_{\gamma(11)} = 27{,}798$

Os resultados mostram que a vida econômica destes equipamentos deve ser de dez períodos ou menos. Para nove períodos, achamos os resultados:

$VUE_{\beta(9)} = 386{,}337$

$VUE_{\gamma(9)} = 28{,}571$

E para oito períodos:

$VUE_{\beta(8)} = 386{,}829$

$VUE_{\gamma(8)} = 28{,}32$

A vida econômica de Gama é, pois, nove períodos e a de Beta, oito ou menos. Vejamos:

$VUE_{\beta(7)} = 384{,}661$

A vida econômica de Beta é oito períodos.

Os custos de não efetuar a substituição na idade econômica considerando-se como referência a substituição por um equipamento idêntico na idade econômica vale:

- para os equipamentos Beta: valor presente do aumento de custos de uma substituição feita no 9º período:

    VP = (386,829 – 386, 337) (P/A; 3%; 9) = UM 3,831 mil

- para os equipamentos Gama: no caso de uma substituição de um equipamento Gama feita apenas no 10º período, o valor presente do aumento de custos vale:

    VP = (28,571 – 28,357) (P/A; 3%; 10) = UM 1,823 mil

2 – b) *Substituições a serem feitas no caso da opção pelos equipamentos Gama.*

– Cálculo da vida econômica restante dos equipamentos Alfa:

Equipamentos com idade de 14 períodos:

Fluxo de caixa das consequências de manter os equipamentos por mais um (15º) período:

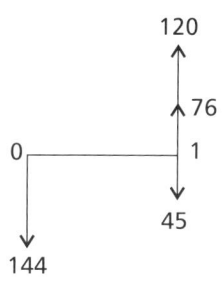

$$VUE_{\alpha 1º} = -144 \times 1,03 + 151 = 2,68$$

Como esta contribuição é bem menor do que:

$$VUE_{\gamma(9)}/(6.500/4.000) = 28,571/1,625 = 17,582$$

os equipamentos com idade de 14 períodos devem ser substituídos. Observe-se que a comparação entre Alfa e Gama não deve ser feita diretamente, pois os equipamentos Gama produzem 62,5% a mais, ou seja, deve-se partir de um volume de produção equivalente. Um equipamento Gama deve ser comparado com 1,625 equipamentos Alfa ou um equipamento Alfa com 1/1,625 equipamentos Gama.

Equipamentos com idade de dez períodos:

Fluxo de caixa das consequências de manter os equipamentos por mais um (11º) período:

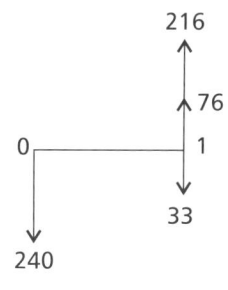

$$VUE_{\alpha 1º} = -240 \times 1,03 + 259 = 11,8$$

Como este valor continua inferior ao $VUE_{\gamma(9)}$ corrigido, a conclusão é que também os equipamentos Alfa com idade de dez períodos devem ser substituídos por gama.

Equipamentos com idade de seis períodos:

Fluxo de caixa das consequências de manter os equipamentos por mais um (7º) período:

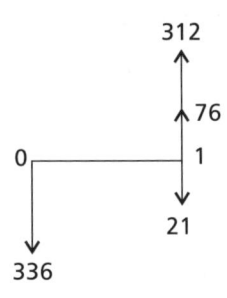

```
            312
             ↑
             │ ↑ 76
      0      │ │
      ┌──────┤ 1
      │        │
      ↓        ↓
     336      21
```

$VUE_{\alpha 1º} = -336 \times 1{,}03 + 367 = 20{,}920$

Como este valor é superior ao $VUE_{\gamma(9)}$ corrigido (= 17,582), a conclusão agora é que os equipamentos Alfa com idade de seis períodos deverão ser mantidos. O equilíbrio deve estar entre sete e oito períodos.

3 – a) *Unidades Beta produzindo apenas a 80% de sua capacidade:*

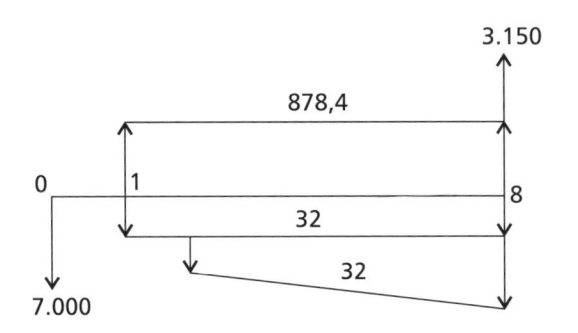

```
                            3.150
                              ↑
              878,4           │
         ┌─────────────────┐  │
      0  │ 1               │  │ 8
      ┌──┤                 ├──┤
      │         32            │
      │   ┌─────────┐         │
      │             32        │
      ↓                       ↓
    7.000
```

$VUE_{\beta(10)} = -7.000 \, (A/P; 3\%; 8) + (878{,}4 - 32) - 32 \, (A/G; 3\%; 8) + 3.150 \, (A/\Gamma; 3\%; 8)$

$VUE_{\beta(10)} = 167{,}229$

Neste caso, os valores uniformes sofrem um decréscimo de 219,6. Normalmente, a comparação entre Beta e Gama deve ser feita multiplicando-se os valores uniformes equivalentes de Gama por 48.000/6.500 = 7,385. Então, normalmente, tem-se:

$VUE_{\beta(8)} = 386{,}829 \quad > \quad (VUE_{\gamma(9)} = 28{,}571) \times 7{,}385$

$\quad\quad\quad\quad\quad\quad\quad\quad > \quad 210{,}986$

No caso de Beta produzir apenas a 80% da capacidade, os VUEs de Gama deverão ser multiplicados por:

$48.000 \times 0{,}8/6.500 = 5{,}908$

E a comparação considerando que a vida econômica de Beta permanece oito anos será:

$$\text{VUE}_{\beta(8)}\ (80\%) = 167{,}229 \ < \ (\text{VUE}_{\gamma(9)} = 28{,}571) \times 5{,}908$$
$$< \ 168{,}789$$

3 – b) *Como os valores são próximos, pode-se concluir que, considerando-se apenas aspectos econômicos e dados confiáveis, para uma produção acima de 48.000 × 0,8 unidades de azul mais 24.000 × 0,8 de vermelho, vale a pena adquirir Beta.*

4. *Cálculos considerando o Imposto de Renda:*

Equipamentos Alfa:

Período	Fx. Cx. Bruto	Depreciação	Rend. Trib.	Imp. Ren.	Fx. Cx. Líq.
0	– 600				– 600
1	73	30	43	15,05	57,95
2	70	30	40	14	56,00
3	67	30	37	12,95	54,05
4	64	30	34	11,90	52,10
10	46 240	30 300	16 60	5,6 21	40,4 261

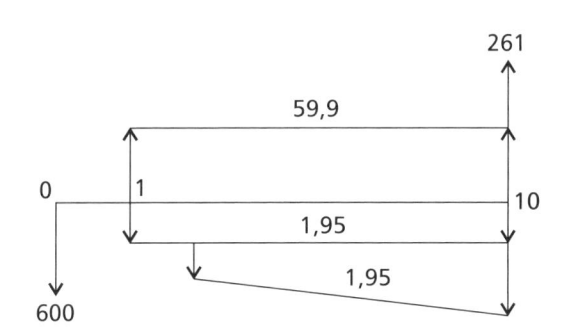

$$\text{VUE}_{\alpha(10)} = -600\,(A/P;\,3\%;\,10) + (59{,}9 - 1{,}95) - 1{,}95\,(A/G;\,3\%;\,10) + 261\,(A/F;\,3\%;\,10)$$
$$\text{VUE}_{\alpha(10)} = -600 \times 0{,}11723 + 57{,}95 - 1{,}95 \times 4{,}2565 + 261 \times 0{,}08723$$
$$= 2{,}079$$

Equipamentos Beta:

Período	Fx. Cx. Bruto	Depreciação	Rend. Trib.	Imp. Ren.	Fx. Cx. Líq.
0	– 7.000				– 7.000
1	1.066	350	716	250,6	815,4
2	1.034	350	684	239,4	794,6
3	1.002	350	652	228,2	773,8
.					
10	778 3.150	350 3.500	428 350	149,8 122,5	628,2 3.272,5

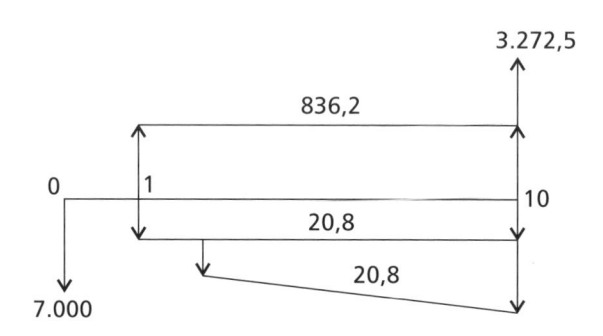

$$VUE_{\beta(10)} = -7.000 \, (A/P; 3\%; 10) + (836,2 - 20,8) - 20,8 \, (A/G; 3\%; 10) + 3.272,5 \, (A/F; 3\%; 10)$$

$$= 191,715$$

Equipamentos Gama:

Período	Fx. Cx. Bruto	Depreciação	Rend. Trib.	Imp. Ren.	Fx. Cx. Líq.
0	– 900				– 900
1	128	45	83	29,05	98,95
2	122	45	77	26,95	95,05
3	116	45	71	24,85	91,15
.					
10	74 360	45 450	29 90	10,15 31,50	63,85 391,50

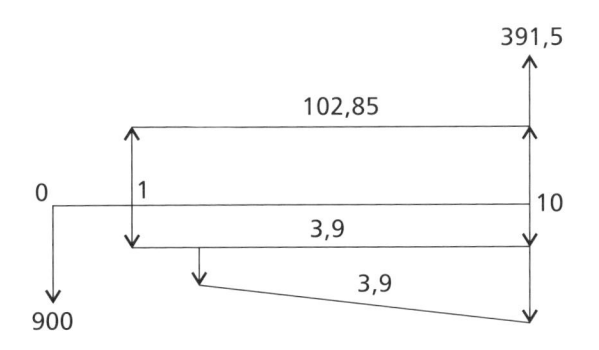

$$\text{VUE}_{\gamma(10)} = -900\,(A/P;\,3\%;\,10) + (102,85 - 3,9) - 3,9\,(A/G;\,3\%;\,10) + 391,5\,(A/F;\,3\%;\,10)$$

$$= 14,893$$

5. *Equipamentos com limitações de capacidade:*

Neste caso, a margem de contribuição total irá diminuir nas porcentagens das diminuições da produção. Os decréscimos das margens de contribuições dos três primeiros anos serão:

Alfa: 7,6; Beta 109,8; Gama 13,6; (UM mil).

Os valores dos VUEs deverão ser, no caso de dez períodos, diminuídos de:

$$\text{CVUE}_{\alpha(10)} = 7,6\,(P/A;\,3\%;\,3)\,(A/P;\,3\%;\,10)$$
$$\text{CVUE}_{\alpha(10)} = 7,6 \times 2,828611 \times 0,117230$$
$$\text{CVUE}_{\alpha(10)} = 2,52$$
$$\text{CVUE}_{\beta(10)} = 109,8 \times 2,828611 \times 0,11723$$
$$\text{CVUE}_{\beta(10)} = 36,41$$
$$\text{CVUE}_{\gamma(10)} = 13,6 \times 2,828611 \times 0,11723$$
$$\text{CVUE}_{\gamma(10)} = 4,51$$

Quanto maior o número de períodos que se ficar com os equipamentos, menor será o impacto da limitação de capacidade dos primeiros períodos, o que indica que o efeito líquido é de um aumento da vida econômica dos equipamentos. Já as limitações nas capacidades a partir do décimo período têm o efeito contrário.

CASO 3: COMPARAÇÃO DE DUAS PRENSAS

Uma fábrica de objetos de plástico tem considerado a possibilidade de produzir baldes. Um estudo técnico apresentou duas alternativas:

	Prensa A	Prensa B
Preço da prensa instalada	500.000	750.000
Produção horária	130	270
Custo horário da mão de obra	11	9
Potência nominal kWh	40	50
Área total ocupada (m²)	70	75
Preço das ferramentas	25.000	25.000
Vida útil das ferramentas	1 ano	1 ano e 3 meses

Os recursos para investimentos podem ser obtidos pela venda de lotes de ações, as quais rendem 8% ao ano. A empresa utiliza como TMA o custo do capital vezes 1,5. Informações complementares:

1. Os encargos sociais sobre os salários eram de 85%, considerando-se 2.000 h/ano. Devido à nova legislação os encargos aumentaram para 97% e a jornada semanal de trabalho diminuiu de 48 para 44 horas.

2. A vida útil das prensas é de cinco anos e o valor residual igual a 20% do preço de compra.

3. O consumo de matéria-prima seria de UM 0,1/peça e é o mesmo para ambas as prensas.

4. O consumo de energia é da ordem de 40% da potência instalada e o seu preço é de UM 0,15/kWh.

5. O custo anual de área é de UM 50/m².

6. Todos os demais custos (CIF mais despesas) montariam em UM 4.000 por mês (custos fixos) mais UM 0,05/peça (esses custos são iguais para as duas alternativas).

7. Considere como variável o custo das ferramentas, embora o mais correto talvez fosse considerar o custo do primeiro jogo de ferramentas como fixo e o das demais como custo variável.

8. Não é necessário levar em conta o Imposto de Renda.

9. Existe a possibilidade de trabalhar dois turnos por dia sem aumento do custo horário de mão de obra.

Sabendo que a demanda anual de baldes foi estimada como entre 300 e 400 mil unidades a um preço de UM 1,5, determine se é viável a fabricação de baldes e qual a prensa que deveria ser adquirida.

Solução:

O uso do método do custo anual neste caso é mais adequado, pois permite uma comparação das alternativas em termos de ponto de equilíbrio expresso em produções anuais.

	Prensa A	Prensa B
+ Investimento I_0 (A/P; 12%; 5) − 0,2 I_0 (A/F; 12; 5)	122.964	184.446
+ Área ... × 50	3.500	3.750
+ Outros custos 4.000 × 12	48.000	48.000
= Custos fixos (anuais)	174.464	236.196
+ Mão de obra + Encargos ... × 1.833 × 1,97	39.721	32.499
+ Energia 0,4 × ... × 1.833 × 0,15	4.399	5.499
+ Ferramentas 25.000 × 1,12 25.000 × 1,12/1,25	28.000	22.400
+ Custos por peça	0,15	0,15
= Custos variáveis	72.120 + 0,15 p/pç	60.398 + 0,15 p/pç
Produção anual ...× 1.833	238.290	494.910
Custo var. unitário	0,453	0,272

$$X = \frac{236.196 - 174.464}{0,453 - 0,272} = 341.133$$

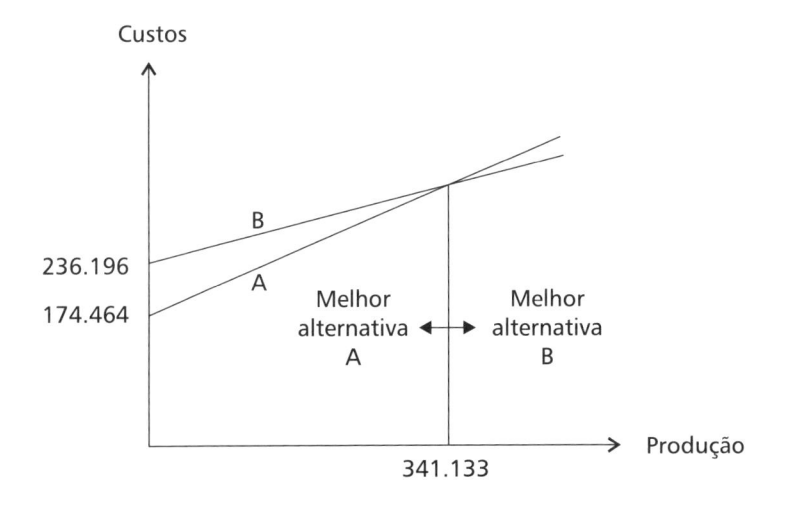

14 Avaliação de Ativos, Taxa de Desconto e Financiamento

14.1 Avaliação de ativos

14.2 Taxa de desconto: TMA, CMPC e CAPM

14.3 Modalidades e fontes de financiamento

14.4 *Project Finance*

14.5 Exercícios propostos

Este capítulo apresenta conteúdos complementares para a Engenharia Econômica. O primeiro é de Avaliação de Ativos, mais especificamente Avaliação da Empresa, Avaliação do Patrimônio Líquido da Empresa e Avaliação de Ações pelo método da renda. Em segundo lugar, aborda um tema muito controverso, que é o da escolha da Taxa de Desconto para Analisar Fluxos de Caixa, passando pela Taxa Mínima de Atratividade (TMA). Por fim, apresenta as fontes de financiamento para as empresas e seus projetos.

14.1 Avaliação de ativos

Quem compra ou vende tem a evidente necessidade de conhecer o valor do objeto da transação e condições para a negociação do preço. Esta seção trata da avaliação da empresa, do seu patrimônio líquido e consequente avaliação de ações.

A avaliação da empresa e seu patrimônio líquido podem ser feitas de algumas maneiras:

1. AVALIAÇÃO CONTÁBIL: É a avaliação baseada nas contas do balanço patrimonial. O ativo total representa o Valor da Empresa. Na coluna do passivo total, o patrimônio líquido representa o Valor Líquido da Empresa. Este método apresenta o problema de provavelmente não refletir o valor real. Normas do fisco quanto a depreciações ou valor contábil de ativos podem deturpar o valor real.

2. VALOR INTRÍNSECO: O valor Intrínseco é o valor de mercado. É calculado avaliando-se o real valor de venda de cada ativo, fixo ou circulante. Para o valor líquido, deduz-se o exigível, basicamente dívidas com fornecedores, dívidas judiciais, especialmente trabalhistas, e financiamentos. Há uma variante de se calcular o valor de cada ativo não pelo seu valor de mercado, mas pelo custo de reposição. O método do Valor Intrínseco é mais realista do que o Contábil, mas há certa dificuldade em avaliar ativos não tangíveis ou de difícil mensuração, tais como: a marca ou a clientela formada. É possível, no entanto, estimar quanto se gastaria com propaganda para fixar uma marca e conquistar os clientes.

3. VALOR DE VENDA: Em algumas situações o vendedor pode incluir fatores muito específicos, como fatores sentimentais ou de oportunidade. No primeiro caso se teria o exemplo de empresas familiares, em que o "dono" trata sua empresa como a um filho ou como filosofia de vida. Para se desfazer da empresa, ele vai se basear no valor intrínseco, agregando esse valor sentimental, que só ele pode avaliar.

Há ainda a oportunidade, a barganha. Uma empresa que tenha uma licença governamental, já não mais possível de se obter, seria um exemplo de sobrevalorização.

Há também a possibilidade de ocorrência de fatores que possam atuar na diminuição do valor. A perspectiva de uma medida governamental – um acordo entre países, por exemplo – que implicasse novos entrantes no mercado, exemplificaria a questão. Outro exemplo seria a questão dinâmica; a empresa pode estar hoje numa situação razoável, porém seu desempenho vem apresentando uma curva em declínio. Mas essa avaliação é uma preocupação maior para o comprador.

4. VALOR DE COMPRA: O Valor de Compra também pode estar baseado no Valor Intrínseco, agregando fatores que possam sobrevalorizar ou desvalorizar a empresa, tal qual no Valor de Venda. Mas o comprador tem um trunfo, possivelmente só ele sabe que destino dará a sua aquisição. E é aí que entra o fator alavancagem.

Alavancagem Financeira: ocorre quando a empresa vendida apresenta situação financeira que a impossibilita de operar plenamente. O comprador pode injetar recursos para compatibilizar o capital de giro próprio com o nível adequado de vendas e de produção, ou para praticar um saneamento financeiro, trocando dívidas de perfil inadequado (prazos curtos e custos elevados) por um perfil de dívidas com prazos maiores e custos menores.

Alavancagem Operacional: ocorre quando o comprador promove modificações estruturais, como na produção ou na logística. O exemplo seria o da compra de um concorrente. O comprador agrega o parque fabril da empresa comprada, racionaliza a linha de produtos, linhas de produção, logística, aumenta a escala e consegue, com isso, menores custos e consequente melhor posicionamento estratégico.

Verifica-se, então, que o Valor da Empresa será diferente para cada comprador. Se um grupo produtor de cimento deseja diversificar adquirindo um fabricante de chocolates, procurará uma boa oportunidade e, possivelmente, só fará uma alavancagem financeira, se necessário.

Mas, se o interessado é um grupo concorrente, também fabricante de chocolates, poderia fazer uma grande alavancagem operacional. Uma fábrica poderia se especializar em bombons, outra em tabletes, por exemplo. A unidade adquirida poderia vir a ser um novo ponto de distribuição regional. As marcas da empresa compradora e comprada poderão ser integradas num único programa de marketing, gerando sinergias. Possivelmente, a fábrica de chocolates valha bem mais para um concorrente direto do que para um fabricante de cimento.

5. VALOR DE COMPRA PELO MÉTODO DA RENDA: O método da renda, ou do Fluxo de Caixa Descontado, talvez seja o método mais adequado a quem vai comprar uma empresa. Não interessaria o Valor Intrínseco, ou o Valor Contábil, mas sim a geração de caixa futura. Evidentemente que a geração de caixa futura dependerá da ação que o comprador promoverá, o tipo de alavancagem que fará na empresa a ser adquirida.

O Método da Renda consiste em calcular o Valor Presente Líquido (VPL) das gerações futuras de caixa incrementais a serem proporcionadas pelo negócio, menos o aporte de alavancagem.

Exercício 14.1: Uma empresa apresenta geração de caixa anual de UM 100.000,00. Estudos apontam que uma alavancagem financeira por injeção de UM 150.000,00 poderá fazer a empresa crescer sua geração de caixa em 5% a.a. até o quinto ano. Por segurança, considerará perpetuidade na geração de caixa a partir do ano 5. Que valor um comprador poderá pagar por essa empresa, se sua TMA é de 15% a.a.?

Solução:

Um crescimento de 5% a.a. implica que a geração de caixa seria de:

Ano 1 $100.000,00 \times 1,05 = 105.000,00$

Ano 2 $100.000,00 \times 1,05^2 = 110.250,00$

Ano 3 $100.000,00 \times 1,05^3 = 115.762,50$

Ano 4 $100.000,00 \times 1,05^4 = 121.550,63$

Ano 5 $100.000,00 \times 1,05^5 = 127.628,16$

A partir do ano 5, será, sempre 127.628,16.

O VPL do caixa será, então:

$$VPL = -150.000,00 + (105.000,00/1,15) + (110.250,00/1,15^2) + (115.762,50/1,15^3) + (121.550,63/1,15^4) + ([127.628,16/0,15]/1,15^4) = 656.760,64$$

É este o máximo que o comprador deverá pagar se quiser ter um retorno mínimo de 15% a.a.

Este procedimento também pode ser utilizado para avaliar ações. Apenas, no lugar da geração de caixa, colocam-se os dividendos a serem proporcionados pela ação.

É comum a suposição de que os dividendos cresçam até o quinto ano a uma taxa similar à taxa de crescimento da economia, respeitado um máximo de 5% a.a. A partir do quinto ano, por segurança, supõe-se perpetuidade.

14.2 Taxa de desconto: TMA, CMPC e CAPM

A Taxa de Desconto é a taxa utilizada para descontar um Fluxo de Caixa e calcular seu VPL. Ou então, é a taxa utilizada para comparar com a TIR.

A Taxa de Desconto dependerá de alguns fatores dentre os quais, o prazo do investimento, o risco envolvido e, o interessado no cálculo.

Quanto ao prazo, podem ter a seguinte regra:

– **Curtíssimo prazo:** Um exemplo seria o de antecipar em três dias o pagamento de uma dívida mediante desconto. A taxa para cálculo poderia ser a mesma taxa que um banco de primeira linha oferece para remunerar os excedentes de caixa da empresa. Essa é a legítima TMA, cujo conceito implica alta liquidez e segurança. Títulos do tesouro também podem ser aí incluídos.

– **Curto e médio prazos:** Um exemplo seria o de antecipar a compra de uma matéria--prima, aproveitando preços momentaneamente baixos. Ora, estoque de matéria-prima é uma conta do Circulante da empresa. Mas os recursos do Circulante estão distribuídos entre diversas contas, com diferentes remunerações:

- – Caixa e Bancos: Remuneração oferecida pelos bancos;
- – Estoques: Taxa de valorização dos estoques;
- – Clientes: Taxa de juros embutida nas vendas a prazo;
- – Fornecedores: Taxa de juros embutida nas compras a prazo; e
- – Financiamentos de curto prazo: taxa cobrada pelos bancos.

Uma antecipação de compra de matéria-prima seria um sacrifício para as demais contas do Circulante. Considera-se, então, uma média ponderada das contas do Capital de Giro (ou Circulante) da empresa:

$$CMPG = \frac{C_1 i_1 + C_2 i_2 + ... + C_n i_n}{C_1 + C_2 + ... + C_n}$$

onde:

CMPG = Custo médio ponderado do Capital de Giro

$C_1, C_2, ..., C_n$ = Valores das contas do Capital de Giro

$i_1, i_2, ..., i_n$ = respectivas taxas de remuneração ou de custo

não esquecendo que as contas do passivo circulante entram com sinal negativo.

– **Longo Prazo:** Para o longo prazo existem algumas abordagens distintas. Para se avaliar uma empresa ou um projeto como um todo, pode ser útil o critério do Custo Médio Ponderado do Capital (CMPC) para calcular a Taxa de Desconto.

$$\text{CMPG} = \frac{C_1 i_1 + C_2 i_2 + ... + C_n i_n}{\text{Passivo Total}}$$

onde:

$C_1, C_2, ..., C_n$ = Valores das diversas contas do Passivo Total

$i_1, i_2, ..., i_n$ = remunerações "exigidas" por acionistas (contas do Não exigível) ou por credores (contas do Exigível).

Para avaliar o Patrimônio Líquido da empresa, ou o retorno dos Recursos Próprios no projeto, pode ser utilizado o modelo *Capital Asset Price Model* (CAPM) ou Modelo de Precificação do Capital de Ativos. O CAPM é interessante pois incorpora o fator risco no cálculo da Taxa de Desconto.

O CAPM está baseado no fato de que o investidor deseja uma remuneração de baixo risco (TMA) mais um prêmio pelo risco:

$$E(R) = Rf + Beta[E(Rm) - Rf]$$

onde:

E(R) = Remuneração esperada para a ação ou recursos próprio no projeto

Rf   = Taxa livre de risco (*risk free*)

E(Rm) = Retorno esperado para o Mercado

Beta = medida de risco não diversificável (para um segmento ou empresa)

Normalmente, utiliza-se como Rf a remuneração de títulos do governo. Como E(Rm) utiliza-se o retorno de uma bolsa de valores. O Beta pode ser calculado para segmentos ou empresas através de regressões com séries históricas de Rf e E(Rm).

Exemplo: Se os títulos do governo rendem 8% a.a. e o retorno da bolsa é de 12% a.a., calcule o retorno esperado para os recursos próprios num projeto cujo Beta do segmento é 1,5.

$$E(R) = 8 + 1,5\,(12-8) = 14\% \text{ a.a.}$$

Se o Beta for igual a zero, significa que o segmento é muito estável, atuando com produtos de longo ciclo de vida.

Se o Beta for igual a 1, significa que o retorno do segmento acompanha a média da bolsa.

Setores dinâmicos implicam Beta normalmente superior a 1, pois estão sujeitos a maiores riscos.

Por fim, vem o fator pessoal. Uma grande aversão ao risco, por parte do investidor, pode implicar ele querer uma taxa muito elevada para retirar seu dinheiro da TMA e aplicar num projeto sujeito a risco. É como se ele tivesse seu Beta pessoal.

Há ainda a recomendação de se estar atento ao Imposto de Renda. Fluxos de Caixa dos projetos apuram resultados após o Imposto de Renda. Também a TMA ou a Taxa de Desconto deve ser líquida, ou seja, considerada após a incidência do Imposto de Renda.

14.3 Modalidades e fontes de financiamento

Para uma empresa efetivar um investimento, seja para Ativo Fixo (exemplo, um equipamento), ou Capital de Giro (exemplo: formação de estoque), ela pode recorrer basicamente a três fontes.

- Reinversão de Lucros
- Aporte de Capital
- Financiamento

As duas primeiras fontes são consideradas como próprias da empresa e dependem da existência de lucros acumulados, no primeiro caso, ou de disponibilidade de recursos por parte dos acionistas, no segundo caso.

A terceira fonte, e a mais frequente, é o financiamento e, através dela, a empresa busca recursos externamente.

Mas é usual a recorrência simultânea às três fontes, haja vista que as instituições bancárias, em geral, exigem uma contrapartida de recursos próprios associada ao financiamento, que pode ser obtida por meio de um lançamento público ou fechado de ações. Algumas instituições operam modalidades de financiamento ao acionista para que ele próprio aporte capital. É uma forma de evitar um excessivo endividamento por parte da empresa, o que poderia representar um risco para o banco.

Quadro I – Ocorrência de Investimento na Empresa

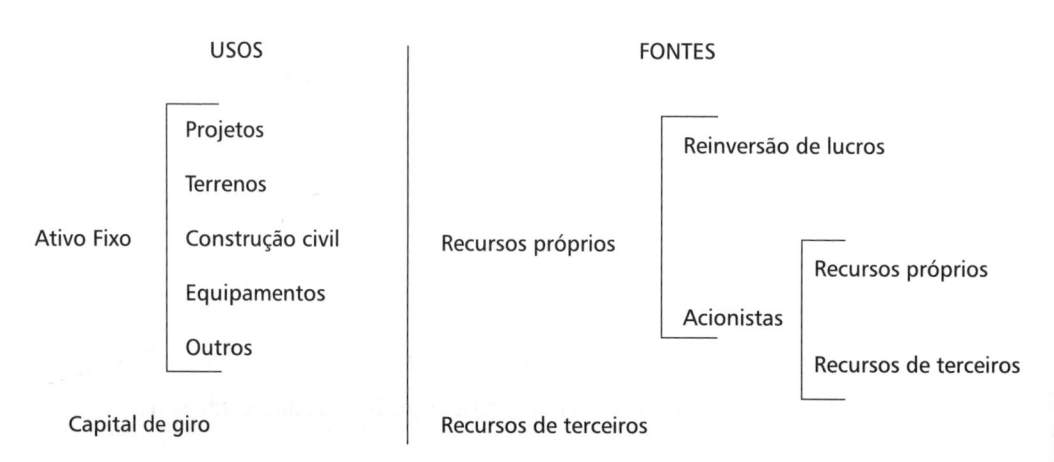

USOS		FONTES	
Ativo Fixo	Projetos	Recursos próprios	Reinversão de lucros
	Terrenos		
	Construção civil		Acionistas – Recursos próprios
	Equipamentos		
	Outros		Recursos de terceiros
Capital de giro		Recursos de terceiros	

O quadro sintetiza as formas de usos e fontes dos recursos quando ocorre investimento nas empresas.

Este capítulo versará sobre a fonte "Recursos de Terceiros", aí incluindo os financiamentos aos acionistas.

Os financiamentos industriais podem ser classificados segundo a finalidade, a origem dos recursos, segundo o tipo de operação e segundo as instituições financeiras.

Segundo a finalidade:

Investimento fixo (construção civil, equipamentos)

Capital de giro (estoque, financiamento das vendas)

Pré-investimentos (projetos)

Desenvolvimento tecnológico

Saneamento financeiro (substituição de financiamentos "caros" de curto prazo por modalidades especiais de prazos maiores).

Segundo a origem dos recursos:

Instituições federais (BNDES, Finep etc.) e seus agentes

Programas federais ou estaduais de capitalização

Captação direta de recursos junto ao público (debêntures)

Recursos externos (empréstimos em dólares)

Postergação de impostos (programas de incentivos estaduais)

Segundo o tipo de operações:

Empréstimos

Desconto de títulos

Arrendamento mercantil (*leasing* e *leaseback*)

Operações de mercado (lançamento de debêntures)

Capitalização

Segundo a instituição financeira:

Bancos de desenvolvimento

Bancos comerciais

Direto do público (debêntures)

Empresas de *leasing*

Instituições de capitalização

Serão abordados alguns dos itens mais importantes, visto não ser possível elaborar uma matriz de relacionamento com quatro eixos.

FINANCIAMENTOS PARA INVESTIMENTO FIXO

Os financiamentos para investimento fixo caracterizam-se por um longo prazo (5 a 12 anos) com carência também dilatada (até 3 anos). A carência é explicada pelo prazo de maturação do investimento fixo e o prazo longo é um incentivo ao investimento, haja vista a maioria das modalidades provirem de agências governamentais.

As principais modalidades para investimento fixo atualmente existentes no Brasil são de órgãos federais e repassados por bancos de desenvolvimento ou bancos de investimento.

Principais fundos e suas aplicações: Financiadora de Estudos e Projetos (Finep): Pré-Investimento; Banco Nacional de Desenvolvimento Econômico e Social (BNDES): Construções, Instalações e Capital de Giro adicional; Agência Especial de Financiamento Industrial (BNDES/Finame): Equipamentos.

Normalmente, caracterizam-se por taxas de juros de até 12% a.a., fixas, e saldo devedor corrigido com base na inflação (ver exercício 14.3). O valor do financiamento é calculado na moeda constante e a planilha financeira é calculada nestas unidades, sendo feita a conversão à época de cada pagamento. O sistema SAC é o mais utilizado, e apenas uma parte (50 a 90%) do investimento total é financiada, para que os acionistas capitalizem a empresa com a contrapartida.

Exercício 14.3: Para exemplificar, utilizar-se-á um caso hipotético de um financiamento pela linha BNDES

Características da linha:

- financia 60% do investimento total (fixo + giro);
- prazo: oito anos, sendo dois de carência;
- taxa de juros: 6% ao ano embutidos na TJLP;[1]
- *spread* do sistema BNDES (BNDES + Agente Financeiro): 6% a.a.;
- atualização monetária: embutida na TJLP;
- forma de pagamento: juros trimestralmente durante a carência e amortização mensal (sistema SAC);
- (IOF) Imposto sobre Operações de Financeiras: 1,5% no ato;
- outras despesas (registros de Cartório, despesas com hipotecas): arbitradas em 1% do valor do investimento;
- valor do investimento: 75 mil reais;
- valor financiado: 45 mil reais;

---

[1] TJLP significa Taxa de Juros de Longo Prazo, que é uma taxa flutuante que embute inflação e juros.

- cálculo das taxas trimestral e mensal de juros (i_t, i_m):
  $i_t = (1 + ia)^{1/4} - 1 = 2,8737\%$: $i_m = (1 + ia)^{1/12} - 1 = 0,9489\%$;
- data-base: 10-10-96;
- planilha em reais a preços constantes:

t	Data	Saldo devedor	Amort.	Juros	Prestação	Taxa e imposto s/ op. financeiras	Fluxo final
0	10-10-96	45.000,00	–	–	–	1.125,00	43.875,00
1	10-01-97	45.000.00	–	1.293,18	1.293,18	–	1.293,18
2	10-04-97	45.000.00	–	1.293,18	1.293.18	–	1.293,18
3	10-07-97	45.000,00	–	1.293,18	1.293,18	–	1.293,18
4	10-10-97	45.000.00	–	1.293,18	1.293,18	–	1.293,18
5	10-01-98	45.000,00	–	1.293,18	1.293,18	–	1.293,18
6	10-04-98	45.000,00	–	1.293,18	1.293,18	–	1.293,18
7	10-07-98	45.000,00	–	1.293,18	1.293,18	–	1.293,18
8	10-10-98	45.000,00	–	1.293,18	1.293,18	–	1.293,18
9	10-11-98	44.375,00	625,00	426,99	1.051,99	–	1.051,99
10	10-12-98	43.750,00	625,00	421,06	1.046,06	–	1.046,06
11	10-01-99	43.125,00	625,00	415,13	1.040,13	–	1.040,13
12	10-02-99	45.500,00	625,00	409,21	1.034,20	–	1.034,20
.	.	.	.	.	.	.	.
.	.	.	.	.	.	.	.
.	.	.	.	.	.	.	.
78	10-08-04	1.250,00	625,00	17,79	642,79	–	642,79
79	10-09-04	625,00	625,00	11,86	636,86	–	636,86
80	10-10-04		625,00	5,93	630,93	–	630,93
							Taxa Efetiva Mensal: 1,006%

A taxa efetiva do financiamento é de 1,006% ao mês. Capitalizando para 1 ano, tem-se 12,76%, que é algo superior aos 12% originais, devido ao Imposto e às outras despesas de contratação.

FINANCIAMENTOS PARA O CAPITAL DE GIRO

Os financiamentos para o capital de giro normalmente se caracterizam pelo prazo, mais curto, compatível com a maturação do investimento, pois são utilizados normalmente para formar estoques ou financiar as vendas.

Os órgãos federais normalmente possuem linhas com taxas moderadas e prazos de até três anos para atendimento a empresas de pequeno e médio porte em áreas prioritárias, mas prioritariamente só financiam o capital de giro associado a um investimento fixo que aumente a capacidade de produção.

Mas o caso geral apresenta modalidades de financiamento em que os Bancos Comerciais captam recursos por meio de Certificados de Depósito Bancário (CDB), normalmente em prazo de até um ano com correção monetária pré ou pós-fixada.

Esse tipo de operação normalmente tem curto prazo (de 1 a 6 meses), com amortização final. Os juros podem ser cobrados de maneira variada.

No caso de correção pós-fixada, a correção normalmente é feita com base numa taxa referencial, e a taxa de juros cobrada pode ser composta por dois fatores: uma taxa anual e uma taxa de abertura de crédito. Os esquemas de amortização são os mais variados, e os prazos normais são de até um ano.

Exercício 14.4: Uma empresa possui duas opções de financiamento para capital de giro, no valor de UM 100 mil.

a) correção prefixada, pagamento de encargos e principal ao final de 363 dias, taxa de 29% para 360 dias;

b) correção pós-fixada, pagamento de encargos e principal ao final de 363 dias, taxa de 12% para 360 dias e taxa de abertura de crédito de 5%.

Se a empresa estima a correção para os próximos 12 meses em 10% a.a., por qual modalidade deve optar?

É interessante elaborar os fluxos de caixa para cada modalidade (em um mil):

Solução:

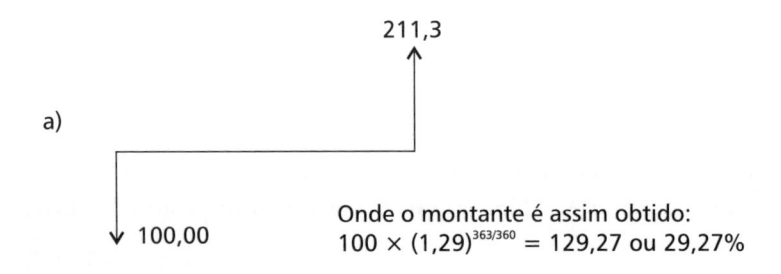

a)

211,3 ↑

↓ 100,00

Onde o montante é assim obtido:
$100 \times (1,29)^{363/360} = 129,27$ ou $29,27\%$

b)

```
        123,25
          ↑
          |
  ↓  95,00
```

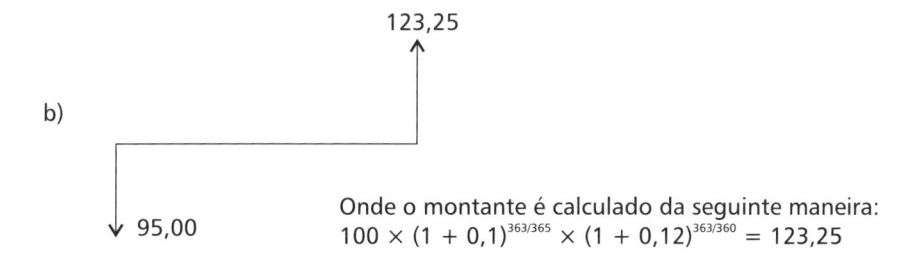

Onde o montante é calculado da seguinte maneira:
$100 \times (1 + 0,1)^{363/365} \times (1 + 0,12)^{363/360} = 123,25$

E a taxa anual é de

$$\frac{123,25}{95,00} = 1,2973 \text{ ou } 29,73\%^2 \text{ em 363 dias}$$

A diferença é pequena. Logo, o fator que influirá sobremaneira na decisão é o grau de risco que a empresa deseja correr.

Com correção pós-fixada, evidentemente o risco é bem mais baixo.

A taxa efetiva da modalidade B, descontada a correção monetária, que é de 10%, passa a ser (em base de 365 dias):

$$\frac{1,2992}{1,100} = 1,1811 \therefore i = 18,11\%$$

Considerando a incidência do Imposto sobre Operações de Financeiras (IOF), que é de 1,5%[3] sobre o principal, recolhido no ato, o custo passa a ser: $\frac{123,25}{95,00} - 1 = 0,3182$ ou 31,82% (taxa global em 363 dias) ou $\frac{(1,3182)^{365/363}}{1,1000} - 1 = 0,2002$ ou 20,02% reais ao ano.

O quadro a seguir ilustra a operação:

FLUXO DA OPERAÇÃO PÓS-FIXADA

0 Dias	1 Principal	2 TAC	3 IOF	4 Juros e correção	5 Amortização	6 Fluxo final
0	− 100	5	1.5	−	−	− 93,5
363	−	−	−	23,25	100	123,25
Taxa global (363 dias)						31,82%
Taxa global (365 dias)						32,02%
Taxa real anual						20,02%

---

[2] Esta é uma taxa global para 363 dias. Para 365 dias, teríamos uma taxa global de: $(1,2973)^{365/363} - 1 = 0,2992$ ou 29,92%.

[3] 0,0041% por dia de prazo, limitado em 1,5%.

DESCONTO DE DUPLICATAS

Uma operação para capital de giro de curto prazo é a chamada operação de desconto de duplicatas, praticada por bancos comerciais.

A empresa entrega as duplicatas ao banco para a cobrança, sendo que o banco antecipa o valor, deduzindo os juros no ato.

Normalmente, os bancos exigem do cliente que parte dos recursos seja deixada como saldo médio, numa espécie de contrapartida, comumente chamada "reciprocidade".

Exercício 14.5: Qual a taxa efetiva da seguinte operação de desconto de duplicatas:

- Valor das Duplicatas: UM 10 milhões;
- Prazo: 60 dias;
- Taxa: 6% ao mês nominal, cobrada antecipadamente, ou seja, 12% antecipados;
- Depósito para saldo médio (não remunerado): 20% do valor.

Solução:

O fluxo será o seguinte:

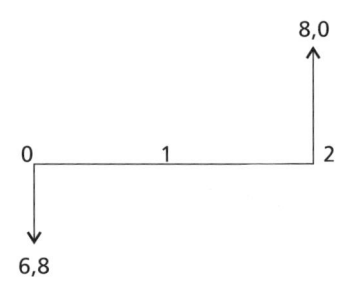

O termo em zero é calculado da seguinte forma:

Termo em zero = valor das duplicatas − [0,12 . valor dup.] − [0,2 . valor dup.] = 10 −1,2 − 2 = 6,8

O termo final é o valor das duplicatas deduzidos os 20%, que serão devolvidos à empresa, caso ela não renove a operação.

A taxa é de: 8,0 = 6,8 (F/P, i, 2)... i = 8,47% ao mês, ou seja: 165% a.a.

Como sobre este tipo de operação também incide IOF proporcionalmente ao número de meses, de forma antecipada, e sobre o valor nominal das duplicatas, o custo da operação pode subir consideravelmente.

FINANCIAMENTO COM RECURSOS EXTERNOS

Os bancos nacionais captam recursos no exterior, normalmente por prazos de oito anos, repassando para as empresas com prazos variáveis de três meses a oito anos.

A finalidade de utilização dos recursos é geral, podendo atingir inversões em capital de giro ou fixo.

As taxas incidentes, além da variação cambial, são:

- "Libor" ou "Prime Rate", por exemplo, que são taxas médias de operações de bancos ingleses e norte-americanos, respectivamente;
- "Spread", que é a comissão sobre o saldo devedor para cobrir o risco e remunerar o banco externo financiador.
- "Flat Fee", que é uma taxa de abertura do banco externo.
- Comissão de Repasse do Banco Nacional agenciador, que é cobrada sobre o saldo devedor, mas normalmente de forma antecipada em cada semestre.

Sobre os encargos remetidos ao exterior (Libor, Spread e Flat Fee) incide Imposto de Renda em 33,33% do valor. Porém, em média um mês após, são devolvidos 40% deste valor recolhido.

Seja como exemplo uma operação de US$ 5 milhões, num prazo de 16 semestres, incluindo cinco de carência, nas seguintes condições:

Libor: 7,70% ao semestre

Flat Flee: 1,25%

Comissão: 1,75% ao semestre, antecipada

Supondo uma variação cambial de 0,5% ao mês, ou seja, 3,04% ao semestre, necessita-se elaborar o quadro de desembolsos.

O quadro a seguir apresenta detalhadamente a planilha de desembolsos, calculando a taxa da operação, antes e após a variação cambial.

QUADRO DE DESEMBOLSOS

A) INFORMAÇÕES BÁSICAS

VALOR	5.000.000,00 de dólares
COTAÇÃO INICIAL	1,00 em 15-4-96
PERÍODO	16 semestres – carência cinco semestres
DATA DE INÍCIO	15-10-97
FLAT (%)	1,2500 no ato
COMISSÃO (%)	1,7500 por semestre
SPREAD (%)	1,1187 por semestre

B) INFORMAÇÕES PARA CADA SEMESTRE

LIBOR (%):	7,70	7,70	7,70	7,70	7,70	7,70	7,70	7,70	7,70	7,70
	7,70	7,70	7,70	7,70	7,70	7,70				
IR (%):	33,33	33,33	33,33	33,33	33,33	33,33	33,33	33,33	33,33	33,33
	33,33	33,33	33,33	33,33	33,33	33,33				
DEVOLUÇÃO IR (%):	40,00	40,00	40,00	40,00	40,00	40,00	40,00	40,00	40,00	40,00
	40,00	40,00	40,00	40,00	40,00	40,00				
COTAÇÃO DO DÓLAR:	1,03	1,06	1,09	1,13	1,16	1,20	1,23	1,27	1,31	1,35
	1,39	1,43	1,48	1,52	1,56	1,61				
OUTRAS TAXAS (%)	0,75	0,75	0,75	0,75	0,75	0,75	0,75	0,75	0,75	0,75
	0,75	0,75	0,75	0,75	0,75	0,75				

C) SITUAÇÃO INICIAL

Data	Saldo principal	Comissão de repasse	Flat	Outros	Total de encargos	IR	Devol. IR	Liber. liq. (dólar)	Liberação liq. (moeda nacional)
15-04-96	5000000,00	87500,00	62500,00	37500,00	187500,00	20831,25	8332,50	4800001,25	4.800,001

D) TABELA FINANCEIRA

Data	Principal	Comissão de repasse	Libor % e Spread	Outros	IR	Amort.	Desembolso	Devolução do IR	Desemb. em dólares	Desemb. em moeda nacional
15-10-97	5000000,00	87500,00	440935,01	37500,00	146963,63	0,00	712898,64	58785,45	654113,19	673.737
15-04-98	5000000,00	87500,00	440935,01	37500,00	146963,63	0,00	712898,64	58785,45	654113,19	693.360
15-10-98	5000000,00	87500,00	440935,01	37500,00	146963,63	0,00	712898,64	58785,45	654113,19	712.983
15-04-99	5000000,00	87500,00	440935,01	37500,00	146963,63	0,00	712898,64	58785,45	654113,19	739.148
15-10-99	5000000,00	87500,00	440935,01	37500,00	146963,63	0,00	712898,64	58785,45	654113,19	758.771
15-04-00	5000000,00	87500,00	440935,01	37500,00	146963,63	454545,45	1167444,09	58785,45	1108658,64	1.330.391
15-10-00	4545454,55	79545,45	400850,01	34090,91	133603,30	454545,45	1102635,13	53441,32	1049193,81	1.253.609
15-04-01	4090909,09	71590,91	360765,01	30681,82	120242,45	454545,45	1037825,16	48097,19	989728,97	1.256.956
15-10-01	3636363,64	63636,36	320680,01	27272,73	106882,45	454545,45	973017,19	42753,06	930264,14	1.218.646
15-04-02	3181818,18	55681,18	280595,01	23863,64	93522,31	454545,45	908208,22	37408,92	870799,30	1.175.579
15-10-02	2727272,73	47727,27	240510,00	20454,55	80161,96	454545,45	843399,26	32064,79	811334,47	1.127.754
15-04-03	2272727,27	39772,73	200425,00	17045,45	66801,65	454545,45	778590,29	26730,66	751869,63	1.075.174
15-10-03	1818181,82	31818,18	160340,00	13636,36	53441,32	454545,45	713761,32	21376,53	692404,79	1.024.759
15-04-04	1363636,36	23863,64	120255,00	10227,27	40060,99	454545,45	648972,36	16032,40	632939,96	962.069
15-10-04	909090,91	15909,09	80170,00	6818,18	26720,66	454545,45	584163,39	10688,26	573475,12	894.621
15-04-05	454545,45	0,00	40085,00	0,00	13360,33	454545,45	507990,79	5344,13	502646,65	809.262

E) TAXA EFETIVA

	Taxas calculadas p/ dólares	Taxas calculadas p/ moeda nacional
Mensal	2,18%	2,68%
Trimestral	6,68%	8,26%
Semestral	13,82%	17,21%
Anual	29,55%	37,38%

DEBÊNTURES

Uma forma de a empresa obter recursos é por emissão de debêntures, que são títulos de renda fixa negociáveis.

A emissão pode ser fechada aos acionistas (lançamento privado) ou aberta ao público (lançamento aberto).

No caso de lançamento aberto, as debêntures podem ser conversíveis ou não em ações. No caso de serem conversíveis, uma fórmula de conversão deve ser previamente ajustada.

No caso de lançamento privado, a empresa tem total liberdade de fixar os prazos e rendimentos. Já para o lançamento aberto, deve seguir a regulamentação de CVM (Comissão de Valores Mobiliários). Mesmo assim, a flexibilidade é bem maior do que em financiamentos, ou seja, a empresa tem certa liberdade para administrar sua dívida.

Para ocorrer um lançamento aberto, há a interveniência de bancos, corretoras e dos debenturistas, ou seja, os investidores.

Os bancos avaliam as debêntures e garantem a subscrição, isto é, compram as debêntures para vendê-las através de corretoras.

Os prazos variam de um a cinco anos sendo que ocorre pagamento periódico de juros e amortização segundo um esquema de sorteio.

TAXAS INCIDENTES:

Variação da correção monetária de taxas de juros

Prêmio anual de permanência com as debêntures

Taxas de garantia de subscrição no ato (aos bancos)

Taxa de colocação (às corretoras)

Taxa de coordenação (ao banco líder)

Comissão de aval (sobre o saldo devedor ao banco avalista)

Exercício 14.6: Seja o caso de uma empresa que pretende lançar UM 100 milhões em debêntures abertas ao público, não conversíveis.

Prazo: três anos

Amortização: 33,33% ao final de cada ano

Pagamento de juros: trimestral

Taxa de juros: 12% ao ano

Correção monetária: pela variação oficial

Taxa de aval do banco avalista: 3% sobre o saldo devedor cobrada antecipada e anualmente

Taxa de garantia de subscrição: 3% no ato

Taxa de colocação: 3% no ato

Taxa de coordenação: 2% ano ato

Prêmio aos debenturistas remanescentes: 4% sobre o saldo remanescente ao final de 1º e 2º anos

Não há incidência de IOF.

Determinar a taxa real de juros antes dos impostos.

Solução:

Para solucionar o problema, é necessário, primeiramente, calcular a taxa trimestral de juros.

$$i_k = \sqrt[4]{1,12} - 1 = 2,87$$

Como segundo passo, elabora-se o fluxo de caixa, a preços constantes.

Termos em zero:

Principal – Taxas (garantia de subscrição, colocação e coordenação) – Aval antecipado do 1º ano = UM 100 milhões (100% – 8% – 3%) = UM 89 milhões.

Fluxo:

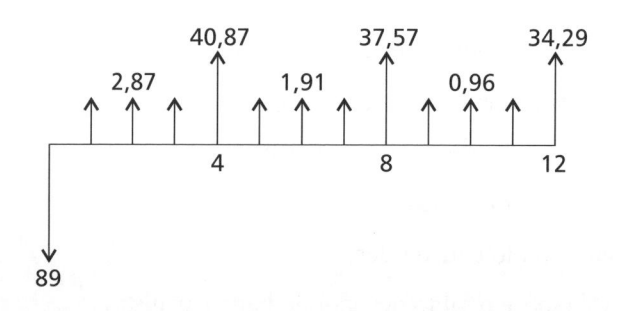

4º Termo:

   2,87 + 66,66 (4% + 3%) + 33,33 = 40,87

   juros + prêmio + aval antecipado + amortização

8º Termo:

   1,91 + 33,33 (4% + 3%) + 33,33 = 37,57

   juros + prêmio + aval + amortização

12º Termo:

   0,96 + 33,33   = 34,29

   juros + amortização

A taxa real para o fluxo passa a ser = 5,52% ao trimestre ou efetivamente 23,98% ao ano.

LEASING E *LEASEBACK*

O *leasing* é uma operação de arrendamento mercantil. A empresa, em vez de tomar um financiamento para adquirir o equipamento ou outro ativo fixo, simplesmente aluga-o de uma empresa especializada.

Numa operação de *leasing*, estão envolvidos o arrendador (empresa de *leasing*), o arrendatário (que vai usufruir do bem), o produtor do equipamento e uma instituição financeira (que provavelmente financiará a aquisição do bem para a empresa de *leasing*).

Do ponto de vista do arrendatário, a análise resume-se em comparar o custo da operação de compra (normalmente, o custo do financiamento), com o custo da operação de *leasing*, após os efeitos fiscais.

   Vantagem para o arrendatário:

      Dedução integral da prestação no IR

   Desvantagem:

      Deixa de deduzir a depreciação e os juros do financiamento preterido

Após o prazo de arrendamento, o arrendatário poderá exercer a opção de compra, por um valor residual garantido pela arrendadora.

Existem várias opções de *leasing*, em que a arrendadora, além de simplesmente arrendar, pode responsabilizar-se por certos custos como a manutenção.

Outra fonte de financiamento, sem dúvida, interessante para a empresa, consiste no *leaseback*, cuja definição é a de um arrendamento Mercantil no qual o arrendador adquire o bem do próprio futuro arrendatário. Este é um bem já com certo tempo mínimo de uso definido em legislação.

No Brasil, esta modalidade é operada por bancos de investimento, bancos de desenvolvimento e empresas de *leasing* e a legislação condiciona que os prazos mínimos são de dois anos para veículos leves e três anos para equipamentos, veículos pesados e imóveis.

O bem deve estar contabilizado no ativo do arrendatário há, pelo menos, seis meses, antes da venda ao arrendador.

A instituição bancária, ao adquirir este bem, incorpora-o a seu ativo passando a depreciá-lo sob taxas definidas em legislação.

A diferença básica entre o *leasing* e o *leaseback* está na finalidade da operação: No *leasing*, a empresa recebe um equipamento ou outro ativo fixo; no *leaseback*, a empresa recebe recursos normalmente utilizados para capital de giro.

Da mesma forma que numa operação de *leasing*, a empresa poderá ter benefícios fiscais.

No *leaseback*, se a arrendatária vender o bem por um valor acima do seu valor contábil, deve pagar imposto sobre o rendimento. Porém, se vender por preço abaixo do valor contábil, não poderá abater o prejuízo contábil.

A seguir, será visto o cálculo de custo de uma operação de *leaseback*, incluindo os efeitos fiscais. Para se calcular o custo de uma operação de *leasing*, o procedimento é basicamente o mesmo.

Na análise é que reside a diferença, uma vez que para o *leaseback*, compara-se o custo desta operação com o custo de uma operação de financiamento para capital de giro, e no *leasing* o custo desta operação com o custo de uma operação de compra financiada.

As análises podem ser feitas pelos métodos do Valor Presente, Valor Anual Equivalente ou Taxa Interna de Retorno.

Exercício 14.7: Determinar o custo da seguinte operação de *leaseback* para veículos.

Prazo de duração: dois anos

Valor do bem: 10.000 (contábil)

Prazo restante de depreciação: quatro anos

Taxa: 30% ao ano

Prestações anuais

Valor residual estipulado para recompra: 1 (simbólico)

Imposto de Renda: 35% pago um ano após

Analisar em moeda constante!

Solução:

Cálculo da prestação:

prestação = 10.000 × (A/P, 30%, 2) = 7.344

Depreciação anual que deixa de ocorrer: 10.000/4 = 2.500

FLUXO

Anos	a	b	c	d(*)	e = a + d
	Operação	Depreciação	Deduções	IR	Após IR
0	(10.000)				(10.000)
1	7.344	2.500	4.844		7.344
2	7.345	2.500	4.844	(1.695)	5.649
3		2.500	(2.500)	(1.695)	(1.695)
4		2.500	(2.500)	875	875
5				875	875
Taxa	30%				18,66%

(*) Pago no exercício seguinte.

A redução de custos foi substancial (de 30% para 18,66%), ocasionada pela "pseudoa-celeração" da depreciação restante de quatro para dois anos.

A análise, no entanto, só estará completa após feita a comparação com um financiamento convencional de capital de giro.

Vamos supor um financiamento pelo sistema SAC, em duas amortizações anuais. O IOF é de 1,5% e a taxa também é de 30% ao ano.

FLUXO

Anos	a	b	c	d	e	f = a + b - e
	Operação	IOF	Juros	Deduções	IR	Após IR
0	(10.000)	150		150		(9.850)
1	8.000		3.000	3.000	52	7.948
2	6.500		1.500	1.500	1.050	5.450
3					525	(525)
Taxa	30%					22,35%

Neste caso, a operação de capital de giro através de financiamento custará 22,35% contra 18,66% via *leaseback*. O *leaseback*, portanto, apresenta vantagens fiscais por "acelerar" a depreciação de quatro para dois anos, diminuindo o valor do imposto de renda.

OPERAÇÕES DE CAPITALIZAÇÃO

Através da emissão de ações, a empresa pode obter recursos para investimentos.

Além dos lançamentos públicos e privados, as empresas podem emitir ações que são compradas por instituições de fomento governamentais, voltadas exclusivamente para este fim.

Normalmente, as ações são preferenciais (sem direito a voto) e os contratos estipulam condições prefixadas de recompra destas ações.

Estas condições são, em geral, equivalentes às de um financiamento subsidiado.

Existem também modalidades de financiamento para os acionistas aportarem capital na empresa. A linha BNDES/Finac (Financiamento ao Acionista), nas mesmas condições do exercício 14.3 deste capítulo, é a mais utilizada.

A principal finalidade destas linhas é evitar um endividamento elevado da empresa.

14.4 *Project Finance*

Cada vez mais a complexidade dos projetos tem aumentado, em função da multidisciplinaridade dos conhecimentos necessários. Isso tem feito com que empresas compartilhem suas competências. Vários tipos de compartilhamento têm se verificado nas duas últimas décadas, tais como alianças empresariais, cadeias de fornecedores, condomínios industriais, redes ou consórcios de pequenas empresas e *Project Finance*, entre outros. Isso fez com que se tornasse obsoleto o que já foi escrito sobre organização e estruturação de negócios, especialmente empreendimentos complexos de infraestrutura.

No *Project Finance*, particularmente, as empresas, além de compartilharem suas competências, também participam acionariamente dos projetos. Um caso bastante conhecido no Brasil é o do Consórcio VBC, que uniu o maior fabricante de cimento (Votorantim), com uma grande construtora (Camargo Correia) e com um grande banco (Bradesco) para atuar no ramo de usinas hidrelétricas. Ora, uma usina hidrelétrica necessita de cimento, de "alguém" com tecnologia e escala para construí-la, e de recursos financeiros. Normalmente, há a união a uma empresa do setor elétrico na formação de empresas de propósito específico de desenvolver e operar usinas hidrelétricas.

Tome-se a modalidade do *Project Finance*, como projeto compartilhado entre vários *Stakeholders* (ver Finnerty na Bibliografia). O *Project Finance* caracteriza-se por agrupar os vários interessados diretamente na implantação de um empreendimento, quais sejam, a empresa do ramo, os fornecedores, a empresa de Engenharia, agentes financeiros e outros interessados. É uma modalidade adequada aos novos tempos em que os grandes projetos de infraestrutura são feitos pela iniciativa privada, e que, por isso, os financiadores querem ver diminuídos os seus riscos. Existem riscos de conclusão do projeto, riscos de mercado, como o preço do produto ou serviço, riscos operacionais, legais, financeiros, ambientais e políticos, como o visto há pouco tempo na relação Brasil/Bolívia em relação ao gás natural.

O *Project Finance* diferencia-se essencialmente do *Corporate Finance*. Neste último, o Fluxo de Caixa da empresa "paga" o projeto e os bancos analisam a capacidade de pagamento da empresa como um todo. No *Project Finance* a capacidade de pagamento é dada pelo próprio fluxo de caixa do projeto. Para tal, é criada uma Sociedade de Propósitos Específicos (SPE), cujos sócios são esses mesmos interessados, e isso vai ajudar a mitigar os riscos das mudanças ambientais deste mundo altamente dinâmico. Os bancos sentem-se mais seguros devido ao comprometimento dos diversos interessados e, normalmente, fazem descontos nas taxas de juros e aceitam os contratos de fornecimento dessa SPE como garantias reais do tipo "recebíveis", o que facilita e barateia a operação bancária. A Figura 14.1 esquematiza as diferenças entre o *Corporate* e o *Project Finance*.

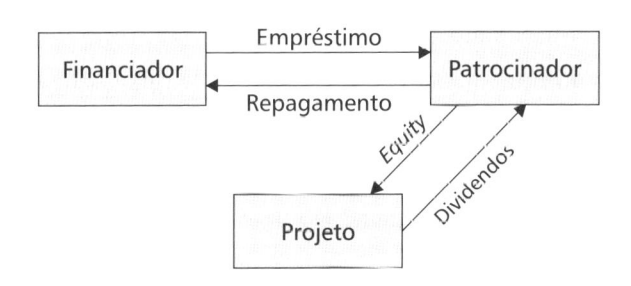

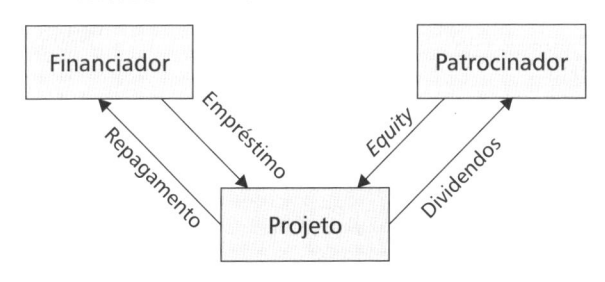

Figura 14.1 *Esquema básico do* Corporate Finance × Project Finance.

Os participantes do *Project Finance* dividem-se em:

- patrocinadores (*sponsors*), com funções de inicialização do projeto, disponibilização da *expertise* no setor e do capital próprio necessário (*equity*) requerido pelos financiadores, antecipadamente ao empréstimo ou *pari passu*;

- operadores, que possuam *expertise* no setor do empreendimento, habilidades gerenciais e,
- *offtakers* ou compradores, que firmam os acordos para reduzir risco de mercado de forma a garantir repagamento dos financiadores.

Evidentemente, também aparecem os financiadores, ou seja, os bancos.

O *Project Finance* apresenta algumas desvantagens como ter uma estruturação mais cara, maior prazo para estruturação e uma complexa estrutura de contratos.

Mas, se o projeto for por si complexo, de longa maturação, a lista de vantagens passa a ser muito superior, como:

- a estruturação com *non or limited recourse* (responsabilidade limitada do patrocinador);
- o patrocinador não compromete seu fluxo de caixa na dívida do projeto;
- há uma redução à exposição dos patrocinadores aos riscos do projeto;
- o risco é alocado entre as diversas partes envolvidas no projeto;
- a dívida não interfere nas demonstrações financeiras do patrocinador (salvo balanços consolidados);
- os ativos do projeto, bem como seu fluxo de caixa, são segregados das outras atividades do patrocinador
- projeto não depende da saúde financeira de uma única corporação.

A Figura 14.2 apresenta uma configuração típica de um *Project Finance*.

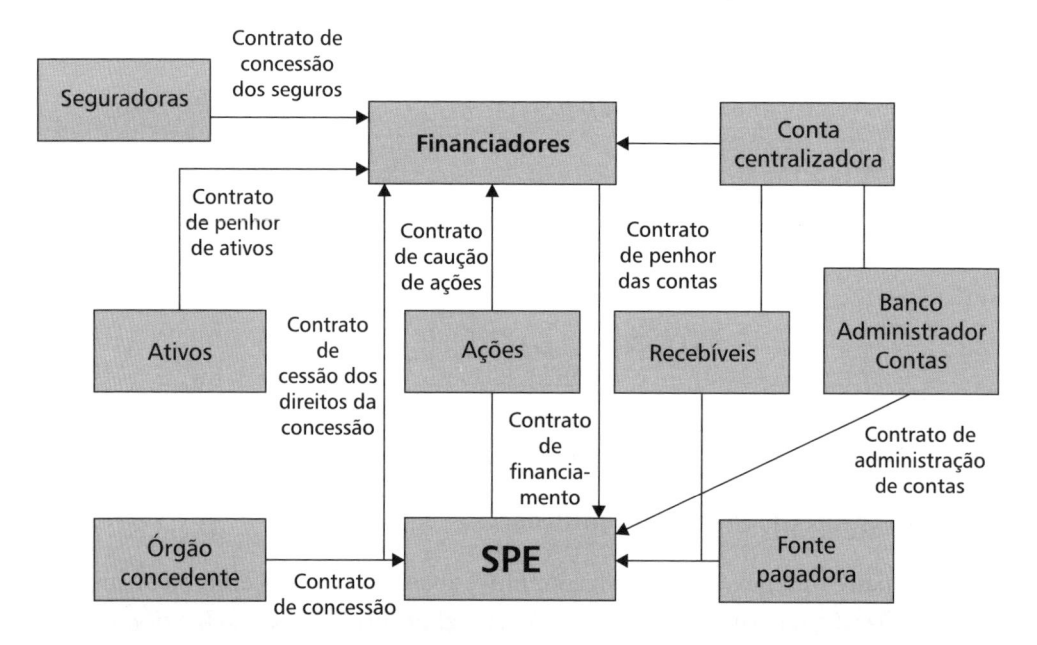

Figura 14.2 *Esquema típico de um* Project Finance.

Na Figura 14.2, aparecem oito tipos diferentes de contratos. Aliás, esta é uma forte característica de um *Project Finance*; o alto envolvimento da área jurídica. Para os bancos financiadores, a figura do advogado passou a ser fundamental na análise de concessão de crédito, juntamente com os analistas econômico-financeiros e os engenheiros.

Embora sua maior utilidade seja na estruturação de grandes projetos de infraestrutura, o *Project Finance* também é aplicável a empreendimentos industriais em que haja um grupo de empresas interessadas e comprometidas, tais como o fabricante do produto, fornecedores, revendedores ou utilizadores.

14.5 Exercícios propostos

1. Para obter recursos para capital de giro, a empresa dispõe de três fontes:

    – emissão de debêntures

    – *leaseback*

    – financiamento

    a) Emissão de debêntures

    Prazo: três anos

    Amortização: 50% ao final do 2º e do 3º anos

    Taxa de juros: 11% ao ano

    Pagamento de juros: trimestral

    Prêmio: 4% anual

    Aval: 3% sobre saldo devedor (anual/antecipado)

    Garantia de subscrição: 3%

    Colocação e coordenação: 4%

    b) *Leaseback* de um equipamento (dez anos de depreciação linear)

    Prazo: três anos

    Prestação trimestral: 12% do valor do equipamento.

    Nº de anos em uso: três anos (faltam sete para depreciação total)

    Valor residual garantido: 1%

    c) Operação de financiamento p/ prazo: três anos

    Amortização: 33,33% ao final de cada ano

    Juros: 14% ao ano

    Pagamento dos juros: ao final de cada ano

Taxa de abertura de crédito: 5% no ato

Imposto sobre operações de crédito: 1,5% no ato

Qual a melhor fonte?

Sugere-se atribuir à operação um valor hipotético de 100 antes da elaboração dos quadros.

2. Os proprietários de uma pequena indústria, avaliada em UM 1.000.000, têm a oportunidade de adquirir uma empresa de distribuição de seus produtos. A compra seria feita por UM 500.000 e a empresa rende UM 100.000 por ano. Os proprietários da indústria não dispõem de recursos suficientes para efetuar a compra e pretendem conseguir fundos vendendo ou debêntures, ou um terço do controle acionário. As debêntures renderiam líquido 10% ao ano e seriam amortizadas em cinco anos.

Considerando que a indústria tem um lucro de UM 170.000 e que a alíquota de Imposto de Renda é de 30%, determine qual a melhor estratégia: debêntures ou ações?

15
Análise de Múltiplas Alternativas e Seleção de Portfólio

15.1 Investimentos excludentes e investimentos independentes
15.2 Taxa mínima de atratividade e múltiplas alternativas
15.3 Utilização das programações matemáticas
15.4 Carteiras de ações – *portfolio selection*
15.5 Exercícios

Nos capítulos anteriores, as situações analisadas envolviam a escolha de uma entre duas ou três alternativas de investimento. Em uma empresa em que os orçamentos de capital são planejados anualmente, o setor responsável por esta atividade se depara com um número grande de alternativas e deverá escolher, não apenas um projeto, mas também o conjunto de projetos que melhor atingir os objetivos da empresa, para os quais existe disponibilidade de capital.

Neste caso, deverão ser tomados cuidados na escolha dos critérios de decisão, pois a seleção dos projetos de maior valor presente, por exemplo, pode levar a decisões insatisfatórias.

A seguir, serão apresentadas regras e modelos para ordenar projetos quando existem múltiplas alternativas. Serão também consideradas restrições orçamentárias, isto é, situações em que vários projetos economicamente viáveis disputam um orçamento que não permite selecionar todos.

15.1 Investimentos excludentes e investimentos independentes

Os investimentos podem ser classificados em tecnicamente excludentes ou tecnicamente independentes.

Investimentos excludentes, como diz o próprio nome, implicam a escolha de apenas uma alternativa. Como exemplo, pode-se ter uma empresa que depara com cinco marcas diferentes de caldeiras que atendem ao projeto básico, mas que apenas uma é necessária ao processo.

Já os investimentos independentes podem ocorrer simultaneamente. Como exemplo, o investimento em um computador para modernização de serviços administrativos pode ocorrer paralelamente à aquisição da nova caldeira na unidade produtiva.

Exercício 15.1: Seja o caso de uma empresa que se depara com seis diferentes alternativas de investimento, tecnicamente excludentes, com as seguintes características:

	I	II	III	IV	V	VI
Investimento inicial	100.000	130.000	152.000	184.000	220.000	260.000
Resultado anual	8.200	16.300	21.900	25.900	29.200	31.200
Valor residual	100.000	130.000	152.000	184.000	220.000	260.000
Vida útil (anos)	10	10	10	10	10	10

A TMA da empresa é 12% a.a.

Resolver pelos métodos do Valor Presente e da Taxa Interna de Retorno.

Solução:

– **Método do Valor Presente:**

Por este método, é necessário descontar os termos do fluxo de caixa.

	I	II	III	IV	V	VI
VP	– 21.470	3.955	20.674	21.582	15.820	0

A solução é a alternativa que apresenta o melhor Valor Presente, ou seja, a alternativa IV.

– **Método da Taxa Interna de Retorno:**

Deve-se calcular a TIR para cada alternativa.

	I	II	III	IV	V	VI
TIR (%)	8,2	12,5	14,4	14,1	13,1	12

As alternativas I e VI podem ser desprezadas por apresentar taxas menores ou iguais a 12%, o que implica Valores Presentes negativos ou nulos.

Restam as alternativas II, III, IV e V, que devem ser ordenadas crescentemente para possibilitar a análise incremental.

	III – II	IV – III	V–IV
Investimento incremental	–22.000	–32.000	–36.000
Aumento de resultado	5.600	4.000	3.300
Valor residual	22.000	32.000	36.000
TIR	25,4%	12,5%	9,2%
Vencedoras	III	IV	IV

A alternativa IV, portanto, deve ser a escolhida, pelos menos em termos quantitativos.

Exercício 15.2: Vamos supor agora que as alternativas de investimentos do exercício 15.1 sejam independentes e que a disponibilidade orçamentária seja de:

a) UM 390.000

b) UM 410.000

Qual é, para cada caso, o melhor conjunto de alternativas?

Solução:

a) O orçamento disponível permite, considerando-se apenas as alternativas mais rentáveis, as seguintes possibilidades ou pacotes:

a1) III, ou IV ou V

a2) III e IV

a3) III e V

A estas possibilidades correspondem os seguintes valores presentes:

a1) 20.674 ou 21.582 ou 15.820

a2) 42.256

a3) 36.494

Deve-se, pois, escolher o pacote a2.

b) Neste caso, além das possibilidades vistas no item a, o orçamento permite escolher simultaneamente IV e V, o que dá um valor presente de 37.402, permanecendo o pacote a2 como vencedor.

Exercício 15.3: Uma empresa dispõe de UM 75 mil para novos investimentos e possui três alternativas:

a) aquisição de um computador;
b) modificações na linha de produção;
c) abertura de uma filial de vendas.

As três alternativas são independentes e a TMA da empresa é de 6% ao ano.

Informações sobre as alternativas:

	Inv. inicial	Resultado anual	Vida útil	Valor residual
A	10.000	1.628	10	0
B	20.000	3.116	10	0
C	50.000	7.450	10	0

Quais investimentos deverão ser escolhidos?

Solução:

Como os recursos são limitados em UM 75.000, fica inviável o investimento simultâneo em A, B e C. No entanto, são possíveis várias combinações:

    I – não investir
    II – só em A
    III – só em B
    IV – só em C
    V – A e B
    VI – A e C
    VII – B e C

Utilizaremos o Método do Valor Presente para analisar as combinações:

Combinação	Inv. inicial	Resultado	Valor Presente
I	0	0	0
II	– 10.000	1.628	1.982
III	– 20.000	3.116	2.934
IV	– 50.000	7.450	4.832
V	– 30.000	4.744	4.916
VI	– 60.000	9.078	6.814
VII	– 70.000	10.566	7.766

A alternativa VII, portanto, apresenta o melhor valor presente e pode ser considerada a alternativa ótima.

15.2 Taxa mínima de atratividade e múltiplas alternativas

A seguir, apresentamos uma abordagem para a determinação da taxa mínima de atratividade de uma empresa. Esta análise leva em conta o custo de oportunidade. Além deste custo, poderiam ser considerados o custo do capital próprio da empresa (retorno dos acionistas) e o custo dos empréstimos. A TMA de uma empresa não deve ser inferior:

a) Em investimentos de longo prazo:
   - ao custo dos empréstimos de longo prazo o qual pode ser, por exemplo, a taxa de juros do Finame (Agência Especial de Financiamento Industrial);
   - à expectativa de ganhos dos acionistas (a qual é de difícil determinação) e à taxa de crescimento estratégica da empresa.

b) Em investimentos de curto e médio prazos:
   - ao custo de oportunidade do capital conforme será mostrado a seguir.

Em organizações estruturadas existem canais correntes que fazem com que os diversos departamentos, seções e divisões enviem a um órgão central, responsável pela captação e seleção preliminar dos projetos, as alternativas de investimento com seus respectivos benefícios e custos. Uma vez selecionados aqueles que se enquadram dentro dos objetivos e prioridades da empresa, todas as propostas são consideradas, e a seleção final é realizada tendo em vista as limitações financeiras existentes, considerando-se eventualmente alguma prioridade específica e principalmente a rentabilidade dos projetos.

Se as propostas apresentarem um grau de risco semelhante, poderão ser obtidos subsídios para a determinação da taxa de mínima atratividade da empresa. Para simplificar a análise, vamos supor que os projetos em estudo sejam pequenos em relação ao orçamento, não difiram significativamente em grau de risco e que sejam todos independentes.

Neste caso, a TMA poderia ser determinada ordenando-se os projetos em ordem decrescente de taxa interna de retorno. Os investimentos requeridos devem, a seguir, ser somados comparando-se esta soma com o orçamento disponível. O primeiro projeto que ultrapassar o orçamento será o primeiro rejeitado e é a taxa interna de retorno deste projeto que poderá ser utilizada como TMA da empresa, pois representa a nova alternativa de investimento para a empresa.

Este custo de oportunidade de capital é o custo do capital cuja taxa de retorno todos os projetos aceitáveis devem exceder, e de fato excedem devido à sistemática utilizada.

Exercício 15.4: Considere os seguintes projetos de investimento independentes, com graus de risco semelhantes, disputando um orçamento de UM 5.000.000,00.

Projeto	TIR	Io
A	15%	400.000
B	18%	1.000.000
C	14%	800.000
D	20%	2.500.000
E	17%	600.000
F	14,5%	500.000
G	13%	200.000
H	21%	700.000
I	16%	900.000

Faça uma estimativa da TMA da empresa.

Solução:

Procedendo conforme o exposto no texto, temos:

Projeto	TIR	ΣIo
H	21%	700.000
D	20%	3.200.000
B	18%	4.200.000
E	17%	4.800.000
I	16%	5.700.000
A	15%	6.100.000
F	14,5%	6.600.000
C	14%	7.400.000
G	13%	7.600.000

A TMA da empresa vale 16%.

A Figura 15.1 ilustra a abordagem desenvolvida.

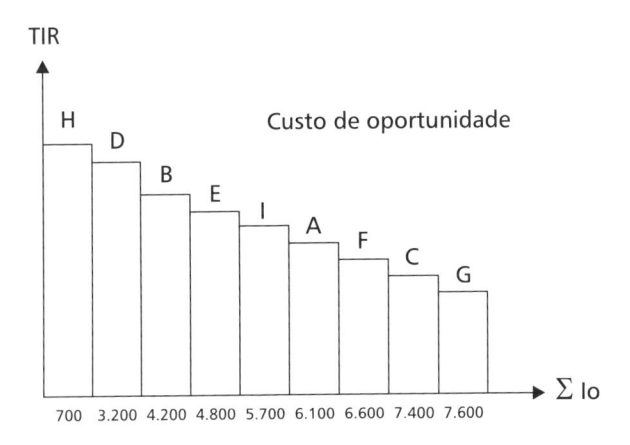

Figura 15.1 *Projetos dispostos em ordem decrescente de TIR.*

Um pressuposto deste método é que não ocorram múltiplas taxas de retorno, mas estes casos são raros. Outra limitação, já citada, é que só foram considerados projetos independentes. Esta limitação poderá, entretanto, ser contornada agregando-se projetos ou criando projetos incrementais.

Se a situação analisada for mais complexa, como restrições orçamentárias para vários períodos, número de projetos elevado e dependência entre os projetos, a solução deverá ser obtida com auxílio de programação matemática, o que será apresentado a seguir.

15.3 Utilização das programações matemáticas

Quando o número de alternativas é grande e a empresa pretende elaborar um plano plurianual de investimentos, pode ser interessante o uso de programações matemáticas, dentre as quais sobressaem a Programação Linear e a Programação Inteira.

A Programação Linear tem como modelo geral a maximização de uma função objetivo,

$$\text{Max } Z = \sum_{j=1}^{n} p_j \, x_j$$

onde **xj** são as variáveis e **pj** os coeficientes, sujeita a **m** restrições do tipo:

$$\sum_{j=1}^{n} a_{ij} \, x_j \leq \geq b_i \quad \text{para } i = 1 \text{ a.m.}$$

e

$$x_j \geq 0$$

A Programação Inteira baseia-se no mesmo modelo, apenas com um algoritmo adicional para possibilitar apenas soluções inteiras.

A Programação por Objetivos é uma extensão da Programação Linear que permite prioridades diferentes no tratamento das variáveis, possibilitando análise com múltiplos objetivos.

Procuraremos, no entanto, ilustrar o uso da Programação Linear e da Programação Inteira, apenas como uma introdução ao assunto.

Usaremos um exemplo formulado por Leonardo Ensslin,[1] que de forma muito clara apresenta a utilização das técnicas em um problema de orçamento de um ano apenas.

Exercício 15.5: Uma rede de supermercados está analisando um conjunto de alternativas de projeto de investimento disponíveis e apresentadas a seguir:

Projeto – ESPECIFICAÇÃO

1. Instalar na matriz uma correia transportadora semiautomática com carga e descarga manual.
2. Instalar na matriz uma correia transportadora semiautomática com carga e descarga semimecanizada.
3. Instalar na matriz uma correia transportadora semiautomática com carga e descarga mecanizada.
4. Instalar na matriz uma correia transportadora automatizada com carga e descarga mecanizada.
5. Instalar na matriz uma correia transportadora automatizada com carga e descarga semimecanizada.
6. Instalar na matriz um sistema de ponte rolante para carga e descarga.
7. Expansão do depósito central.
8. Compra de um equipamento de processamento de dados.
9. Aquisição de uma nova caminhonete de entrega de mercadorias.
10. Aquisição de um caminhão para trazer mercadorias das fontes produtoras para o depósito central.
11. Contratar um consultor para desenvolver um sistema de planejamento e controle das atividades de Administração de Materiais.

Observa-se que as seis primeiras alternativas são tecnicamente exclusivas.

---

[1] ENSSLIN, Leonardo. *Análise de investimentos*. Florianópolis: Departamento de Engenharia de Produção e Sistemas/UFSC, 1977.

Os investimentos iniciais e os valores presentes (à taxa de mínima atratividade de 10%) para cada um dos projetos são estimados em:

Projeto	Inv. inicial (um 1.000,00)	Valor presente para k = 10% (um 1.000,00)
1	150	500
2	160	515
3	170	555
4	210	530
5	180	565
6	240	595
7	200	500
8	150	400
9	70	30
10	250	350
11	150	300

Selecionar o portfólio de projetos que maximize o valor presente desta empresa.

Os recursos disponíveis são de UM 650.000,00.

Solução:

Seja:

x_j = a fração do projeto j, j = 1, 2, 3,... 10, 11.

O problema pode ser formulado com a função objetivo:

$$\text{Max } Z = 500x_1 + 515x_2 + 555x_3 + 530x_4 + 565x_5 + 595x_6 + 500x_7 + 400x_8 + 30x_9 + 350x_{10} + 300x_{11},$$

sujeita às seguintes restrições:

$x_1 + x_2 + x_3 + x_4 + x_5 + x_6 \pounds 1$

$150x_1 + 160x_2 + 170x_3 + 210x_4 + 180x_5 + 240x_6 + 200x_7 + 150x_8 + 70x_9 + 250x_{10} + 150x_{11} \pounds 650$

$0 \leq x_j \leq 1$ e j = 1, 2, 3, ...10, 11.

A função objetivo maximiza o valor presente do portfólio, enquanto a primeira restrição faz com que no máximo um dos seis primeiros projetos seja aceito, já que os mesmos são mutuamente exclusivos.

A segunda restrição limita a aplicação de recursos do portfólio escolhido a no máximo UM 650.000,00. As demais onze restrições têm o propósito de fazer com que nenhum projeto seja utilizado mais de uma vez.

Vamos resolver este problema inicialmente através da Programação Linear para aproximar os valores e após, através de Programação Inteira.

I – SOLUÇÃO APROXIMADA

Resolvendo o problema através do algoritmo Simplex,[2] obtemos como solução que:

$x_1 = 0$

$x_2 = 0$

$x_3 = 1,00000$

$x_4 = 0$

$x_5 = 0$

$x_6 = 0$

$x_7 = 1,00000$

$x_8 = 1,00000$

$x_9 = 0$

$x_{10} = 0$

$x_{11} = 0,86667$

$Z = 1.710$

Isto nos indica que devemos realizar os projetos 3, 7, 8 e 11. Este último foi o que tivemos de aproximar *de* $x_{11} = 0,86667$ para $x_{11} = 1,00000$.

Esta alteração faz com que o investimento necessário passe de UM 650.000,00 para UM 670.000,00 e o valor presente do portfólio selecionado seja de 1.755.000,00.

É claro que esta solicitação adicional de UM 20.000,00 deveria ser confirmada. Dificilmente, porém, seria negada com argumentação de que irá gerar no mínimo UM 45.000,00 a mais.

Nestas condições, o portfólio a ser submetido como o mais indicado seria constituído pelos Projetos 3, 7, 8 e 11, com VP = 1.755.000,00.

---

[2] Ver referências bibliográficas: EHRLICH, P. J. *Pesquisa operacional*. São Paulo: Atlas, 1980.

II – SOLUÇÃO ATRAVÉS DA PROGRAMAÇÃO INTEIRA

A solução encontrada por este método necessariamente será inferior à anterior, dado que o modelo considerará rigidamente a restrição de somente aplicar UM 650.000,00.

Neste caso, então, o problema segue o seguinte procedimento:

a)

Solução Original	
$X_1 = 0$	$X_7 = 1$
$X_2 = 0$	$X_8 = 1$
$X_3 = 1$	$x_9 = 0$
$X_4 = 0$	$x_{10} = 0$
$X_5 = 0$	$X_{11} = 0,86$
$x_6 = 0$	
Z = 1.710	

b) Alternativa para tornar a solução inteira:

    1. Tornar $X_{11} = 1$ 2. Tornar $X_{11} = 0$

Solução 1		Solução 2	
$X_1 = 1$	$X_7 = 1$	$X_1 = 0$	$X_7 = 1$
$X_2 = 0$	$X_8 = 1$	$X_2 = 0$	$X_8 = 1$
$X_3 = 0$	$X_9 = 0$	$X_3 = 0$	$X_9 = 0$
$X_4 = 0$	$X_{10} = 0$	$X_4 = 0$	$X_{10} = 0,48$
$X_5 = 0$	$X_{11} = 1$	$X_5 = 1$	$X_{11} = 0$
$X_6 = 0$		$X_6 = 0$	
Z = 1.700		Z = 1.633	

A solução 1 já é Inteira e apresenta Valor Presente superior à solução 2.

Logo, o portfólio ótimo para o problema inicial será constituído pelos Projetos 1, 7, 8 e 11, e a função objetivo nos daria como ótimo um VP = UM 1.700.000,00.

Nesta condição, teríamos utilizado UM 650.000,00.

Conclusão:

Vimos que com a primeira aproximação iríamos requerer um investimento adicional de UM 20.000,00. Como o valor presente seria então de UM 1.755.000,00, observamos que essa solução iria realmente render UM 55.000,00 a mais, e não UM 45.000,00 em relação à melhor solução inteira rígida.

Concluímos, pois, que a utilização de método da solução aproximada para este tipo de problema fornece uma resposta satisfatória.

OUTRO EXEMPLO DE UTILIZAÇÃO DE PROGRAMAÇÃO INTEIRA

Para melhor ilustrar o método da Programação Inteira em seleção de projetos de investimento foi escolhido um problema didático envolvendo dez projetos. O problema está sintetizado no quadro a seguir.

Número do projeto	Valor presente VP (10%)	Fluxos de investimentos necessários no início de cada período[3]					
		1º ano	2º ano	3º ano	4º ano	5º ano	6º ano
1	14	12	3	3	0	−24	−24
2	11	18	3	8	8	−65	0
3	17	6	6	4	3	−18	−35
4	15	6	2	1	1	−13	−25
5	8	15	3	−8	−8	−10	−10
6	12	6	6	3	3	−22	−21
7	15	20	−5	−5	−5	−33	0
8	10	36	4	4	2	−41	−41
9	12	18	5	5	7	7	−78
10	10	30	20	10	10	9	−129
Orçamentos máximos disponíveis		70	25	20	15	−	−

---

[3] As saídas de caixa, neste caso, são positivas e as entradas, negativas.

O horizonte de planejamento é de cinco anos (investimento inicial mais cinco períodos de um ano). Serão consideradas restrições orçamentárias para os quatro primeiros períodos (investimento inicial mais três períodos).

Solução para o Problema:

Limites do Problema:

Nº de Variáveis = 10   Nº de Restrições = 4

Número da coluna	Coef. da função objetivo	Coef. das restrições			
1	14	12	3	3	0
2	11	18	3	8	8
3	17	6	6	4	3
4	15	6	2	1	1
5	8	15	3	−8	−8
6	12	6	6	3	3
7	15	20	−5	−5	−5
8	10	36	4	4	2
9	12	18	5	5	7
10	10	30	20	10	10

Código das restrições	Valor
1	70
2	25
3	20
4	15

Solução Encontrada:

Após 15 iterações utilizando o algoritmo de Programação Inteira,[4] obteve-se a solução ótima para o problema:

Portfólio Escolhido

Projeto	Investimentos			
	Ano 01	Ano 02	Ano 03	Ano 04
1	12	3	3	0
3	6	6	4	3
4	6	2	1	1
6	6	6	3	3
7	20	– 5	– 5	– 5
9	18	5	5	7
Total Investido	68	17	11	9

Valor Presente Máximo: 85

Para as restrições dadas, esta é a melhor solução, porém é sempre conveniente uma análise de sensibilidade para os anos críticos (ano 1, no caso) para verificar o ganho adicional de cada unidade monetária investida acima da restrição.

15.4 Carteiras de ações – *portfolio selection*

O objetivo desta seção é muito mais apresentar os investimentos em ações como um exemplo de investimentos múltiplos com risco do que detalhar particularidades deste mercado. Será mostrado como montar uma carteira de ações (portfólio ou porta-fólio) a partir de dados sobre o desempenho passado destas ações, de acordo com a teoria da carteira de ações desenvolvida por Markowitz (1952) e Sharpe (1964). O modelo se baseia exclusivamente no rendimento e na variabilidade de ações, valores estes obtidos a partir da análise de séries históricas. É claro que não há garantia de que o futuro irá refletir o passado mas é razoável supor que uma carteira de ações com histórico de alta variabilidade será bem menos previsível do que uma com desempenho mais estável.

---

[4] Ver KOPITTKE, Bruno. *Seleção de projetos de investimentos com orçamentos sob condição de incerteza.* Dissertação. Florianópolis: UFSC, 1978.

RENTABILIDADE E VARIABILIDADE DAS AÇÕES

A rentabilidade de uma ação é a taxa interna de retorno dos investimentos nessa ação e pode ser expressa da seguinte maneira:

$$R = \frac{(\text{Dividendos} + \text{Preço da ação}) \text{ no período t}}{\text{Preço da ação no período t} - 1} - 1$$

A rentabilidade de uma ação varia, como mostra a expressão, em função de seu preço. A Figura 15.2 mostra as variações de preço de dois tipos de ações: ação 1 de maior risco e ação 2 de menor risco. Embora ambas possam estar sujeitas a flutuações de longo prazo, é visível que a ação 1 está sujeita a variações mais bruscas tanto no sentido de aumento quanto no de diminuição de preço.

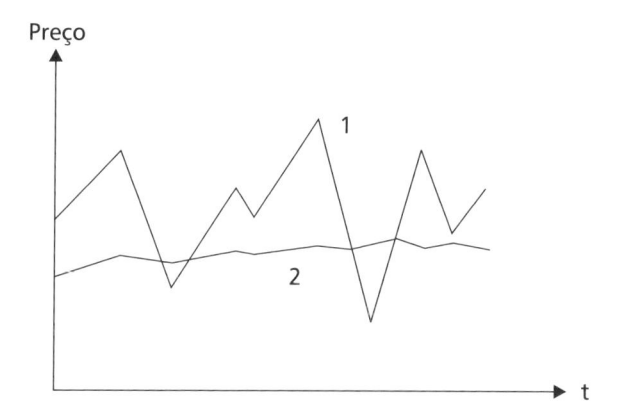

Figura 15.2 *Ação de maior (1) e de menor risco (2).*

A variabilidade do rendimento das ações é medida em termos estatísticos pelo desvio-padrão, que é a raiz quadrada da variância, e é expressa em uma porcentagem ao ano. Na Figura 15.3, estão representadas as distribuições dos retornos de ações de maior e menor risco.

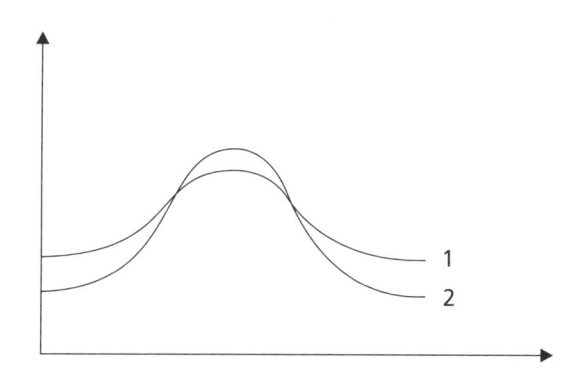

Figura 15.3 *Comparação entre o desvio-padrão de duas ações.*

A DIVERSIFICAÇÃO E O RISCO

Os empresários costumam dizer que "não se podem colocar todos os ovos no mesmo ninho" quando justificam a diversificação como estratégia de diminuição do risco. Matematicamente, isto pode ser facilmente compreendido se examinarmos a expressão da variância do rendimento em uma carteira contendo ações 1 e 2 nas proporções **x1** e **x2** (ou **x1** e **1 − x1**):

$$V_{(x)} = x_1^2 \sigma_1^2 + x_2^2 \sigma_2^2 + 2 x_1 x_2 \sigma_1 \sigma_2 \rho_{12}$$

onde σ_1 e σ_2 são os desvios-padrão da taxa de retorno das ações 1 e 2 respectivamente e r_{12} é o coeficiente de correlação entre os retornos das ações 1 e 2 cujo valor é compreendido entre 0 e 1. Como o valor da correlação entre duas ações geralmente é menor do que um, a expressão mostra que somando duas ações diferentes com desvios-padrão iguais obtemos um valor inferior para a variância do que somando duas ações iguais, pois neste caso $r_{11} = 1$.

Generalizando a expressão para o caso de uma carteira contendo **n** ações temos:

$$V(x) = \sum_{i=1}^{n} \sum_{j=1}^{n} x_i x_j \sigma_i \sigma_j \rho_{ij}$$

Quando novas ações são adicionadas à carteira, a variância diminui − em consequência o risco − na medida em que as correlações são menores que 1. Existe, entretanto, um limite para a diminuição do risco e este limite é o risco do mercado, como mostra a Figura 15.4.

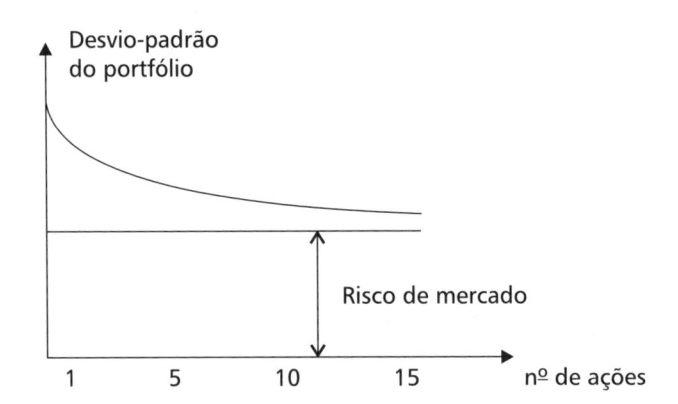

Figura 15.4 *Limite da diminuição do risco de uma carteira de ações.*

EXEMPLO SIMPLIFICADO

Considere-se uma carteira que contenha as ações 1 e 2 na proporção x_1 e x_2 ($x_1 + x_2 = 1$) respectivamente. Considere-se ainda que elas apresentem as seguintes características:

Ação	1	2
Rendimento esperado (%)	9	6
Desvio-padrão (%)	12	8
Correlação	0,1	

O retorno esperado da carteira vale, então:

$$9 x_1 + 6 x_2$$

e a variância:

$$(144 x_1^2 + 64 x_2^2 + 19{,}2 x_1 x_2)$$

A Tabela 15.1 mostra, para diferentes valores de x_1, o valor esperado e o desvio-padrão do portfólio.

Tabela 15.1 *Desempenho de uma carteira de duas ações*

Portfólio	x1	Retorno esper.	Desvio-padrão
1	0	6	8
2	0,1	6,3	7,42
3	0,2	6,6	7,06
4	0,4	7,2	7,12
5	0,5	7,5	7,54
6	0,6	7,8	8,17
7	0,8	8,4	9,89
8	1	9	12

Colocando os valores desta tabela em gráfico, obtemos o seguinte (Figura 15.5):

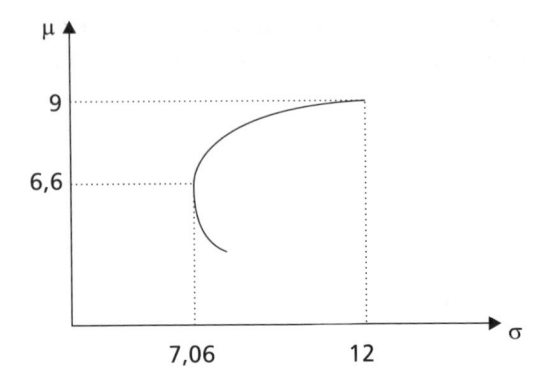

Figura 15.5 *Portfólios de duas ações.*

Observe-se que, partindo-se de uma carteira com apenas ações 2 de menor risco, pode-se através da introdução de ações 1, de maior risco e retorno, aumentar o retorno e simultaneamente diminuir o risco da carteira.

Entretanto, a partir de determinada proporção de ações 1 não se pode continuar aumentando o retorno sem simultaneamente aumentar o risco.

A análise de várias combinações de valor esperado e risco, a partir do gráfico relacionando estas duas grandezas, permite uma decisão mais racional. Os portfólios 3 a 8 podem ser considerados eficientes segundo a definição de Markowitz, enquanto que os 1 e 2 seriam normalmente rejeitados por serem dominados pelo portfólio 3.

A Figura 15.6 mostra a situação geral em que a carteira é formada por um grande número de ações. A curva representa diferentes portfólios, sendo que o trecho **P** até **Q** representa o conjunto de portfólios eficientes, pois é sempre possível achar uma combinação sobre esta linha que tenha maior retorno ou menor risco que as combinações no interior da figura, com forma de casca de ovo quebrada.

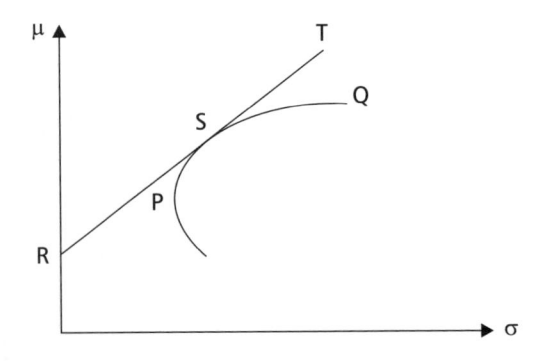

Figura 15.6 *Curva dos portfólios eficientes.*

Considerando sua aversão ao risco, o investidor irá escolher em todo o intervalo, entre o portfólio **P** de baixo risco e baixo retorno e o portfólio **Q** de alto risco e alto retorno, aquela combinação que maximiza o valor esperado de sua utilidade.

As opções do investidor poderão ser enriquecidas se considerarmos a possibilidade de tomar emprestado ou emprestar recursos sem risco a uma taxa **R**. Isto é bastante plausível para instituições financeiras. Nestas circunstâncias, combinando estas operações com a carteira de ações **S** é possível obter os portfólios **RS** (emprestando) ou **ST** (tomando recursos emprestados). O trecho **ST** está acima de **SQ** pelo efeito da alavancagem financeira, pois os recursos são tomados à taxa **R** e investidos à taxa correspondente ao ponto **S**.

FORMULAÇÃO MATEMÁTICA

Foi implicitamente admitido até aqui que o investidor, em carteira de ações, considera o valor esperado do rendimento e seu risco como critérios de decisão ou, de forma mais precisa, o investidor está interessado em maximizar o valor esperado de seu ganho e minimizar o risco envolvido. Como as duas coisas não podem ser obtidas simultaneamente, é necessário estabelecer um compromisso entre elas. Este compromisso depende da aversão ao risco do investidor ou de uma forma mais ampla de sua função utilidade.

A seleção de ações para compor uma carteira pode então ser formulada como um problema de programação quadrática, que se caracteriza pela função objetivo quadrática e restrições lineares. Vamos considerar que a variável de decisão x_j ($j = 1, 2, ... n$) represente a fração de recursos aplicados na ação **j** e ainda que:

μ_j = valor esperado do rendimento da ação **j**

σ_j = variância do rendimento da ação **j**

ρ_{ij} = covariância entre os rendimentos da ação **i** e a ação **j**

O valor esperado e a variância do rendimento do portfólio valem então:

$$R(x) = \sum_{j=1}^{n} \mu_j \, x_j$$

$$V(x) = \sum_{i}^{n} \sum_{j}^{n} x_i \, x_j \, \rho_{ij}$$

onde $V(x)$ é uma medida do risco do portfólio, e o problema pode ser resolvido fixando-se um retorno esperado e encontrando-se o portfólio que tiver menor variância. Alterando-se sucessivamente os retornos, pode-se construir uma curva dos portfólios de menor variância.

Tomando-se como exemplo um problema de duas variáveis, deve-se minimizar a função objetivo:

$$\text{Min } \sigma_1^2 x_1^2 + \sigma_2 \, x_2 + 2\sigma_1 \, \sigma_2 \, \rho_{12} \, x_1 \, x_2$$

sa $r_1 x_1 + r_2 x_2 = rp$ (rp é o retorno esperado para o portfólio)

$x_1 + x_2 = 1$

$x_1 \leq b_1$ e $x_2 \leq b_2$ (restrições de participação máxima na carteira, sendo $0 \leq b \leq 1$)

$x_1 = nx_2$ (restrição de relacionamento entre participações de ações)

$x_1, x_2 \geq 0$

É um problema de Programação Quadrática, passível de solução por *softwares* disponíveis no mercado. Deve-se resolver o problema para vários valores de rp, construindo-se a Curva PQ de portfólios eficientes.

Mas também é possível obter uma solução única, balanceando a opção entre retorno e variância. A função objetivo do problema de programação quadrática refletirá então o compromisso entre a maximização do valor esperado e a minimização da variância dos rendimentos do portfólio:

$$f(x) = R(x) - \beta \, V(x)$$

onde β é uma constante não negativa escolhida pelo investidor que representa o compromisso entre a rentabilidade do portfólio e seu risco. Um valor nulo para β significa que o investidor irá apenas maximizar o retorno, enquanto um valor elevado de β reforçará uma minimização do risco.

Com o auxílio de um programa de programação quadrática paramétrica, é possível obter soluções para uma faixa de valores de β e então traçar o gráfico da Figura 15.5, obtendo-se a curva dos portfólios eficientes.

15.5 Exercícios

1. Considere as seguintes alternativas de investimentos independentes:

Projeto	Io	Receita liq. anual	VR	TIR
A	40.000	13.000	5.000	21%
B	30.000	9.600	–	18%
C	60.000	21.850	–	24%
D	18.000	6.420	–	23%
E	25.000	5.000	19.800	17%
F	15.000	5.020	–	20%
G	45.000	12.000	8.000	14,3%

Todas as alternativas têm vida econômica de cinco anos. Quais os projetos que deverão ser escolhidos para cada um dos seguintes orçamentos?

a) 80.000

b) 120.000

c) 170.000

Responda, também, qual o custo de oportunidade para cada situação.

R. a) C e D; 21%

   b) C, D e A; 20%

   c) C, D, A, F e B; 17%

2. A direção da Eletrochoque tem em carteira as seguintes alternativas de investimento:

A1 – reforma da linha 428;

A2 – construção de uma pequena subestação em Pitomba do Oeste;

A3 – liga Pitomba do Oeste ao sistema integrado;

A4 – compra de caminhões para renovar a frota: (máx. 3 cam.);

A5 – compra de um carro para inspeção;

A6 – desenvolvimento de um novo sistema de controle de cobrança;

A7 – fazer reflorestamento de eucalipto em um terreno da empresa;

A8 – aplicar recursos em ações que se espera rendam 11 % ao ano;

A9 – recapear a entrada para o terreno a reflorestar:

Dados:

Alternativa	Custo (UM)	Receita anual (UM)	Receita final (UM)	Vida (anos) econômica	Necessidades (H × H)
A1	900.000	120.000		40	12.000
A2	1.000.000	130.000		20	3.000
A3	700.000	100.000		25	4.000
A4	200.000	80.000		4	
A5	40.000	15.000		4	
A6	200.000	90.000		3	
A7	400.000		4.000.000	15	8.000
A9	50.000		60.000	1	

e mais A8: aplicar a 11% a.a.

A empresa dispõe de 2.500.000 UM para investir e dispõe de 20.000 H × H. Todos os projetos, com exceção do A8, têm valor residual nulo e podem ser renovados.

a) formular este problema em termos de programação linear;

b) qual é o conjunto de projetos que deverá ser implantado?

Dica: Calcule os **VPx,** conforme o item 7.11.

R.: a) 1, 4 (3 caminhões)

  b) 5, 6, 7 e 9

16
Análise sob Condições de Risco ou Incerteza

16.1 Análise sob condições de incerteza
16.2 Regras de decisão para matrizes de decisão
16.3 Análise de sensibilidade
16.4 Simulação
16.5 Análise sob condições de risco – modelos probabilísticos
16.6 Uso da árvore de decisão
16.7 O valor da informação adicional
16.8 Críticas e perspectivas da árvore de decisão
16.9 Exercícios sobre incerteza e risco

Até o momento, este livro apresentou modelos determinísticos, os quais supunham que os dados de entrada eram perfeitamente conhecidos ou que os riscos envolvidos eram negligenciáveis. Ora, todos sabem que o futuro é incerto e que, na maioria dos casos, os riscos ou as incertezas não podem ser ignorados.

O fato de o futuro ser incerto torna a tomada de decisão bem mais complexa, pois as pessoas parecem, no mínimo, temer a incerteza. A incerteza pode causar nervosismo, medo e até pânico. E as decisões tomadas nestas circunstâncias estão longe de serem lógicas ou racionais. Pesquisas feitas, já há várias décadas, têm mostrado que temos dificuldades em estimar riscos e os pressupostos de racionalidade adotados ao longo deste livro nem sempre são utilizados em situações práticas. Tendo em vista o exposto, este capítulo contém algumas considerações sobre a psicologia do risco além da análise racionalista clássica.

Tradicionalmente, as situações são consideradas de incerteza ou de risco. A diferença entre risco e incerteza, neste livro, pode ser ilustrada pelo exemplo a seguir: imagine que você vai provar uma comida diferente em um restaurante desconhecido. A não ser que você seja glutão ou anoréxico, a situação é de incerteza, pois se não dispuser de informações sobre o prato, será difícil estimar uma probabilidade de que vá gostar. Entretanto, na medida em que receber informações sobre os ingredientes do prato ou sobre a fama do restaurante, poderá estimar a probabilidade de que vá gostar e a situação agora é mais cômoda. É de risco.

Na análise clássica, quando se conhece a distribuição de probabilidade dos dados de entrada, é possível uma análise sob condições de risco, utilizando-se modelos probabilísticos. Quando nada ou pouco se sabe sobre os dados de entrada, a análise acontece sob condições de incerteza.

16.1 Análise sob condições de incerteza

Sob condições de incerteza, existem basicamente três alternativas para a solução dos problemas:

a) uso de regras de decisão às matrizes de decisão;

b) análise de sensibilidade: quando não se dispõe de qualquer informação sobre a distribuição de probabilidades;

c) simulação: quando se dispõe de alguma informação para que ela possa transformar a incerteza em risco.

Será tratado neste capítulo, com mais detalhes, apenas o caso da análise de sensibilidade, ficando o detalhamento do uso de simulação para estudos posteriores mais avançados.

16.2 Regras de decisão para matrizes de decisão

As matrizes de decisão ou de receitas (custos) são tabelas que relacionam as alternativas com as diferentes eventualidades futuras. Ou seja, uma matriz de decisão poderá conter, por exemplo, as receitas das diversas alternativas para cada um dos cenários possíveis.

Vamos supor que um agricultor está em dúvida na escolha entre três culturas: A, B e C. As receitas que ele irá obter dependem das condições climáticas, as quais poderão ser boas(b), médias(m) ou ruins(r). A tabela a seguir mostra as receitas das combinações possíveis entre as alternativas do agricultor e as condições climáticas. Esta tabela é uma matriz de decisão.

Alternativas	Condições climáticas		
	b	m	r
A	100	70	30
B	72	60	50
C	90	90	25

Para ilustrar as diversas regras de decisão, vamos supor, inicialmente, que o agricultor não tenha condições de prever quais serão as condições climáticas para a próxima estação, e ainda mais que ele não possa estipular uma probabilidade de ocorrência destas condições climáticas. Ele deverá decidir em condições de incerteza.

1ª regra: Maximin (problemas de receitas) ou minimax (problemas de custos)

É a regra do pessimista. O pessimista tenderá a escolher a máxima receita dos piores resultados (mínimas receitas). Se o agricultor for extremamente pessimista, ele não irá necessariamente achar que o tempo será sempre ruim. Ele é tão pessimista que dirá "se eu escolher a cultura B, então poderá fazer tempo bom", mas como ele também pensa que poderá fazer tempo ruim se escolher A ou C, então acaba optando por B, que é a decisão que assegura o máximo dos mínimos.

2ª regra: Maximax (problemas de receitas) ou minimin (problemas de custos)

Os muito otimistas tendem a utilizar esta regra. O agricultor otimista fará as seguintes previsões:

Se escolher	o tempo estará	e a receita será
A	b	100
B	b	72
C	b ou m	90

A decisão será então optar por A.

3ª regra: Hurwicz

Esta regra sofistica um pouco as duas regras anteriores, pois considera-se que cada pessoa tenha um grau de otimismo (ou pessimismo) e a decisão será ponderada em função deste grau.

Supondo que o agricultor seja 40% otimista (ou 60% pessimista), a ponderação a ser feita dá as seguintes receitas (R):

$RA = 100 \times 0,4 + 30 \times 0,6 = 58$

$RB = 72 \times 0,4 + 50 \times 0,6 = 58,8$

$RC = 90 \times 0,4 + 25 \times 0,6 = 51$

Neste caso seria escolhida a alternativa B.

4ª Regra: Regra de Laplace ou da razão insuficiente

Se não é possível prever o estado da natureza, então por que não supor que todos os estados sejam igualmente prováveis? Esta suposição permite escolher o valor esperado de cada alternativa. Nestas condições, podemos calcular o valor esperado (E) de cada alternativa:

$$E(A) = \frac{100 \times 1}{3} + \frac{70 \times 1}{3} + \frac{30 \times 1}{3} = 66,77$$

$$E(B) = \frac{72 \times 1}{3} + \frac{60 \times 1}{3} + \frac{50 \times 1}{3} = 60,67$$

$$E(C) = \frac{90 \times 1}{3} \quad \frac{90 \times 1}{3} \quad \frac{25 \times 1}{3} = 68,33$$

Laplace escolheria a alternativa C.

5ª Regra: Regra do mínimo arrependimento ou de Savage

Esta regra requer que o decisor elabore uma matriz do arrependimento considerando uma perspectiva pessimista. A matriz do arrependimento para o nosso agricultor seria:

Alternativas	Condições climáticas			
	b	m	r	pior caso
A	0	20	20	20
B	28	30	0	30
C	10	0	25	25

Ela foi construída da seguinte forma: considere-se que o agricultor escolheu a alternativa A. Neste caso ele pode prever que:

- se as condições climáticas forem boas, o arrependimento será zero, pois foi tomada a melhor decisão.
- se as condições climáticas forem médias, haverá um arrependimento por não ter escolhido a alternativa C. Como 90 – 70 = 20, o arrependimento será proporcional a este valor.
- se as condições climáticas forem ruins, o melhor teria sido escolher B e não A. Como 50 – 30 = 20, este valor vai para a matriz. Examinando a matriz vê-se que a escolha recairia para a alternativa A, pois neste caso o máximo arrependimento será menor.

Caso tenha ficado a impressão de que as regras apresentadas são superficiais, ou um tanto simplistas, convém relembrar que as circunstâncias são bastante desfavoráveis para uma análise mais detalhada, pois se dispõem de dados muito precários sobre o que vai acontecer. O analista deverá ter a sensibilidade de escolher a regra que melhor se adapte à situação em estudo. Esta sensibilidade poderá ser obtida aplicando-se sucessivamente, como foi mostrado, todas as regras e suas consequências. No caso do agricultor, as melhores regras talvez sejam a de Laplace e a de Hurwicz.

16.3 Análise de sensibilidade

Na análise de sensibilidade é estudado o efeito que a variação de um dado de entrada pode ocasionar nos resultados. Quando uma pequena variação num parâmetro altera drasticamente a rentabilidade de um projeto, diz-se que o projeto é muito sensível a este parâmetro e poderá ser interessante concentrar esforços para obter dados menos incertos. As planilhas eletrônicas são um dos melhores instrumentos para elaborar um estudo com análise de sensibilidade.

Exercício 16.1: Em novembro, uma empresa investirá UM 100 mil em equipamentos e treinamento de pessoal para lançar um calçado de verão, nos meses de dezembro, janeiro e fevereiro.

A previsão de vendas é de 10 mil pares por mês a um preço de UM 10 por par.

Os custos fixos serão de UM 20 mil/mês e os custos variáveis de UM 4 o par.

Ao final dos três meses a empresa venderá o equipamento por UM 30 mil.

Analise a TIR sob a previsão de vendas e sob a possibilidade de erros nesta previsão. A TMA da empresa é de 10% ao mês.

Solução:

a) Sob a previsão de vendas original

Investimento: UM 100 mil

Receita mensal: 10 mil × UM 10 = UM 100 mil/mês

Custos variáveis: 10 mil × UM 4 = UM 40 mil/mês

Custos fixos: UM 20 mil/mês

Valor residual: UM 30 mil

Fluxo de caixa:

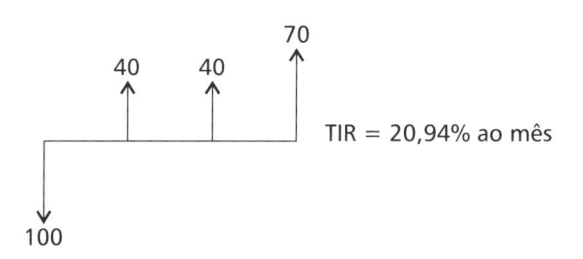

```
              70
      40  40  ↑
      ↑   ↑
  ────┴───┴───┴───    TIR = 20,94% ao mês
  ↓
  100
```

b) Admitindo-se variações negativas nas vendas

   b.1) −10%

   Receita mensal: 9.000 × UM 10 = UM 90 mil

   Custos variáveis: 9.000 × UM 4 = UM 36 mil

   Custos fixos: não se alteram.

Fluxo de caixa:

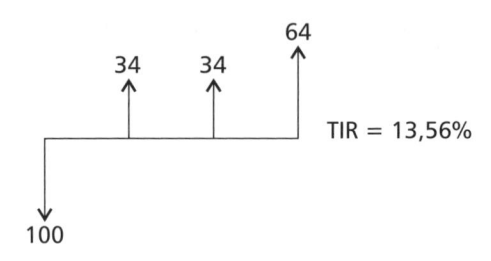

```
        34    34    64
        ↑     ↑     ↑
   ─────┴─────┴─────┘   TIR = 13,56%
        ↓
       100
```

b.2) − 20%

Receita mensal: 8.000 × UM 10 = UM 80 mil

Custos variáveis: 8.000 × UM 4 = UM 32 mil

Fluxo de caixa:

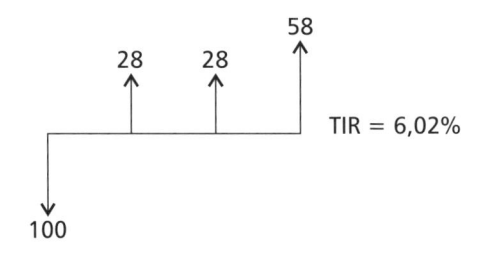

```
        28    28    58
        ↑     ↑     ↑
   ─────┴─────┴─────┘   TIR = 6,02%
        ↓
       100
```

b.3) −30%

Receitas: UM 70 mil

Custos variáveis: UM 28 mil

Fluxo de caixa:

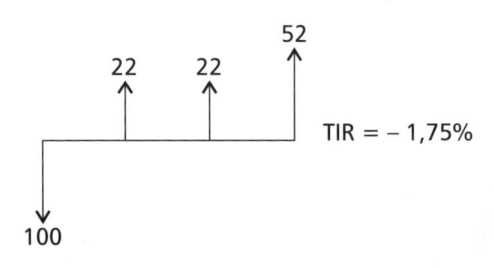

```
        22    22    52
        ↑     ↑     ↑
   ─────┴─────┴─────┘   TIR = − 1,75%
        ↓
       100
```

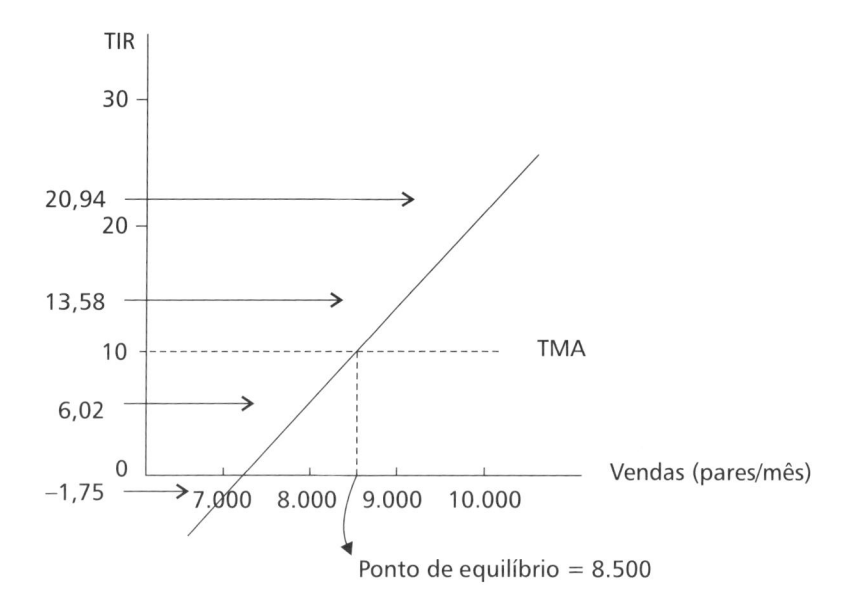

Portanto, com sucessivas hipóteses de erros de previsão, pode-se elaborar uma curva.

```
TIR
 30
20,94
 20
13,58
 10 ─────────────── TMA
 6,02
  0                Vendas (pares/mês)
-1,75  7.000 8.000 9.000 10.000
       Ponto de equilíbrio = 8.500
```

Pelo gráfico, é possível visualizar a que penalidades a empresa está sujeita. Caso ela não consiga vender aproximadamente 8.500 pares/mês, terá a TIR inferior a sua TMA.

16.4 Simulação

No exemplo anterior, foi analisada a sensibilidade do retorno em função de apenas uma variável, que representava as vendas da empresa.

Imaginemos que desconfiássemos que outras variáveis ocorressem, como os custos fixos, os custos variáveis e o valor residual. Teríamos então que fazer a análise de sensibilidade com quatro variáveis.

Se quisermos uma análise de sensibilidade com mais ou menos 10% de variação, teremos 3 × 4 = 12 alternativas. E se quisermos avaliar os impactos em conjunto, teremos 3^4 = 81 alternativas, mas sem uma resposta segura.

Dispondo-se de um computador, pode-se propor uma distribuição mais adequada a cada uma das variáveis e, através de um gerador de números aleatórios, elaborar 100, 1.000 ou quantos experimentos se queira para se obter a distribuição da TIR. É o artifício da transformação da incerteza em risco.

Seria este o fluxograma:

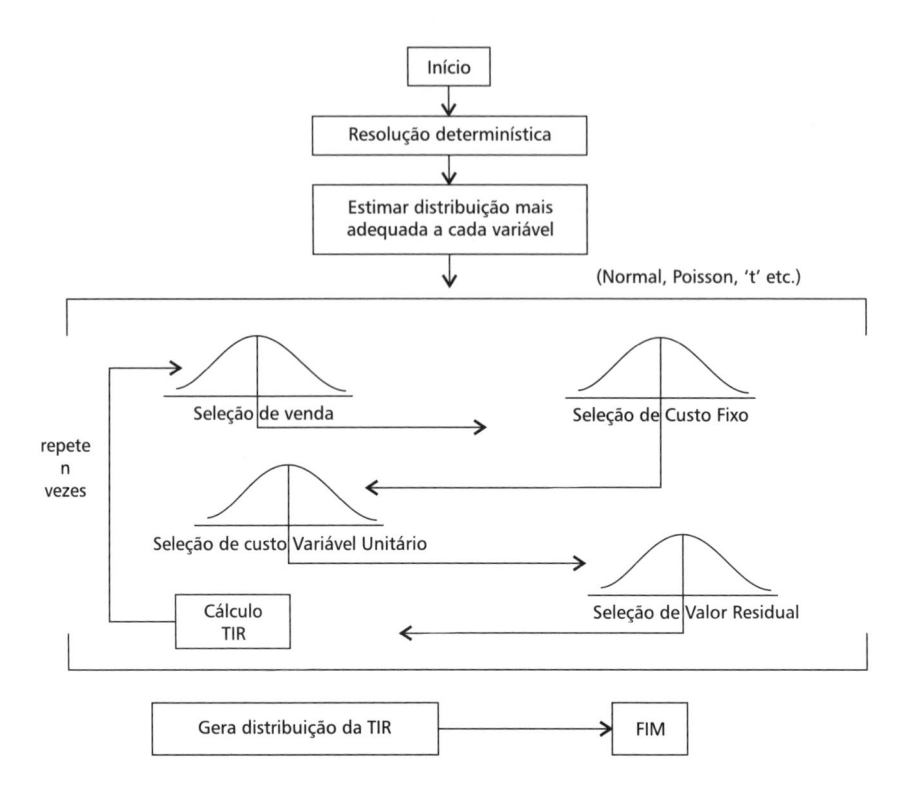

```
                    ┌─────────┐
                    │  Início │
                    └────┬────┘
                         ▼
            ┌──────────────────────────┐
            │ Resolução determinística │
            └────────────┬─────────────┘
                         ▼
            ┌──────────────────────────┐
            │ Estimar distribuição mais│
            │  adequada a cada variável│
            └────────────┬─────────────┘
                         ▼      (Normal, Poisson, 't' etc.)

  repete      Seleção de venda    →    Seleção de Custo Fixo
    n
  vezes       Seleção de custo Variável Unitário  →

              Cálculo TIR    ←    Seleção de Valor Residual


            ┌─────────────────────────┐      ┌─────┐
            │ Gera distribuição da TIR│ ───▶ │ FIM │
            └─────────────────────────┘      └─────┘
```

Uma vez gerada a distribuição da TIR, pode-se obter então a probabilidade de ela ser maior ou menor que a TMA, fornecendo um valor para o risco.

A simulação é uma arma poderosa, mas muito cuidado deve-se ter ao definir tipos e parâmetros de distribuição de cada variável, sob pena de obter resultados totalmente inúteis.

16.5 Análise sob condições de risco – modelos probabilísticos

Conhecendo-se as distribuições de probabilidade das parcelas, é possível analisar o problema de forma bastante segura.

Se as parcelas seguirem distribuição normal, o somatório das parcelas conduzirá a uma distribuição normal.[1] Esta nova distribuição normal terá como média o somatório das médias das parcelas e como variância, o somatório das variâncias das parcelas. É muito difícil, porém, que as parcelas estejam sujeitas exatamente a uma distribuição ou que se tenha dados

---

[1] Teorema do Limite Central.

para identificá-la. Por isso, é comum recorrer-se à distribuição β,[2] como forma de aproximação, visto que a soma de distribuições β também conduz a uma distribuição normal. Os resultados não serão tão precisos, porém se constituirão em importantes informações para uma tomada de decisão.

O MODELO MATEMÁTICO

Seja o seguinte fluxo de caixa:

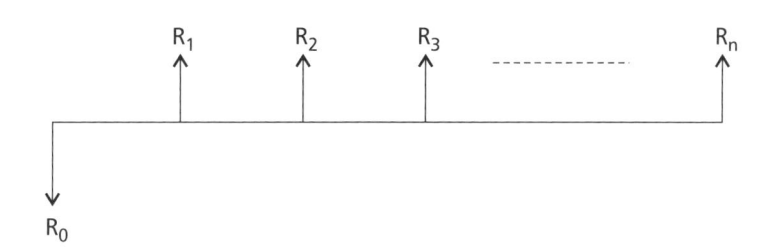

onde:

R_0 = investimento inicial

R_t = lucro por período

t = 1,..., n → períodos

i' = TMA

i = TIR

Caso **Rt (t = 1, ..., n)** sejam conhecidos, o investimento inicial será igual ao valor presente dos lucros futuros, ou seja:

$$R_0 = \sum_{t=1}^{n} R_t \cdot (P/F; i; t),$$

onde (P/F) significa o fator do valor presente. A TIR **i** pode ser isolada graficamente ou por iterações sucessivas.

---

[2] A distribuição β é uma distribuição truncada, caracterizada por três pontos: mínimo (a), máximo (b) e mais provável (m).
A média é obtida pela formulação: $E = \frac{1}{6}(a + 4m + b)$ e a variância por: $\sigma^2 = \left[\frac{1}{6}(b - a)\right]^2$

Forma genérica:

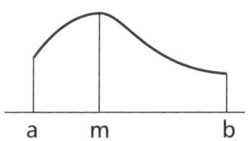

O critério usado para decisão pode ser dado da seguinte forma:

$$\text{se} \begin{bmatrix} i < i' \text{ rejeita-se} \\ i \geq i' \text{ rejeita-se} \end{bmatrix}$$

Se os valores de **Rt (t – 1,..., n)** forem incertos, o critério pode e deve ser modificado.

A alternativa proposta é a de utilização da distribuição β para a estimativa dos valores de **Rt**.

A vantagem da utilização da distribuição β é que ela fica caracterizada por apenas três valores.

Para este problema, teríamos:

Rt A: Lucro mínimo previsto no período **t**

Rt B: Lucro máximo previsto no período **t**

Rt M: Lucro mais provável no período **t**

A média e o desvio-padrão são obtidos respectivamente por:

$$E[R_t] = \frac{1}{6}[R_tA + 4R_tM + R_tB]$$

$$\sigma^2[R_t] = \left[\frac{1}{6}(R_tB - R_tA)\right]^2$$

Anteriormente, havíamos visto que:

$$R_0 = \sum_{t=1}^{n} R_t \cdot (P/F; i; t),$$

mas podemos denominar:

$$Rt\,(P/F; i; t) = VP(t = 1,...,n)$$

então:

$$R_0 = \sum_{t=1}^{n} VP_t$$

Mas sabemos que **VPt** é diretamente proporcional a **Rt**. Então:

Rt A → VPt A, pois VPt A = Rt A . (P/F; i; t)

Rt B → VPt B, pois VPt B = Rt B . (P/F; i; t)

Rt M → VPt M, pois VPt M = Rt M . (P/F; i; t)

e, em vez de utilizarmos a distribuição β para **Rt**, podemos utilizá-la diretamente para **VPt**.

Sabe-se que o somatório de funções β produz uma função que segue distribuição normal e que a média e a variância desta distribuição normal são dadas respectivamente pelos somatórios das médias e das variâncias das funções β.

Para o problema em questão, podemos denominar de **p** a distribuição normal:

$$p = \sum_{t=1}^{n} VP_t$$

então:

$$E(p) = \sum_{t=1}^{n} E\, VP_t$$

mas:

$$E[VP_t] = \frac{1}{6}\left[VP_{tA} + 4VP_tM + VP_{tB}\right] = \frac{1}{6}[R_{tA} + 4R_{tM} + R_{tB}] \cdot (P/F;\, i';\, t)$$

$$E[VP_t] = E[R_t] \cdot (P/F;\, i';\, t)$$

então:

$$E(p) = \sum_{t=1}^{n} E[R_t] \cdot (P/F;\, i';\, t)$$

Analogamente, para a variância

$$\sigma^2(p) = \sum_{t=1}^{n} \sigma^2(VP_t)$$

mas:

$$\sigma^2[VP_t] = \left[\frac{1}{6}(VP_{tB} - VP_{tA})\right]^2 = \left[\frac{1}{6}(R_{tB} - R_{tA}) \cdot (P/F;\, i';\, t)\right]^2$$

$$\sigma^2[VP_t] = \left[\frac{1}{6}(R_{tB} - R_{tA})\right]^2 \cdot (P/F;\, i';\, t)^2$$

então:

$$\sigma^2(p) = \sum_{t=1}^{n} \sigma^2(R_t) \cdot (P/F;\, i';\, t)^2$$

Possuindo agora esta distribuição normal do valor presente dos lucros **p**, é possível sua comparação com o investimento R_0.

Temos a distribuição normal:

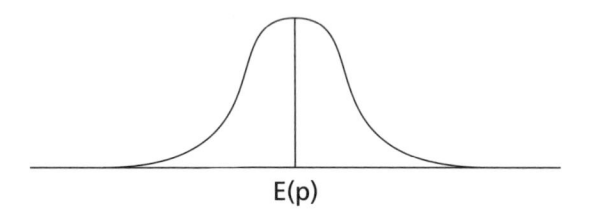

A probabilidade de que **p** seja maior ou igual a R_0 será a mesma de que a Taxa Interna de Retorno **i** seja maior ou igual à Taxa Mínima de Atratividade **i'**.

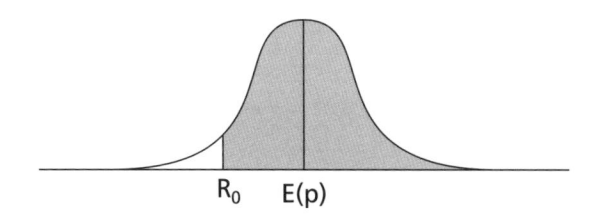

$$P[p \geq R_0] = P[i \geq i']$$

Portanto, pode agora ser formulado um novo critério para as decisões. Define-se, por exemplo, um nível de aceitabilidade α.

Se:

$P[i \geq i'] \geq \alpha \rightarrow$ aceita-se

$P[i \geq i'] < \alpha \rightarrow$ rejeita-se

Exercício 16.2: Seja o caso de uma empresa que fará investimentos para lançar seu produto para a próxima temporada de verão: um novo modelo de ventilador doméstico.

O investimento, em ajuste de equipamentos, treinamento de pessoal, pesquisa de mercado e projeto do produto chega a UM 3 milhões.

O estudo de mercado previu para os meses de novembro, dezembro, janeiro, fevereiro e março os seguintes números de venda:

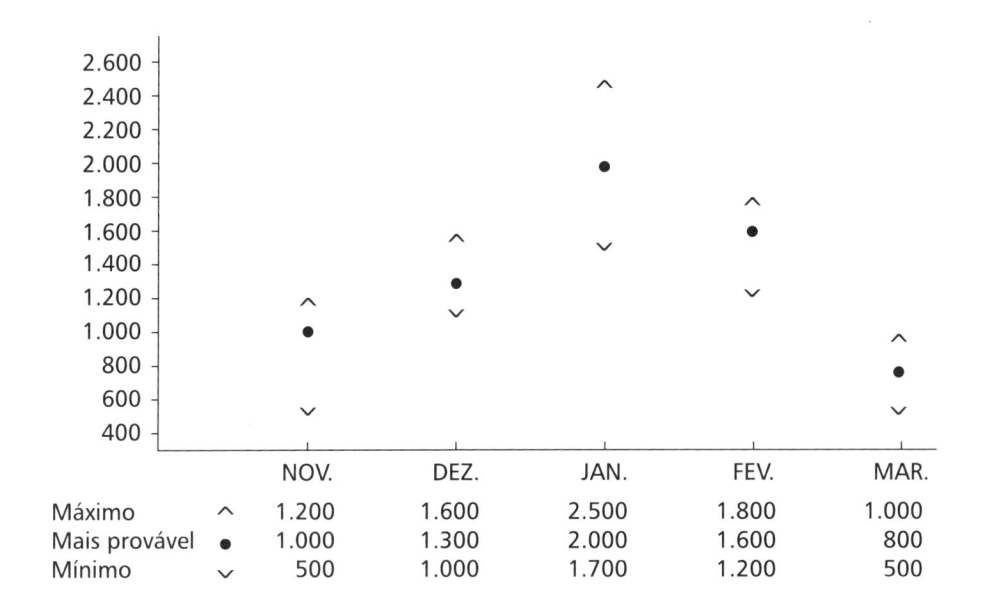

		NOV.	DEZ.	JAN.	FEV.	MAR.
Máximo	∧	1.200	1.600	2.500	1.800	1.000
Mais provável	●	1.000	1.300	2.000	1.600	800
Mínimo	∨	500	1.000	1.700	1.200	500

Estudos anteriores demonstraram que as vendas de cada mês normalmente independem das vendas dos meses anteriores. A dependência maior é das condições climáticas.

O preço de venda do produto é de UM 1.000,00. O custo variável unitário é de UM 200,00. O custo fixo total é de UM 300 mil.

Deseja a empresa conhecer o risco que correrá em não conseguir atingir sua TMA que é de 6% ao mês.

Solução:

a) Cálculo dos lucros mensais R_t (UM mil):

Meses	NOV.			DEZ.			JAN.			FEV.			MAR.		
Prev.	A	M	B	A	M	B	A	M	B	A	M	B	A	M	B
Vendas	500	1.000	1.200	1.100	1.300	1.600	1.700	2.000	2.500	1.200	1.600	1.800	500	800	1.000
− CV	100	200	240	220	260	320	340	400	500	240	320	360	100	160	200
− CF	300			300			300			300			300		
Saldo R_t	100	500	660	580	740	980	1.060	1.300	1.700	660	980	1.140	100	340	500

onde: A = Mínimo

M = Mais provável

B = Máximo

b) Cálculo da média e da variância dos lucros mensais
    R_t (t = 1,.., 5)

	NOV.	DEZ.	JAN.	FEV.	MAR.
$E[R_t]$	460	753	1.327	953	327
$\sigma^2[R_t]$	8.711	4.444	11.378	6.400	4.444

onde:

$$E[R_t] = \frac{1}{6}[R_tA + 4R_tM + R_tB]$$

$$\sigma^2[R_t] = \left[\frac{1}{6}(R_tB - R_tA)\right]^2$$

c) Cálculo de E(p) e σ^2(p), ou seja, o valor esperado e a variância do Valor Presente do lucro.

$$E(p) = \sum_{t=1}^{5} E[R_t] \cdot (P/F; 0{,}06; t)$$

$$E(p) = \overline{p} = 3.217$$

$$\sigma^2(p) = \sum_{t=1}^{5} \sigma^2[R_t] \cdot (P/F; 0{,}06; t)^2$$

$$\sigma^2(p) = 25.787$$

de onde:

$$\sigma(p) = 161$$

d) Cálculo do risco.

Para se ter acesso à tabela da curva normal, é necessário estandarizar o valor de R_0 numa função **p**, estandarizada para p_θ, cujo $p_\theta = 0$.

$$R_\theta = \frac{R_0 - \overline{p}}{\sigma(p)} = \frac{3.000 - 3.217}{161} = -1{,}35$$

$$P(i \geq i') = P(p \geq R_0) = P(p_\theta \geq R_\theta) = 0{,}9115 = 91{,}15\%$$

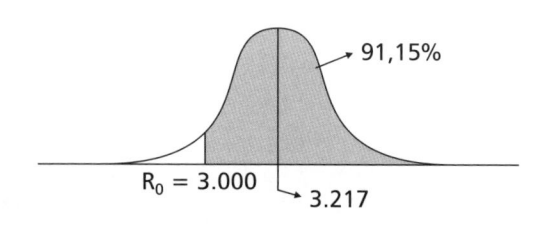

ou estandardizada:

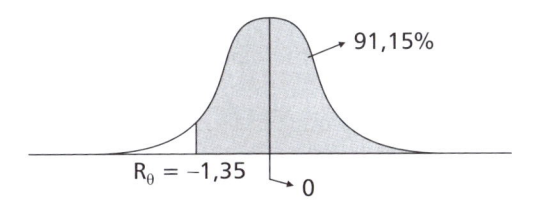

91,15%

$R_\theta = -1{,}35$

0

Portanto, o risco de a empresa atingir um retorno inferior ao mínimo desejado é de 8,85%.

Estes dados evidentemente podem dar ao decisor maior campo para sua tomada de decisões e com menor possibilidade de erros.

Exercício 16.3: Vamos considerar agora o caso de uma empresa que vai entrar numa concorrência para execução de uma obra e deseja determinar seu preço de maneira a que assegure, com 98% de probabilidade, um retorno acima dos seus custos.

O prazo para execução da obra é de 10 meses e a empresa deverá fornecer um preço X que lhe será pago em 10 parcelas mensais de valor $\dfrac{X}{10}$.

O orçamento foi elaborado de modo a fornecer uma previsão mensal de desembolsos, máxima, mínima e mais provável. Este custo dependerá basicamente das condições climáticas e da cotação dos preços dos insumos.

O quadro a seguir apresenta esta previsão de desembolsos para 10 meses. Atente-se para o primeiro mês, o mais oneroso, pois incluirá despesas de transporte de equipamentos, canteiro de obras, contratação de pessoal, terraplanagem e parte das fundações.

UM milhões

MÊS	1	2	3	4	5	6	7	8	9	10
RA	1.700	1.200	1.400	850	850	850	1.050	850	1.200	1.200
RM	2.000	1.500	1.500	900	900	900	1.200	1.000	1.500	1.500
RB	2.500	1.800	1.600	1.000	1.000	1.000	1.500	1.100	1.700	1.700

A taxa mínima de atratividade da empresa é de 10% ao mês.

Solução:

a) Cálculo do valor esperado e da variância dos custos mensais:

Como o recebimento deverá ser uniforme, vamos considerar a princípio apenas os custos:

$$E[R_t] = \frac{1}{6}(P_{tA} + 4R_{tM} + R_{tB}) \text{ para } (t = 1, ..., 10)$$

$$\sigma^2[R_t] = \left[\frac{1}{6}(R_{tB} - R_{tA})\right]^2$$

Mês	1	2	3	4	5	6	7	8	9	10
E R_t	2.033	1.500	1.500	908	908	908	1.225	992	1.483	1.483
$\sigma^2 R_t$	17.778	10.000	1.111	625	625	625	5.625	1.736	6.944	6.944

b) Cálculo do Valor Esperado e da Variância do Valor Presente do custo:

$$E(p) = \sum_{t=1}^{10} E[R_t] \cdot (P/F; i'; t)$$

$$E(p) = 8.203$$

$$\sigma^2(p) = \sum_{t=1}^{10} \sigma[R_t] \cdot (P/F; 0,1; t)^2$$

$$\sigma^2(p) = 27.021$$

ou

$$\sigma(p) = 164$$

c) Cálculo do valor presente desejado dos recebimentos:

Recebimento mensal: $\frac{X}{10}$ ∴ Valor presente:

$$R_0 = \frac{X}{10} \cdot (P/A; 0,1; 10)$$

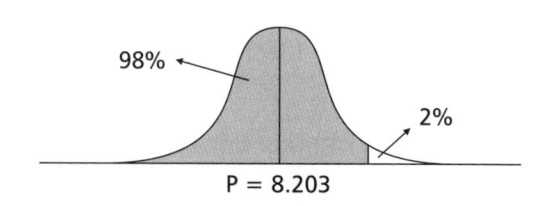

98%

2%

P = 8.203

Valor presente desejado dos recebimentos $(R)_0$

para:

$$\alpha = 0{,}98 \rightarrow R_\theta - 2{,}05$$

$$2{,}05 = \frac{R_0 - 8.203}{164}$$

$$R_0 = 8.539$$

d) Cálculo do preço X:

$$R_0 = \frac{X}{10} \cdot (P/A; 0{,}1; 10) \therefore X = \frac{10 \times 8.539}{6{,}145}$$

$$X = 13.896$$

$$\text{Recebimento mensal} = \frac{X}{10} = 1.390$$

Caso das Parcelas Dependentes entre Si

No caso anterior supunha-se completamente independentes as parcelas **Rt,** de sorte que o somatório dos valores presentes das médias e das variâncias conduziam à média e à variância da distribuição do valor presente:

$$E(p) = E(R_0) + E(R_1)(1+i)^{-1} + \ldots + E(R_n)(1+i)^{-n}$$

onde:

p = Função Valor Presente

$R_0, R_1, \ldots, R_n$ = funções parcelas

e

$$\sigma^2(p) = \sigma^2(R_0) + \sigma^2(R_1)(1+i)^{-2} + \ldots + \sigma^2(R_n)(1+i)^{-2n}$$

Entretanto, pode ocorrer dependência entre as parcelas. Se as parcelas forem perfeitamente correlacionadas, deve-se considerar a variância[3] entre as variáveis.

---

[3] Para duas variáveis C_1 e C_2 perfeitamente correlacionadas, a variância será: $Cov(C_1, C_2) = s_1 \cdot s_2$ e o coeficiente de correlação $\rho = \dfrac{Cov(C_1, C_2)}{\sigma_1 \cdot \sigma_2}$ será igual a 1.

A expressão da média será a mesma, porém a expressão da variância sofrerá modificações:

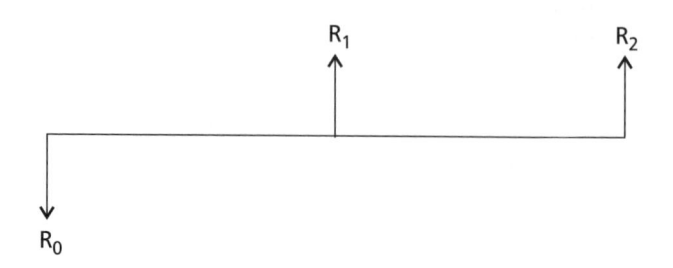

```
            R₁              R₂
            ↑               ↑
    ┌───────┴───────────────┘
    ↓
    R₀
```

Considere-se um fluxo com três parcelas:

$$\sigma^2(p) = \sigma^2(R_0) + \sigma^2(R_1)(1+i)^{-2} + \sigma^2(R_2)(1+i)^{-4} + 2(1+i)^{-1}\text{Cov}(R_0\,R_1) + 2(1+i)^{-2}\text{Cov}(R_0\,R_2) + 2(1+i)^{-5}\text{Cov}(R_1\,R_2)$$

ou

$$\sigma^2(p) = \sigma^2(R_0) + \sigma^2(R_1)(1+i)^{-2} + \sigma^2(R_2)(1+i)^{-4} + 2(1+i)^{-1}\sigma(R_0)\sigma(R_1) + 2(1+i)^{-2}\sigma(R_0)\sigma(R_2) + 2(1+i)^{-3}\sigma(R_1)\sigma(R_2)$$

ou

$$\sigma^2_{(p)} = \left[\sigma(R_0) + \sigma(R_1)(1+i)^{-1} + \sigma(R_2)(1+i)^{-2}\right]^2$$

e generalizando:

$$\sigma^2_{(p)} = \left[\sigma(R_0) + \sigma(R_1)(1+i)^{-1} + ... + \sigma(R_n)(1+i)^{-n}\right]^2$$

Caso Geral – Parcelas com componentes dependentes e independentes

Se considerarmos que cada parcela R possa ser dividida em uma parte independente e **m** partes que guardem dependência respectiva com as **m** partes das demais parcelas, teremos o caso geral:

E(p) permanece como nos casos anteriores e,

$$\sigma^2_{(p)} = \sum_{t=0}^{n} \sigma^2_{(t)}(1+i)^{-2t} + \sum_{z=1}^{m}\left[\sum_{t=0}^{m} \sigma_z(t)(1+i)^{-t}\right]^2$$

onde:

> n = número de parcelas
>
> m = número de componentes dependentes em cada parcela
>
> $\sigma_{(t)}$ = desvio-padrão do componente independente da parcela **f**
>
> $\sigma z_{(t)}$ = desvio-padrão do componente dependente **z** da parcela **t**

O Caso de "n" variáveis sujeitas a distribuição

Nos exercícios 16.2 e 16.3, tratou-se de problemas em que apenas uma variável era sujeita a distribuição de probabilidades.

O mais comum é o aparecimento de **n** variáveis sujeitas a distribuição.

Neste caso, o desenvolvimento teórico de um modelo é altamente complexo, e a melhor maneira de resolução seria através de um modelo de simulação, conforme já visto no item 16.4.

16.6 Uso da árvore de decisão

A árvore de decisão é uma maneira gráfica, elegante e útil, de visualizar as consequências de decisões atuais e futuras bem como os eventos aleatórios relacionados. Ela permite a concepção e o controle de um bom número de problemas de investimentos sujeitos a riscos.

O diagrama representativo de um investimento feito sob forma de árvore de decisão é o instrumento de análise que propicia as melhores condições ao decisor de visualizar os riscos, as opções e as vantagens financeiras das diversas alternativas de ação. A estrutura de uma árvore de decisão deve ser bem simples e ela depende do número de ações e eventos aleatórios. Na estrutura a seguir, podem-se distinguir dois tipos de nós. Os nós quadrados representam decisões, e os nós redondos, nós de incerteza, representam eventos aleatórios.

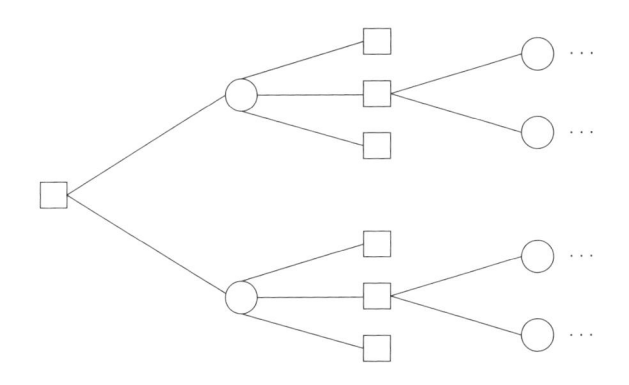

Nos diversos ramos da árvore serão anotadas:

- probabilidades após os nós de incerteza
- valores de investimentos nos nós de decisão
- retornos ao final dos ramos.

Para ilustrar o uso da árvore de decisão, será apresentado, a seguir, um problema que servirá até para introduzir o conceito de "valor da informação adicional"

Exercício 16.4: Um vendedor ambulante está considerando a possibilidade de vender camisas esportivas. As camisas seriam compradas por UM 100,00 e vendidas por UM 350,00. Como a qualidade do material é baixa, estima-se que haja 30% de perda para o vendedor ambulante. Independente da quantidade adquirida, seus custos fixos diários de transporte e manutenção serão de UM 10.000,00. As camisas boas não vendidas terão um valor residual de UM 20,00. A demanda pelas camisas depende das condições de vigilância nas ruas: se a vigilância for ostensiva, o vendedor consegue vender 50 camisas, mas vende quatro vezes mais se a vigilância das ruas for fraca. Caso a vigilância for média, o vendedor consegue colocar 120 camisas.

As camisas só podem ser compradas em lotes predeterminados: 80, 160, 240 ou 320 unidades. A experiência tem mostrado que há 40% de chance de que a vigilância seja fraca contra 30% de vigilância ostensiva. Em consequência, ela é média 30% das vezes.

Calcule:

a) Qual a quantidade de camisas que o vendedor ambulante deverá comprar para maximizar seu lucro esperado?

b) Disponha os resultados sob forma de matriz de receitas.

c) Suponha que a compra das camisetas deva ser efetuada dois meses antes da venda e que o custo do dinheiro para o vendedor seja de 10% ao mês.

Qual a melhor opção?

Solução:

a) – Alternativas: a_1 = compra de 80 camisas

a_2 = compra de 160 camisas

a_3 = compra de 240 camisas

a_4 = compra de 320 camisas

– Custos das alternativas:

$C(a_1)$ = compra de 80 camisas + uma diária

= 80 × 100 + 10.000 = 18.000

$C(a_2)$ = 26.000 ; $C(a_3)$ = 34.000 ; $C(a_4)$ = 42.000

- Número de camisas vendáveis para cada alternativa:

    a1) 80 × 0,7 = 56   a3) 168

    a2) 112   a4) 224

- Árvore de decisão:

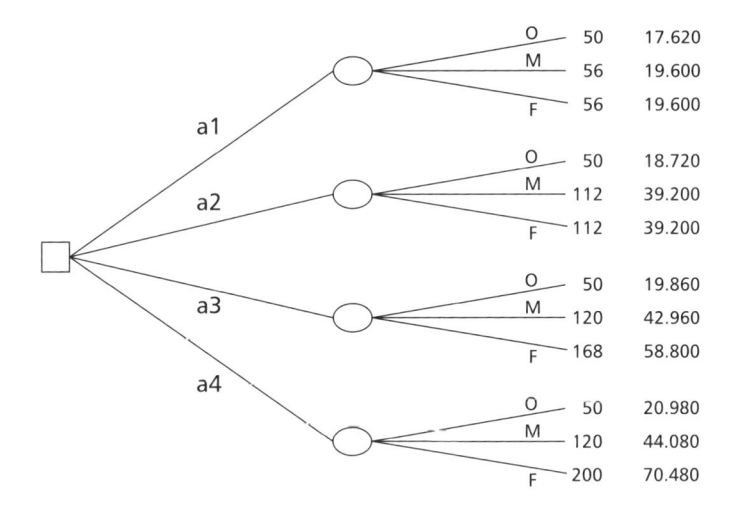

Alternativa	Estado	Vendáveis	Valor
a1	O	50	17.620
	M	56	19.600
	F	56	19.600
a2	O	50	18.720
	M	112	39.200
	F	112	39.200
a3	O	50	19.860
	M	120	42.960
	F	168	58.800
a4	O	50	20.980
	M	120	44.080
	F	200	70.480

onde:

 o = vigilância ostensiva

 m = vigilância média

 f = vigilância fraca

- Receitas esperadas:

    RE (a1) = (50 × 350 + 6 × 20) 0,3 + 56 × 350 (0,3 + 0,4) = 19.006

    RE (a2) = 33.062

    RE (a3) = 42.366

    RE (a4) = 47.710

- Receitas líquidas esperadas:

    E(a1) = 19.006 − 18.000 = 1.006

    E(a2) = 7.062

    E(a3) = 8.366

    E(a4) = 5.710

A melhor alternativa, a3, consiste na compra de 240 camisas.

b) Árvore de decisão e matriz de decisão

A disposição dos eventos possíveis sob forma de matriz pode facilitar a compreensão do problema e permitir melhor avaliação das consequências possíveis das diversas alternativas. As receitas líquidas das diversas alternativas, obtidas subtraindo os custos das alternativas da respectiva receita bruta, estão dispostas a seguir:

Alternativas \ Eventos	Ostensiva	Média	Fraca
a1	– 380	1.600	1.600
a2	– 7.280	13.200	13.200
a3	– 14.140	8.960	24.800
a4	– 21.020	2.080	28.480
P(v)	0,3	0.3	0,4

c) Árvore de decisão descontada

Para o caso da alternativa a1 temos as seguintes receitas possíveis:

vigil. ostensiva: $7.620/(1,1)(1,1) = 6.298$

vigil. média: $9.600/1,21 = 7.934$

vigil. fraca: $9.600/1,21 = 7.934$

Para os outros ramos da árvore de decisão, temos:

a2) o   7.223

　　m   24.132

　　f   24.132

a3) o   8.149

　　m   27.240

　　f   40.331

a4) o   9.074

　　m   28.165

　　f   49.983

O valor esperado da receita líquida para a alternativa a1 será:

$V(a1) = 6.298 \times 0,3 + 7.934 (0,3 + 0,4) - 8.000 = -557$

Para as outras alternativas, temos:

V(a2) = 3.059,50

V(a3) = 2.748,76

V(a4) = – 834,71

A melhor alternativa agora é a2.

16.7 O valor da informação adicional

Estamos, agora, em condições de calcular o valor da informação adicional, perfeita ou imperfeita.

CASO 1: INFORMAÇÃO PERFEITA

Um caso de Polícia!

Até quanto o vendedor ambulante poderá pagar a um hipotético policial corrupto para que lhe informe qual o tipo de vigilância que irá ocorrer com certeza?

Neste caso, vamos considerar os diversos eventos possíveis e verificar qual a opção certa quando se sabe o que vai ocorrer:

- Caso a vigilância seja ostensiva, a melhor alternativa é a1. O vendedor terá, neste caso, apenas um prejuízo de UM 380,00, ou seja, quase dá para pagar a despesa do dia que é de UM 10.000,00.
- Caso a vigilância seja média, a melhor alternativa é a1 e no caso de vigilância ostensiva a melhor opção é a4.

Valor esperado de seus ganhos com informação perfeita é:

VE(ip) = – 0,3 × 380 + 13.200 × 0,3 + 28.480 × 0,4 = 15.238

Ora, o valor esperado sem esta informação era de UM 8.366. O vendedor deve então estar disposto a pagar ao policial uma quantia igual ou inferior a 15.238 – 8.366 = 6.872.

FLUXOGRAMA PARA O CÁLCULO DO VALOR DA INFORMAÇÃO PERFEITA

PASSO 1

Supor que determinado evento irá acontecer.

PASSO 2

Determinar a melhor alternativa para esta situação.

PASSO 3

Todos os eventos já foram considerados?

Sim: vá para 4; Não: vá para 1.

PASSO 4

Calcule o valor esperado a partir das alternativas do passo 2.

PASSO 5

Compare o valor obtido no item anterior com o valor esperado sem informação adicional.

CASO 2: INFORMAÇÃO IMPERFEITA

Na seção precedente, foi feita suposição de que é possível obter informações perfeitas ou previsões infalíveis. Uma suposição mais realista é a de que as previsões estão sujeitas a falhas, ou seja, é possível obter informações de especialistas sobre o futuro, mas estas informações não são infalíveis. Trata-se de previsões sujeitas a erros e serão chamadas de informações imperfeitas. A técnica utilizada para calcular o valor desta informação será ilustrada no exemplo apresentado a seguir:

– Uma empresa estuda a possibilidade de investir numa exploração de carvão. A empresa poderá investir uma quantia elevada A, uma quantia baixa B ou poderá desistir de participar. O resultado deste negócio poderá ser bom, médio ou ruim, sendo que as probabilidades destas ocorrências valem 0,25, 0,45, e 0,30 respectivamente.

Com base em dados de explorações anteriores nas mesmas terras, foi feito um cálculo dos lucros possíveis. Os resultados estão na tabela a seguir apresentada:

Previsões de lucros (UM)

Soma investida	Resultados possíveis		
	Bom	Médio	Ruim
A	760.000	280.000	– 570.000
B	400.000	250.000	– 200.000

Os riscos são elevados, mas é possível obter uma previsão dos resultados consultando-se especialistas. O custo desta consulta é de UM 20.000. A análise das previsões feitas por estes especialistas no passado leva aos valores da próxima tabela:

Probabilidades das previsões e dos respectivos resultados reais

Resultados previstos	Resultados reais		
	Bom	Médio	Ruim
Bom	0,72	0,08	0,09
Médio	0,18	0,85	0,23
Ruim	0,10	0,07	0,68
TOTAL	1,00	1,00	1,00

A leitura desta tabela deve ser feita da seguinte maneira: se o resultado real é bom, os especialistas previram um resultado bom em 72% dos casos, um resultado médio em 18% e um resultado ruim em 10% das vezes.

Sabendo que a empresa deseja maximizar seu lucro esperado, determine:

a) o valor esperado do negócio sem informação adicional;

b) o valor esperado do lucro do negócio com informação imperfeita;

c) o valor esperado do lucro com a compra da previsão (informação imperfeita);

d) o valor esperado da previsão perfeita.

Solução:

Sejam **R** e **P** os resultados reais e previstos com os índices **b, m** e **r** correspondendo a bom, médio e ruim respectivamente. Então, R_m significa, por exemplo, que o resultado real foi médio e P_r significa que a previsão foi de resultado ruim. As probabilidades condicionais são denotadas da seguinte maneira:

$P(P_r/R_m)$ = probabilidade que a previsão seja ruim, dado que o resultado real foi médio; ou

$P(R_b/P_b)$ = probabilidade que o resultado real seja bom, dado que a previsão foi de resultado bom.

Considere que a empresa comprou a previsão dos especialistas. A tabela mostra, por exemplo, que $P(P_m/R_b) = 0,18$, ou seja, a tabela foi construída retroativamente. Partiu-se de um resultado sabido e verificou-se qual foi a previsão. Nas situações de investimento, entretanto, deve-se trabalhar prospectivamente. Partindo-se da previsão, deve-se determinar a probabilidade de que o resultado real seja bom, médio ou ruim. Por isso devem-se inverter as probabilidades da tabela, aplicando-se o teorema de Bayes. Como nesse caso o número de resultados é de apenas 3, será simples obter as probabilidades procuradas sem aplicar o teorema de Bayes explicitamente.

Na figura a seguir, está apresentada a árvore de probabilidades do caso em análise, em que **b**, **m** e **r** representam os resultados bom, médio ou ruim respectivamente.

ÁRVORE DE DECISÃO

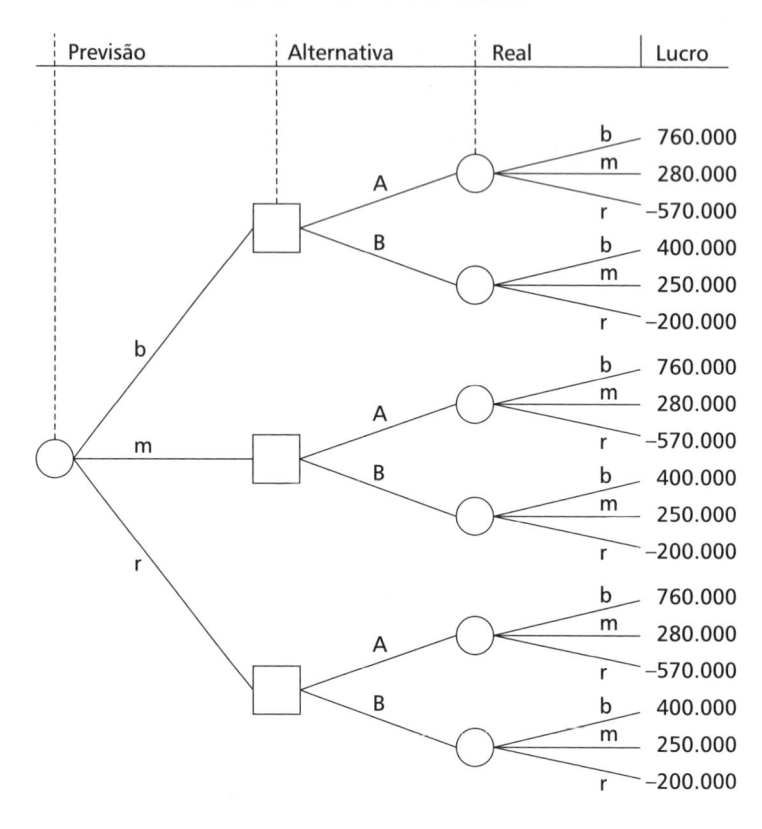

Previsão	Alternativa	Real	Lucro
		b	760.000
	A	m	280.000
		r	−570.000
		b	400.000
b	B	m	250.000
		r	−200.000
		b	760.000
	A	m	280.000
		r	−570.000
m		b	400.000
	B	m	250.000
		r	−200.000
		b	760.000
r	A	m	280.000
		r	−570.000
		b	400.000
	B	m	250.000
		r	−200.000

Somando as probabilidades conjuntas da árvore, obtêm-se as seguintes probabilidades de previsão de resultados do negócio:

$$P(P_b) = 0,180 + 0,0360 + 0,0270 = 0,2430$$

$$P(P_m) = 0,045 + 0,3825 + 0,069 = 0,4965$$

$$P(P_r) = 0,025 + 0,0315 + 0,204 = 0,2605$$

O somatório das probabilidades, evidentemente, é um. As probabilidades condicionais são calculadas a partir das probabilidades conjuntas. A previsão de resultado bom ocorre quando o resultado real é bom 18% das vezes, quando o resultado real é médio 3,6% das vezes e quando o resultado real é ruim 2,7% das vezes. Então, no caso de previsão de resultados bom (24,3%), ele realmente é bom em 18/24,3 das vezes, ou seja:

$$P(R_b / P_b) = \frac{0,180}{0,243} = 0,7407$$

Da mesma forma, temos:

$$P(R_m/P_b) = \frac{0,036}{0,243} = 0,1481$$

$$P(R_r/P_b) = \frac{0,027}{0,243} = 0,1111$$

$$P(R_b/P_m) = \frac{0,045}{0,4965} = 0,0906$$

$$P(R_m/P_m) = \frac{0,3825}{0,4965} = 0,7704$$

$$P(R_r/P_m) = \frac{0,069}{0,4965} = 0,1390$$

$$P(R_b/P_r) = \frac{0,025}{0,2605} = 0,0960$$

$$P(R_m/P_r) = \frac{0,0315}{0,2605} = 0,1209$$

$$P(R_r/P_r) = \frac{0,204}{0,2605} = 0,7831$$

Respondendo agora às questões do exercício, temos:

a) Valor esperado do negócio sem informação adicional:

Alternativa A:

760.000 * 0,25 + 280.000 * 0,45 − 570.000 * 0,3

145.000

Alternativa B:

400.000 * 0,25 + 250.000 * 0,45 − 200.000 * 0,3

= 152.500

A alternativa escolhida seria B e o valor esperado do negócio sem informação adicional é de UM 152.500.

b) Valor esperado do negócio com informação imperfeita:

Com previsão do resultado Bom, o melhor resultado é para A:

$(760.000 * P(R_b/P_b)) + (280.000 * P(R_m/P_b)) − (570.000 * P(R_r/P_b))$

= 541.070, contra 311.085 de B.

Com previsão de resultado médio, o melhor resultado também é para A:

$(760.000 * P(R_b/P_m)) + (280.000 * P(R_m P_m)) - (570.000 * P(R_r/P_m))$

= 205.340, contra 201.040 de B.

Com previsão de resultado ruim, evidentemente não haverá investimento.

O valor esperado do negócio com informação imperfeita será:

VEII = 541.070 × 0,2430 + 205.340 × 0,4965 + 0 × 0,2605

= 233.430

O valor esperado da previsão será a diferença entre este valor e aquele calculado anteriormente sem informação adicional.

Valor da informação imperfeita = 233.430 − 152.500

= 80.930

Então, haverá lucro na compra da informação imperfeita, pois ela custa apenas 20.000.

c) Valor esperado do lucro da compra da previsão = 80.930 − 20.000

= 60.930

De maneira geral, a vantagem obtida com a previsão é de que a empresa investirá mais se as perspectivas forem favoráveis e deixará de investir se as perspectivas forem ruins. A previsão permite a obtenção de lucros maiores e reduz o risco de perdas.

Vamos supor agora que seja possível obter uma previsão perfeita. A empresa investirá em A quando a previsão for de resultado bom ou médio e deixará de investir se a previsão for de resultado ruim. Tem-se, pois:

Valor esperado do lucro com informação perfeita =

760.000 * 0,25 + 280.000 * 0,45 + 0 * 0,30 = 316.000

d) Valor esperado da informação perfeita = 316.000 − 152.500

= 163.500

Ou seja, neste caso, a informação perfeita vale mais do que o dobro da informação imperfeita. A diferença entre os dois valores é o custo esperado do erro de previsão (316.000 − 233.430 = 82.570).

16.8 Críticas e perspectivas da árvore de decisão

A utilização da árvore de decisão está longe de se limitar à análise de investimentos. Detetives, economistas, futurólogos e médicos recorrem a ela. Groopman (*Como os médicos pensam*) aponta algumas limitações do uso sistemático desta ferramenta na medicina. Acontece que a árvore de decisão serve para uma porção de coisas mas não para parar de pensar. Um erro frequente consiste em ignorar alternativas importantes na construção da árvore e dessa forma chegar a conclusões tendenciosas. Como já dizia Napoleão, uma baioneta serve para uma porção de coisas, mas não para se sentar em cima.

A árvore de decisão pode ser associada ao uso de sistemas especialistas e é o uso generalizado desses que talvez tenha levado os médicos aos erros citados por Groopman. Na análise de investimentos, entretanto, a utilização de sistemas de inteligência artificial ainda é mais limitada. Para quem quiser pesquisar nesta área, sugerimos a utilização do sistema SPIRIT. Existe uma versão gratuita desta *shell* disponibilizada pela FernUniversität de Hagen na Alemanha. Este sistema permite automatizar o cálculo do valor da informação utilizando os conhecimentos deste capítulo.

16.9 Exercícios sobre incerteza e risco

1. a) O *capo* Dom Corleone está jogando em duas mesas de roleta em um cassino. Em sua última jogada ele quer homenagear a sua *mamma* que nasceu no dia 15 de julho, jogando nos números 15 e 7 os quatro jetons de US$ 1.000 que lhe restam.

   Defina a matriz dos ganhos para as diferentes alternativas possíveis e calcule as probabilidades de ganhos.

   Nota: As regras da roleta são as seguintes:
   - caso a bola caia no número apostado, o jogador ganha 36 vezes a quantia apostada (o ganho líquido é, então, de 35 vezes);
   - suponha que a roleta em questão tenha apenas um zero.

   b) Calcule o valor esperado de cada uma das alternativas do jogo acima definido.

2. Está sendo analisada a compra de uma máquina com custo I_0 = UM 65.000. A vida econômica da máquina é de 4 anos. A empresa calcula que a demanda seja de x = 70.000 unidades a um preço de UM 1. Os custos variáveis são formados por custos mão de obra a Co = UM 0,2/unid., custos de materiais a Cm = UM 0,3/unid. e demais custos a Cd = UM 0,1/unid. A TMA da empresa é 20% a.a.

   Calcule sem considerar o imposto de renda:

   a) O valor presente líquido do investimento.

   b) A demanda crítica x* para a qual **VP = 0,** isto é, o ponto de equilíbrio do investimento.

   R.: a) UM 7.485 e b) 62.772 unid.

3. Determine para o problema 2 as combinações críticas de preço-demanda. Faça um gráfico dos resultados. Considere os seguintes preços: 0,75; 0,9; 1; 1,1 e UM 1,15, para fazer as combinações.

4. Considere o problema 2. Suponha que foi feita uma estimativa para determinar o pior preço possível e que este valor seja 10% inferior ao preço enunciado de 1 UM/unid. Determine o **VP** e a taxa interna de retorno para este caso e comente.

5. Ainda em referência ao problema 2: foram feitas as seguintes estimativas para a demanda x e os custos de mão de obra, Co:

	X	Co
Valor pessimista	63.000	0,22
Valor mais provável	70.000	0,20
Valor otimista	77.000	0,18

Todos os outros valores devem ser considerados constantes. Calcule todos os possíveis **VP** e faça uma tabela.

6. Calcule o valor esperado e o desvio-padrão de **VP** para o problema 5.

7. Faça a seguinte atualização de dados e de suposições no problema 2:
   - I_0 = UM 70.000;
   - todos os dados até o fim do segundo ano podem ser considerados constantes;
   - os dados de preços, custo de material e os demais custos podem ser considerados também constantes para o terceiro e quarto anos;
   - para a demanda no terceiro ano há uma probabilidade de 40% que o valor seja X_{31} = 65.000 e 60% de que a demanda seja X_{32} = 73.000;
   - caso tenhamos X_{31} = 65.000, então no 4º ano teremos X_{41} = 62.000 com p = 0,5 ou X_{42} = 68.000 com p = 0,5. Se X_{32} = 73.000 então teremos X_{43} = 68.000 com p = 0,3 ou X_{44} = 71.000 com p = 0,7;
   - para os custos de mão de obra do 3º ano teremos aumento de 5 ou 10% com p = 0,5;
   - para os custos e mão de obra do 4º ano, temos novamente aumentos de 5% e 10% em relação ao 3º ano. Se no 3º ano o aumento for de 5%, espera-se um aumento de 10% (5%) com probabilidade de 70% (30%). Para 10% de aumento de 3º ano tem-se 40% (60)% de probabilidade de haver um aumento de 10% (5%) no 4º ano.

   Pede-se:
   a) Faça a árvore de decisão para todas as situações possíveis.
   b) Calcule o **VP** para estas situações e o valor esperado do **VP**.
   c) Faça um gráfico de **VP** versus **p(VP)** – função distribuição de probabilidade.

8. Parta dos dados e da solução do problema 7 e:

   a) Desenvolva um modelo de simulação dos riscos do projeto em estudo.

   b) A partir de uma tabela de números aleatórios faça dez simulações para determinar a distribuição de probabilidade e o valor esperado do valor presente.

9. Uma empresa está considerando a possibilidade de fazer inspeção no setor de solda tendo em vista que o custo de uma solda defeituosa, não detectada, é atualmente de UM 7,5. Caso a solda defeituosa seja detectada o custo é de UM 2.

   Existem dois métodos disponíveis no mercado e suas características são as seguintes:

	Método 1	Método 2
Custo do equipamento	UM 2.000	UM 3.000
Custo variável de inspeção:	UM 0,75 /peça	UM 0,1 /peça
Detecção de soldas defeituosas:	75%	100%
Duração do equipamento:	10 anos	10 anos

   As características do processo são as seguintes:

   nº de soldas: 4.000 por ano

   fração defeituosa: 4%

   Caso a empresa opte pelo método 2 existem boas chances (60%) de que dois anos após sua implantação haja uma diminuição de 25% na fração defeituosa das soldas devido ao melhor conhecimento das causas dos defeitos. A TMA da empresa é de 10% a.a.

   a) Determine se a empresa deverá fazer inspeção e qual o método que apresenta o menor custo esperado.

   b) Há uma probabilidade de 45% de que a empresa seja obrigada a aumentar sua garantia, o que elevaria os custos de solda defeituosa não detectada para UM 12. Qual a melhor opção neste caso?

   R.: a) método 1

   b) método 2

10. A Malhamodas está preparando sua linha de inverno e está em dúvida sobre a quantidade a ser fabricada em virtude dos riscos envolvidos. Caso o inverno seja muito frio, as vendas serão elevadas, mas em caso contrário, os produtos deverão ser vendidos na liquidação. Para simplificar as análises, três situações serão demonstradas:

    – inverno frio, demanda = 220.000 peças

    – inverno médio, demanda = 120.000 peças

    – não há inverno, demanda = 50.000 peças

O preço de venda das peças é de UM 350 e as peças vendidas na liquidação têm um preço de UM 100. A liquidação é feita dois meses após as vendas normais e nela são vendidos todos os excedentes de produção.

O custo fixo de lançamento da linha inverno é de UM 10.000.000 e o custo variável é de UM 150. Por motivos técnicos a produção só pode ser realizada em lotes predeterminados de 70, 140, 210 ou 280 mil peças e a porcentagem de refugo é de 10%. O refugo é vendido a UM 70. A experiência tem mostrado que um inverno médio ou a falta de inverno são igualmente prováveis e um inverno frio ocorre em 40% das vezes. Calcule:

a) Sem considerar o custo do capital, qual a quantidade de peças a ser fabricada para maximizar o valor esperado?

b) Considerando que todos os custos ocorrem três meses antes das vendas e que o custo do capital seja de 2% ao mês, qual a melhor opção?

c) Uma pesquisa encaminhada ao instituto X poderá prever com certeza o estado do próximo inverno. Quanto poderia ser pago por esta pesquisa?

d) Considerando um grau variável de aversão ao risco, quais seriam as decisões para os itens anteriores?

R.: a) valores esperados das alternativas (em UM 1.000): 1.065; 7.930; 10.520; 9.910.

11. Uma empresa estuda a possibilidade de instalar um gerador de eletricidade para diminuir os prejuízos causados pelo fornecimento irregular de energia. Os benefícios deste investimento dependem do melhoramento do sistema de geração regional. O quadro abaixo mostra os cenários possíveis e suas probabilidades de ocorrência:

Cenário	Situação futura	Probabilidade	Benefícios anuais
A	Sem melhoras	0,4	45.000
B	Melhoras sensíveis	0,2	10.000
C	Poucas melhoras	0,3	30.000
D	Deterioração da situação	0,1	60.000

O custo do gerador instalado é de UM 85.000 e sua vida útil é de apenas cinco anos, pois após este prazo é tido como certo que o fornecimento de energia não será mais um problema.

Além desta alternativa existe a possibilidade de adquirir um gerador menor ao preço de UM 50.000. Seus benefícios anuais seriam de 20.000, 10.000, 20.000 e 20.000 para os cenários A, B, C e D, respectivamente.

Sabendo que a TMA da empresa é de 20% ao ano e que os valores residuais das instalações é zero, determine:

a) o valor presente esperado das alternativas;

b) considerando-se que os diretores da empresa apresentam uma certa aversão ao risco, qual a alternativa que você recomendaria?

c) quanto a empresa poderia lucrar caso soubesse o cenário que irá acontecer?

12. Uma empresa pretende abrir uma loja em um novo Shopping Center (SC) devendo, para garantir o negócio, pagar agora uma caução de UM 2.000. Estima-se que o SC seja inaugurado em um ano, ocasião em que a empresa deverá investir mais UM 3.000 para implantar a loja. O negócio está sujeito a risco, pois não se conhece com certeza a demanda a qual para fins de análise será considerada "boa" ou "ruim". O cenário bom é mais provável (p = 2/3) e proporcionará uma receita líquida anual de UM 3.600. Caso a demanda seja "ruim" (p = 1/3), a receita líquida anual será de apenas UM 1.000. Neste caso estima-se que há uma chance de 80% de vender o ponto por UM 2.500 um ano após a abertura da loja. Os diretores da empresa querem um estudo econômico para um horizonte de planejamento de quatro anos sem considerar valor residual e com uma TMA de 20% a.a. Neste caso:

a) considerar-se-ia um ano para a construção do SC mais três anos de funcionamento da loja.

Faça também um estudo considerando que:

b) há uma probabilidade de 40% de que haja um atraso de meio ano nas obras do SC. Neste caso teríamos 1,5 + 2,5 = 4 anos e a receita do ano dois seria 1.800 ou UM 500 para os cenários bom e ruim respectivamente.

R.: a) O negócio é economicamente viável considerando-se o valor esperado do lucro em termos de VP, 478,18. O risco de prejuízo, entretanto, é elevado.

b) Neste caso o valor esperado é ainda positivo, mas baixou para UM 121,49.

17 O Processo de Tomada de Decisão

17.1 O processo geral de solução de um problema
17.2 A tomada de decisão e os métodos de análise de alternativas de investimentos
17.3 Análise multicritério

Em todos os capítulos deste livro, foram apresentadas técnicas quantitativas que possibilitam encontrar soluções igualmente quantitativas para os diversos problemas. Existe, entretanto, um grande número de variáveis tão pouco conhecidas, sendo impossível colocá-las em um modelo matemático.

Por outro lado, as repercussões de cada alternativa de investimento sobre os diversos objetivos de uma empresa devem ser adequadamente ponderadas, para se escolher a melhor delas. Este capítulo visa apresentar metodologias que permitam avaliar as alternativas de acordo com as repercussões sobre os objetivos da empresa, levando em consideração também os fatores não quantificáveis.

17.1 O processo geral de solução de um problema

Devemos ter em mente que a análise das alternativas de investimento é apenas um passo de um processo de solução de um problema. De nada adianta uma boa técnica de análise de alternativas se estas não forem adequadamente geradas.

Portanto, é interessante relembrar Edward V. Krick, que em seu livro *Métodos e sistemas*[1] propõe uma metodologia para o "Processo do Projeto", que pode ser perfeitamente adequada a nosso caso.

---
[1] Ver referências bibliográficas.

Krick propõe passos básicos:

I – Formulação do Problema;
II – Análise do Problema;
III – Busca de Alternativas;
IV – Avaliação das Alternativas;
V – Especificação da Solução Preferida.

A fase I, Formulação do Problema, implica a descrição geral, resumida, das características do problema.

A fase II, Análise do Problema, requer uma especificação detalhada das características do problema incluindo as restrições. Esta fase inclui também a definição dos critérios e sua ponderação para a posterior análise das alternativas.

Na fase III, Busca de Alternativas, procura-se identificar alternativas que atendam às especificações e às restrições.

Na fase IV, Avaliação das Alternativas, é feita a análise confrontando-se os resultados quantitativos e qualitativos através dos critérios estipulados na fase II, analisando-se igualmente o grau de adequação às restrições. Após a análise, elege-se a melhor solução.

Finalmente, na fase V, a alternativa escolhida é especificada para possibilitar sua concretização.

Charles Kepner e Benjamin Tregoe, em sua obra *O administrador racional*,[2] propõem uma metodologia de sete fases adequada à análise de decisão, mais focada na escolha da melhor alternativa, considerando aspectos quantitativos e não quantitativos, sob a ótica dos objetivos da empresa.

As sete fases são as seguintes:

1. **Estabelecer os objetivos.**

    Os objetivos são derivados dos resultados que se espera obter e dos recursos disponíveis. Via de regra, devem estar em acordo com o preconizado no Planejamento Estratégico da empresa. Restrições também podem ser tratadas como se fossem objetivos, porém com um sentido de "evitar", ao invés de "obter".

2. **Classificar os objetivos.**

    Os objetivos devem ser classificados em OBRIGATÓRIOS e DESEJÁVEIS e, se possível, ponderados.

3. **Desenvolver alternativas dentre as quais será feita a escolha.**

    As alternativas serão desenvolvidas tomando-se os objetivos como base.

---

[2] Ver referências bibliográficas.

4. **Avaliar as Alternativas.**

   Em função dos objetivos, analisar as alternativas. Uma regra tipo "passa/não passa" analisará as alternativas perante os objetivos OBRIGATÓRIOS para a primeira seleção.

   Um posterior sistema de ponderação de todos os objetivos ajudará a analisar as alternativas selecionadas.

5. **Escolher a melhor alternativa como decisão tentativa.**

   A melhor alternativa da análise da etapa 4 será escolhida numa primeira tentativa.

6. **Avaliar as consequências adversas da decisão tentativa.**

   Esta etapa seria uma espécie de *check*, tentando-se visualizar os possíveis efeitos futuros a serem acarretados pela decisão.

7. **Controlar os efeitos da decisão final, evitando consequências adversas e fazendo um acompanhamento adequado.**

   Uma vez tomada a decisão final, deve-se tomar todas as precauções para que as consequências adversas não venham a ocorrer.

Exemplo de Aplicação:

Uma análise de decisão sobre localização industrial.

Uma empresa pretende implantar uma nova unidade de produção (300 mil t/ano). Esta empresa, apesar de já ter definida sua produção, deve se confrontar com dois problemas: a escolha adequada da tecnologia e da localização.

Basicamente, existem dois grandes centros consumidores (**C1** e **C2**) e um centro fornecedor (**MP**) de matéria-prima.

Os materiais secundários podem ser obtidos indiferentemente em **C1**, **C2** ou **MP**. Duas tecnologias são disponíveis, através do processo A ou do processo B, respectivamente.

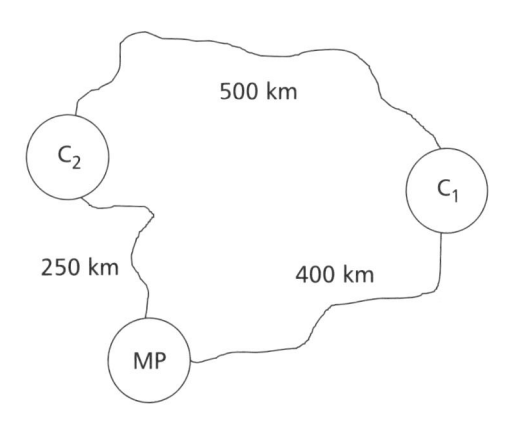

C1 e **C2** não possuem problemas de mão de obra, porém o centro **C2**, além de possuir tradição neste ramo de indústrias, possui mão de obra mais barata. O centro **C1** não possui tradição neste ramo industrial. A empresa prevê, baseada em sólido estudo de mercado, que venderá 1/3 de sua produção em **C2** e 2/3 em **C1**. Já a fonte de matérias-primas **MP** possui sérios problemas de mão de obra, que exigiriam um centro de treinamento e poderiam ocasionar problemas de rotação de pessoal, cujos efeitos não são ainda previsíveis, visto que esta mão de obra não está acostumada ao trabalho na indústria.

Para ambas as tecnologias, os respectivos processos produtivos requerem investimentos semelhantes e o consumo de matéria-prima é o mesmo, porém o processo B possui um custo de materiais secundários superior. O processo A economiza nos materiais secundários, mas possui um custo de mão de obra superior (de maior qualificação).

O processo B é de uma tecnologia já testada, ao contrário do processo A, que possui tecnologia mais recente, com apenas cinco unidades operando no mundo. O processo A conta com perspectivas futuras de produzir com melhor qualidade.

O preço competitivo do produto nas praças **C1** e **C2** é de 2.400/t. O preço da matéria-prima é de 320/t (na fonte) e o consumo é de 1,2 t/t de produto. O custo de transporte de matéria-prima é de 0,16/tkm e, para o produto é de 0,56/tkm.

O custo dos materiais secundários é de 240/t de produto para o processo B e de 144/t para o processo A.

A incidência do custo de mão de obra no processo B é de 404/t no centro **C2**, 456 no centro **C1** e 488 no centro **MP**. Para o processo A a mão de obra é 20% mais onerosa.

Os demais custos somam 400/t indiferentemente ao processo ou à localização. O custo de recuperação do capital é de 150 milhões/ano.

Considere agora mais estes fatores:

1. **MP** é um porto marítimo.
2. A empresa, no futuro, deverá aumentar sua produção para tentar o mercado externo.
3. A empresa terá problemas de rejeitos industriais.
4. O centro **C1** possui alta concentração industrial com sérios problemas de poluição ambiental.
5. O governo pretende criar incentivos para descentralização industrial.
6. Está prevista a construção de uma linha férrea entre **C2** e **MP**.
7. A Prefeitura de **MP** poderá oferecer infraestrutura para a indústria.

Em sua opinião, qual seria a melhor solução?

Solução:

Aplicação da Metodologia

1. **Estabelecimento dos objetivos**

    Do texto podem ser supostos alguns objetivos e restrições, por exemplo:

    Produzir com máxima lucratividade possível.

    Ter amplas condições de crescimento.

    Alcançar no futuro o mercado externo.

    Manter o padrão de inovação tecnológica.

    Evitar poluição ambiental.

    Reduzir investimento inicial.

    Evitar problemas com mão de obra.

    Evitar riscos em relação ao processo produtivo.

2. **Classificação e ponderação dos objetivos**

    Os objetivos podem ser classificados em obrigatórios e desejáveis. Colocaremos um objetivo obrigatório que será:

    "Produzir com lucratividade (margem de lucro sobre receitas) mínima de 7%."

    Os demais objetivos e restrições serão ordenados e ponderados, conforme veremos na aplicação do item 4 desta metodologia.

3. **Desenvolvimento das alternativas**

    Seis alternativas podem concorrer, já que temos três possibilidades de localização vezes duas possibilidades de tecnologia. Antes da análise, é interessante estabelecer a matriz de custos de cada alternativa conforme quadro a seguir, calculando a lucratividade e a perda relativa sobre as receitas.

MATRIZ DE CÁLCULO DOS CUSTOS DE CADA COMBINAÇÃO

em UM mil

	Localizações	Tecnologia A			Tecnologia B		
	Alternativas	MP	C1	C2	MP	C1	C2
	CUSTOS:						
	1. TRANSPORTE – Matéria-prima De *MP* para	0	23.040	14.400	0	23.040	14.400
	– De produtos acabados para C1	44.800	0	56.000	44.800	0	56.000
	C2	14.000	28.000	0	14.000	28.000	0
	SUBTOTAL	58.800	51.040	70.400	58.800	51.040	70.400
	2. MÃO DE OBRA	175.680	164.160	145.440	146.400	136.800	121.200
	3. MATÉRIA-PRIMA	115.200	115.200	115.200	115.200	115.200	115.200
	4. MATERIAIS SECUNDÁRIOS	43.200	43.200	43.200	72.000	72.000	72.000
	5. OUTROS CUSTOS	120.000	120.000	120.000	120.000	120.000	120.000
	6. RECUPERAÇÃO DO CAPITAL	150.000	150.000	150.000	150.000	150.000	150.000
	TOTAL DOS CUSTOS	662.880	643.600	644.240	662.400	645.040	648.800
A	RECEITAS	720.000	720.000	720.000	720.000	720.000	720.000
B	MARGEM DE LUCRO	57.120	76.400	75.760	57.600	74.960	71.200
C	DIFERENÇA SOBRE MELHOR ALTERNATIVA (C1A)	19.280	0	640	18.800	1.440	5.200
D(%)	PERDA SOBRE RECEITAS C/A	2,7	0	0,1	2,6	0,2	0,7
E(%)	LUCRATIVIDADE B/A	7,9	10,6	10,5	8,0	10,4	9,9

4. Avaliação das alternativas

As seis alternativas produzirão com rentabilidade acima de 7%, satisfazendo o único objetivo obrigatório. A perda da pior alternativa quantitativa (**MP-A**) em relação às Receitas é de apenas 2,7%. Portanto, todas as alternativas são passíveis de uma análise mais detalhada.

Os demais objetivos e restrições serão ponderados e colocados numa matriz de decisão conforme figura a seguir, para a classificação das alternativas.

TABELA MATRIZ DE PONDERAÇÕES

Objetivos desejáveis	Peso	Tecnologia A						Tecnologia B					
		MP		C1		C2		MP		C1		C2	
		E	P	E	P	E	P	E	P	E	P	E	P
1. Produzir com Máxima Lucratividade	10	5	50	10	100	10	100	5	50	10	100	9	90
2. Condições de Crescimento	9	5	45	5	45	10	90	5	45	5	45	10	90
3. Exportar no Futuro	7	10	70	5	35	8	56	10	70	5	35	8	56
4. Inovação Tecnológica	7	10	70	10	70	10	70	6	42	6	42	6	42
5. Evitar Poluição	7	10	70	5	35	10	70	10	70	5	35	10	70
6. Evitar Problemas de Mão de Obra	7	3	21	8	56	10	70	3	21	8	56	10	70
7. Evitar Riscos no Processo	5	5	25	5	25	5	25	10	50	10	50	10	50
8. Reduzir Investimento Inicial	3	10	30	5	15	5	15	10	30	5	15	5	15
a TOTAL	55		381		381		496		378		378		483
b NOTA PONDERADA = TOTAL/55			6,9		6,9		9,0		6,9		6,9		8,8

Obs.: Produto (P) = Escore (E) × Peso.

5. **Escolha da melhor alternativa em primeira tentativa**

Considerando-se os resultados obtidos por meio do confronto dos objetivos e restrições estabelecidos, com as alternativas disponíveis, observa-se uma tendência favorável à localização **C2**, mas, devido à aproximação entre os resultados das combinações tecnologia **A** × **C2** e tecnologia **B** × **C2**, faremos uma análise das consequências adversas para cada uma das alternativas.

6. **Consequências adversas**

As alternativas **C2 – A** e **C2 – B** apresentam alguéis pontos com notas baixas que merecem uma análise de consequências adversas:

   a) Em relação à localização:

   Tanto **C2 – A** quanto **C2 – B** receberam nota 5,0 no objetivo 8, "Reduzir Investimento Inicial".

   Esta nota foi atribuída pela desvantagem em função da possibilidade de **MP** vir a conceder incentivos. Como não existe certeza disto vir a acontecer, uma posição mais conservadora manteria **C2** como vencedora.

b) Em relação às tecnologias:

C2 - A recebeu nota baixa (5,0) no objetivo 7, "Evitar riscos no processo", ao passo que **C2 - B** recebeu nota baixa (6,0) no objetivo "Inovação Tecnológica".

A escolha de **A** traz um risco embutido, que é o de o processo não funcionar a contento. Pode-se dizer que é raro isto acontecer (probabilidade = 20%), mas com alto índice de gravidade (90 numa escala de zero a cem).

Já a escolha de **B**, em troca da segurança de funcionamento, não possibilitará grandes progressos tecnológicos, com 60% de probabilidade, porém com índice mais baixo de gravidade (gravidade = 20).

Resumindo, para **C2 - A** e **C2 - B**, teríamos os seguintes produtos "probabilidade × gravidade":

CONSEQUÊNCIAS ADVERSAS PARA CADA TECNOLOGIA

Consequências adversas	Probabilidade de 0 a 1	Gravidade de 0 a 100	P × G
C2A			
- Processo não funcionar a contento	0,2	90	18,0
- Impossibilidade de progressos tecnológicos	0,0	20	0,0
SUBTOTAL	–	–	18,0
C2B			
- Processo não funcionar a contento	0,0	90	0,0
- Impossibilidade de progressos tecnológicos	0,6	20	12,0
SUBTOTAL	–	–	12,0

7. Conclusões finais

Em função das informações fornecidas, da metodologia adotada e das ponderações aplicadas, observamos uma tendência para escolha da combinação localização **C2** × tecnologia **B**.

Esta escolha só se definiu no último passo da metodologia, visto que a melhor alternativa, em termos quantitativos, era **C1 - A**. Na matriz de ponderações, **C2 - A** passou a ser melhor. Apenas após a análise das consequências adversas é que foi possível chegar a **C2 - B**.

No entanto, é fundamental ressaltar que a questão, meramente didática, deixa muito a desejar quanto ao número e à precisão das informações fornecidas, o que permite pouquíssima margem de segurança quanto ao resultado obtido. Para ilustrar nossas colocações, podemos afirmar que seria necessário sabermos em que proporções a empresa está estimando o futuro aumento do nível de produção, para quando está previsto, em quanto seria estimada a redução de custos de transporte entre **C2** e MP em face da perspectiva de implantação de uma ferrovia, qual a previsão para o início de operação desta ferrovia, entre outras. Somente o esclarecimento destes itens poderia nos dar maior segurança quanto ao resultado obtido.

17.2 A tomada de decisão e os métodos de análise de alternativas de investimentos

No Capítulo 6, foram feitas algumas considerações sobre os princípios da Engenharia Econômica e chamada a atenção para a existência de critérios imponderáveis ou não conversíveis em dinheiro nas situações de investimentos. Já no item 17.1 deste capítulo, abordou-se o "Processo de Tomada de Decisão". Esta seção propõe-se a dar um passo a mais nesta direção, examinando especificamente a utilidade dos diversos métodos de análise de alternativas de investimentos, com o objetivo de esclarecer os seguintes aspectos:

- quando, em que situações, é necessário utilizar técnicas de análise de investimentos;
- quais as técnicas mais indicadas para as diversas situações de decisão.

Inicia-se a reflexão procurando responder ao primeiro dos aspectos acima: quando é necessário utilizar técnicas de análise de investimentos para tomar uma decisão. Nem sempre precisamos de técnicas tão estruturadas para tomar decisões; a decisão pode não ser importante, como sair ou não sair da cama, ler a revista A ou a revista B, continuar ou não a ler este livro. Nestes casos, a decisão pode e deve ser tomada rapidamente. Diariamente, tomam-se centenas destas decisões e a vida perderia muito de seu encanto se fosse tentado tomar todas estas decisões com métodos estruturados... Fica, então, claro que somente problemas suficientemente importantes necessitam de métodos estruturados de tomar decisões.

Existem situações que, embora suficientemente importantes, são tão óbvias que não é necessário muito esforço para decidir. Se, por exemplo, o preço a prazo for igual ao preço à vista, não havendo outras restrições, é óbvio que se deve comprar a prazo.

As situações de decisão são muito variadas, envolvem um amplo espectro. Pode-se, então, ter situações não triviais, não óbvias, em que o aspecto econômico não é significativo ou simplesmente não influirá na decisão. Ao decidir sobre quais princípios éticos deverão nortear a empresa, a consideração dos aspectos econômicos é inoportuna, principalmente se for feita através de um método estruturado.

Recapitulando, para justificar a utilização de métodos de análise de investimentos, as situações analisadas deverão apresentar as seguintes características:

1. Ser suficientemente importantes para justificar o esforço de se utilizar um método estruturado.
2. A decisão não é óbvia; é necessário organizar o problema.
3. O aspecto econômico é significativo e influenciará na decisão.

A consideração do terceiro aspecto, isto é, a importância do aspecto econômico na decisão, nos conduz a considerar duas situações diferentes. A primeira situação de decisão é aquela, em geral mais simples, em que o aspecto econômico da decisão é o preponderante. Neste caso, a decisão será tomada considerando-se principalmente este aspecto, e marginalmente os outros aspectos. Até o momento, este livro tratou principalmente destas situações. Existem, entretanto, muitas situações em que, além do aspecto econômico, existem outros critérios importantes a serem considerados (Figura 17.1).

MÉTODOS DE ANÁLISE DE INVESTIMENTOS
Utilizar quais em que situações?

TIPOS DE INVESTIMENTOS:

⇒ 1. Suficientemente importantes para justificar o esforço
⇒ 2. Situações não óbvias ⊃ organizar o problema
⇒ 3. O aspecto econômico é significativo ⊃ influirá na decisão

---

**SITUAÇÕES EM QUE O ASPECTO ECONÔMICO
(CUSTO OU LUCRO) É PREPONDERANTE**

Existe boa previsibilidade

➔ 1. Método do Valor Presente Líquido (Custo Anual)
➔ 2. Método da Taxa Interna de Retorno – TIR
➔ 3. *Payback* (Método não exato)

Situações menos previsíveis

➔ 1. Análise de Sensibilidade
➔ 2. Simulação
➔ 3. Outros métodos para situações de risco e incerteza

**SITUAÇÕES EM QUE, ALÉM DO ASPECTO ECONÔMICO, EXISTEM
OUTROS CRITÉRIOS IMPORTANTES**

➔ 1. Análise Custo-Benefício – Aspectos Sociais
➔ 2. Análise Multicritério

Figura 17.1 *Utilidade dos diferentes métodos de análise de investimentos.*

O caso mais amplo é o que envolve múltiplos critérios, critérios estes formados pelas estratégias da empresa e pelas políticas de negócios. Normalmente, uma alternativa de investimento é analisada sob o ponto de vista de aderência às estratégias, como: competição a baixo custo, verticalização a montante, flexibilidade de produção. Por outro lado, as políticas de negócios da empresa, como endividamento, taxa de retorno ou aversão ao risco também balizarão a tomada de decisão.

17.3 Análise multicritério

Na Análise de Investimentos, principalmente aqueles envolvendo altos valores relativos e o longo prazo, os tipos de decisão normalmente são os mais complexos, pois comportam:

1. Racionalidade limitada: não há curso predeterminado para a escolha da alternativa, existirão limites de conhecimento, e ocorrerá uma forte base de caráter qualitativo como critério.

2. Multicritério: uma variedade de objetivos e políticas de caráter qualitativo ou quantitativo nortearão a decisão.

3. Multidecisor: embora em pequenas empresas possa haver um único decisor, o normal é a decisão por conselhos.

4. Incerteza: as variáveis envolvidas relacionam-se aos ambientes cultural, político, econômico e tecnológico, praticamente descartando-se até a possibilidade de se trabalhar com riscos, para se trabalhar com a incerteza.

Em geral, um problema de decisão é um problema em que se considera um conjunto de ações em potencial, entre as quais deve-se:

a) escolher uma ação considerada a melhor;

b) selecionar um subconjunto considerado bom; ou

c) ordenar as ações da melhor até a pior.

A resposta **c** é a mais genérica e mais adequada às decisões de Análise de Investimentos. É interessante conhecer o *ranking* das alternativas para cada ponto de decisão.

Para os tipos de decisão aqui considerados, pode-se dizer que há três tipos de modelos aplicáveis para "ranquear" as alternativas:

1. Matriz de Ponderações;
2. Métodos que atendem a princípios de dominância; e
3. Métodos Sensitivos,

que serão a seguir analisados.

1. Matriz de Ponderações

É a sistemática mais simples, consistindo em atribuir pesos aos diversos critérios e notas a cada alternativa em todos os critérios. Será considerada melhor alternativa a que tiver o maior somatório de torques (peso × escores). O método possui grande simplicidade, pois é de matemática e lógica bastante simples. No exemplo de Aplicação de Metodologia de Kepner e Tregoe, no item 17.1, utilizou-se uma Matriz de Ponderações para ordenar as alternativas.

A desvantagem principal é não haver confronto direto de alternativa a alternativa, além do baixo significado do somatório final obtido. A análise pode ser melhorada de duas maneiras:

1. Acrescentando linhas de somatório parcial, para se ter ideia do *ranking* com os critérios principais e sua evolução à medida que se adicionam critérios de menor peso.

2. Acrescentando uma sistemática adicional de cálculo, tornando o resultado um valor relativo, por exemplo, a 100%.

Este método possui como vantagens:

1. É totalmente transparente. Requer como recursos matemáticos conhecimentos das operações de multiplicação e adição apenas, o que significa que pode ser entendido em todos os seus passos por decisores sem formação matemática superior.

2. Permite ampla análise de sensibilidade sob hipóteses diferentes de desenvolvimento de cenários e sob alterações nos pesos dos critérios.

3. Permite que o próprio decisor opere o modelo, conferindo pesos aos critérios e notas às alternativas.

E possui como desvantagens:

1. Não confronta diretamente as alternativas.

2. Os resultados dos somatórios dos binômios "peso x nota" podem fugir à sensibilidade do decisor, pois são meramente números, e modificações sutis de resultados em análise de sensibilidade podem escapar à percepção do decisor.

2. Métodos que Atendem Princípios de Dominância

Nessa categoria, são enquadrados os métodos da escola "europeia", ou de Superação, e o método AHP – Analytical Hierarchy Process.

a) Métodos de Superação: o Promethee

A escola europeia, na realidade, é uma corrente de pesquisa inicialmente desenvolvida na França e na Bélgica, cujos métodos criados são denominados de "métodos de superação". O método Promethee, desenvolvido por Brans e Vincke em 1985, é um exemplo de método de superação recente. O Promethee é adequado a situações em que os critérios possam ser representados em forma de valores.

Para o Promethee, a relação de preferência pode ser assim equacionada:

$$P(a,b) = \begin{bmatrix} 0 & \Leftrightarrow & f(a) \leq f(b) \\ p[f(a), f(b)] & \Leftrightarrow & f(a) > f(b) \end{bmatrix}$$

onde **P(a,b)** é a preferência de **a** sobre **b,** variando entre 0 e 1. A hierarquia **H(d)** será:

$$H(d) = \begin{bmatrix} P(a,b), & d \geq 0 \\ P(b,a), & d \leq 0 \end{bmatrix}$$

sendo d = f(a) – f(b)

Existem seis tipos de funções de preferência perante um critério qualquer. Na figura a seguir, está a função mais representativa.

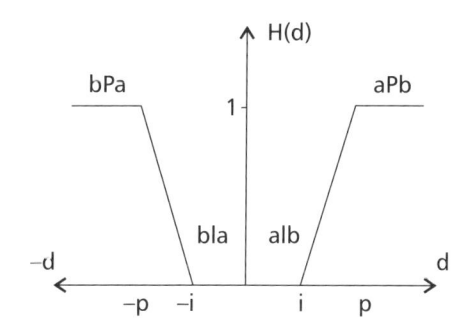

$$H(d) = \begin{bmatrix} 0 & \Leftrightarrow & |d| \leq i \\ \dfrac{(|d| - i)}{(p - i)} & \Leftrightarrow & i < |d| \leq p \\ 1 & \Leftrightarrow & |d| > p \end{bmatrix}$$

– Função de tipo Indiferença, Preferência Linear e Preferência Absoluta para critérios no método Promethee.

Por essa função, em termos práticos, se houver pequena diferença de resultado entre as alternativas para dado critério, elas são consideradas indiferentes. Se houver uma grande diferença de resultado, ocorre a preferência por uma ou por outra alternativa. Em pontos intermediários, a relação de preferência é proporcional (linear).

O índice de preferência, de uma alternativa sobre outra, é dado pelo somatório ponderado das preferências de cada critério.

$$\pi(a, b) = \frac{\sum p_i P_i(a, b)}{\sum p_i}$$

onde **pi** são as ponderações de cada critério.

Para dada alternativa A, sua ordenação é obtida pela classificação de seu somatório líquido, ou seja, o somatório das preferências de A sobre todas as demais alternativas, menos o somatório das preferências das demais alternativas sobre A.

Como vantagens o método Promethee possui:

1. Considera as regras de dominância.
2. É de matemática simples, com lógica pouco mais complexa do que a matriz de ponderações, mas ainda assim compreensível para um empresário tomador de decisões.
3. Permite, através das funções de preferência, opções de relacionamento entre as alternativas.

Como desvantagem considera-se:

1. Como no método da matriz de ponderações, há necessidade de transformar critérios qualitativos em valores, se bem que a grande variedade de funções pode possibilitar, com algum grau de habilidade, transformar uma avaliação qualitativa em um valor
2. Na análise de sensibilidade, a mudança de pontuação final derivada da alteração de uma hipótese pode não ser adequadamente sentida pelo decisor.

Exercício 17.1: Seja um exemplo de decisão de compra entre três equipamentos, sob dois critérios:

1. Taxa de Retorno do investimento;
2. Prazo de entrega.

Supõe-se que para o critério 1, se a diferença for de até 2% ao ano, entre duas alternativas quaisquer, ambas são consideradas iguais e, acima de 6% a.a., a de melhor TIR tem preferência absoluta. Se a diferença entre as taxas for intermediária, a preferência será proporcional. Para o critério 2, uma diferença de até 15 dias empata as alternativas e acima de 60 dias a preferência é absoluta para o fornecedor de menor prazo de entrega. Entre 15 e 60 dias, a preferência é proporcional ao prazo.

Graficamente, seria esta a representação:

Critério 1:

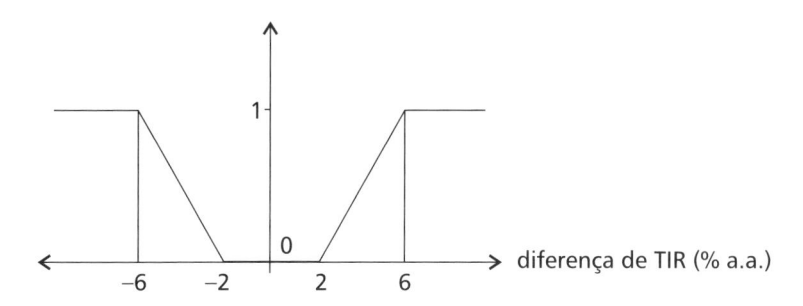

Critério 2:

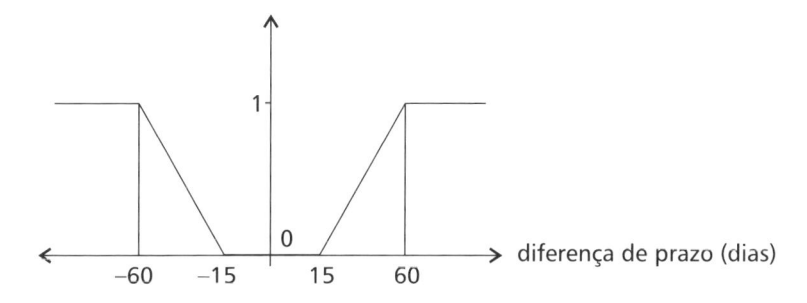

Supõe-se um peso de 70% para o critério 1 e de 30% para o critério 2.

Considerando a alternativa A com 25% a.a. de TIR e prazo de entrega de 120 dias, a alternativa B com TIR de 20% a.a. e prazo de 60 dias, e a alternativa C com TIR de 22% a.a. e prazo de 60 dias de entrega, estabelecer a ordenação das alternativas:

Solução:

1. Confrontos diretos:

    a com b:

    Critério 1: d = 5% a.a. a favor de A

    $P_1(a,b) = (5-2)/(6-2) = 0,7500$

    $P_1(b,a) = 0$

    Critério 2: d = 60 dias a favor de B

    $P_2(a,b) = 0$

    $P_2(b,a) = 1$

a com c:

> Critério 1: d = 3% a.a. a favor de A
> P_1 (a,c) = (3 − 2)/(6 − 2) = 0,2500
> P_1 (b,a) = 0
> Critério 2: d = 60 dias a favor de C
> P_2 (a,c) = 0
> P_2 (c,a) = 1

b com c:

> Critério 1: d = 2% a.a. a favor de C
> P_1 (b,c) = 0
> P_1 (c,b) = 0
> Critério 2: d = 0
> P, (b,c) = P_2 (b,c) = 0

2. Cálculo dos índices de preferência:

$$\pi (a,b) = \frac{(0,7 \times 0,7500) + (0,3 \times 0)}{0,7 + 0,3} = 0,5250$$

$$\pi (b,a) = \frac{(0,7 \times 0) + (0,3 \times 1)}{0,7 + 0,3} = 0,3000$$

π (a,c) = (0,7 × 0,2500) + (0,3 × 0) = 0,1750

π (c,a) = (0,7 × 0) + (0,3 × 1) = 0,3000

π (b,c) = 0

π (c,b) = 0

3. Cálculo do somatório líquido:

$\phi A = \pi$ (a,b) + π (a,c) − π (b,a) − π (c,a) = 0,1000 ⇒ 2º

$\phi B = \pi$ (b,a) + π (b,c) − π (a,b) − π (c,b) = − 0,2250 ⇒ 3º

$\phi C = \pi$ (c,a) + π (c,b) − π (a,c) − π (b,c) = 0,1250 ⇒ 1º

Resposta:

A alternativa C mostra-se a mais adequada aos objetivos. É interessante notar que uma análise duas a duas mostraria C empatando com B e B sendo derrotada por A, o que erradamente nos levaria a conclusão de que A seria a melhor. O método, no entanto, indicou C como a melhor alternativa.

b) O Método AHP

O método AHP foi criado por Saaty, e baseia-se em três princípios: decomposição, julgamentos comparativos e síntese das prioridades. Os critérios podem ser quantitativos ou qualitativos. Não há necessidade de haver uma escala numérica, pois as comparações são feitas de forma relativa entre as alternativas.

A decomposição é feita com auxílio de uma árvore, conforme a figura a seguir.

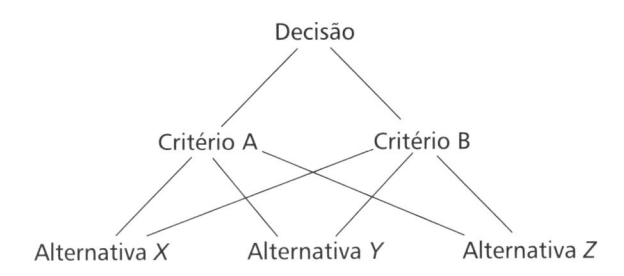

```
                    Decisão
                   /       \
            Critério A     Critério B
           / \ / \         / \ / \
  Alternativa X   Alternativa Y   Alternativa Z
```

– Exemplo de árvore de decomposição para o método AHP.

Os julgamentos comparativos entre as alternativas para dado critério são feitos numa escala de 1 a 9, em que 1 significa que as alternativas são igualmente importantes, e 9 que a alternativa A é estritamente importante, ou seja, domina totalmente, com certeza, a alternativa B. Reciprocamente, nesse último caso, B teria em relação a A avaliação de 1/9.

A colocação das alternativas-origem nas ordenadas e das alternativas-destino nas abscissas permite criar uma matriz de julgamentos para dado critério. O cálculo do autovetor permite a ordenação (Vetor Prioridade das Alternativas).

A ponderação dos critérios é dada por um vetor de prioridade dos critérios. O cruzamento do Vetor Prioridade dos Critérios com o Vetor Prioridade das Alternativas permite obter, para cada alternativa, o somatório dos produtos peso (do critério) × valor (da alternativa), estabelecendo-se o *ranking*.

O método possui ainda procedimento que permite medir a consistência dos julgamentos.

O método AHP possui como principal vantagem a possibilidade de comparações relativas sem necessidade de escala absoluta para um critério, facilitando critérios qualitativos.

Como desvantagem, pode-se dizer que não é transparente para o decisor, pois exige operações matriciais e um consequente conhecimento de Álgebra Linear, seguramente não dominado pela grande maioria dos empresários. Também o somatório final para a alternativa é um número cuja alteração, numa análise de sensibilidade, pode não ser adequadamente percebida.

Exemplo:

Considere o mesmo exemplo apresentado no método Promethee.

A matriz de comparação dos critérios é desnecessária, pois estes já têm seu peso definido.

A partir do enunciado, chegamos às seguintes Matrizes de Comparação das alternativas:

C1	A	B	C
A	1	3	2
B	1/3	1	1
C	1/2	1	1

C2	A	B	C
A	1	1/6	1/6
B	6	1	1
C	6	1	1

Calculando-se os autovetores das matrizes acima chega-se aos seguintes resultados.

	C1	C2		Escore
Peso	0,700	0,300		
A	0,554	0,077	= 0,411	1º
B	0,215	0,461	= 0,289	3º
C	0,231	0,462	= 0,300	2º

Para exemplificar os cálculos, na matriz C1 a pontuação de A = 0,554 foi calculada somando-se a linha de A (1 + 3 + 2 = 6) e dividindo-se a mesma pelo somatório de toda a matriz C1 (1 + 3 + 2 + 1/3 + 1 + 1 + 1/2 + 1 + 1 = 10,833). O escore ficou então: 6/10,833 = 0,554.

Resposta:

Pelos resultados apresentados, a melhor alternativa é A, seguida de C e por último B. Este resultado é justificado pela dominância que a alternativa A tem sobre os outros em relação ao critério 1, e por este critério ter um peso bem maior do que o critério 2. Em relação ao Promethee, ambos acertaram apenas a pior alternativa, que é B. Cada método ajusta-se melhor a um tipo de problema. O Promethee volta-se mais a critérios quantitativos. Já o método AHP volta-se a critérios qualitativos.

3. Métodos Sensitivos

Tanto o método da matriz de ponderações como os métodos Promethee e AHP apresentam a desvantagem de a ordenação final ser expressa por um número, o que talvez não permita ao decisor captar a sutileza de pequenas variações ocasionadas por mudança de hipótese de um cenário.

No sentido de correção desse problema, com base no fato de que o ser humano é analógico é que a utilização de recursos de multimídia, especialmente os visuais, pode auxiliar a tomada de decisão, notadamente em situações de multidecisor.

Um exemplo de método sensitivo é o método *Color Score Cards,* que pode ser utilizado diretamente na Tomada de Decisão.

Aplicado com sucesso para a Câmara Municipal de Los Angeles na escolha do plano adequado de despoluição da cidade, o método foi originalmente baseado no uso de transparências coloridas sobre retroprojetor.

O método consiste numa matriz em que os critérios são colocados nas ordenadas, com sua importância decrescendo de cima para baixo, tal qual no método da Matriz de Ponderações. Nas abscissas, são colocadas as alternativas. Um conjunto de quatro cores (verde, amarelo, laranja e vermelho equivalem a muito bom, bom, regular e ruim) serve para avaliar as alternativas perante os critérios, podendo as cores ser atribuídas diretamente para critérios qualitativos ou suas notas médias (no caso de votações) transformadas em cores por uma regra, tanto para critérios quantitativos quanto qualitativos. O decisor escolhe alternativas com maior concentração de verdes e amarelos na parte superior da matriz ou rejeita alternativas com maior concentração de laranjas ou vermelhos em sua parte inferior.

Apesar de esse método não considerar princípios de dominância, ele possui uma grande vantagem, que é a Análise de Sensibilidade altamente compreensível. Uma mudança de hipótese pode acarretar mudança de cores numa nova transparência, que é sobreposta à anterior.

Nesse momento reside a grande vantagem do método sensitivo, pois qualquer alteração de cor será imediatamente captada, inclusive em sua intensidade.

Os atuais recursos computacionais e de apresentação visual permitem que o método seja adaptado para microcomputadores, com a confecção dos cartões *(cards)* sendo mais rápida, possibilitando diretamente a mistura de cores, tanto na avaliação das alternativas quanto nas comparações de análises de sensibilidade.

O método *Color Score Cards*, na realidade, assemelha-se ao método da Matriz de Ponderações, exceto pela própria ponderação, que é substituída pela ordenação. A ordenação dá-se de forma intuitiva, considerando-se mais importantes os critérios situados na parte superior da matriz.

Como conclusão, pode-se dizer que pelo fácil entendimento dos mecanismos de cálculo, o método da Matriz de Ponderações e o método do *Color Score Cards* teriam maior possibilidade de uso por empresários nas decisões relativas a empreendimentos industriais.

Além do mais, para um mesmo exemplo de três alternativas, os métodos Promethee e AHP só coincidiram quanto ao terceiro colocado, invertendo as primeira e segunda colocações no exemplo dado. Isto significa que a matemática, por si só, não resolve o problema de tomada de decisão. É necessário, além de muita compreensão do problema, uma boa dose de intuição.

Anexos

Anexo 1
Áreas sob a Curva Normal

z	0	2	4	6	8
−3,0	0,0013	0,0007	0,0003	0,0002	0,0001
−2,9	0,0019	0,0017	0,0016	0,0015	0,0014
−2,8	0,0026	0,0024	0,0023	0,0021	0,0020
−2,7	0,0035	0,0033	0,0031	0,0029	0,0027
−2,6	0,0047	0,0044	0,0041	0,0039	0,0037
−2,5	0,0062	0,0059	0,0055	0,0052	0,0049
−2,4	0,0082	0,0078	0,0073	0,0069	0,0066
−2,3	0,0107	0,0102	0,0096	0,0091	0,0087
−2,2	0,0139	0,0132	0,0126	0,0119	0,0113
−2,1	0,0179	0,0170	0,0162	0,0154	0,0146
−2,0	0,0228	0,0217	0,0207	0,0197	0,0188
−1,9	0,0287	0,0274	0,0262	0,0250	0,0238
−1,8	0,0359	0,0344	0,0329	0,0314	0,0300
−1,7	0,0446	0,0427	0,0409	0,0392	0,0375
−1,6	0,0548	0,0526	0,0505	0,0485	0,0465
−1,5	0,0668	0,0643	0,0618	0,0594	0,0570
−1,4	0,0808	0,0778	0,0749	0,0722	0,0694
−1,3	0,0968	0,0934	,0901	0,0869	0,0838
−1,2	0,1151	0,1112	0,1075	0,1038	0,1003
−1,1	0,1357	0,1314	0,1271	0,1230	0,1190
−1,0	0,1587	0,1539	0,1492	0,1446	0,1401
−0,9	0,1841	0,1788	0,1736	0,1685	0,1635
−0,8	0,2119	0,2061	0,2005	0,1949	0,1894
−0,7	0,2420	0,2358	0,2297	0,2236	0,2177
−0,6	0,2743	0,2676	0,2611	0,2546	0,2483
−0,5	0,3085	0,3015	0,2946	0,2877	0,2810
−0,4	0,3446	0,3372	0,3300	0,3228	0,3156
−0,3	0,3821	0,3745	0,3669	0,3594	0,3520
−0,2	0,4207	0,4129	0,4052	0,3974	0,3897
−0,1	0,4602	0,4522	0,4443	0,4364	0,4286
−0,0	0,5000	0,4920	0,4840	0,4761	0,4681

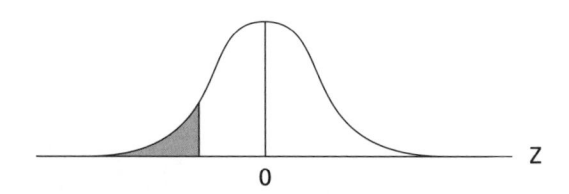

Anexo 2
Fórmulas dos Fatores das Tabelas Financeiras

Pagamento simples	Notação internacional	Fórmula
1. Achar F dado P	(F/P; i; n)	$(1+i)^n$
2. Achar P dado F	(P/F; i; n)	$\dfrac{1}{(1+i)^n}$
SÉRIE UNIFORME		
1. Achar F dado A	(F/A; i; n)	$\dfrac{(1+i)^n - 1}{i}$
2. Achar P dado A	(P/A; i; n)	$\dfrac{(1+i)^n - 1}{i(1+i)^n}$
3. Achar A dado F	(A/F; i; n)	$\dfrac{i}{(1+i)^n - 1}$
4. Achar A dado P	(A/P; i; n)	$\dfrac{i(1+i)^n}{(1+i)^n - 1}$
SÉRIE GRADIENTE		
1. Achar A dado G	(A/G; i; n)	$\dfrac{1}{i} - \dfrac{n}{(1+i)^n - 1}$
2 Achar P dado G	(P/G; i, n)	$\left[\dfrac{(1+i)^n - 1}{i^2} - \dfrac{n}{i}\right] \times \dfrac{1}{(1+i)^n}$

Outras Fórmulas

SÉRIES ANTECIPADAS		
1. Achar F dado A'	(F/A'; i; n)	$\dfrac{(1+i)^n - 1}{i} \times (1+i)$
2. Achar P dado A'	(P/A'; i; n)	$\dfrac{(1+i)^n - 1}{i(1+i)^{n-1}}$
3. Achar A' dado F	(A'/F, i; n)	$\dfrac{i}{(1+i)^n - 1} \times \dfrac{1}{(1+i)}$
4. Achar A' dado P	(A'/P; i; n)	$\dfrac{i(1+i)^{n-1}}{(1+i)^n - 1}$
JUROS CONTÍNUOS		
1. Achar F dado P		e^{In}
2. Achar P dado F		e^{-In}

Anexo 3
Tabelas de Fatores Financeiros

Taxa de Juros = 0,50%

N	F/P	P/F	A/P	P/A	A/F	F/A	A/G	P/G
1	1,005000	0,995025	1,005000	0,995025	1,000000	1,000000	–	–
2	1,010025	0,990075	0,503753	1,985099	0,498753	2,005000	0,498753	0,990075
3	1,015075	0,985149	0,336672	2,970248	0,331672	3,015025	0,996675	2,960372
4	1,020151	0,980248	0,253133	3,950496	0,248133	4,030100	1,493766	5,901115
5	1,025251	0,975371	0,203010	4,925866	0,198010	5,050251	1,990025	9,802597
6	1,030378	0,970518	0,169595	5,896384	0,164595	6,075502	2,485453	14,65519
7	1,035529	0,965690	0,145729	6,862074	0,140729	7,105879	2,980050	20,44933
8	1,040707	0,960885	0,127829	7,822959	0,122829	8,141409	3,473816	27,17552
9	1,045911	0,956105	0,113907	8,779064	0,108907	9,182116	3,966751	34,82436
10	1,051140	0,951348	0,102771	9,730412	0,097771	10,22803	4,458855	43,38649
11	1,056396	0,946615	0,093659	10,67703	0,088659	11,27917	4,950127	52,85264
12	1,061678	0,941905	0,086066	11,61893	0,081066	12,33556	5,440569	63,21360
13	1,066986	0,937219	0,079642	12,55615	0,074642	13,39724	5,930179	74,46023
14	1,072321	0,932556	0,074136	13,48871	0,069136	14,46423	6,418959	86,58346
15	1,077683	0,927917	0,069364	14,41662	0,064364	15,53655	6,906908	99,57430
16	1,083071	0,923300	0,065189	15,33993	0,060189	16,61423	7,394026	113,4238
17	1,088487	0,918707	0,061506	16,25863	0,056506	17,69730	7,880313	128,1231
18	1,093929	0,914136	0,058232	17,17277	0,053232	18,78579	8,365770	143,6634
19	1,099399	0,909588	0,055303	18,08236	0,050303	19,87972	8,850396	160,0360
20	1,104896	0,905063	0,052666	18,98742	0,047666	20,97912	9,334192	177,2322
21	1,110420	0,900560	0,050282	19,88798	0,045282	22,08401	9,817157	195,2434
22	1,115972	0,896080	0,048114	20,78406	0,043114	23,19443	10,29929	214,0611
23	1,121552	0,891622	0,046135	21,67568	0,041135	24,31040	10,78060	233,6768
24	1,127160	0,887186	0,044321	22,56287	0,039321	25,43196	11,26107	254,0820
25	1,132796	0,882772	0,042652	23,44564	0,037652	26,55912	11,74072	275,2686
26	1,138460	0,878380	0,011112	24,32402	0,036112	27,69191	12,21953	297,2281
27	1,144152	0,874010	0,039686	25,19803	0,034686	28,83037	12,69751	319,9523
28	1,149873	0,869662	0,038352	26,06769	0,033362	29,97452	13,17467	343,4332
29	1,155622	0,865335	0,037129	26,93302	0,032129	31,12439	13,65099	367,6625
30	1,161400	0,861030	0,035979	27,79405	0,030979	32,28002	14,12649	392,6324
31	1,167207	0,856746	0,034903	28,65080	0,029903	33,44142	14,60116	418,3348
32	1,173043	0,852484	0,033895	29,50328	0,028895	34,60862	15,07499	444,7618
33	1,178908	0,848242	0,032947	30,35153	0,027947	35,78167	15,54800	471,9055
34	1,184803	0,844022	0,032056	31,19555	0,027056	36,96058	16,02018	499,7583
35	1,190727	0,839823	0,031215	32,03537	0,026215	38,14538	16,49153	528,3123
36	1,196681	0,835645	0,030422	32,87102	0,025422	39,33610	16,96205	557,5598
37	1,202664	0,831487	0,029671	33,70250	0,024671	40,53279	17,43174	587,4934
38	1,208677	0,827351	0,028960	34,52985	0,023960	41,73545	17,90061	618,1054
39	1,214721	0,823235	0,028286	35,35309	0,023286	42,94413	18,36864	649,3883
40	1,220794	0,819139	0,027646	36,17223	0,022646	44,15885	18,83585	681,3347
42	1,233033	0,811009	0,026456	37,79830	0,021456	46,60654	19,76778	747,1886
44	1,245394	0,802959	0,025375	39,40823	0,020375	49,07877	20,69640	815,6087
46	1,257879	0,794989	0,024389	41,00219	0,019389	51,57578	21,62172	886,5376
48	1,270489	0,787098	0,023485	42,58032	0,018485	54,09783	22,54372	959,9188
50	1,283226	0,779286	0,022654	44,14279	0,017654	56,64516	23,46242	1.035,697
55	1,315629	0,760093	0,020841	47,98145	0,015841	63,12577	25,74471	1.235,269
60	1,348850	0,741372	0,019333	51,72556	0,014333	69,77003	28,00638	1.448,646
65	1,382910	0,723113	0,018058	55,37746	0,013058	76,58206	30,24745	1.675,027
70	1,417831	0,705303	0,016967	58,93942	0,011967	83,56611	32,46796	1.913,643
75	1,453633	0,687932	0,016022	62,41365	0,011022	90,72650	34,66794	2.163,752
80	1,490339	0,670988	0,015197	65,80231	0,010197	98,06771	36,84742	2.424,646
85	1,527971	0,654462	0,014470	69,10750	0,009470	105,5943	39,00646	2.695,639
90	1,566555	0,638344	0,013825	72,33130	0,008825	113,3109	41,14508	2.976,077
95	1,606112	0,622622	0,013249	75,47569	0,008249	121,2224	43,26333	3.265,330
100	1,646668	0,607287	0,012732	78,54264	0,007732	129,3337	45,36126	3.562,793

Obs.: As tabelas com mais opções estão disponíveis no *site* do GEN | Atlas. Para saber como acessá-las, consulte a página xi da obra.

Taxa de Juros = 1,00%

N	F/P	P/F	A/P	P/A	A/F	F/A	A/G	P/G
1	1,010000	0,990099	1,010000	0,990099	1,000000	1,000000	–	–
2	1,020100	0,980296	0,507512	1,970395	0,497512	2,010000	0,497512	0,980296
3	1,030301	0,970590	0,340022	2,940985	0,330022	3,030100	0,993367	2,921476
4	1,040604	0,960980	0,256281	3,901966	0,246281	4,060401	1,487562	5,804417
5	1,051010	0,951466	0,206040	4,853431	0,196040	5,101005	1,980100	9,610280
6	1,061520	0,942045	0,172548	5,795476	0,162548	6,152015	2,470980	14,32051
7	1,072135	0,932718	0,148628	6,728195	0,138628	7,213535	2,960202	19,91681
8	1,082857	0,923483	0,130690	7,651678	0,120690	8,285671	3,447766	26,38120
9	1,093685	0,914340	0,116740	8,566018	0,106740	9,368527	3,933673	33,69592
10	1,104622	0,905287	0,105582	9,471305	0,095582	10,46221	4,417923	41,84350
11	1,115668	0,896324	0,096454	10,36763	0,086454	11,56683	4,900517	50,80674
12	1,126825	0,887449	0,088849	11,25508	0,078849	12,68250	5,381454	60,56868
13	1,138093	0,878663	0,082415	12,13374	0,072415	13,80933	5,860734	71,11263
14	1,149474	0,869963	0,076901	13,00370	0,066901	14,94742	6,338360	82,42215
15	1,160969	0,861349	0,072124	13,86505	0,062124	16,09690	6,814330	94,48104
16	1,172579	0,852821	0,067945	14,71787	0,057945	17,25786	7,288645	107,2734
17	1,184304	0,844377	0,064258	15,56225	0,054258	18,43044	7,761306	120,7834
18	1,196147	0,836017	0,060982	16,39827	0,050982	19,61475	8,232314	134,9957
19	1,208109	0,827740	0,058052	17,22601	0,048052	20,81090	8,701668	149,8950
20	1,220190	0,819544	0,055415	18,04555	0,045415	22,01900	9,169370	165,4664
21	1,232392	0,811430	0,053031	18,85698	0,043031	23,23919	9,635420	181,6950
22	1,244716	0,803396	0,050864	19,66038	0,040864	24,47159	10,09982	198,5663
23	1,257163	0,795442	0,048886	20,45582	0,038886	25,71630	10,56257	216,0660
24	1,269735	0,787566	0,047073	21,24339	0,037073	26,97346	11,02367	234,1800
25	1,282432	0,779768	0,045407	22,02316	0,035407	28,24320	11,48312	252,8945
26	1,295256	0,772048	0,043869	22,79520	0,033869	29,52563	11,94092	272,1957
27	1,308209	0,764404	0,042446	23,55961	0,032446	30,82089	12,39707	292,0702
28	1,321291	0,756836	0,041124	24,31644	0,031124	32,12910	12,85158	312,5047
29	1,334504	0,749342	0,039895	25,06579	0,029895	33,45039	13,30444	333,4863
30	1,347849	0,741923	0,038748	25,80771	0,028748	34,78489	13,75566	355,0021
31	1,361327	0,734577	0,037676	26,54229	0,027676	36,13274	14,20523	377,0394
32	1,374941	0,727304	0,036671	27,26959	0,026671	37,49407	14,65317	399,5858
33	1,388690	0,720103	0,035727	27,98969	0,025727	38,86901	15,09946	422,6291
34	1,402577	0,712973	0,034840	28,70267	0,024840	40,25770	15,54410	446,1572
35	1,416603	0,705914	0,034004	29,40858	0,024004	41,66028	15,98711	470,1583
36	1,430769	0,698925	0,033214	30,10751	0,023214	43,07688	16,42848	494,6207
37	1,445076	0,692005	0,032468	30,79951	0,022468	44,50765	16,86822	519,5329
38	1,459527	0,685153	0,031761	31,48466	0,021761	45,95272	17,30632	544,8835
39	1,474123	0,678370	0,031092	32,16303	0,021092	47,41225	17,74278	570,6616
40	1,488864	0,671653	0,030456	32,83469	0,020456	48,88637	18,17761	596,8561
42	1,518790	0,658419	0,029276	34,15811	0,019276	51,87899	19,04237	650,4514
44	1,549318	0,645445	0,028204	35,45545	0,018204	54,93176	19,90061	705,5853
46	1.580459	0,632728	0,027228	36,72724	0,017228	58,04589	20,75235	762,1765
48	1,612226	0,620260	0,026334	37,97396	0,016334	61,22261	21,59759	820,1460
50	1,644632	0,608039	0,025513	39,19612	0,015513	64,46318	22,43635	879,4176
55	1,728525	0,578528	0,023726	42,14719	0,013726	72,85246	24,50495	1.032,815
60	1,816697	0,550450	0,022244	44,95504	0,012244	81,66967	26,53331	1.192,806
65	1,909366	0,523734	0,020997	47,62661	0,010997	90,93665	28,52167	1.358,390
70	2,006763	0,498315	0,019933	50,16851	0,009933	100,6763	30,47026	1.528,647
75	2,109128	0,474129	0,019016	52,58705	0,009016	110,9128	32,37934	1.702,734
80	2,216715	0,451118	0,018219	54,88821	0,008219	121,6715	34,24920	1.879,877
85	2,329790	0,429223	0,017520	57,07768	0,007520	132,9790	36,08013	2.059,370
90	2,448633	0,408391	0,016903	59,16088	0,006903	144,8633	37,87245	2.240,567
95	2,573538	0,388570	0,016355	61,14298	0,006355	157,3538	39,62648	2.422,881
100	2,704814	0,369711	0,015866	63,02888	0,005866	170,4814	41,34257	2.605,776

Taxa de Juros = 2,00%

N	F/P	P/F	A/P	P/A	A/F	F/A	A/G	P/G
1	1,020000	0,980392	1,020000	0,980392	1,000000	1,000000	–	–
2	1,040400	0,961169	0,515050	1,941561	0,495050	2,020000	0,495050	0,961169
3	1,061208	0,942322	0,346755	2,883883	0,326755	3,060400	0,986799	2,845813
4	1,082432	0,923845	0,262624	3,807729	0,242624	4,121608	1,475249	5,617350
5	1,104081	0,905731	0,212158	4,713460	0,192158	5,204040	1,960401	9,240273
6	1,126162	0,887971	0,178526	5,601431	0,158526	6,308121	2,442256	13,68013
7	1,148686	0,870560	0,154512	6,471991	0,134512	7,434283	2,920815	18,90349
8	1,171659	0,853490	0,136510	7,325481	0,116510	8,582969	3,396080	24,87792
9	1,195093	0,836755	0,122515	8,162237	0,102515	9,754628	3,868053	31,57197
10	1,218994	0,820348	0,111327	8,982585	0,091327	10,94972	4,336736	38,95510
11	1,243374	0,804263	0,102178	9,786848	0,082178	12,16872	4,802131	46,99773
12	1,268242	0,788493	0,094560	10,57534	0,074560	13,41209	5,264242	55,67116
13	1,293607	0,773033	0,088118	11,34837	0,068118	14,68033	5,723071	64,94755
14	1,319479	0,757875	0,082602	12,10625	0,062602	15,97394	6,178621	74,79992
15	1,345868	0,743015	0,077825	12,84926	0.057825	17,29342	6,630896	85,20213
16	1,372786	0,728446	0,073650	13,57771	0,053650	18,63929	7,079899	96,12881
17	1,400241	0,714163	0,069970	14,29187	0,049970	20,01207	7,525635	107,5554
18	1,428246	0,700159	0,066702	14,99203	0,046702	21,41231	7,968108	119,4581
19	1,456811	0,686431	0,063782	15,67846	0,043782	22,84056	8,407322	131,8139
20	1,485947	0,672971	0,061157	16,35143	0,041157	24,29737	8,843282	144,6003
21	1,515666	0,659776	0,058785	17,01121	0,038785	25,78332	9,275993	157,7959
22	1,545980	0,646839	0,056631	17,65805	0,036631	27,29898	9,705459	171,3795
23	1,576899	0,634156	0,054668	18,29220	0,034668	28,84496	10,13169	185,3309
24	1,608437	0,621721	0,052871	18,91393	0,032871	30,42186	10,55468	199,6305
25	1,640606	0,609531	0,051220	19,52346	0,031220	32,03030	10,97445	214,2592
26	1,673418	0,597579	0,049699	20,12104	0,029699	33,67091	11,39100	229,1987
27	1,706886	0,585862	0.048293	20,70690	0,028293	35,34432	11,80433	244,4311
28	1,741024	0,574375	0,046990	21,28127	0,026990	37,05121	12,21446	259,9392
29	1,775845	0,563112	0,045778	21,84438	0,025778	38,79223	12,62138	275,7064
30	1.811362	0,552071	0,044650	22,39646	0,024650	40,56808	13,02512	291,7164
31	1,847589	0,541246	0,043596	22,93770	0,023596	42,37944	13,42566	307,9538
32	1,884541	0,530633	0,042611	23,46833	0,022611	44,22703	13,82303	324,4035
33	1,922231	0,520229	0,041687	23,98856	0,021687	46,11157	14,21722	341,0508
34	1,960676	0,510028	0,040819	24,49859	0,020819	48,03380	14,60826	357,8817
35	1,999890	0,500028	0,040002	24,99862	0,020002	49,99448	14,99613	374,8826
36	2,039887	0,490223	0,039233	25,48884	0,019233	51,99437	15,38087	392,0405
37	2,080685	0,480611	0,038507	25,96945	0,018507	54,03425	15,76246	409,3424
38	2,122299	0.471187	0,037821	26,44064	0.017821	56,11494	16,14092	426,7764
39	2,164745	0,461948	0,037171	26,90259	0,017171	58,23724	16,51627	444,3304
40	2,208040	0,452890	0,036556	27,35548	0,016556	60,40198	16,88850	461,9931
42	2,297244	0,435304	0,035417	28,23479	0,015417	64,86222	17,62368	497,6010
44	2,390053	0,418401	0,034388	29,07996	0,014388	69,50266	18,34653	533,5165
46	2,486611	0,402154	0,033453	29,89231	0,013453	74,33056	19,05714	569,6621
48	2,587070	0,386538	0,032602	30,67312	0,012602	79,35352	19,75559	605,9657
50	2,691588	0,371528	0,031823	31,42361	0.011823	84,57940	20,44198	642,3606
55	2,971731	0,336509	0,030143	33,17479	0,010143	98,58653	22,10572	733,3527
60	3,281031	0,304782	0,028768	34,76089	0,008768	114,0515	23,69610	823,6975
65	3,622523	0,276051	0,027626	36,19747	0,007626	131,1262	25,21471	912,7085
70	3,999558	0,250028	0,026668	37,49862	0,006668	149,9779	26,66323	999,8343
75	4,415835	0,226458	0,025855	38,67711	0,005855	170,7918	28,04344	1.084,639
80	4,875439	0,205110	0,025161	39,74451	0,005161	193,7720	29,35718	1.166,787
85	5,382879	0,185774	0,024563	40,71129	0,004563	219,1439	30,60635	1.246,024
90	5,943133	0,168261	0,024046	41,58693	0,004046	247,1567	31,79292	1.322,170
95	6,561699	0,152400	0,023596	42,38002	0,003596	278,0850	32,91889	1.395,103
100	7,244646	0,138033	0,023203	43,09835	0,003203	312,2323	33,98628	1.464,753

Taxa de Juros = 3,00%

N	F/P	P/F	A/P	P/A	A/F	F/A	A/G	P/G
1	1,030000	0,970874	1,030000	0,970874	1,000000	1,000000	–	–
2	1,060900	0,942596	0,522611	1,913470	0,492611	2,030000	0,492611	0,942596
3	1,092727	0,915142	0,353530	2,828611	0,323530	3,090900	0,980297	2,772879
4	1,125509	0,888487	0,269027	3,717098	0,239027	4,183627	1,463061	5,438340
5	1,159274	0,862609	0,218355	4,579707	0,188355	5,309136	1,940905	8,888776
6	1,194052	0,837484	0,184598	5,417191	0,154598	6,468410	2,413833	13,07620
7	1,229874	0,813092	0,160506	6,230283	0,130506	7,662462	2,881851	17,95475
8	1,266770	0,789409	0,142456	7,019692	0,112456	8,892336	3,344963	23,48061
9	1,304773	0,766417	0,128434	7,786109	0,098434	10,15911	3,803176	29,61194
10	1,343916	0,744094	0,117231	8.530203	0,087231	11,46388	4,256498	36,30879
11	1,384234	0,722421	0,108077	9,252624	0,078077	12,80780	4,704936	43,53300
12	1,425761	0,701380	0.100462	9.954004	0,070462	14,19203	5,148499	51,24818
13	1,468534	0.680951	0,094030	10,63496	0,064030	15,61779	5,587198	59,41960
14	1,512590	0,661118	0,088526	11,29607	0,058526	17,08632	6,021042	68,01413
15	1,557967	0,641862	0,083767	11,93794	0,053767	18,59891	6,450043	77,00020
16	1,604706	0,623167	0.079611	12,56110	0,049611	20,15688	6.874214	86,34770
17	1,652848	0,605016	0,075953	13,16612	0,045953	21,76159	7,293567	96,02796
18	1,702433	0,587395	0,072709	13,75351	0 042709	23,41444	7,708116	106,0137
19	1,753506	0,570286	0,069814	14,32380	0,039814	25,11687	8,117876	116,2788
20	1,806111	0,553676	0.067216	14,87747	0,037216	26,87037	8,522862	126,7987
21	1,860295	0.537549	0.064872	15,41502	0.034872	28,67649	8,923090	137,5496
22	1,916103	0,521893	0,062747	15,93692	0.032747	30,53678	9,318577	148,5094
23	1,973587	0,506692	0,060814	16,44361	0.030814	32.45288	9.709341	159,6566
24	2,032794	0,491934	0,059047	16,93554	0,029047	34,42647	10,09540	170,9711
25	2,093978	0.477606	0,057428	17,41315	0,027428	36,45926	10,47677	182,4336
26	2,156591	0.463695	0,055938	17,87684	0,025938	38,55304	10,85348	194,0260
27	2,221289	0,450189	0.054564	18,32703	0,024564	40,70963	11,22554	205,7309
28	2,287928	0,437077	0,053293	18,76411	0,023293	42,93092	11,59298	217,5320
29	2,356566	0,424346	0,052115	19,18845	0 022115	45,21885	11,95582	229,4137
30	2,427262	0.411987	0,051019	19,60044	0,021019	47,57542	12,31407	241,3613
31	2,500080	0.399987	0,049999	20,00043	0,019999	50,00268	12,66777	253,3609
32	2,575083	0,388337	0,049047	20,38877	0 019047	52,50276	13,01694	265,3993
33	2,652335	0,377026	0,048156	20.76579	0,018156	55,07784	13,36160	277,4642
34	2,731905	0,366045	0,047322	21.13184	0.017322	57,73018	13,70177	289,5437
35	2,813862	0,355383	0,046539	21,48722	0,016539	60,46208	14,03749	301,6267
36	2,898278	0,345032	0,045804	21,83225	0,015804	63,27594	14,36878	313,7028
37	2,985227	0,334983	0,045112	22.16724	0,015112	66,17422	14,69566	325,7622
38	3,074783	0,325226	0 044459	22.49246	0,014459	69,15945	15,01817	337,7956
39	3,167027	0,315754	0,043844	22,80822	0,013844	72,23423	15,33633	349,7942
40	3,262038	0,306557	0,043262	23.11477	0 013262	75,40126	15,65016	361,7499
42	3,460696	0,288959	0,042192	23,70136	0012192	82,02320	16,26499	385,5024
44	3,671452	0,272372	0,041230	24,25427	0,011230	89,04841	16,86289	408,9972
46	3,895044	0,256737	0,040363	24,77545	0 010363	96,50146	17,44411	432,1856
48	4,132252	0,241999	0,039578	25,26671	0,009578	104,4084	18,00890	455,0255
50	4,383906	0,228107	0,038865	25,72976	0,008865	112,7969	18,55751	477,4803
55	5,082149	0,196767	0,037349	26.77443	0,007349	136,0716	19,86004	531,7411
60	5,891603	0,169733	0,036133	27,67556	0,006133	163,0534	21,06742	583,0526
65	6,829983	0,146413	0,035146	28,45289	0,005146	194,3328	22,18407	631,2010
70	7,917822	0,126297	0.034337	29,12342	0,004337	230,5941	23,21454	676,0869
75	9,178926	0,108945	0,033668	29,70183	0.003668	272,6309	24,16342	717,6978
80	10,64089	0,093977	0.033112	30,20076	0,003112	321,3630	25,03534	756,0865
85	12,33571	0,081065	0,032647	30,63115	0,002647	377,8570	25,83490	791,3529
90	14,30047	0,069928	0,032256	31,00241	0,002256	443,3489	26,56665	823,6302
95	16,57816	0,060320	0,031926	31,32266	0.001926	519,2720	27,23505	853,0742
100	19,21863	0,052033	0,031647	31,59891	0,001647	607,2877	27,84445	879,8540

Taxa de Juros = 4,00%

N	F/P	P/F	A/P	P/A	A/F	F/A	A/G	P/G
1	1,040000	0,961538	1,040000	0,961538	1,000000	1,000000	–	–
2	1,081600	0,924556	0,530196	1,886095	0,490196	2,040000	0,490196	0,924556
3	1,124864	0,888996	0,360349	2,775091	0,320349	3,121600	0,973860	2,702549
4	1,169859	0,854804	0,275490	3,629895	0,235490	4,246464	1,450995	5,266962
5	1,216653	0,821927	0,224627	4,451822	0,184627	5,416323	1,921611	8,554670
6	1,265319	0,790315	0,190762	5,242137	0,150762	6,632975	2,385715	12,50624
7	1,315932	0,759918	0,166610	6,002055	0,126610	7,898294	2,843318	17,06575
8	1,368569	0,730690	0,148528	6,732745	0,108528	9,214226	3,294434	22,18058
9	1,423312	0,702587	0,134493	7,435332	0,094493	10,58280	3,739077	27,80127
10	1,480244	0,675564	0,123291	8,110896	0,083291	12,00611	4,177264	33,88135
11	1,539454	0,649581	0,114149	8,760477	0,074149	13,48635	4,609014	40,37716
12	1,601032	0,624597	0,106552	9,385074	0,066552	15,02581	5,034348	47,24773
13	1,665074	0,600574	0,100144	9,985648	0,060144	16,62684	5,453288	54,45462
14	1,731676	0,577475	0,094669	10,56312	0,054669	18,29191	5,865859	61,96179
15	1,800944	0,555265	0,089941	11,11839	0,049g41	20,02359	6,272087	69,73550
16	1,872981	0,533908	0,085820	11,65230	0,045820	21,82453	6,672000	77,74412
17	1,947g00	0,513373	0,082199	12,16567	0,042199	23,69751	7,065628	85,95809
18	2,025817	0,493628	0,078993	12,65930	0,038993	25,64541	7,453002	94,34977
19	2,106849	0,474642	0,076139	13,13394	0,036139	27,67123	7,834156	102,8933
20	2,191123	0,456387	0,073582	13,59033	0,033582	29,77808	8,209125	111,5647
21	2,278768	0,438834	0,071280	14,02916	0,031280	31,96920	8,577945	120,3414
22	2,369919	0,421955	0,069199	14,45112	0,029199	34,24797	8,940654	129,2024
23	2,464716	0,405726	0,067309	14,85684	0.027309	36,61789	9,297292	138,1284
24	2,563304	0,390121	0,065587	15,24696	0,025587	39,08260	9,647901	147,1012
25	2,665836	0,375117	0,064012	15,62208	0,024012	41,64591	9,992523	156,1040
26	2,772470	0,360689	0,062567	15,98277	0,022567	44,31174	10,33120	165,1212
27	2,883369	0,346817	0,061239	16,32959	0,021239	47,08421	10,66399	174,1385
28	2,998703	0,333477	0,060013	16,66306	0,020013	49,96758	10,99092	183,1424
29	3,118651	0,320651	0,058880	16,98371	0,018880	52,96629	11,31205	192,1206
30	3,243398	0,308319	0,057830	17,29203	0,017830	56,08494	11,62743	201,0618
31	3,373133	0,296460	0,056855	17,58849	0,016855	59,32834	11,93710	209,9556
32	3,508059	0,285058	0,055949	17,87355	0,015949	62,70147	12,24113	218,7924
33	3,648381	0,274094	0,055104	18,14765	0,015104	66,20953	12,53956	227,5634
34	3,794316	0,263552	0,054315	18,41120	0,014315	69,85791	12,83244	236,2607
35	3,946089	0,253415	0,053577	18,66461	0,013577	73,65222	13,11984	244,8768
36	4,103933	0,243669	0,052887	18,90828	0,012887	77,59831	13,40181	253,4052
37	4,268090	0,234297	0,052240	19,14258	0,012240	81,70225	13,67840	261,8399
38	4,438813	0,225285	0,051632	19,36786	0,011632	85,97034	13.94968	270,1754
39	4,616366	0,216621	0,051061	19,58448	0,011061	90,40915	14,21569	278,4070
40	4,801021	0,208289	0,050523	19,79277	0,010523	95,02552	14,47651	286,5303
42	5,192784	0,192575	0,049540	20,18563	0,009540	104,8196	14.98279	302,4370
44	5,616515	0,178046	0,048665	20,54884	0,008665	115,4129	15,46900	317,8700
46	6.074823	0,164614	0,047882	20,88465	0,007682	126,8706	15,93564	332,8104
48	6,570528	0,152195	0,047181	21,19513	0,007181	139,2632	16,38322	347,2446
50	7,106683	0,140713	0,046550	21,48218	0,006550	152,6671	16,81225	361,1638
55	8,646367	0,115656	0,045231	22,10861	0,005231	191,1592	17,80704	393,6890
60	10,51963	0,095060	0,044202	22,62349	0,004202	237,9907	18,69723	422,9966
65	12,79874	0,078133	0,043390	23,04668	0,003390	294,9684	19,49093	449,2014
70	15,57162	0,064219	0,042745	23,39451	0,002745	364,2905	20,19614	472,4789
75	18,94525	0,052784	0,042229	23,68041	0,002229	448,6314	20,82062	493,0408
80	23,04980	0,043384	0,041814	23,91539	0,001814	551,2450	21,37185	511,1161
85	28,04360	0,035659	0,041479	24,10853	0,001479	676,0901	21,85693	526,9384
90	34,11933	0,029309	0,041208	24,26728	0,001208	827,9833	22,28255	540,7369
95	41,51139	0,024090	0,040987	24,39776	0,000987	1.012,785	22,65498	552,7307
100	50,50495	0,019800	0,040808	24,50500	0,000808	1.237,624	22,98000	563,1249

Taxa de Juros = 5,00%

N	F/P	P/F	A/P	P/A	A/F	F/A	A/G	P/G
1	1,050000	0,952381	1,050000	0,952381	1,000000	1,000000	–	–
2	1,102500	0,907029	0,537805	1,859410	0,487805	2,050000	0,487805	0,907029
3	1,157625	0,863838	0,367209	2,723248	0,317209	3,152500	0,967486	2,634705
4	1,215506	0,822702	0,282012	3,545951	0,232012	4,310125	1,439053	5,102812
5	1,276282	0,783526	0,230975	4,329477	0,180975	5,525631	1,902520	8,236917
6	1,340096	0,746215	0,197017	5,075692	0,147017	6,801913	2,357904	11,96799
7	1,407100	0,710681	0,172820	5,786373	0,122820	8,142008	2,805225	16,23208
8	1,477455	0,676839	0,154722	6,463213	0,104722	9,549109	3,244510	20,96996
9	1,551328	0,644609	0,140690	7,107822	0,090690	11,02656	3,675786	26,12683
10	1,628895	0,613913	0,129505	7,721735	0,079505	12,57789	4,099085	31,65205
11	1,710339	0,584679	0,120389	8,306414	0,070389	14,20679	4,514444	37,49884
12	1,795856	0,556837	0,112825	8,863252	0,062825	15,91713	4,921902	43,62405
13	1,885649	0,530321	0,106456	9,393573	0,056456	17,71298	5,321501	49,98791
14	1,979932	0,505068	0,101024	9,898641	0,051024	19,59863	5,713289	56,55379
15	2,078928	0,481017	0,096342	10,37966	0,046342	21,57856	6,097314	63,28803
16	2,182875	0,458112	0,092270	10,83777	0,042270	23,65749	6,473629	70,15970
17	2,292018	0,436297	0,088699	11,27407	0,038699	25,84037	6,842292	77,14045
18	2,406619	0,415521	0,085546	11,68959	0,035546	28,13238	7,203360	84,20430
19	2,526950	0,395734	0,082745	12,08532	0,032745	30,53900	7,556896	91,32751
20	2,653298	0,376889	0,080243	12,46221	0,030243	33,06595	7,902965	98,48841
21	2,785963	0,358942	0,077996	12,82115	0,027996	35,71925	8,241635	105,6673
22	2,925261	0,341850	0,075971	13,16300	0,025971	38,50521	8,572976	112,8461
23	3,071524	0,325571	0,074137	13,48857	0,024137	41,43048	8,897062	120,0087
24	3,225100	0,310068	0,072471	13,79864	0,022471	44,50200	9,213968	127,1402
25	3,386355	0,295303	0,070952	14,09394	0,020952	47,72710	9,523771	134,2275
26	3,555673	0,281241	0,069564	14,37519	0,019564	51,11345	9,826553	141,2585
27	3,733456	0,267848	0,068292	14,64303	0,018292	54,66913	10,12240	148,2226
28	3,920129	0,255094	0,067123	14,89813	0,017123	58,40258	10,41138	155,1101
29	4,116136	0,242946	0,066046	15,14107	0,016046	62,32271	10,69360	161,9126
30	4,321942	0,231377	0,065051	15,37245	0,015051	66,43885	10,96914	168,6226
31	4,538039	0,220359	0,064132	15,59281	0,014132	70,76079	11,23809	175,2333
32	4,764941	0,209866	0,063280	15,80268	0,013280	75,29883	11,50053	181,7392
33	5,003189	0,199873	0,062490	16,00255	0,012490	80,06377	11,75657	188,1351
34	5,253348	0,190355	0,061755	16,19290	0,011755	85,06696	12,00630	194,4168
35	5,516015	0,181290	0,061072	16,37419	0,011072	90,32031	12,24980	200,5807
36	5,791816	0,172657	0,060434	16,54685	0,010434	95,83632	12,48719	206,6237
37	6,081407	0,164436	0,059840	16,71129	0,009840	101,6281	12,71855	212,5434
38	6,385477	0,156605	0,059284	16,86789	0,009284	107,7095	12,94399	218,3378
39	6,704751	0,149148	0,058765	17,01704	0,008765	114,0950	13,16359	224,0054
40	7,039989	0,142046	0,058278	17,15909	0,008278	120,7998	13,37747	229,5452
42	7,761588	0,128840	0,057395	17,42321	0,007395	135,2318	13,78844	240,2389
44	8,557150	0,116861	0,056616	17,66277	0,006616	151,1430	14,17770	250,4175
46	9,434258	0,105997	0,055928	17,88007	0,005928	168,6852	14,54605	260,0844
48	10,40127	0,096142	0,055318	18,07716	0,005318	188,0254	14,89431	269,2467
50	11,46740	0,087204	0,054777	18,25593	0,004777	209,3480	15,22326	277,9148
55	14,63563	0,068326	0,053667	18,63347	0,003667	272,7126	15,96645	297,5104
60	18,67919	0,053536	0,052828	18,92929	0,002828	353,5837	16,60618	314,3432
65	23,83990	0,041946	0,052189	19,16107	0,002189	456,7980	17,15410	328,6910
70	30,42643	0,032866	0,051699	19,34268	0,001699	588,5285	17,62119	340,8409
75	38,83269	0,025752	0,051322	19,48497	0,001322	756,6537	18,01759	351,0721
80	49,56144	0,020177	0,051030	19,59646	0,001030	971,2288	18,35260	359,6460
85	63,25435	0,015809	0,050803	19,68382	0,000803	1.245,087	18,63463	366,8007
90	80,73037	0,012387	0,050627	19,75226	0,000627	1.594,607	18,87120	372,7488
95	103,0347	0,009705	0,050490	19,80589	0,000490	2.040,694	19,06894	377,6774
100	131,5013	0,007604	0,050383	19,84791	0,000383	2.610,025	19,23372	381,7492

Taxa de Juros = 6,00%

N	F/P	P/F	A/P	P/A	A/F	F/A	A/G	P/G
1	1,060000	0,943396	1,060000	0,943396	1,000000	1,000000	—	—
2	1,123600	0,889996	0,545437	1,833393	0,485437	2,060000	0,485437	0,889996
3	1,191016	0,839619	0,374110	2,673012	0,314110	3,183600	0,961176	2,569235
4	1,262477	0,792094	0,288591	3,465106	0,228591	4,374616	1,427234	4,945516
5	1,338226	0,747258	0,237396	4,212364	0,177396	5,637093	1,883633	7,934549
6	1,418519	0,704961	0,203363	4,917324	0,143363	6,975319	2,330404	11,45935
7	1,503630	0,665057	0,179135	5,582381	0,119135	8,393838	2,767581	15,4496g
8	1,593848	0,627412	0,161036	6,209794	0,101036	9,897468	3,195208	19,84158
9	1,68947g	0,591898	0,147022	6,801692	0,087022	11,49132	3,613331	24,57677
10	1,790848	0,558395	0,135868	7,360087	0,075868	13,18079	4,022007	29,60232
11	1,898299	0,526788	0,126793	7,886875	0,066793	14,97164	4,421295	34,87020
12	2,012196	0,496969	0,119277	8,383844	0,059277	16,869g4	4,811261	40,33686
13	2,132928	0,468839	0,112960	8,852683	0,052960	18,88214	5,191977	45,96293
14	2,260904	0,442301	0,107585	9,294984	0,047585	21,01507	5,563521	51,71284
15	2,396558	0,417265	0,102963	9,712249	0,042963	23,27597	5,925976	57,55455
16	2,540352	0,393646	0,098952	10,10590	0,038952	25,67253	6,279428	63,45925
17	2,692773	0,371364	0,095445	10,47726	0,035445	28,21288	6,623972	69,40108
18	2,854339	0,350344	0,092357	10,82760	0,032357	30,90565	6,959705	75,35692
19	3,025600	0,330513	0,089621	11,15812	0,029621	33,75999	7,286728	81,30615
20	3,207135	0,311805	0,087185	11,46992	0,027185	36,78559	7,605148	87,23044
21	3,399564	0,294155	0,085005	11,76408	0,025005	39,99273	7,915075	93,11355
22	3,603537	0,277505	0,083046	12,04158	0,023046	43,39229	8,216625	98,94116
23	3,819750	0,261797	0,081278	12,30338	0,021278	46,99583	8,509914	104,7007
24	4,048g35	0,24697g	0,079679	12,55036	0,019679	50,81558	8,795065	110,3812
25	4,291871	0,232999	0,078227	12,78336	0,018227	54,86451	9,072201	115,9732
26	4,549383	0,219810	0,076904	13,00317	0,016904	59,15638	9,341450	121,4684
27	4,822346	0,207368	0,075697	13,21053	0,015697	63,70577	9,602942	126,8600
28	5,111687	0,195630	0,074593	13,40616	0,014593	68,52811	9,85680g	132,1420
29	5,418388	0,184557	0,073580	13,59072	0,013580	73,63980	10,10319	137,3096
30	5,743491	0,174110	0,072649	13,76483	0,012649	79,05819	10,34221	142,3588
31	6,088101	0,164255	0,071792	13,92909	0,011792	84,80168	10,57402	147,2864
32	6,453387	0,154957	0,071002	14,08404	0,011002	90,88978	10,79875	152,0901
33	6,840590	0,146186	0,070273	14,23023	0,010273	97,34316	11,01655	156,7681
34	7,251025	0,137912	0,069598	14,36814	0,009598	104,1838	11,22756	161,3192
35	7,686087	0,130105	0,068974	14,49825	0,008974	111,4348	11,43192	165,7427
36	8,147252	0,122741	0,068395	14,62099	0,008395	119,1209	11,62977	170,0387
37	8,636087	0,115793	0,067857	14,73678	0,007857	127,2681	11,82125	174,2072
38	9,154252	0,109239	0,067358	14,84602	0,007358	135,9042	12,00652	178,2490
39	9,703507	0,103056	0,066894	14,94907	0,006894	145,0585	12,18571	182,1652
40	10,28572	0,097222	0,066462	15,04630	0,006462	154,7620	12,35898	185,9568
42	11,55703	0,086527	0,065683	15,22454	0,005683	175,9505	12,68828	193,1732
44	12,98548	0,077009	0,065006	15,38318	0,005006	199,7580	12,99556	199,9130
46	14,59049	0,068538	0,064415	15,52437	0,004415	226,5081	13,28195	206,1938
48	16,39387	0,060998	0,063898	15,65003	0,003898	256,5645	13,54854	212,0351
50	18,42015	0,054288	0,063444	15,76186	0,003444	290,3359	13,79643	217,4574
55	24,65032	0,040567	0,062537	15,99054	0,002537	394,1720	14,34112	229,3222
60	32,98769	0,030314	0,061876	16,16143	0,001876	533,1282	14,79095	23g,0428
65	44,14497	0,022653	0,061391	16,28912	0,001391	719,0829	15,16012	246,9450
70	59,07593	0,016927	0,061033	16,38454	0,001033	967,9322	15,46135	253,3271
75	79,05692	0,012649	0,060769	16,45585	0,00076g	1.300,949	15,70583	258,4527
80	105,7960	0,009452	0,060573	16,50913	0,000573	1.746,600	15,90328	262,5493
85	141,5789	0,007063	0,060427	16,54895	0,000427	2.342,982	16,06202	265,8096
90	189,4645	0,005278	0,060318	16,57870	0,000318	3.141,075	16,18912	268,3946
95	253,5463	0,003944	0,060238	16,60093	0,000238	4.209,104	16,29050	270,4375
100	339,3021	0,002947	0,060177	16,61755	0,000177	5.638,368	16,37107	272,0471

Taxa de Juros = 7,00%

N	F/P	P/F	A/P	P/A	A/F	F/A	A/G	P/G
1	1,070000	0,934579	1,070000	0,934579	1,000000	1,000000	–	–
2	1,144900	0,873439	0,553092	1,808018	0,483092	2,070000	0,483092	0,873439
3	1,225043	0,816298	0,381052	2,624316	0,311052	3,214900	0,954929	2,506034
4	1,310796	0,762895	0,295228	3,387211	0,225228	4,439943	1,415536	4,794720
5	1,402552	0,712986	0,243891	4,100197	0,173891	5,750739	1,864950	7,646665
6	1,500730	0,666342	0,209796	4,766540	0,139796	7,153291	2,303217	10,97838
7	1,605781	0,622750	0,185553	5,389289	0,115553	8,654021	2,730392	14,71487
8	1,718186	0,582009	0,167468	5,971299	0,097468	10,25980	3,146541	18,78894
9	1,838459	0,543934	0,153486	6,515232	0,083486	11,97799	3,551740	23,14041
10	1,967151	0,508349	0,142378	7,023582	0,072378	13,81645	3,946071	27,71555
11	2,104852	0,475093	0,133357	7,498674	0,063357	15,78360	4,329629	32,46648
12	2,252192	0,444012	0,125902	7,942686	0,055902	17,88845	4,702516	37,35061
13	2,409845	0,414964	0,119651	8,357651	0,049651	20,14064	5,064842	42,33018
14	2,578534	0,387817	0,114345	8,745468	0,044345	22,55049	5,416727	47,37181
15	2,759032	0,362446	0,109796	9,107914	0,039796	25,12902	5,758295	52,44605
16	2,952164	0,338735	0,105858	9,446649	0,035858	27,88805	6,089681	57,52707
17	3,158815	0,316574	0,102425	9,763223	0,032425	30,84022	6,411025	62,59226
18	3,379932	0,295864	0,099413	10,05909	0,029413	33,99903	6,722474	67,62195
19	3,616528	0,276508	0,096753	10,33560	0,026753	37,37896	7,024182	72,59910
20	3,869684	0,258419	0,094393	10,59401	0,024393	40,99549	7,316307	77,50906
21	4,140562	0,241513	0,092289	10,83553	0,022289	44,86518	7,599014	82,33932
22	4,430402	0,225713	0,090406	11,06124	0,020406	49,00574	7,872471	87,07930
23	4,740530	0,210947	0,088714	11,27219	0,018714	53,43614	8,136853	91,72013
24	5,072367	0,197147	0,087189	11,46933	0,017189	58,17667	8,392336	96,25450
25	5,427433	0,184249	0,085811	11,65358	0,015811	63,24904	8,639101	100,6765
26	5,807353	0,172195	0,084561	11,82589	0,014561	68,67647	8,877332	104,9814
27	6,213868	0,160930	0,083426	11,98671	0,013426	74,48382	9,107217	109,1656
28	6,648838	0,150402	0,082392	12,13711	0,012392	80,69769	9,328943	113,2264
29	7,114257	0,140563	0,081449	12,27767	0,011449	87,34653	9,542701	117,1622
30	7,612255	0,131367	0,080586	12,40904	0,010586	94,46079	9,748684	120,9718
31	8,145113	0,122773	0,079797	12,53181	0,009797	102,0730	9,947084	124,6550
32	8,715271	0,114741	0,079073	12,64656	0,009073	110,2182	10,13810	128,2120
33	9,325340	0,107235	0,078408	12,75379	0,008408	118,9334	10,32191	131,6435
34	9,978114	0,100219	0,077797	12,85401	0,007797	128,2588	10,49873	134,9507
35	10,67658	0,093663	0,077234	12,94767	0,007234	138,2369	10,66873	138,1353
36	11,42394	0,087535	0,076715	13,03521	0,006715	148,9135	10,83213	141,1990
37	12,22362	0,081809	0,076237	13,11702	0,006237	160,3374	10,98909	144,1441
38	13,07927	0,076457	0,075795	13,19347	0,005795	172,5610	11,13983	146,9730
39	13,99482	0,071455	0,075387	13,26493	0,005387	185,6403	11,28452	149,6883
40	14,97446	0,066780	0,075009	13,33171	0,005009	199,6351	11,42335	152,2928
42	17,14426	0,058329	0,074336	13,45245	0,004336	230,6322	11,68417	157,1807
44	19,62846	0,050946	0,073758	13,55791	0,003758	266,1209	11,92374	161,6609
46	22,47262	0,044499	0,073260	13,65002	0,003260	306,7518	12,14345	165,7584
48	25,72891	0,038867	0,072831	13,73047	0,002831	353,2701	12,34467	169,4981
50	29,45703	0,033948	0,072460	13,80075	0,002460	406,5289	12,52868	172,9051
55	41,31500	0,024204	0,071736	13,93994	0,001736	575,9286	12,92146	180,1243
60	57,94643	0,017257	0,071229	14,03918	0,001229	813,5204	13,23209	185,7677
65	81,27286	0,012304	0,070872	14,10994	0,000872	1.146,755	13,47598	190,1452
70	113,9894	0,008773	0,070620	14,16039	0,000620	1.614,134	13,66619	193,5185
75	159,8760	0,006255	0,070441	14,19636	0,000441	2.269,657	13,81365	196,1035
80	224,2344	0,004460	0,070314	14,22201	0,000314	3.189,063	13,92735	198,0748
85	314,5003	0,003180	0,070223	14,24029	0,000223	4.478,576	14,01458	199,5717
90	441,1030	0,002267	0,070159	14,25333	0,000159	6.287,185	14,08122	200,7042
95	618,6697	0,001616	0,070113	14,26262	0,000113	8.823,854	14,13191	201,5581
100	867,7163	0,001152	0,070081	14,26925	0,000081	12.381,66	14,17034	202,2001

Taxa de Juros = 8,00%

N	F/P	P/F	A/P	P/A	A/F	F/A	A/G	P/G
1	1,080000	0,925926	1,080000	0,925926	1,000000	1,000000	–	—
2	1,166400	0,857339	0,560769	1,783265	0,480769	2,080000	0,480769	0,857339
3	1,259712	0,793832	0,388034	2,577097	0,308034	3,246400	0,948743	2,445003
4	1,360489	0,735030	0,301921	3,312127	0,221921	4,506112	1,403960	4,650093
5	1.469328	0,680583	0,250456	3,992710	0,170456	5,866601	1,846472	7,372426
6	1,586874	0,630170	0,216315	4,622880	0,136315	7,335929	2,276346	10,52327
7	1,713824	0,583490	0,192072	5,206370	0,112072	8,922803	2,693665	14,02422
8	1,850930	0,540269	0,174015	5,746639	0,094015	10,63663	3,098524	17,80610
9	1,999005	0,500249	0,160080	6,246888	0,080080	12,48756	3,491033	21,80809
10	2,158925	0,463193	0,149029	6,710081	0,069029	14,48656	3,871314	25,97683
11	2,331639	0,428883	0,140076	7,138964	0,060076	16,64549	4,239503	30,26566
12	2,518170	0,397114	0,132695	7,536078	0,052695	18,97713	4,595747	34,63391
13	2,719624	0,367698	0,126522	7,903776	0,046522	21,49530	4,940207	39,04629
14	2,937194	0,340461	0,121297	8,244237	0,041297	24,21492	5,273051	43,47228
15	3,172169	0,315242	0,116830	8,559479	0,036830	27,15211	5,594460	47,88566
16	3,425943	0,291890	0,112977	8,851369	0,032977	30,32428	5,904626	52,26402
17	3,700018	0,270269	0,109629	9,121638	0,029629	33,75023	6,203746	56,58832
18	3,996019	0,250249	0,106702	9,371887	0,026702	37,45024	6,492028	60,84256
19	4,315701	0,231712	0,104128	9,603599	0,024128	41,44626	6,769688	65,01337
20	4,660957	0,214548	0,101852	9,818147	0,021852	45,76196	7,036948	69,08979
21	5,033834	0,198656	0,099832	10,01680	0,019832	50,42292	7,294034	73,06291
22	5,436540	0,183941	0,098032	10,20074	0,018032	55,45676	7,541181	76,92566
23	5,871464	0,170315	0,096422	10,37106	0,016422	60,89330	7,778626	80,67259
24	6,341181	0,157699	0,094978	10,52876	0,014978	66,76476	8,006612	84,29968
25	6,848475	0,146018	0,093679	10,67478	0,013679	73,10594	8,225382	87,80411
26	7,396353	0,135202	0,092507	10,80998	0,012507	79,95442	8,435184	91,18415
27	7,988061	0,125187	0,091448	10,93516	0,011448	87,35077	8,636268	94,43901
28	8,627106	0,115914	0,090489	11,05108	0,010489	95,33883	8,828883	97,56868
29	9,317275	0,107328	0,089619	11,15841	0,009619	103,9659	9,013281	100,5738
30	10,06266	0,099377	0,088827	11,25778	0,008827	113,2832	9,189712	103,4558
31	10,86767	0,092016	0,088107	11,34980	0,008107	123,3459	9,358427	106,2163
32	11,73708	0,085200	0,087451	11,43500	0,007451	134,2135	9,519675	108,8575
33	12,67605	0,078889	0,086852	11,51389	0,006852	145,9506	9,673702	111,3819
34	13,69013	0,073045	0,086304	11,58693	0,006304	158,6267	9,820753	113,7924
35	14,78534	0,067635	0,085803	11,65457	0,005803	172,3168	9,961072	116,0920
36	15,96817	0,062625	0,085345	11,71719	0,005345	187,1021	10,09490	118,2839
37	17,24563	0,057986	0,084924	11,77518	0,004924	203,0703	10,22246	120,3713
38	18,62528	0,053690	0,084539	11,82887	0,004539	220,3159	10,34401	122,3579
39	20,11530	0,049713	0,084185	11,87858	0,004185	238,9412	10,45975	124,2470
40	21,72452	0,046031	0,083860	11,92461	0,003860	259,0565	10,56992	126,0422
42	25,33948	0,039464	0,033287	12,00670	0,003287	304,2435	10,77441	129,3651
44	29,55597	0,033834	0,082802	12,07707	0,002802	356,9496	10,959i7	132,3547
46	34,47409	0,029007	0,082390	12,13741	0,002390	418,4261	11,12580	135,0384
48	40,21057	0,024869	0,082040	12,18914	0,002040	490,1322	11,27584	137,4428
50	46,90161	0,021321	0,081743	12,23348	0,001743	573,7702	11,41071	139,5928
55	68,91386	0,014511	0,081178	12,31861	0,001178	848,9232	11,69015	144,0065
60	101,2571	0,009876	0,080798	12,37655	0,000798	1.253,213	11,90154	147,3000
65	148,7798	0,006721	0,080541	12,41598	0,000541	1.847,248	12,06016	149,7387
70	218,6064	0,004574	0,080368	12,44282	0,000368	2.720,080	12,17832	151,5326
75	321,2045	0,003113	0,080250	12,46108	0,000250	4.002,557	12,26577	152,8448
80	471,9548	0,002119	0,080170	12,47351	0,000170	5.886,935	12,33013	153,8001
85	693,4565	0,001442	0,080116	12,48197	0,000116	8.655,706	12,37725	154,4925
90	1.018,915	0,000981	0,080079	12,48773	0,000079	12.723,94	12,41158	154,9925
95	1.497,121	0,000668	0,080053	12,49165	0,000053	18.701,51	12,43650	155,3524
100	2.199,761	0,000455	0,080036	12,49432	0,000036	27.484,52	12,45452	155,6107

Taxa de Juros = 9,00%

N	F/P	P/F	A/P	P/A	A/F	F/A	A/G	P/G
1	1,090000	0,917431	1,090000	0,917431	1,000000	1,000000	—	—
2	1,188100	0,841680	0,568469	1,759111	0,478469	2,090000	0,478469	0,841680
3	1,295029	0,772183	0,395055	2,531295	0,305055	3,278100	0,942619	2,386047
4	1,411582	0,708425	0,308669	3,239720	0,218669	4,573129	1,392504	4,511323
5	1,538624	0,649931	0,257092	3,889651	0,167092	5,984711	1,828197	7,111048
6	1,677100	0,596267	0,222920	4,485919	0,132920	7,523335	2,249792	10,09238
7	1,828039	0,547034	0,198691	5,032953	0,108691	9,200435	2,657404	13,37459
8	1,992563	0,501866	0,180674	5,534819	0,090674	11,02847	3,051166	16,88765
9	2,171893	0,460428	0,166799	5,995247	0,076799	13,02104	3,431231	20,57108
10	2,367364	0,422411	0,155820	6,417658	0,065820	15,19293	3,797768	24,37277
11	2,580426	0,387533	0,146947	6,805191	0,056947	17,56029	4,150964	28,24810
12	2,812665	0,355535	0,139651	7,160725	0,049651	20,14072	4,491023	32,15898
13	3,065805	0,326179	0,133567	7,486904	0,043567	22,95338	4,818164	36,07313
14	3,341727	0,299246	0,128433	7,786150	0,038433	26,01919	5,132618	39,96333
15	3,642482	0,274538	0,124059	8,060688	0,034059	29,36092	5,434631	43,80686
16	3,970306	0,251870	0,120300	8,312558	0,030300	33,00340	5,724460	47,58491
17	4,327633	0,231073	0,117046	8,543631	0,027046	36,97370	6,002375	51,28208
18	4,717120	0,211994	0,114212	8,755625	0,024212	41,30134	6,268653	54,88598
19	5,141661	0,194490	0,111730	8,950115	0,021730	46,01846	6,523580	58,38679
20	5,604411	0,178431	0,109546	9,128546	0,019546	51,16012	6,767450	61,77698
21	6,108808	0,163698	0,107617	9,292244	0,017617	56,76453	7,000563	65,05094
22	6,658600	0,150182	0,105905	9,442425	0,015905	62,87334	7,223224	68,20475
23	7,257874	0,137781	0,104382	9,580207	0,014382	69,53194	7,435742	71,23594
24	7,911083	0,126405	0,103023	9,706612	0,013023	76,78981	7,638428	74,14326
25	8,623081	0,115968	0,101806	9,822580	0,011806	84,70090	7,831597	76,92649
26	9,399158	0,106393	0,100715	9,928972	0,010715	93,32398	8,015563	79,58630
27	10,24508	0,097608	0,099735	10,02658	0,009735	102,7231	8,190639	82,12410
28	11,16714	0,089548	0,098852	10,11613	0,008852	112,9682	8,357141	84,54191
29	12,17218	0,082155	0,098056	10,19828	0,008056	124,1354	8,515378	86,84224
30	13,26768	0,075371	0,097336	10,27365	0,007336	136,3075	8,665661	89,02800
31	14,46177	0,069148	0,096686	10,34280	0,006686	149,5752	8,808293	91,10243
32	15,76333	0,063438	0,096096	10,40624	0,006096	164,0370	8,943578	93,06902
33	17,18203	0,058200	0,095562	10,46444	0,005562	179,8003	9,071812	94,93144
34	18,72841	0,053395	0,095077	10,51784	0,005077	196,9823	9,193286	96,69346
35	20,41397	0,048986	0,094636	10.56682	0,004636	215,7108	9,308285	98,35899
36	22,25123	0,044941	0,094235	10,61176	0,004235	236,1247	9,417091	99,93194
37	24,25384	0,041231	0,093870	10,65299	0,003870	258,3759	9,519976	101,4162
38	26,43668	0,037826	0,093538	10,69082	0,003538	282,6298	9,617205	102,8158
39	28,81598	0,034703	0,093236	10,72552	0,003236	309,0665	9,709039	104,1345
40	31,40942	0,031838	0,092960	10,75736	0,002960	337,8824	9,795729	105,3762
42	37,31753	0,026797	0,092478	10,81337	0,002478	403,5281	9,954645	107,6432
44	44,33696	0,022555	0,092077	10,86051	0,002077	481,5218	10,09581	109,6456
46	52,67674	0,018984	0,091742	10,90018	0,001742	574,1860	10,22096	111,4103
48	62,58524	0,015978	0,091461	10,93358	0,001461	684,2804	10,33170	112,9625
50	74,35752	0,013449	0,091227	10,96168	0,001227	815,0836	10,42952	114,3251
55	114,4083	0,008741	0,090794	11,01399	0,000794	1.260,092	10,62614	117,0362
60	176,0313	0,005681	0,090514	11,04799	0,000514	1.944,792	10,76832	118,9683
65	270,8460	0,003692	0,090334	11,07009	0,000334	2.998,288	10,87023	120,3344
70	416,7301	0,002400	0,090216	11,08445	0,000216	4.619,223	10,94273	121,2942
75	641,1909	0,001560	0,090141	11,09378	0,000141	7.113,232	10,99396	121,9646
80	986,5517	0,001014	0,090091	11,09985	0,000091	10.950,57	11,02994	122,4306
85	1.517,932	0,000659	0,090059	11,10379	0,000059	16.854,80	11,05508	122,7533
90	2335,527	0,000428	0,090039	11,10635	0,000039	25.939,18	11,07256	122,9758
95	3.593,497	0,000278	0,090025	11,10802	0,000025	39.916,63	11,08467	123,1287
100	5.529,041	0,000181	0,090016	11,10910	0,000016	61.422,68	11,09302	123,2335

Taxa de Juros = 10,00%

N	F/P	P/F	A/P	P/A	A/F	F/A	A/G	P/G
1	1,100000	0,909091	1,100000	0,909091	1,000000	1,000000	–	–
2	1,210000	0,826446	0,576190	1,735537	0,476190	2,100000	0,476190	0,826446
3	1,331000	0,751315	0,402115	2,486852	0,302115	3,310000	0,936556	2,329076
4	1,464100	0,683013	0,315471	3,169865	0,215471	4,641000	1,381168	4,378116
5	1,610510	0,620921	0,263797	3,790787	0,163797	6,105100	1,810126	6,861802
6	1,771561	0,564474	0,229607	4,355261	0,129607	7,715610	2,223557	9,684171
7	1,948717	0,513158	0,205405	4,868419	0,105405	9,487171	2,621615	12,76312
8	2,143589	0,466507	0,187444	5,334926	0,087444	11,43589	3,004479	16,02867
9	2,357948	0,424098	0,173641	5,759024	0,073641	13,57948	3,372351	19,42145
10	2,593742	0,385543	0,162745	6,144567	0,062745	15,93742	3,725461	22,89134
11	2,853117	0,350494	0,153963	6,495061	0,053963	18,53117	4,064054	26,39628
12	3,138428	0,318631	0,146763	6,813692	0,046763	21,38428	4,388402	29,90122
13	3,452271	0,289664	0,140779	7,103356	0,040779	24,52271	4,698792	33,37719
14	3,797498	0,263331	0,135746	7,366687	0,035746	27,97498	4,995529	36,80050
15	4,177248	0,239392	0,131474	7,606080	0,031474	31,77248	5,278933	40,15199
16	4,594973	0,217629	0,127817	7,823709	0,027817	35,94973	5,549341	43,41642
17	5,054470	0,197845	0,124664	8,021553	0,024664	40,54470	5,807097	46,58194
18	5,559917	0,179859	0,121930	8,201412	0,021930	45,59917	6,052560	49,63954
19	6,115909	0,163508	0,119547	8,364920	0,019547	51,15909	6,286095	52,58268
20	6,727500	0,148644	0,117460	8,513564	0,017460	57,27500	6,508075	55,40691
21	7,400250	0,135131	0,115624	8,648694	0,015624	64,00250	6,718878	58,10952
22	8,140275	0,122846	0,114005	8,771540	0,014005	71,40275	6,918886	60,68929
23	8,954302	0,111678	0,112572	8,883218	0,012572	79,54302	7,108483	63,14621
24	9,849733	0,101526	0,111300	8,984744	0,011300	88,49733	7,288054	65,48130
25	10,83471	0,092296	0,110168	9,077040	0,010168	98,34706	7,457982	67,69640
26	11,91818	0,083905	0,109159	9,160945	0,009159	109,1818	7,618650	69,79404
27	13,10999	0,076278	0,108258	9,237223	0,008258	121,0999	7,770437	71,77726
28	14,42099	0,069343	0,107451	9,306567	0,007451	134,2099	7,913716	73,64953
29	15,86309	0,063039	0,106728	9,369606	0,006728	148,6309	8,048858	75,41463
30	17,44940	0,057309	0,106079	9,426914	0,006079	164,4940	8,176226	77,07658
31	19,19434	0,052099	0,105496	9,479013	0,005496	181,9434	8,296174	78,63954
32	21,11378	0,047362	0,104972	9,526376	0,004972	201,1378	8,409051	80,10777
33	23,22515	0,043057	0,104499	9,569432	0,004499	222,2515	8,515196	81,48559
34	25,54767	0,039143	0,104074	9,608575	0,004074	245,4767	8,614940	82,77729
35	28,10244	0,035584	0103690	9,644159	0,003690	271,0244	8,708603	83,98715
36	30,91268	0,032349	0,103343	9,676508	0,003343	299,1268	8,796497	85,11938
37	34,00395	0,029408	0,103030	9,705917	0,003030	330,0395	8,878922	86,17808
38	37,40434	0,026735	0,102747	9,732651	0,002747	364,0434	8,956169	87,16727
39	41,14478	0,024304	0,102491	9,756956	0,002491	401,4478	9,028516	88,09083
40	45,25926	0,022095	0,102259	9,779051	0,002259	442,5926	9,096234	88,95254
42	54,76370	0,018260	0101860	9,817397	0,001860	537,6370	9,218804	90,50466
44	66,26408	0,015091	0,101532	9,849089	0,001532	652,6408	9,325816	91,85079
46	80,17953	0,012472	0,101263	9,875280	0,001263	791,7953	9,419042	93,01567
48	97,01723	0,010307	0,101041	9,896926	0,001041	960,1723	9,500090	94,02168
50	117,3909	0,008519	0,100859	9,914814	0,000859	1.163,909	9,570413	94,88887
55	189,0591	0,005289	0,100532	9,947106	0,000532	1.880,591	9,707539	96,56192
60	304,4816	0,003284	0,100330	9,967157	0,000330	3.034,816	9,802294	97,70101
65	490,3707	0,002039	0,100204	9,979607	0,000204	4.893,707	9,867176	98,47054
70	789,7470	0,001266	0,100127	9,987338	0,000127	7.887,470	9,911252	98,98702
75	1.271,895	0,000786	0,100079	9,992138	0,000079	12.708,95	9,940986	99,33171
80	2.048,400	0,000488	0,100049	9,995118	0,000049	20.474,00	9,960926	99,56063
85	3.298,969	0,000303	0,100030	9,996969	0,000030	32.979,69	9,974227	99,71203
90	5.313,023	0,000188	0,100019	9,998118	0,000019	53.120,23	9,983057	99,81178
95	8.556,676	0,000117	0,100012	9,998831	0,000012	85.556,76	9,988896	99,87729
100	13.780,61	0,000073	0,100007	9,999274	0,000007	137.796,1	9,992743	99,92018

Taxa de Juros = 15,00%

N	F/P	P/F	A/P	P/A	A/F	F/A	A/G	P/G
1	1,150000	0,869565	1,150000	0,869565	1,000000	1,000000	–	–
2	1,322500	0,756144	0,615116	1,625709	0,465116	2,150000	0,465116	0,756144
3	1,520875	0,657516	0,437977	2,283225	0,287977	3,472500	0,907127	2,071176
4	1,749006	0,571753	0,350265	2,854978	0,200265	4,993375	1,326257	3,786436
5	2,011357	0,497177	0,298316	3,352155	0,148316	6,742381	1,722815	5,775143
6	2,313061	0,432328	0,264237	3,784483	0,114237	8,753738	2,097190	7,936781
7	2,660020	0,375937	0,240360	4,160420	0,090360	11,06680	2,449850	10,19240
8	3,059023	0,326902	0,222850	4,487322	0,072850	13,72682	2,781329	12,48072
9	3,517876	0,284262	0,209574	4,771584	0,059574	16,78584	3,092226	14,75481
10	4,045558	0,247185	0,199252	5,018769	0,049252	20,30372	3,383196	16,97948
11	4,652391	0,214943	0,191069	5,233712	0,041069	24,34928	3,654941	19,12891
12	5,350250	0,186907	0,184481	5,420619	0,034481	29,00167	3,908205	21,18489
13	6,152788	0,162528	0,179110	5,583147	0,029110	34,35192	4,143760	23,13522
14	7,075706	0,141329	0,174688	5,724476	0,024688	40,50471	4,362408	24,97250
15	8,137062	0,122894	0,171017	5,847370	0,021017	47,58041	4,564961	26,69302
16	9,357621	0,106865	0,167948	5,954235	0,017948	55,71747	4,752246	28,29599
17	10,76126	0,092926	0,165367	6,047161	0,015367	65,07509	4,925089	29,78280
18	12,37545	0,080805	0,163186	6,127966	0,013186	75,83636	5,084312	31,15649
19	14,23177	0,070265	0,161336	6,198231	0,011336	88,21181	5,230729	32,42127
20	16,36654	0,061100	0,159761	6,259331	0,009761	102,4436	5,365137	33,58217
21	18,82152	0,053131	0,158417	6,312462	0,008417	118,8101	5,488316	34,64479
22	21,64475	0,046201	0,157266	6,358663	0,007266	137,6316	5,601020	35,61500
23	24,89146	0,040174	0,156278	6,398837	0,006278	159,2764	5,703979	36,49884
24	28,62518	0,034934	0,155430	6,433771	0,005430	184,1678	5,797894	37,30232
25	32,91895	0,030378	0,154699	6,464149	0,004699	212,7930	5,883433	38,03139
26	37,85680	0,026415	0,154070	6,490564	0,004070	245,7120	5,961234	38,69177
27	43,53531	0,022970	0,153526	6,513534	0,003526	283,5688	6,031900	39,28899
28	50,06561	0,019974	0,153057	6,533508	0,003057	327,1041	6,096002	39,82828
29	57,57545	0,017369	0,152651	6,550877	0,002651	377,1697	6,154077	40,31460
30	66,21177	0,015103	0,152300	6,565980	0,002300	434,7451	6,206627	40,75259
31	76,14354	0,013133	0,151996	6,579113	0,001996	500,9569	6,254123	41,14658
32	87,56507	0,011420	0,151733	6,590533	0,001733	577,1005	6,297003	41,50060
33	100,6998	0,009931	0,151505	6,600463	0,001505	664,6655	6,335673	41,81838
34	115,8048	0,008635	0,151307	6,609099	0,001307	765,3654	6,370512	42,10334
35	133,1755	0,007509	0,151135	6,616607	0,001135	881,1702	6,401867	42,35864
36	153,1519	0,006529	0,150986	6,623137	0,000986	1.014,346	6,430061	42,58717
37	176,1246	0,005678	0,150857	6,628815	0,000857	1.167,498	6,455389	42,79157
38	202,5433	0,004937	0,150744	6,633752	0,000744	1.343,622	6,478122	42,97425
39	232,9248	0,004293	0,150647	6,638045	0,000647	1.546,165	6,498509	43,13739
40	267,8635	0,003733	0,150562	6,641778	0,000562	1.779,090	6,516777	43,28299
42	354,2495	0,002823	0,150425	6,647848	0,000425	2.354,997	6,547771	43,52858
44	468,4950	0,002134	0,150321	6,652437	0,000321	3.116,633	6,572548	43,72346
46	619,5847	0,001614	0,150242	6,655907	0,000242	4.123,898	6,592303	43,87776
48	819,4007	0,001220	0,150183	6,658531	0,000183	5.456,005	6,608016	43,99967
50	1.083,657	0,000923	0,150139	6,660515	0,000139	7.217,716	6,620484	44,09583
55	2.179,622	0,000459	0,150069	6,663608	0,000069	14.524,15	6,641421	44,25583
60	4.383,999	0,000228	0,150034	6,665146	0,000034	29.219,99	6,652972	44,34307
65	8.817,787	0,000113	0,150017	6,665911	0,000017	58.778,58	6,659294	44,39026
70	17.735,72	0,000056	0,150008	6,666291	0,000008	118.231,5	6,662720	44,41563
75	35.672,87	0,000028	0,150004	6,666480	0,000004	237.812,5	6,664564	44,42918
80	71.750,88	0,000014	0,150002	6,666574	0,000002	478.332,5	6,665552	44,43639
85	144.316,6	0,000007	0,150001	6,666620	0,000001	962.104,3	6,666078	44,44021
90	290.272,3	0,000003	0,150001	6,666644	0,000001	1.935.142	6,666357	44,44222
95	583.841,3	0,000002	0,150000	6,666655	0,000000	3.892.269	6,666504	44,44328
100	1.174.313	0,000001	0,150000	6,666661	0,000000	7.828.750	6,666582	44,44384

Taxa de Juros = 20,00%

N	F/P	P/F	A/P	P/A	A/F	F/A	A/G	P/G
1	1,200000	0,833333	1,200000	0,833333	1,000000	1,000000	–	–
2	1,440000	0,694444	0,654545	1,527778	0,454545	2,200000	0,454545	0,694444
3	1,728000	0,578704	0,474725	2,106481	0,274725	3,640000	0,879121	1,851852
4	2,073600	0,482253	0,386289	2,588735	0,186289	5,368000	1,274218	3,298611
5	2,488320	0,401878	0,334380	2,990612	0,134380	7,441600	1,640507	4,906121
6	2,985984	0,334898	0,300706	3,325510	0,100706	9,929920	1,978828	6,580611
7	3,583181	0,279082	0,277424	3,604592	0,077424	12,91590	2,290163	8,255101
8	4,299817	0,232568	0,260609	3,837160	0,060609	16,49908	2,575623	9,883077
9	5,159780	0,193807	0,248079	4,030967	0,048079	20,79890	2,836424	11,43353
10	6,191736	0,161506	0,238523	4,192472	0,038523	25,95868	3,073862	12,88708
11	7,430084	0,134588	0,231104	4,327060	0,031104	32,15042	3,289291	14,23296
12	8,916100	0,112157	0,225265	4,439217	0,025265	39,58050	3,484102	15,46668
13	10,69932	0,093464	0,220620	4,532681	0,020620	48,49660	3,659700	16,58825
14	12,83918	0,077887	0,216893	4,610567	0,016893	59,19592	3,817486	17,60078
15	15,40702	0,064905	0,213882	4,675473	0,013882	72,03511	3,958841	18,50945
16	18,48843	0,054088	0,211436	4,729561	0,011436	87,44213	4,085109	19,32077
17	22,18611	0,045073	0,209440	4,774634	0,009440	105,9306	4,197588	20,04194
18	26,62333	0,037561	0,207805	4,812195	0,007805	128,1167	4,297515	20,68048
19	31,94800	0,031301	0,206462	4,843496	0,006462	154,7400	4,386067	21,24390
20	38,33760	0,026084	0,205357	4,869580	0,005357	186,6880	4,464347	21,73949
21	46,00512	0,021737	0,204444	4,891316	0,004444	225,0256	4,533386	22,17423
22	55,20614	0,018114	0,203690	4,909430	0,003690	271,0307	4,594142	22,55462
23	66,24737	0,015095	0,203065	4,924525	0,003065	326,2369	4,647495	22,88671
24	79,49685	0,012579	0,202548	4,937104	0,002548	392,4842	4,694255	23,17603
25	95,39622	0,010483	0,202119	4,947587	0,002119	471,9811	4,735159	23,42761
26	114,4755	0,008735	0,201762	4,956323	0,001762	567,3773	4,770876	23,64600
27	137,3706	0,007280	0,201467	4,963602	0,001467	681,8528	4,802010	23,83527
28	164,8447	0,006066	0,201221	4,969668	0,001221	819,2233	4,829106	23,99906
29	197,8136	0,005055	0,201016	4,974724	0,001016	984,0680	4,852652	24,14061
30	237,3763	0,004213	0,200846	4,978936	0,000846	1.181,882	4,873084	24,26277
31	284,8516	0,003511	0,200705	4,982447	0,000705	1.419,258	4,890788	24,36809
32	341,8219	0,002926	0,200587	4,985372	0,000587	1.704,109	4,906109	24,45878
33	410,1863	0,002438	0,200489	4,987810	0.000489	2.045,931	4,919352	24,53680
34	492,2235	0,002032	0,200407	4,989842	0,000407	2.456,118	4,930785	24,60384
35	590,6682	0,001693	0,200339	4,991535	0,000339	2.948,341	4,940645	24,66140
36	708,8019	0,001411	0,200283	4,992946	0,000283	3.539,009	4,949138	24,71078
37	850,5622	0,001176	0,200235	4,994122	0,000235	4.247,811	4,956448	24,75310
38	1.020,675	0,000980	0,200191	4,995101	0,000196	5098,373	4,962733	24,78936
39	1.224,810	0,000816	0,200163	4,995918	0,000163	6.119,048	4,968132	24,82038
40	1.469,772	0,000680	0,200136	4,996598	0,000136	7.343,858	4,972766	24,84691
42	2.116,471	0,000472	0,200095	4,997638	0,000095	10.577,36	4,980146	24,88897
44	3.047,718	0,000328	0,200066	4,998359	0,000066	15.233,59	4,985558	24,91961
46	4.388,714	0,000228	0,200046	4,998861	0,000046	21.938,57	4,989516	24,94190
48	6.319,749	0,000158	0,200032	4,999209	0,000032	31.593,74	4,992404	24,95807
50	9.100,438	0,000110	0,200022	4,999451	0,000022	45.497,19	4,994505	24,96978
55	22.644,80	0,000044	0,200009	4,999779	0,000009	113.219,0	4,997571	24,98675
60	56.347,51	0,000018	0,200004	4,999911	0,000004	281.732,6	4,998935	24,99423
65	140.210,6	0,000007	0,200001	4,999964	0,000001	701.048,2	4,999536	24,99750
70	348.889,0	0,000003	0,200001	4,999986	0.000001	1.744.440	4,999799	24,99893
75	868.147,4	0,000001	0,200000	4,999994	0,000000	4.340.732	4,999914	24,99954

Taxa de Juros = 30,00%

N	F/P	P/F	A/P	P/A	A/F	F/A	A/G	P/G
1	1,300000	0,769231	1,300000	0,769231	1,000000	1,000000	–	–
2	1,690000	0,591716	0,734783	1,360947	0,434783	2,300000	0,434783	0,591716
3	2,197000	0,455166	0,550627	1,816113	0,250627	3,990000	0,827068	1,502048
4	2,856100	0,350128	0,461629	2,166241	0,161629	6,187000	1,178277	2,552432
5	3,712930	0,269329	0,410582	2,435570	0,110582	9,043100	1,490308	3,629748
6	4,826809	0,207176	0,378394	2,642746	0,078394	12,75603	1,765447	4,665629
7	6,274852	0,159366	0,356874	2,802112	0,056874	17,58284	2,006282	5,621827
8	8,157307	0,122589	0,341915	2,924702	0,041915	23,85769	2,215595	6,479953
9	10,60450	0,094300	0,331235	3,019001	0,031235	32,01500	2,396273	7,234350
10	13,78585	0,072538	0,323463	3,091539	0,023463	42,61950	2,551219	7,887193
11	17,92160	0,055799	0,317729	3,147338	0,017729	56,40535	2,683277	8,445179
12	23,29809	0,042922	0,313454	3,190260	0,013454	74,32695	2,795171	8,917321
13	30,28751	0,033017	0,310243	3,223277	0,010243	97,62504	2,889458	9,313524
14	39,37376	0,025398	0,307818	3,248675	0,007818	127,9125	2,968501	9,643693
15	51,18589	0,019537	0,305978	3,268211	0,005978	167,2863	3,034445	9,917206
16	66,54166	0,015028	0,304577	3,283239	0,004577	218,4722	3,089214	10,14263
17	86,50416	0,011560	0,303509	3,294800	0,003509	285,0139	3,134513	10,32759
18	112,4554	0,008892	0,302692	3,303692	0,002692	371,5180	3,171834	10,47876
19	146,1920	0,006840	0,302066	3,310532	0,002066	483,9734	3,202472	10,60189
20	190,0496	0,005262	0,301587	3,315794	0,001587	630,1655	3,227541	10,70186
21	247,0645	0,004048	0,301219	3,319842	0,001219	820,2151	3,247990	10,78281
22	321,1839	0,003113	0,300937	3,322955	0,000937	1.067,280	3,264623	10,84819
23	417,5391	0,002395	0,300720	3,325350	0,000720	1.388,464	3,278116	10,90088
24	542,8008	0,001842	0,300554	3,327192	0,000554	1.806,003	3,289037	10,94326
25	705,6410	0,001417	0,300426	3,328609	0,000426	2.348,803	3,297854	10,97727
26	917,3333	0,001090	0,300327	3,329700	0,000327	3.054,444	3,304959	11,00452
27	1.192,533	0,000839	0,300252	3,330538	0,000252	3.971,778	3,310673	11,02632
28	1.550,293	0,000645	0,300194	3,331183	0,000194	5.164,311	3,315261	11,04374
29	2.015,381	0,000496	0,300149	3,331679	0,000149	6.714,604	3,318937	11,05763
30	2.619,996	0,000382	0,300115	3,332061	0,000115	8.729,985	3,321879	11,06870
31	3.405,994	0,000294	0,300088	3,332355	0,000088	11.349,98	3,324229	11,07751
32	4.427,793	0,000226	0,300068	3,332581	0,000068	14.755,98	3,326105	11,08451
33	5.756,130	0,000174	0,300052	3,332754	0,000052	19.183,77	3,327599	11,09007
34	7.482,970	0,000134	0,300040	3,332888	0,000040	24.939,90	3,328789	11,09448
35	9.727,860	0,000103	0,300031	3,332991	0,000031	32.422,87	3,329735	11,09798
36	12.646,22	0,000079	0,300024	3,333070	0,000024	42.150,73	3,330486	11,10074
37	16.440,08	0,000061	0,300018	3,333131	0,000018	54.796,95	3,331083	11,10293
38	21.372,11	0,000047	0,300014	3,333177	0,000014	71.237,03	3,331555	11,10466
39	27.783,74	0,000036	0,300011	3,333213	0,000011	92.609,14	3,331930	11,10603
40	36.118,86	0,000028	0,300008	3,333241	0,000008	120.392,9	3,332226	11,10711
42	61.040,88	0,000016	0,300005	3,333279	0,000005	203.466,3	3,332645	11,10864
44	103.159,1	0,000010	0,300003	3,333301	0,000003	343.860,3	3,332907	11,10958
46	174.338,9	0,000006	0,300002	3,333314	0,000002	581.126,2	3,333069	11,11017
48	294.632,7	0,000003	0,300001	3,333322	0,000001	982.105,6	3,333170	11,11053
50	497.929,2	0,000002	0,300001	3,333327	0,000001	1.659.761	3,333233	11,11075
55	1.848.776	0,000001	0,300000	3,333332	0,000000	6.162.584	3,333304	11,11101

Taxa de Juros = 40,00%

N	F/P	P/F	A/P	P/A	A/F	F/A	A/G	P/G
1	1,400000	0,714286	1,400000	0,714286	1,000000	1,000000	–	–
2	1,960000	0,510204	0,816667	1,224490	0,416667	2,400000	0,416667	0,510204
3	2,744000	0,364431	0,629358	1,588921	0,229358	4,360000	0,779817	1,239067
4	3,841600	0,260308	0,540766	1,849229	0,140766	7,104000	1,092342	2,019992
5	5,378240	0,185934	0,491361	2,035164	0,091361	10,94560	1,357989	2,763729
6	7,529536	0,132810	0,461260	2,167974	0,061260	16,32384	1,581099	3,427781
7	10,54135	0,094865	0,441923	2,262839	0,041923	23,85338	1,766351	3,996968
8	14,75789	0,067760	0,429074	2,330599	0,029074	34,39473	1,918516	4,471291
9	20,66105	0,048400	0,420345	2,378999	0,020345	49,15262	2,042242	4,858493
10	28,92547	0,034572	0,414324	2,413571	0,014324	69,81366	2,141904	5,169637
11	40,49565	0,024694	0,410128	2,438265	0,010128	98,73913	2,221488	5,416577
12	56,69391	0,017639	0,407182	2,455904	0,007182	139,2348	2,284537	5,610602
13	79,37148	0,012599	0,405104	2,468503	0,005104	195,9287	2,334123	5,761789
14	111,1201	0,008999	0,403632	2,477502	0,003632	275,3002	2,372866	5,878780
15	155,5681	0,006428	0,402588	2,483930	0,002588	386,4202	2,402955	5,968773
16	217,7953	0,004591	0,401845	2,488521	0,001845	541,9883	2,426198	6,037645
17	304,9135	0,003280	0,401316	2,491801	0,001316	759,7837	2,444063	6,090119
18	426,8789	0,002343	0,400939	2,494144	0,000939	1.064,697	2,457734	6,129943
19	597,6304	0,001673	0,400670	2,495817	0,000670	1.491,576	2,468154	6,160061
20	836,6826	0,001195	0,400479	2,497012	0,000479	2.089,206	2,476067	6,182770
21	1.171,356	0,000854	0,400342	2,497866	0,000342	2.925,889	2,482057	6,199844
22	1.639,898	0,000610	0,400244	2,498476	0,000244	4.097,245	2,486576	6,212650
23	2.295,857	0,000436	0,400174	2,498911	0,000174	5.737,142	2,489978	6,222233
24	3.214,200	0,000311	0,400124	2,499222	0,000124	8.032,999	2,492531	6,229388
25	4.499,880	0,000222	0,400089	2,499444	0,000089	11.247,20	2,494443	6,234722
26	6.299,831	0,000159	0,400064	2,499603	0,000064	15.747,08	2,495872	6,238690
27	8.819,764	0,000113	0,400045	2,499717	0,000045	22.046,91	2,496938	6,241638
28	12.347,67	0,000081	0,400032	2,499798	0,000032	30.866,67	2,497732	6,243825
29	17.286,74	0,000058	0,400023	2,499855	0,000023	43.214,34	2,498322	6,245444
30	24.201,43	0,000041	0,400017	2,499897	0,000017	60.501,08	2,498760	6,246643
31	33.882,01	0,000030	0,400012	2,499926	0,000012	84.702,51	2,499085	6,247528
32	47.434,81	0,000021	0,400008	2,499947	0,000008	118.584,5	2,499325	6,248182
33	66.408,73	0,000015	0,400006	2,499962	0,000006	166.019,3	2,499503	6,248664
34	92.972,22	0,000011	0,400004	2,499973	0,000004	232.428,1	2,499634	6,249019
35	130.161,1	0,000008	0,400003	2,499981	0,000003	325.400,3	2,499731	6,249280
36	182.225,6	0,000005	0,400002	2,499986	0,000002	455.561,4	2,499802	6,249472
37	255.115,8	0,000004	0,400002	2,499990	0,000002	637.786,9	2,499855	6,249613
38	357.162,1	0,000003	0.400001	2,499993	0,000001	892.902,7	2,499894	6,249717
39	500.026,9	0,000002	0,400001	2,499995	0,000001	1.250.065	2,499922	6,249793
40	700.037,7	0,000001	0,400001	2,499996	0,000001	1.750.092	2,499943	6,249848
42	1.372.074	0,000001	0,400000	2,499998	0,000000	3.430.182	2,499969	6,249919
44	2.689.265	0,000000	0,400000	2,499999	0,000000	6.723.160	2,499984	6,249957

Taxa de Juros = 50,00%

N	F/P	P/F	A/P	P/A	A/F	F/A	A/G	P/G
1	1,500000	0,666667	1,500000	0,666667	1,000000	1,000000	–	–
2	2,250000	0,444444	0,900000	1,111111	0,400000	2,500000	0,400000	0,444444
3	3,375000	0,296296	0,710526	1,407407	0,210526	4,750000	0,736842	1,037037
4	5,062500	0,197531	0,623077	1,604938	0,123077	8,125000	1,015385	1,629630
5	7,593750	0,131687	0,575829	1,736626	0,075829	13,18750	1,241706	2,156379
6	11,39063	0,087791	0,548120	1,824417	0,048120	20,78125	1,422556	2,595336
7	17,08594	0,058528	0,531083	1,882945	0,031083	32,17188	1,564837	2,946502
8	25,62891	0,039018	0,520301	1,921963	0,020301	49,25781	1,675178	3,219631
9	38,44336	0,026012	0,513354	1,947975	0,013354	74,88672	1,759637	3,427730
10	57,66504	0,017342	0,508824	1,965317	0,008824	113,3301	1,823524	3,583803
11	86,49756	0,011561	0,505848	1,976878	0,005848	170,9951	1,871341	3,699413
12	129,7463	0,007707	0,503884	1,984585	0,003884	257,4927	1,906793	3,784194
13	194,6195	0,005138	0,502582	1,989724	0,002582	387,2390	1,932858	3,845853
14	291,9293	0,003425	0,501719	1,993149	0,001719	581,8585	1,951878	3,890384
15	437,8939	0,002284	0,501144	1,995433	0,001144	873,7878	1,965667	3,922356
16	656,8408	0,001522	0,500762	1,996955	0,000762	1.311,682	1,975604	3,945192
17	985,2613	0,001015	0,500508	1,997970	0,000508	1.968,523	1,982728	3,961432
18	1.477,892	0,000677	0,500339	1,998647	0,000339	2.953,784	1,987812	3,972934
19	2.216,838	0,000451	0,500226	1,999098	0,000226	4.431,676	1,991425	3,981054
20	3325,257	0,000301	0,500150	1,999399	0,000150	6.648,513	1,993984	3,986768
21	4.987,885	0,000200	0,500100	1,999599	0,000100	9.973,770	1,995789	3,990778
22	7.481,828	0,000134	0,500067	1,999733	0,000067	14.961,66	1,997059	3,993584
23	11.222,74	0,000089	0,500045	1,999822	0,000045	22.443,48	1,997950	3,995545
24	16.834,11	0,000059	0,500030	1,999881	0,000030	33.666,22	1,998574	3,996911
25	25.251,17	0,000040	0,500020	1,999921	0,000020	50.500,34	1,999010	3,997861
26	37.876,75	0,000026	0,500013	1,999947	0,000013	75.751,50	1,999314	3,998522
27	56.815,13	0,000018	0,500009	1,999965	0,000009	113.620,3	1,999525	3,998979
28	85.222,69	0,000012	0,500006	1,999977	0,000006	170.443,4	1,999671	3,999296
29	127.834,0	0,000008	0,500004	1,999984	0,000004	255.666,1	1,999773	3,999515
30	191.751,1	0,000005	0,500003	1,999990	0,000003	383.500,1	1,999844	3,999666
31	287.626,6	0,000003	0,500002	1,999993	0,000002	575.251,2	1,999892	3,999771
32	431.439,9	0,000002	0,500001	1,999995	0,000001	862.877,8	1,999926	3,999842
33	647.159,8	0,000002	0,500001	1,999997	0,000001	1.294.318	1,999949	3,999892
34	970.739,7	0,000001	0,500001	1,999998	0,000001	1.941.477	1,999965	3,999926
35	1.456.110	0,000001	0,500000	1,999999	0,000000	2.912.217	1,999976	3,999949
36	2.184.164	0,000000	0,500000	1,999999	0,000000	4.368.327	1,999984	3,999965
37	3.276.247	0,000000	0,500000	1,999999	0,000000	6.552.491	1,999989	3,999976
38	4.914.370	0,000000	0,500000	2,000000	0,000000	9.828.738	1,999992	3,999984

Apêndice

Exercícios com Respostas

Este apêndice apresenta uma listagem adicional de exercícios numa sequência compatível com o desenvolvimento dos capítulos. Alguns deles são, inclusive, propositalmente repetidos dos textos do livro com o objetivo de reforçar o aprendizado. De modo geral, a listagem pode servir de apoio aos professores para que ministrem seus cursos, ou como uma checagem final para os leitores independentes.

Relações de Equivalência (n, i, P, A, A', F, G)

1. Elabore um quadro demonstrativo da evolução da dívida de quem tomou UM 100 a 5% a.m. para pagar ao final de 12 meses. Por juros simples e compostos.

2. Quanto devo aplicar hoje, a 15% a.a., para ter UM 10.000 ao final de três anos?

3. Tenho a opção de pagar UM 100.000 daqui a três meses ou UM 88.890 à vista. Que taxa mensal estão me cobrando?

4. Se a taxa e de 15% a.a. (360 dias), e eu aplico UM 10.000, quanto terei após 90 dias?

E se fossem juros simples?

5. A moto custa UM 4.000. A proposta e de UM 500 de entrada e o restante em 24 prestações mensais, a 5% a.m. De quanto será a prestação?

6. Quanto devo depositar hoje para retirar UM 1.000 por mês durante cinco anos? A taxa é de 1% a.m.

E para retirar indefinidamente?

7. Qual o valor da prestação, para uma venda no valor de UM 1.000, em três pagamentos mensais e iguais, sendo o primeiro no ato da venda, a 2% a.m.?

8. Depositando UM 1.000 por mês, a partir de hoje e sempre em início de mês, por 24 meses, a 1% a.m., quanto terei acumulado ao final do 24º mês?

9. Pretendo, ao final deste mês, iniciar um série de depósitos mensais por cinco anos para criar meu fundo de aposentadoria, numa aplicação que rende 1% ao mês. Ao final des-

ses cinco anos, pretendo iniciar as retiradas de UM 1.000.00 por mês por 20 anos. Quanto devo depositar mensalmente?

E se eu pretender retirar UM 1.000,00 mensais, indefinidamente de quanto devem ser os depósitos?

10. Estamos em 30 de abril, em uma loja. O preço é de UM 1.000, podendo ser pago em 4 vezes, sem acréscimo, todo dia 10, pelo cartão de crédito da loja, a partir de 10 de maio. O cliente propõe pagar à vista. Que desconto pode ser dado pela loja, se ela trabalha com juros de 8% a.m.?

11. Calcule o valor indicado nos seguintes fluxos de caixa:

a)

P = ?

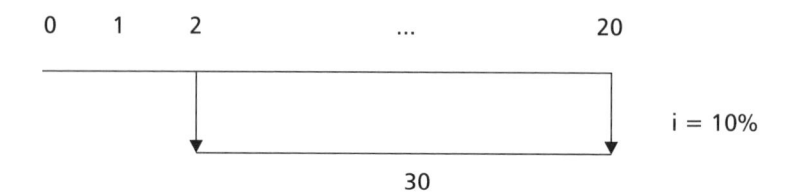

```
        0   1   2           ...          20
        |───┬───┬─────────────────────────┬──  i = 10%
            │                             │
            ▼                             ▼
                          30
```

b)

i = ?

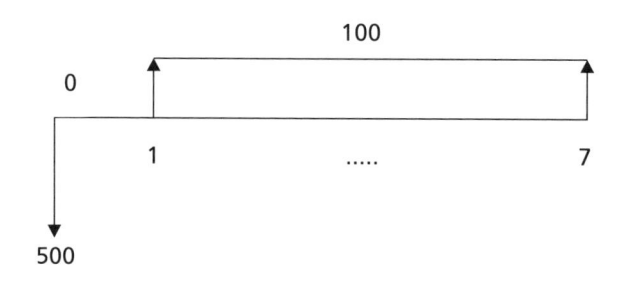

```
                        100
                  ┌──────────────────────┐
         0        ▲                      ▲
         ┬────────┼──────────────────────┼──
                  1        .....         7
         │
         ▼
        500
```

c)

F (em 15) = ?

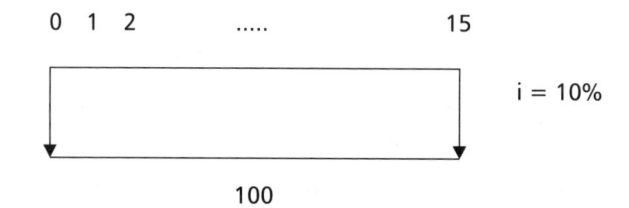

```
        0   1   2   .....         15
        ┬───┬───┬─────────────────┬──     i = 10%
        │                         │
        ▼                         ▼
                    100
```

d)

P = ?

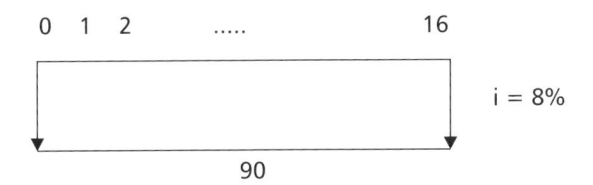

```
0  1  2  .....  16
                      i = 8%
         90
```

12. Uma dívida poderá ser resgatada pelo seguinte fluxo de caixa:

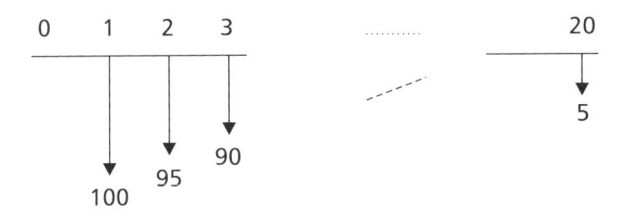

```
0  1  2  3  ..........  20
                         5
         90
      95
   100
```

O devedor conseguiu, entretanto, convencer o credor a mudar o perfil dos pagamentos para 20 prestações crescentes de modo que cada prestação seja composta por uma parcela fixa de UM 5 e outra dada por uma série G. Calcule o valor de G, se a taxa de juros é de 10% ao período.

Taxas de Juros: Taxas nominais e efetivas, conversões, TMA e TIR

13. Qual a taxa efetiva mensal de 24% a.a. capitalizados semestralmente?

14. Num empréstimo com prazo de três meses, são descontados 22% antecipadamente. Qual a taxa efetiva mensal?

15. Qual a melhor alternativa: Banco A anuncia 40% a.a. por 30 dias corridos (21 dias úteis); Banco B anuncia 3,25% para 33 dias corridos (24 dias úteis)?

16. Qual a taxa de retorno do investimento a seguir:

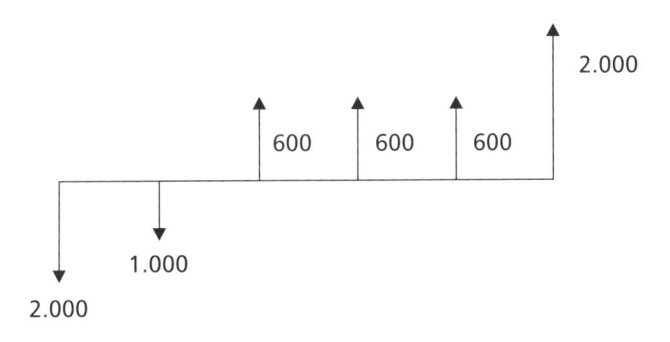

```
                                    2.000
              600  600  600
        1.000
  2.000
```

17. Em 1º-1-98, um investidor adquiriu um título por UM 100.000 para ser resgatado em seis meses a 2% a.m. Em 1º-3-98, um segundo investidor propõe ao primeiro a aquisição desse título. Quanto deve oferecer, se sua TMA é de 2,5% a.m.?

18. Qual a taxa equivalente:

   a) Anual a 42% ao ano capitalizada mensalmente?

   b) Trimestral de 50% ao ano capitalizada semestralmente?

   c) Trimestral de 15% ao mês?

   d) Semestral da seguinte transação: empresto-te 500 para devolveres 1.000 em um mês?

   e) Bimestral de 50% ao ano capitalizada trimestralmente?

   f) Trimestral de 25% ao mês?

Sistemas de Amortização, Inflação, Variação Cambial

19. Montar uma planilha financeira de um financiamento de UM 1.000, a 36% a.a. cap. mensalmente, em quatro meses, pelos sistemas Francês, SAC e Americano.

20. Repita, supondo carência de um mês.

21. Um empréstimo de UM 40.000 pelo sistema Francês, em 10 prestações trimestrais e taxa de 10% ao trimestre, foi saldado pontualmente até a quarta prestação. Após essa prestação, a dívida foi renegociada pelo SAC em oito prestações na mesma taxa. Calcule o valor da primeira prestação pelo SAC.

22. O banco quer emprestar ganhando 1,5% a.m. acima da inflação. Que taxa anual global deve cobrar para uma inflação estimada em 17% a.a.?

23. Uma financeira está cobrando 7,5% a.m. Se a inflação é de 2% a.m., quanto ela está cobrando de taxa real anual?

24. Considere o seguinte fluxo anual em reais, de um projeto voltado a exportação:

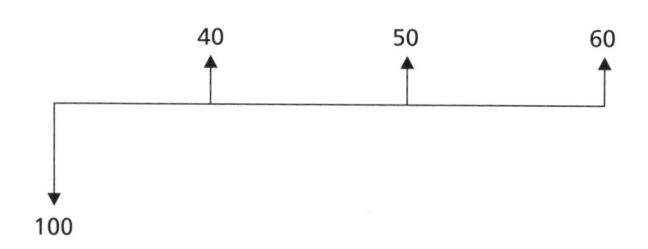

Se a estimativa da variação cambial for de 20, 25 e 30% a.a. e a inflação for estimada em 22,28 e 35% para os próximos três anos, qual a taxa de retorno real estimada?

25. R$ 2.000.000 foram tomados a 11,68% a.a. num banco alemão, mais variação cambial, para serem pagos em cinco prestações anuais pelo SAC. Elabore a planilha financeira para variações cambiais de 36, 35, 38, 40 e 39% para os próximos cinco anos.

Análise de Investimentos

26. Método VAUE

Uma empresa dispõe de UM 18.000 para investir num novo equipamento, e tem duas alternativas:

Marca A: investimento inicial de UM 14.000 e saldo líquido anual de UM 5.000 em sete anos

Marca B: investimento inicial de UM 18.000 e saldo líquido anual de UM 6.500 em sete anos.

Qual a alternativa mais econômica para uma TMA de 30% a.a.?

27.
Repita o exercício anterior agora com a suposição de que a empresa dispõe apenas de UM 16.000, financiando o restante a 40% a.a. pagáveis ao final de 1 ano.

28. Método VPL

Considere duas propostas de fornecedores A e B:

A:
- 30% no pedido
- 30% com os projetos (60 dias)
- 30% com a fabricação (120 dias)
- 10% na entrega (a 150 dias do pedido)
- Valor total: UM 20.000

B:
- 15% no pedido
- 35% com os projetos (90 dias)
- 50% na entrega (150 dias do pedido)
- Valor total: UM 21.000

Qual a melhor alternativa para uma TMA de 2% a.m.?

29. Vidas Diferentes:
Considere os investimentos (– 118, 90, 90) e (– 120, 64, 64, 64) em anos, repetitivos. Qual a melhor alternativa pelos métodos VAUE e VPL, a uma TMA de 10% a.a.?

30. Método TIR:
Considere os investimentos

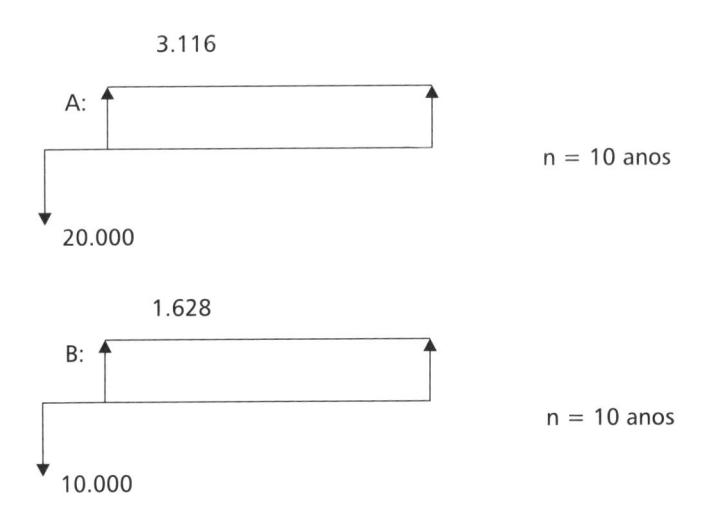

A: 3.116 (anual), 20.000 (investimento inicial), $n = 10$ anos

B: 1.628 (anual), 10.000 (investimento inicial), $n = 10$ anos

Qual a melhor alternativa pelo método TIR? A TMA é de 6% a.a.

31. PAYBACK

Considere os investimentos (– 100, 50, 30, 20, 100) e (– 100, 20, 30, 50, 100). Calcule o *payback* simples e o *payback* descontado a 10% a.a.

32. TIRM

Considere o investimento (– 100, 50, 50, 50, 50, 150) em anos. A TMA é de 20% a.a. Qual é a TIRM?

33. Substituição de equipamentos

Considere os dados de valor de revenda e custos de operação de um carro marca X:

ano	1	2	3	4	5
revenda	50,000	44,000	38,000	30,000	23,000
custos	1.000	1.600	2.400	3.400	4.600

O preço de um novo é 58.000 e a TMA é de 10% a.a. Qual a vida econômica?

34. Imposto de Renda

Considere o investimento de – 10.000 com lucros, antes da depreciação e do IR, de 3.000 por ano, durante cinco anos, e valor de revenda de 4.000. Qual o VPL a 10% a.a.?

   a) sem o efeito do IR, e

   b) com o efeito do IR de 35%

35. Análise de Sensibilidade

Em novembro, a empresa investirá UM 100 mil em equipamentos e instalações para lançar novo calçado de verão em dezembro, janeiro e fevereiro. Espera vender 10.000 pares/mês a UM 10 o par. Os custos variáveis serão de UM 4 por par e os custos fixos totais de UM 20 mil/mês. Ao final do projeto, venderá o equipamento por UM 30 mil. A TMA é de 10% a.m.

Analise a TIR sob a previsão de vendas e sob possibilidade de erros na previsão (desconsidere Imposto de Renda).

Outros exercícios sobre Análise de investimentos

36. Você tem a possibilidade de iniciar um novo empreendimento, o qual necessita dos seguintes investimentos:

   – Compra de equipamentos e investimento em infraestrutura: UM 500.000,00

   – Capital de Giro: UM 50.000,00

Você dispõe de UM 200.000,00 e os restantes UM 350.000,00 poderão ser obtidos em um banco de desenvolvimento nas seguintes condições:

   – Carência: quatro trimestres

   – Amortizações trimestrais pelo SAC em cinco vezes a partir do quinto trimestre

   – Os juros serão cobertos por um programa de incentivo a novas indústrias

Os saldos (lucros) proporcionados pelo negócio seriam de UM 25.000,00 por trimestre, a partir do quarto trimestre. Além disso, ao final do vigésimo trimestre, o empreendimento teria um valor de mercado de UM 500.000,00. A TMA é de 22% a.a.

Verifique se o empreendimento é viável (desconsidere o Imposto de Renda).

37. Uma empresa industrial tem enfrentado sérios problemas de produtividade em sua planta, comprometendo o desempenho de todo o processo produtivo. Estudos desenvolvidos pelos engenheiros da empresa evidenciaram duas alternativas tecnicamente viáveis para solucionar o problema. As estimativas efetuadas acerca de cada uma das opções técnicas são as seguintes:

Discriminação	Alternativa A	Alternativa B
Investimento Necessário	R$ 100.000,00	R$ 60.000,00
Custo Operacional Anual	R$ 26.000,00	R$ 37.600,00
Custo Anual de Manutenção	R$ 4.000,00	R$ 2.400,00
Valor Residual do Projeto	R$ 50.000,00	R$ 30.000,00
Vida Estimada	10 anos	10 anos

Sendo a taxa mínima de atratividade igual a 20% ao ano, deseja-se saber qual a alternativa mais conveniente, utilizando o método CAUE – Custo Anual Uniforme Equivalente (desconsidere Imposto de Renda).

38. A diretoria de produção de certa empresa está considerando a mecanização de seus serviços de embalagem. Atualmente, os produtos são acondicionados manualmente a um custo anual de R$ 90.000,00. Dois tipos de equipamentos capazes de executar a mesma função encontram-se disponíveis no mercado, apresentando as seguintes características:

Discriminação	Alternativa A	Alternativa B
Custo Inicial	R$ 300.000,00	R$ 210.000,00
Custo Operacional Anual	R$ 36.000,00	R$ 45.000,00
Valor Residual	R$ 39.000,00	R$ 24.000,00
Vida Estimada	10 anos	10 anos

Sendo a taxa mínima de atratividade igual a 12% a.a., qual equipamento deve ser escolhido? (Desconsidere Imposto de Renda.)

39. **Exercício sobre Avaliação de Empresas**

Necessito determinar qual o máximo que se pode pagar na aquisição de uma empresa cujo nível de geração de caixa atual é de UM 100.000 por ano.

A estimativa de crescimento da geração de caixa é de 5% ao ano até o ano 5, ou seja, no ano 1 será de 105.000 e crescerá até o ano 5. A partir do ano 5 não se considerará crescimento. Considera-se uma perpetuidade, ou seja, a geração de caixa anual será infinitamente constante.

A TMA de análise: 15% a.a.

Respostas:

1.

Final do mês	Montante F	
	Juros simples	Juros compostos
0	100	100
1	100 + 0,05 × 100 = 105	100 + 0,05 × 100 = 105
2	105 + 0,05 × 100 = 110	105 + 0,05 × 105 = 110,25
3	110 + 0,05 × 100 = 115	110,25 × (1 + 0,05) = 115,7625
.	.	.
.	.	.
.	.	.
12	160	179,5856

2. 6.575,16

3. 4% a.m.

4. Juros compostos: 10.355.58; Juros simples: 10.375,00

5. 253.65

6. a) 44.955,04; b) 100.000,00

7. 339,96

8. 27.243,20

9. a) 1.112,03; b) 1.224,44

10. 128,38

11. a) 228,13; b) 9,20%; c) 3.594,97; d) 886,62

12. 9,60

13. 1,9068% a.m.

14. 8,6347% a.m.

15. O banco A rende o equivalente a 3,2564% em 24 dias úteis, praticamente empatando com o Banco B

16. 6,6279% ao período

17. 102.024,76

18. a) 51,1069% a.a.; b) 11,8034% a.t.; c) 52,0875% a.t.; d) 6,300% a.s.; e) 8,1687% a.b.; f) 95,5313% a.t.

19. a) Francês

Mês	Prestação	Juros	Amortização	SD
0		–	–	1.000,0
1	269,0	30,0	239,0	761,0
2	269,0	22,8	246,2	514,8
3	269,0	15,4	253,6	261,2
4	269,0	7,8	261,2	0
	Total		1.000,0	

b) SAC

Mês	Prestação	Juros	Amortização	SD
0	–	–	–	1.000,0
1	280,0	30,0	250,0	750,0
2	272,5	22,5	250,0	500,0
3	265,0	15,0	250,0	250,0
4	257,5	7,5	250,0	–

c) Americano

Mês	Prestação	Juros	Amortização	SD
0	–	–	–	1.000,0
1	30,0	30,0	0	1.000,0
2	30,0	30,0	0	1.000,0
3	30,0	30,0	0	1.000,0
4	1.030,0	30,0	1.000,0	–

20. Exemplo para o SAC

Mês	Prestação	Juros	Amortização	SD
0	–	–	–	1.000,0
1	30,0	30,0	0	1.000,0
2	280,0	30,0	250,0	750,0
3	272,5	22,5	250,0	500,0
4	265,0	15,0	250,0	250,0
5	257,5	7,5	250,0	–

21. 6.379,19
22. 39,8873% a.a.
23. 87,8017% a.a.
24. 18,9474% a.a.
25. Tabela em UM mil corrigidos

Período	θ	Sd. Corrigido	Prestação	Juros	Amort.	SD
0	–	–	–	–	–	2.000
1	36	2.720	862	318	544	2.176
2	35	2.937	1.077	343	734	2.203
3	38	3.040	1.368	355	1.013	2.027
4	40	2.838	1.750	331	1.419	1.419
5	39	1.972	2.202	230	1.972	–

26. Alternativa B, pois VAUE B = 76,27 e VAUE A = 3,77
27. Alternativa B, pois VAUE B = 21,37
28. Alternativa A
29. Alternativa A, pois VAUE A = 22,0 e VPL A (para duas vidas) = 95,86
30. Alternativa A
31. PBS = três anos para ambas e PBD = quatro anos para ambas
32. TIR = 50% a.a. e TIRM = 36,3965% a.a.
33. Três anos
34. VPL antes IR = 3.856 e VPL após IR = 1.420
35. Para 10 mil pares/mês, TIR = 20,94%

    Para 8,5 mil pares/mês, TIR = TMA = 10%

    Para 7,222 mil pares/mês, TIR = 0%
36. VPL = – 21.695,13; VAUE = – 1.755,21 e TIR = 4,6249% < 5%
37. VAUE A = 51.926,14 e VAUE B = 53.155,68
38. VAUE A = 3.127,13; VPLA= 17.669,00 e VAUE B = 9.200,95; VPL B = 51.987,39
39. 806.761

Bibliografia

MATEMÁTICA FINANCEIRA E ENGENHARIA ECONÔMICA

ENSSLIN, Leonardo. *Análise de investimentos*. Florianópolis: Departamento de Engenharia de Produção e Sistemas/UFSC, 1977.

FARO, C. de. *Elementos de engenharia econômica*. São Paulo: Atlas, 1979.

FLEISCHER, G. A. *Teoria da aplicação do capital*. São Paulo: Edusp, 1973.

GRANT, E. L.; IRESON, W. G.; LEAVENWORTH, R. S. *Principles of engineering economy*. New York: Wiley, 1982.

HESS, G.; MARQUES, J. L.; PAES, L. C. R.; PUCCINI. A. *Engenharia econômica*. Rio de Janeiro: Forum, 1974.

NEWNAN, Donald G. *Engineering economic analysis*. San José: Engineering Press, 1988.

SULLIVAN, William G. A new paradigm for engineering economy. *The Engineering Economist*, v. 36, n. 3, Spring 1991.

VIEIRA SOBRINHO, J. D. *Matemática financeira*. São Paulo: Atlas, 1981.

WEATHERFORD, J. *A história do dinheiro*. São Paulo: Negócio, 2000.

PROGRAMAÇÕES MATEMÁTICAS E FINANÇAS

DAMODARAM, Aswath. *Avaliação de investimentos*. Rio de Janeiro: Qualitymark, 1997.

EHRLICH, P. J. *Pesquisa operacional*. São Paulo: Atlas, 1980.

ELTON, Edwin et al. *Moderna teoria de carteiras e análise de investimentos*. São Paulo: Atlas, 2004.

HAUGEN, R. A. *Modern investment theory*. New Jersey: Prentice Hall, 1989.

HILLIER, F. S.; LIEBERMAN, G. J. *Introduction to operations research*. San Francisco: Holden Day, 1967.

KOPITTKE, B. H. *Seleção de projetos de investimentos com orçamento sob condição de incerteza*. Dissertação. Florianópolis: UFSC, 1978.

SHAMBLI, J.; STEVENS JR., G. T. *Pesquisa operacional*. São Paulo: Atlas, 1979.

ANÁLISE DE TOMADA DE DECISÃO

FASAL, J. H. *Practical value analysis methods*. New York: Hayden Book, 1972.

KEPNER, C.; TREGOE, B. *O administrador racional*. São Paulo: Atlas, 1980.

KRICK, E. V. *Métodos e sistemas*. Rio de Janeiro: LTC, 1971.

ANÁLISE DE PROJETOS

CASAROTTO FILHO, Nelson. *Elaboração de projetos empresariais*. 2. ed. São Paulo: Atlas, 2016.

PAMPLONA, E. D. *Abordagem da inflação na análise econômico-financeira de investimentos*. Dissertação. Departamento de Engenharia de Produção e Sistemas. Florianópolis: UFSC, 1984.

PETERS, M. S.; TIMMERHAUS, K. D. *Plant design and economics for chemical engineers*. New York: McGraw-Hill, 1986.

WOILER, S.; MATHIAS, W. F. *Projetos*. São Paulo: Atlas, 1983.

FINNERTY, John. *Project finance*. Rio de Janeiro: Qualitymark, 1998.

ESTRATÉGIA EMPRESARIAL

AACKER, D. A. *Strategic market management*. New York: Wiley, 1984.

ANSOFF, Igor. *A nova estratégia empresarial*. São Paulo: Atlas, 1990.

CASAROTTO FILHO, N. *Anteprojeto industrial*: das estratégias empresariais à engenharia. Tese em Engenharia de Produção, Florianópolis: UFSC, 1995.

_____; PIRES, Luis Henrique. *Redes de pequenas e médias empresas e desenvolvimento local*. 2. ed. São Paulo: Atlas, 2001.

PORTER, M. E. *Estratégia competitiva*. Rio de Janeiro: Campus, 1986.

WATERMANN, R. *O fator renovação*. São Paulo: Harbra, 1992.

RISCO E INCERTEZA

BERNSTEIN, Peter L. *Desafio aos deuses*. Rio de Janeiro: Campus, 1997.

CHANCELLOR, Edward. *Salve-se quem puder*. São Paulo: Schwarcz, 2001.

GARDNER, Dan. *Risco*: a ciência e a política do medo. Rio de Janeiro: Odisseia, 2009.

GROOPMAN, Gereme. *Como os médicos pensam*. Rio de Janeiro: Agir, 2008.

Índice Remissivo

A

Alavancagem
    financeira, 252
    operacional, 252
Alternativas
    com vidas diferentes, 103, 111
    financiadas, 151
Amortização
    de dívidas, 57
    e juros, 59
Análise
    a preços
        correntes e a preços ajustados, 205
        de hoje, a preços correntes ou a preços ajustados, 78
    ambiental como base para a geração das estratégias, 217
    de múltiplas alternativas, 275
    de sensibilidade, 194, 301
    do problema, 332
    econômico-financeira de projetos, 185
    multicritério, 341
    sob condições
        de incerteza, 298
        de risco, 304

Aporte de capital, 256
Áreas sob a curva normal, 352
Árvore de decisão, 315
    críticas e perspectivas da, 324
    descontada, 318
    e matriz de decisão, 318
Avaliação
    contábil, 251
    das alternativas, 332
    de ativos, 251

B

Baixa sem reposição, 157
Bônus do Tesouro Nacional (BTNs), 75
BTNs (Bônus do Tesouro Nacional), 75
Busca de alternativas, 332

C

Cadernetas de poupança, 88
Calculadora financeira, 9
Cão Vadio, 214
Capacidade de pagamento, 194
Capital de giro próprio, 190
CAPM (modelo Capital Asset Price Model), 255

Carteiras de ações, 288
CDB (certificados de depósitos bancários), 84
   com correção monetária pós-fixada, 87
Certificados de depósitos bancários (CDB), 84
   com correção monetária pós-fixada, 87
Combinação de fatores, 20
Convenção do custo anual, 116
Conversão(ões)
   de uma taxa nominal em efetiva, 38
   entre taxas efetivas, 39
Correção
   capitalizada, 76
   cobrada, 76
Critérios
   econômicos, 97
   financeiros, 97
   imponderáveis, 97
Cronograma de usos e fontes dos recursos, 190
Custo(s)
   da área e instalações, 226
   da matéria-prima, 227
   de capital, 230
   de mão de obra, 225
   de produção, 189
   fixos, 228
   inicial, 116
   variáveis, 228

D

Debêntures, 89, 265
Depreciação, 145, 146, 153
   exponencial, 148
Desconto de duplicatas, 262
Desembolsos, 191
Despesas gerais, 190, 191

Deterioração, 178
Diversificação, 290
   a jusante, 216
   a montante, 216
   lateral, 216

E

Encargos sociais, 225
Engenharia econômica, 96, 122
Especificação da solução preferida, 332
Estratégia(s)
   de competitividade, 212, 213
   de diversificação, 216
   de produto/mercado, 212
   de quanto investir ou de utilização dos meios, 214
   de utilização dos meios, 212
   global
      de competitividade, 213
      ou de mercado, 213
Estrela, 214

F

Fatores de produção, 3
Financiamentos, 190, 256
   com recursos externos, 263
   para investimento fixo, 258
   para o capital de giro, 260
Fluxo(s)
   a preços correntes e TMA
      global como parâmetro de análise, 140
      real como parâmetro de análise, 139
   contínuos, 50
   de caixa
      a preços correntes, 137, 205
      com taxas de retorno complexas, 48
      contínuos, 54

e simbologia, 5
sujeitos a reajustes, 137
sujeitos a reajuste e TMA
    global como parâmetro de análise, 139
    real como parâmetro de análise, 138
Formulação do problema, 332
Fórmulas dos fatores das tabelas financeiras, 353
Fundos de aplicações de curto prazo, 86

H

Hipótese da constância do mínimo adverso, 176

I

IGP-DI (Índice Geral de Preços), 75
Imposto
    de Renda, 145, 149, 151, 153
    sobre Operações Financeiras (IOF), 68
Incerteza, 299, 341
Índice(s)
    de correção monetária, 75
    de produtividade
        de recursos circulantes, 193
        do ativo, 193
    Geral de Preços (IGP-DI), 75
Inflação, 71
    na análise de investimentos, 77
Internet Rate of Return (IRR), 45
Interrogação, 214
Intersecção de Fischer, 126
Investimento(s)
    excludentes, 275, 276
    fixo, 188
    independentes, 275, 276
IOF (Imposto sobre Operações Financeiras), 68
IRR (Internet Rate of Return), 45

J

Juro(s)
    antecipados, 67
    compostos, 4, 5
    contínuos, 50, 51
        com séries discretas, 53
    simples, 4, 5

L

Leaseback, 267
Leasing, 267
Lucro, 149

M

Mão de obra direta, 225
Matemática financeira, 122
Matriz(es)
    de decisão ou de receitas, 298
    de ponderações, 341
Método(s)
    AHP, 347
    Color Score Cards, 349
    da matriz de ponderações, 348, 349
    da taxa interna de retorno, 123, 276
    de análise
        de alternativas de investimentos, 339
        econômico-financeira, 195
    de superação, 342
    determinísticos de análise de investimentos, 98
    do valor anual
        uniforme equivalente (VAUE), 98, 114, 115
        utilização prática do, 109
    do valor presente, 276
        líquido (VPL), 109
        utilização prática do, 113

não exatos, 115
Promethee, 342, 344
que atendem princípios de dominância, 342
sensitivos, 348

Mix estratégico, 216

Modalidades
de aplicação no mercado financeiro nacional, 83
e fontes de financiamento, 256

Modelo(s)
Capital Asset Price Model (CAPM), 255
de Precificação do Capital de Ativos, 255
de substituição, 157
probabilísticos, 304

Mudança tecnológica
contínua com obsolescência de custos, 178
isolada, 178

Multicritério, 341
Multidecisor, 341

N

Necessidade da consideração da inflação nas análises, 137
Net Present Value (NPV), 45
Novas abordagens e a substituição estratégica, 176
NPV (Net Present Value), 45

O

Obrigações Reajustáveis do Tesouro Nacional (ORTNs), 75
Operações com correção monetária prefixada ou pós-fixada, 83
Operações de capitalização, 270
ORTNs (Obrigações Reajustáveis do Tesouro Nacional), 75
OTNs (Obrigações do Tesouro Nacional), 75

P

Pagamento único, 67
PayBack Time, 115
Período(s)
de carência, 66
não inteiros, 16

Planilha eletrônica, 185
Ponto de equilíbrio, 228
Portfolio Selection, 288

Processo
automático, 234
de tomada de decisão, 331
geral de solução de um problema, 331
manual, 234

Programações matemáticas, 281
inteira, 281
linear, 281

Projeções
de custos e receitas, 189
de fluxos de caixa, 191
de resultados, 191

Project Finance, 270, 271
Projetos de investimentos, 95

R

Racionalidade limitada, 341
Regra
de decisão para matrizes de decisão, 298
de Laplace ou da razão insuficiente, 299
do mínimo arrependimento ou de Savage, 300

Reinversão de Lucros, 256
Relação
entre F e A, 19
entre P e A, 21
entre P e F, 11

Rentabilidade
    de uma ação, 289
    do projeto, 116
Representação de fluxos de caixa em termos de P, F, A e G, 7
Retorno do investimento, 194
Risco, 290

S

SAC (sistema de amortização constante), 62, 65
Saldo devedor, 60
Seleção de portfólio, 275
Séries
    antecipadas, 34
    em gradiente, 27
    em gradiente exponencial, 30
    geométricas, 142
    perpétuas, 26
    uniforme anual, 98
Simulação, 303
Sistema
    Americano, 66
    de Amortização Constante (SAC), 62, 65
    de Prestação Constante, 58
    francês de amortização, 58, 60
        e o SAC, comparação entre o, 65
        exemplo da aplicação do, 61
    Price, 58
Sistemática da taxa específica de desconto, 142
Situações de inflação, 137
Substituição
    com progresso tecnológico, 157, 173
    de ativos, 156
    de equipamentos, 155
    estratégica, 157
    idêntica, 157, 159
    não idêntica, 157, 162

T

Tabelas de fatores financeiros, 354
Taxa(s)
    cobradas antecipadamente, 41
    de desconto, 254
    de juros de longo prazo (TJLP), 75
    de mínima atratividade (TMA), 98
    de retorno
        do empreendimento ou do projeto, 191
        do empresário ou do acionista, 192
        modificada, 128
    do financiamento, 192
    efetiva, 37
    global de juros, 72
    incidentes, 265
    interna de retorno (TIR), 37, 42, 45, 115, 123
        modificada (TIRM), 123
    mínima de atratividade (TMA), 37, 42, 45, 46, 101, 230, 279
        antes e após o IR, 152
        variando com o tempo, 134
    nominal, 37
    prefixadas e pós-fixadas, 76
    referencial diária (TRD), 75
    variáveis e inflação, 133
Tempo de recuperação do capital Investido *PayBack Time*, 115
Tipos de substituição, 157
TIR (taxa interna de retorno), 37, 42, 45, 115, 123
TIRM (taxa interna de retorno modificada), 123
TJLP (taxa de juros de longo prazo), 75
TMA (taxa mínima de atratividade), 37, 42, 45, 46, 98, 101, 230
    antes e após o IR, 152
Tomada de decisão, 339
TRD (taxa referencial diária), 75

U

UENs (unidades estratégicas de negócios), 212

Unidades estratégicas de negócios (UENs), 212

V

Vaca Leiteira, 214
Valor
    da informação adicional, 319
    de compra, 252
        pelo método da renda, 253
    de venda, 252
    intrínseco, 252
    presente líquido, 42, 45, 115
        horizonte de planejamento infinito para o método do, 114
    residual, 116
Variabilidade
    das ações, 289
    do rendimento das ações, 289
Variação cambial, 71
VAUE (valor anual uniforme equivalente), 98, 114, 115
"Vida econômica", conceito de, 159
Vida útil, 116
Visão geral do projeto, 212
VPL (valor presente líquido), 109